NCS 국가직무능력표준
정보보안관제사 | gipa 정보보호활용능력 | 정보보안진단원

정보보호최고책임관리사
Chief Information Security Officer | Certified of Qualification

공병철 외 7인 지음
정보보호인정협회, 정보보호연구회 감수
필기/실기

정보보호 거버넌스구현(8수준), 정보보호 정책기획(7수준), 보안 위험관리(7수준)
정보보호 계획수립(6수준), 내부 보안감사 수행(7수준)

주최 사단법인 한국사이버감시단   시행 S·LINK 에스링크   정보보호북스

발간사

최근 국가 기반시설에 대한 사이버 위협의 증가와 공공기관과 기업의 중요정보(산업기밀, 영업정보, 인사정보, 개인정보)의 유출사고가 늘어나고 있으며, 정보시스템에 대한 랜섬웨어, DDoS, APT 공격 등 지능화된 사이버 공격이 확산됨에 따라 지능형 사이버위협으로부터 침해대응을 위한 실시간 정보보안관제와 정보시스템 취약점 진단 등 정보자산의 안정적인 운영과 정보보호거버넌스 구현을 총괄 운영하는 데 필요한 전문인력의 필요성이 날로 증대되고 있습니다.

정부는 「정보통신망 이용촉진 및 정보보호 등에 관한 법률」 제45조의3(정보보호 최고책임자의 지정 등) 제1항에 의거 정보통신서비스 제공자는 정보통신시스템 등에 대한 보안 및 정보의 안전한 관리를 위하여 임원급의 정보보호최고책임자를 지정하고 과학기술정보통신부장관에게 신고하고, 제3항에 의거 지정 및 신고 된 정보보호최고책임자는 다른 업무를 겸직할 수 없도록 명시하고 있습니다.

또한, 「전자금융거래법」 제21조의2(정보보호최고책임자 지정) 제1항에 의거 금융회사 또는 전자금융업자는 전자금융업무 및 그 기반이 되는 정보기술부문 보안을 총괄하여 책임질 정보보호최고책임자를 지정하며, 제3항에 의거 총자산, 종업원 수 등을 감안하여 대통령령으로 정하는 금융회사 또는 전자금융업자의 정보보호최고책임자는 다른 정보기술부문 업무를 겸직할 수 없도록 명시하고 있습니다.

'정보보호최고책임자'는 조직의 정보 자산을 안정적으로 운영하는 데 필요한 관리적, 물리적, 기술적 보안 대책 수립과 안정적으로 운영하는데 필요한 지식 능력을 갖추었는지를 평가하고, 위험관리에 기반을 둔 정보보호 전략 및 정책, 활동 대책 도출, 내부 보안감사 수행 등 정보보호를 위한 자원을 확보하며 정보보호의 성과를 검토하고 관리하는 실무업무를 수행하는 능력을 가진 자를 말하며, 이러한 업무를 수행하는 이가 '정보보호최고책임관리사' 입니다.

'정보보호최고책임관리사(Chief Information Security Officer | Certified of Qualification)'는 정보시스템의 사이버 공격에 대한 예방과 신속한 대응을 위한 정보보안에 대한 전문지식과 운용 능력을 갖추고, 정보보호 관련 법률과 규제를 만족하는 조직의 정보보호관리체계 정책 기획수립 및 정보보호를 위한 자원 확보, 성과 검토, 주요 정보자산의 기밀성·무결성·가용성·관리 적정성을 점검 등의 거버넌스 구현하고 관리하는 업무 수행 능력을 가진 자를 말합니다.

정보보호최고책임관리사 자격검정은 조직의 주요 정보시스템 등 정보자산을 안정적으로 운영하기 위해 필요한 업무 수행 지식 능력을 갖추었는지를 평가하고, 정보보호 & 개인정보보호 거버넌스구현, 정보보호 정책기획, 정보보호 계획수립, 보안 위험관리, 기술적(네트워크/애플리케이션/시스템)/관리적/물리적 보안운영, 보안 장비운용, 보안성 검토, 내부 보안감사 수행, 외주/협력사 보안관리 등 조직의 정보보호를 위한 자원 확보와 정보보호의 성과를 검토하고 관리하는 업무 수행에 필요한 지식, 기술, 태도에 대하여 전반적인 내용에 대한 시험문제가 출제 됩니다.

정보보호최고책임관리사 자격검정 시험은 필기시험과 실기시험으로 나누어지며, △응시자격은 기사 등급 이상의 자격을 취득한 후 응시하려는 종목이 속하는 동일 및 유사 직무분야에 10년 이상 실무에 종사한 사람, 시험과목은 △이론 시험은 제1과목 정보보호 전략, 제2과목 정보보호 정책, 제3과목 정보보호 계획, 제4과목 위험관리 전략, 제5과목 보안 감사 계획으로 총 5과목을 평가하며 객관식 4지선다 100문항이 출제, △실무 시험은 주관식 필답형으로, 단답형 20문항(40점), 서술형 3문항(30점), 작업형 2문항(30점)으로 출제되며, 과목별로 주어진 사례 중심의 문제해결을 통한 현장실무 능력을 평가, △시험시간은 90분 △합격기준은 100점 만점기준 60점 이상 득점하여야 합니다.

정보보호최고책임관리사 자격증은 한국직업능력개발원으로부터 지난 2018년 9월 13일 민간자격등록증(제 42516호)을 취득하였으며, 주무부처는 과학기술정보통신부(등록번호 제2018-004239호)로 등록자격관리자는 주식회사 에스링크입니다.

사단법인 한국사이버감시단에서는 제4차 산업혁명의 미래 IoT 초연결 사회를 대비하는 생애주기형 시큐리티 인력양성(잠재인력 발굴 → 예비인력 육성 → 경력단절 해소 → 전문인력 양성 → 전문역량 강화 → 최고인재 육성) 전략에 맞추어 민간자격검정센터를 운영중에 있으며, "정보보호활용능력, 정보보안관제사, 정보보안진단원, 정보보호최고책임관리사" 등 정보보호 및 정보보안 분야의 초급 인재부터 최고급 인재까지 정보보안산업에서 요구되는 실무형 맞춤 인재 양성과 차세대 글로벌 융합형 인재를 배출해 나가기 위해 지속적으로 노력해 나갈 것입니다.

본 편찬도서의 훌륭한 원고를 주신 집필위원님과 전문위원님들의 노고에 감사를 드리며, 아울러 본 교재의 감수기관인 정보보호인정협회 임원과 (사)한국인터넷정보학회 정보보호연구회 위원님들께도 깊은 감사를 드립니다.

사단법인 한국사이버감시단
대표이사 공병철

정보보호최고책임관리사(CISO) 자격검정 시험 개요

■ 검정 개요

- 명칭 : 정보보호최고책임관리사(CISO|CQ : Chief Information Security Officer | Certified of Qualification)
- 목적 : 정보보호최고책임관리사는 정보시스템의 사이버 공격에 대한 예방과 신속한 대응을 위한 정보보안에 대한 전문지식과 운용 능력을 갖추고, 정보보호 관련 법률과 규제를 만족하는 조직의 정보보호관리체계 정책 기획수립 및 정보보호를 위한 자원 확보, 성과 검토, 주요 정보자산의 기밀성·무결성·가용성·관리 적정성을 점검 등의 거버넌스 구현하고 관리하는 업무 수행 능력을 가진 자를 말하고, 당해 전문지식과 지능정보기술능력을 검정하여 정보보호 산업현장에 공급함으로써 정보보안 전문인력 양성은 물론 나아가 국가 경쟁력 향상에 기여토록 하는데 목적으로 한다.
- 직무 : 조직의 정보 자산을 안정적으로 운영하는 데 필요한 관리적, 물리적, 기술적 보안 대책 수립과 안정적으로 운영하는데 필요한 지식 능력을 갖추었는지를 평가하고, 위험관리에 기반을 둔 정보보호 전략 및 정책, 활동 대책 도출, 내부 보안감사 수행 등 정보보호를 위한 자원을 확보하며 정보보호의 성과를 검토하고 관리하는 실무업무를 수행하는 일이다.

■ 검정 기준

등급	검정기준(수행 직무)
급수 없음	조직의 정보 자산을 안정적으로 운영하는 데 필요한 관리적, 물리적, 기술적 보안 대책 수립과 안정적으로 운영하는데 필요한 지식 능력을 갖추었는지를 평가하고, 위험관리에 기반을 둔 정보보호 전략 및 정책, 활동 대책 도출, 내부 보안감사 수행 등 정보보호를 위한 자원을 확보하며 정보보호의 성과를 검토하고 관리하는 실무업무 수행 수준

■ 검정 응시자격

연령/학력	세부 응시자격
40대 이상 대학원 졸업자	1. 기사 등급 이상의 자격을 취득한 후 응시하려는 종목이 속하는 동일 및 유사 직무분야에 10년 이상 실무에 종사한 사람 2. 관련학과의 전문대학졸업 후 동일 및 유사 직무분야에서 14년 이상 실무에 종사한 사람 3. 관련학과의 대학원 졸업자 또는 박사과정 졸업예정자 4. 응시하려는 종목이 속하는 동일 및 유사 직무분야에서 16년 이상 실무에 종사한 사람 5. 외국에서 동일한 종목에 해당하는 자격을 취득한 사람

■ 합격 기준

- 필기시험은 시험과목당 100점 만점기준 40점 이상, 전과목 평균 60점 이상 득점
- 실기시험은 100점 만점기준 60점 이상 득점한 자를 합격자로 A/B 레벨로 구분한다.

구분	세부 능력 수준
A 레벨	주어진 과제의 85%~100%를 정확히 해결할 수 있는 능력 수준
B 레벨	주어진 과제의 60%~84%를 정확히 해결할 수 있는 능력 수준

■ 검정 세부방법

- NCS 학습모듈
  - 20.정보통신〉01.정보기술〉06.정보보호〉01. 정보보호관리·운영
    ⇒ 정보보호 거버넌스 구현 (8수준)정보보호 거버넌스 구현(8수준), 정보보호 정책기획(7수준), 보안 위험관리(7수준), 정보보호 계획수립(6수준), 내부 보안감사 수행(7수준)

- 과목별 시험 문항수 및 시험시간표

구 분	과목명	세부 항목	문항수	검정시간	문제유형	합격기준
필기 시험	1. 정보보호 전략	• 정보보호 전략 수립 • 정보보호 자원 할당 • 정보보호 성과 관리	20문	90분	객관식 4지 택일형	60점
	2. 정보보호 정책	• 정보보호 정책 수립 • 정보보호 정책 유지관리	20문			
	3. 정보보호 계획	• 정보보호 목표 설정 • 정보보호 대상 범위 설정 • 정보보호 중장기 계획 수립 • 정보보호 세부 실행 계획 수립	20문			
	4. 위험관리 전략	• 위험관리 계획 수립 • 위험 분석 • 위험 분석 결과 조치	20문			
	5. 보안감사 계획	• 보안 감사 계획 수립 • 보안 감사 실행 • 보안 감사 결과 보고	20문			
실기 시험	정보보호 거버넌스 구현 실무		25문	120문	주관식 필답형	60점

- 실기시험 세부 기준
  - 과목별로 주어진 사례중심의 문제해결을 통한 현장 실무능력 측정한다.
  - 평가방법은 사례중심 문제의 세부배점 및 채점기준에 따라 점수 부여한다.
    단답형 20문항/ 2점 = 40점, 서술형 3문항/10점 = 30점, 작업형 2문항/15점 = 30점
    ※ 부분점수 존재

■ 민간자격 검정사업단 개요

- 주최 : (사)한국사이버감시단
- 발급기관 : ㈜에스링크 대표이사 공병철
- 관리번호 : 직업능력개발원 민간자격등록증 제 42516 호
- 주무부처 : 과학기술정보통신부 등록번호 제 2018-004239 호

■ 검정 문의

- http://www.CISO-CQ.com
- Tel : 02-555-0816
- e_mail : info@ciso-cq.com

정보보호최고책임관리사(CISO) 검정시험 출제기준 (필기)

직무분야	정보통신	중직무분야	정보기술	자격종목	정보보호 최고책임관리사	적용기간	2018.10.01 ~ 2021.12.31

- 직무내용 : 조직의 정보 자산을 안정적으로 운영하는 데 필요한 관리적, 물리적, 기술적 보안 대책 수립과 안정적으로 운영하는데 필요한 지식 능력을 갖추었는지를 평가하고, 위험관리에 기반을 둔 정보보호 전략 및 정책, 활동 대책 도출, 내부 보안감사 수행 등 정보보호를 위한 자원을 확보하며 정보보호의 성과를 검토하고 관리하는 실무업무를 수행하는 일이다.

필기검정방법	객관식	문제수	100	시험시간	90분

필기과목명	문제수	주요항목	세부항목
1. 정보보호 전략	20문	정보보호 전략 수립	• 정보보호 전략 수립 방법론 • 전사적 정보보호 역할 및 책임 • 조직의 핵심 사업 및 미션
		정보보호 자원 할당	• 예산 및 인력 계획을 수립 • 회계일반, 투자관리 및 SW사업대가 • 조직편성 및 인적자원 관리
		정보보호 성과 관리	• 정보보호 성과관리 개요 • 성과 측정 지표 및 평가
2. 정보보호 정책	20문	정보보호 정책 수립	• 중요 정보보호 요구사항 • 정보보호 정책 체계 • 조직의 경영목표 및 정보전략계획(ISP)
		정보보호 정책 유지관리	• 정책 시행문서 이력관리 • 정책의 타당성 검토와 제/ 개정 • 보안사고 예방 및 조치 관련 국내외 지침 검토
3. 정보보호 계획	20문	정보보호 목표 설정	• 정보보호 정책과 관리체계 • 정보자산의 식별과 현황 • 정보시스템 목록 및 구성도
		정보보호 대상 범위 설정	• 정보자산의 구성과 현황 • 정보자산 목록과 구성도 • 정보보호 대상의 경계와 범위 설정
		정보보호 중장기 계획 수립	• 정보보호 중장기 목표와 기본방침 설정 • 관리적,물리적,기술적 보안대책과 자원계획 수립
		정보보호 세부실행계획 수립	• 정보보호 실행 목표와 기본방침 설정 • 정보보호 보안 대책에 대한 자원계획 수립 능력 • 정보자산의 조직내 영향도 분석
4. 위험관리 전략	20문	위험관리 계획 수립	• 위험관리 수행 범위 • 프로젝트 관리방법론 • 정보자산의 분류와 구성
		위험 분석	• 위험 분석 관리 및 조사방법론 • 위험분석 방법론 • 재무와 회계 관련 지식
		위험 분석 결과 조치	• 위험분석 결과 조치 방법론 • 위험전략 소요비용 편익 분석
5. 보안 감사 계획	20문	보안 감사 계획 수립	• 보안 감사 기획 • 감사 대상과 범위 선정 • 중점점검 항목 도출
		보안 감사 실행	• 보안 감사 수행 체크리스트 • 인터뷰 및 감사일지 작성 • 감사증적 수집 및 분석
		보안 감사 결과 보고	• 표준 감사보고서 • 감사결과 시정조치 요구서 및 결과보고서 • 감사 수행 결과에 대한 평가 및 교육

필기과목명	주요항목	세부항목

1편.
정보보호 전략
	1장
	정보보호 전략 수립
		1.1 거버넌스의 정의
		    chapter 1. 거버넌스의 개요 및 이해
		    chapter 2. 정보보호 거버넌스의 개요 및 프로세스 이해
		1.2 전사적 정보보호 역할 및 책임
		    chapter 1. 정보보호 조직의 개념 및 구성
		    chapter 2. 정보보호 조직의 역할 및 책임
		1.3 정보보호 환경 분석 및 요구사항 정의
		    chapter 1. 정보보호 환경 분석
		    chapter 2. 정보보호 요구사항 정의 및 분석

	2장
	정보보호 자원 할당
		2.1 예산 및 인력 계획 수립
		    chapter 1. 정보보호 예산 수립
		    chapter 2. 정보보호 인력 구성 계획 수립
		2.2 투자관리 및 사업대가 산정
		    chapter 1. 투자관리
		    chapter 2. SW 사업 대가
		    chapter 3. 컨설팅 사업 대가산정
		2.3 조직편성 및 인적자원 관리
		    chapter 1. 조직 편성 및 협의체
		    chapter 2. 인적자원 관리

	3장
	정보보호 성과관리
		3.1 정보보호 성과관리 개요
		    chapter 1. 성과 관리 이해
		    chapter 2. 정보보호 성과관리 이해
		3.2 정보보호 성과 측정지표 및 평가
		    chapter 1. 정보보호 성과 측정지표
		    chapter 2. 정보보호 성과 측정지표의 사례
		    chapter 3. 정보보호 성과 측정 및 평가

2편.
정보보호 정책
	1장
	정보보호 정책 수립
		1.1 정보보호 정책 개요
		    chapter 1. 정보보호 정책 체계
		    chapter 2. 정보보호 정책의 필요성
		1.2 정보보호 정책 요구사항
		    chapter 1. 요구사항
		    chapter 2. 환경 분석
		    chapter 3. 정보보호 정책 요구사항 도출
		1.3 정보보호 정책 수립
		    chapter 1. 정보보호 정책 수립 시 고려사항
		    chapter 2. 정보보호 정책 수립 절차

	2장
	정보보호 정책 유지 관리
		2.1 정책 시행문서 이력관리
		    chapter 1. 정보보호 정책의 승인
		    chapter 2. 정보보호 정책의 공표
		    chapter 3. 정보보호 정책 관리 절차 수립
		    chapter 4. 상위 정책과의 연계성 및 정책시행 문서 수립
		2.2 정책의 타당성 검토와 제/개정
		    chapter 1. 정보보호 컴플라이언스
		    chapter 2. 정보보호 정책의 타당성 및 영향도 분석
		    chapter 3. 정책의 유지관리

필기과목명	주요항목	세부항목

3편.
정보보호 계획
	1장
	정보보호 목표 설정
		1.1 정보보호 정책과 관리체계
		    chapter 1. 정보보호 정책 및 시행 문서 분석
		    chapter 2. 정보보호 관리체계 내의 관리대상 분석
		    chapter 3. 관리적, 물리적, 기술적 정보보호 목표 설정

	2장
	정보보호 대상 범위 설정하기
		2.1 정보보호 대상 범위 설정
		    chapter 1. 정보자산의 식별
		    chapter 2. 정보자산별 영향도 분석
		    chapter 3. 정보자산의 관리방안 수립

	3장
	정보보호 중장기 계획 수립하기
		3.1 정보보호 중장기 계획 수립
		    chapter 1. 정보보호 중장기 목표 설정
		    chapter 2. 정보보호 대책 수립
		    chapter 3. 중장기 계획 수립

	4장
	정보보호 세부 실행 계획 수립하기
		4.1 정보보호 세부 실행 계획 수립
		    chapter 1. 정보보호 실행 목표 설정
		    chapter 2. 정보보호 대책 및 지원 방안 수립
		    chapter 3. 정보보호 세무 실행 계획 수립

4편.
위험관리 전략
	1장
	위험관리 계획 수립
		1.1 위험관리 개요
		    chapter 1. 위험관리 원칙
		    chapter 2. 위험관리 프레임워크
		    chapter 3. 위험관리 프로세스
		1.2 위험 식별
		    chapter 1. 위협, 취약점 및 위험
		    chapter 2. 위험의 상관관계
		1.3 위험관리 계획 수립
		    chapter 1. 위험관리
		    chapter 2. 위험관리 계획 수립

	2장
	위험분석
		2.1 위험분석 관리 및 조사방법론
		    chapter 1. 위험분석 모델
		    chapter 2. 위험도 산정
		2.2 위험분석 방법론
		    chapter 1. 브레인 스토밍
		    chapter 2. 인터뷰 (구조화 또는 반 구조화 인터뷰)
		    chapter 3. 델파이 기법
		    chapter 4. 체크리스트
		    chapter 5. HAZOP
		    chapter 6. SWIFT (Structured "What-if" Technique)
		    chapter 7. 시나리오 분석
		    chapter 8. 비즈니스 영향 분석
		    chapter 9. 고장 모드 및 영향 분석 (FMEA)
		    chapter 10. 인과 관계 분석
		    chapter 11. 인간 신뢰도 평가 (HRA)

	3장
	위험분석 결과 조치
		3.1 위험분석 결과 조치 방법론
		    chapter 1. 위험 처리
		3.2 위험전략 소요비용 편익 분석
		    chapter 1. 비용 편익 분석(Cost-Benefit Analysis)

필기과목명	주요항목	세부항목

5편.
보안 감사 계획
	1장
	보안감사 계획 수립
		1.1 보안감사 기획
		    chapter 1. 보안감사의 정의 및 목적
		    chapter 2. 보안감사의 분류 및 정책 수립
		    chapter 3. 보안감사의 필요성 증가
		1.2 감사대상과 범위 선정
		    chapter 1. 보안감사 대상과 범위 설정
		    chapter 2. 사전 예비 조사 수행
		    chapter 3. 보안감사 계획 수립
		1.3 중점점검 항목 도출
		    chapter 1. 중점점검 항목 도출 프레임워크
		    chapter 2. 중점점검 항목 도출 및 작성

	2장
	보안감사 실행
		2.1 보안감사 수행 체크리스트
		    chapter 1. 최종 체크리스트 작성 및 감사 자료 요청
		2.2 인터뷰 및 감사일지 작성
		    chapter 1. 감사 일정을 고려한 범위 관리 방법
		    chapter 2. 감사 지적 사항의 정리 기법
		2.3 감사증적 수집 및 분석
		    chapter 1. 감사 목적 및 시정 조치 가능성을 고려한 컨설팅 기법

	3장
	보안감사 결과 보고
		3.1 표준 감사보고서
		    chapter 1. 감사보고서 작성 기법
		    chapter 2. 시정 조치 관련 의사소통 방법
		3.2 감사결과보고서 및 시정조치 보고서 요구
		    chapter 1. 감사결과보고서 작성 기법
		3.3 감사 수행 결과에 대한 평가 및 교육
		    chapter 1. 시정 조치 결과의 적정성 판단 기법

1편 정보보호 전략

학습 목표

본 1편에서는 정보보호 전략 수립, 정보보호 자원할당, 정보보호 성과관리 및 측정에 대하여 학습하도록 한다.
정보보호최고책임자는 조직의 정보보호 거버넌스 및 프로세스를 이해하고, 정보보호조직의 개념과 구성, 역할 및 책임 등을 명확히 파악하여 정보보호 자원을 할당 하는 등의 일련의 체계적인 절차를 통하여 정보보호에 대한 성과관리 및 측정, 평가를 수행 할 수 있다.

평가의 목표

본 1편에서 정보보호 전략에서는
- 제 1장에서는 거버넌스의 이해, 정보보호 조직의 구성 및 역할/책임, 정보보호 환경분석을 통한 요구사항 정의 등을 이해한다.
- 제 2장에서는 정보보호 중장기 계획에 따라 소요될 예산 및 인력을 파악과 더불어 정보보호 목표 달성을 위한 조직의 역할과 책임을 명세화하여야 하겠다.
- 제 3장에서는 정보보호 성과관리 및 성과 측정지표를 이해하고 정보보호 성과에 대한 올바른 평가를 이해한다.

1장 정보보호 전략 수립

> **평가 목표**
> - 대내외 환경 및 조직의 이해관계자 분석을 통해 정보보호 요구사항을 파악할 수 있다.
> - 정보보호 요구사항에 따라 목표 및 전략을 수립하고, 정보보호 위험을 고려하여 중장기 계획을 수립할 수 있다.
> - 전사적 정보보호를 위한 의사결정 과정에 경영진을 포함하여 정보보호 역할 및 책임을 명세화 할 수 있다.

1.1 거버넌스의 정의

chapter 1 거버넌스의 개요 및 이해

■ **거버넌스의 개요**

▶ 일반적인 거버넌스는 통치, 관리, 통치(관리) 방식을 의미한다. 어떤 목적을 이루어 나가는 과정을 관리하기 위해서는 계획(Planning), 통제(Control), 조직화(systematization), 감시(관찰; monitor), 지휘(command), 평가, 개선이 필요하다. 이를 위해 프레임워크식으로 PDCA(Plan, Do, Check, Action) Cycle 이라는 틀을 만들어 놓았다.

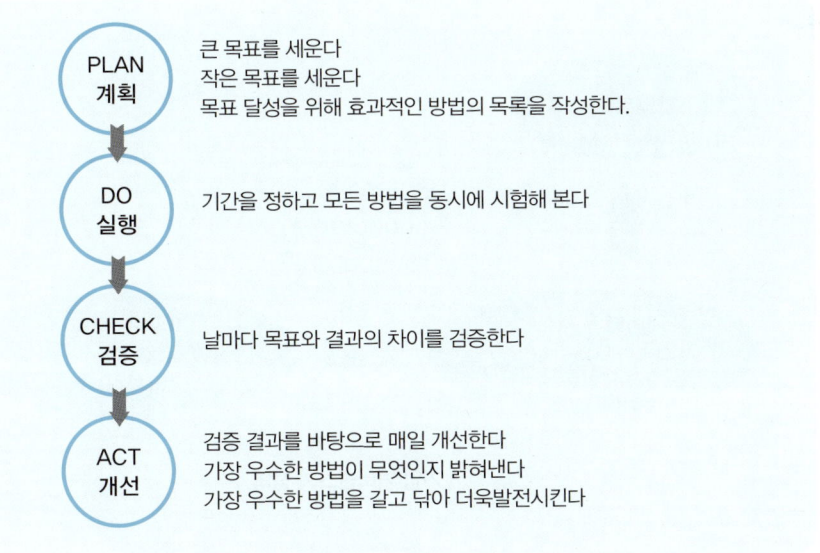

출처: 초고속 성장의 조건 PDCA

■ 공공 거버넌스

- 사회 내 다양한 기관(중앙정부, 지방정부, 사회단체, NGO 등)이 자율성을 지니면서 함께 국정운영에 참여하는 변화 통치방식을 말하며, 다양한 행위자가 통치에 참여·협력하는 점을 강조해 '협치'라고도 한다. 특히 기존 중앙정부에 의해 지배되던 국정 운영을 탈피하여 보다 적극적인 국민의 참여에 의해 그 근본 목적을 달성하고자 하는 개념이다.
  - 다양한 구성원, 조직 간의 네트워크(협력)를 강조한다.
  - 공공 거버넌스에서 정부의 역할
    - 바람직한 목적 달성을 위한 지휘자
    - 협력을 위한 중재자
    - 문제해결과 정책 결정을 위한 여건 조성
    - 신기술의 적용
    - 사회 구성원의 능력 향상

■ 기업 거버넌스

- 조직의 목적 달성을 지향하도록 조직 내 활동들을 통치, 지휘, 관리, 감시하기 위해 최고경영진 및 이사회가 구현한 프로세스 및 구조의 집합이다. 이사회가 효과성, 책임성, 투명성을 바탕으로 기업목표를 가지고 경영활동을 수행하도록 하는 것이 기업 거버넌스라고 한다.
  - 기업 거버넌스 정의
    - 기업 거버넌스 주체 : 이사회
    - 기업 거버넌스 대상 : 경영활동(조직 내 모든 활동)
    - 기업 거버넌스 기준 : 기업의 목적 및 목표

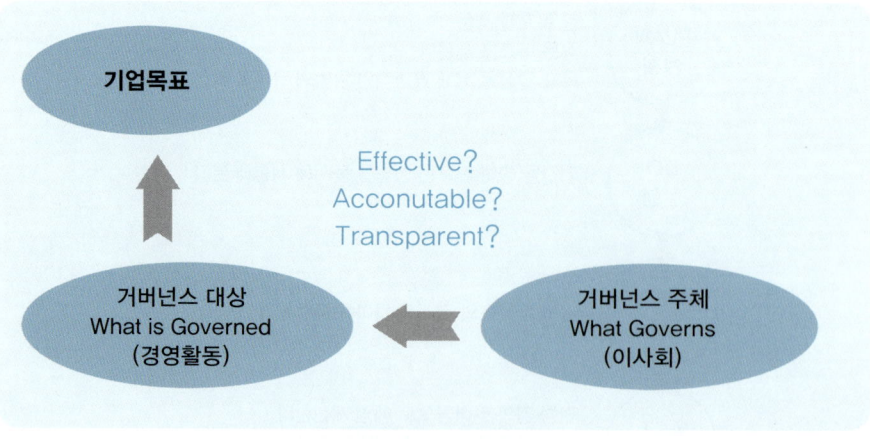

| 기업 거버넌스의 정의 |

- 거버넌스와 매니지먼트의 차이점
  - 거버넌스 : 명시적, 공식적, 외부적
  - 매니지먼트 : 묵시적 비공식적, 내부적

■ IT 거버넌스 (기업 거버넌스의 일부분)

▶ 조직의 목적 달성을 지향하도록 조직 내 IT 활동들을 통치, 지휘, 관리, 감시하기 위해 최고경영진 및 이사회가 구현한 프로세스 및 구조의 집합이다.

- IT 거버넌스의 주요 프로세스
  - Strategic Alignment(전략적 연계) : 조직의 목표와 IT와 연계한다.
  - Value Delivery(가치의 제공) : 조직의 이익을 창출한다.
  - Risk Management(위험 관리) : 조직 IT에 대한 위험을 관리한다.
  - Resource Management(자원 관리) : 자원을 최적화하여 관리한다.
  - Performance Measurement(성능 측정) : IT 성능을 측정한다.

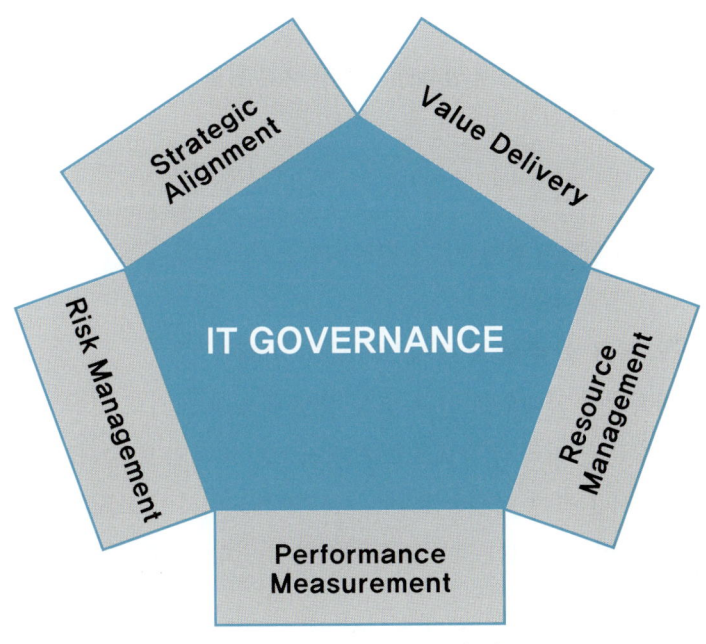

| IT 거버넌스의 주요 프로세스 |

chapter 2   정보보호 거버넌스의 개요 및 프로세스 이해

■ 정보보호 거버넌스 개요

기본적으로 정보보호 거버넌스는 IT 거버넌스, 기업 거버넌스의 하위 개념이다. 즉, IT 거버넌스, 기업 거버넌스의 하위에서 정보보호 분야를 특화하는 전사적 정보보호 관리 체계를 통칭하는 용어이다. 정보보호 거버넌스는 ISO/IEC 27014:2013(Information Technology-Security Techniques-Governance of Information Security)에 의하여 국제 표준으로 그 개념과 원칙이 지정되어 있다. 또한 ISO/IEC 27014 : 2013 에서는 정보보호 거버넌스의 핵심 활동인 평가(Evaluate), 지시(Direct), 감시(Monitor)를 중심으로 이사회와 임원의 역할 및 책임을 정의한다.

- 평가(Evaluate)
  프로세스의 반복적 이행에서 발견되는 요소와 프로세스의 변경으로 인하여 향후 조직의 정보보호 목적 달성에 영향을 끼칠 수 있을 만한 요인을 사전에 평가하여 조직의 정보보호 목표가 지속적으로 달성되도록 관리하여야 한다.
- 지시(Direct)
  조직의 정보보호 목적과 전략 달성에 필요한 사항과 추진 방향을 제시하는 것으로, 자원 할당, 보안 활동 우선순위, 위험 관리 계획 및 방안 등을 포함한다.
- 감시(Monitor)
  조직의 정보보호 목표를 달성하기 위하여 지속적으로 프로세스를 모니터링하고 주요지표에 의하여 정량적 목표가 달성되고 있는지 확인하고 점검하는 프로세스이다.

■ 정보보호 거버넌스의 목표 및 주요 프로세스에 대한 이해

IT 환경의 변화와 지속적인 국내외 보안 사고의 발생에 따라 조직의 보안 위협에 대응하는 전사적 관리 체계가 필요해졌다. 따라서 정보보호 거버넌스는 조직의 보안 사고에 대한 예방, 피해 최소화, 보안 사고 발생 시 신속한 복원력(Resilience) 향상을 위하여 조직차원의 정보보호 체제 수립을 그 목표로 한다. 따라서 이러한 정보보호 체제를 수립하기 위한 목표로 세 가지를 제시할 수 있으며, 그 목표는 다음과 같다.

- 정보보호 거버넌스의 3가지 목표(ISG's ABC)
  책임성(Accountability) : 정보보호 활동의 성과에 대하여 누가 책임을 지는가?
  ☞ 정보보호에 대한 조직 내 의사 결정, 문제 발생 시 책임에 관한 목표 수립에 대한 내용으로서 조직원의 역할과 지위, 책임을 명확히 정의하여 자율적이고 적극적인 통제 환경을 구축하고자 한다.
  비즈니스연계성(Business Alignment): 정보보호 활동이 기업의 비즈니스 목표 달성에 기여하는가?
  ☞ 정보보호의 정책, 활동이 비즈니스 목표 및 방향성과 일치하여 기업과 조직의 목표달성에 기여할 수 있도록 하고자 한다.
  준거성(Compliance): 정보보호 활동이 원칙과 기준(법, 제도, 기업 내부의 규정 등)에 따라 수행되는가?

☞ 정보보호 활동이 법과 각종 규제에 따라 이행되고 있는지 여부를 점검하고, 그 내용을 준수할 수 있도록 조직을 정비하고자 한다.

■ 정보보호 거버넌스의 주요 프로세스

- 전략적 연계 : 조직의 목표를 달성하기 위한 정보보호와 비즈니스 전략 간의 연계이다.
- 가치 전달 : 조직의 목적을 지원함에 있어 가장 최적화된 정보보호 가치 창출 프로세스를 구축한다.
- 자원 관리 : 조직의 정보보호를 위한 자산과 지식, 정보 보안 인프라를 효율적, 효과적으로 활용 및 관리한다.
- 위험 관리 : 조직의 자산에 대한 잠재적 보안 위협을 수용 가능한 레벨로 유지하기 위하여 정보보안 위험의 식별, 분석, 대응 계획 수립 및 완화하는 활동을 한다.
- 성과 측정 : 조직의 목표가 달성되었음을 보장하기 위한 정보보호 프로세스에 대한 기준 수립 및 측정, 모니터링, 보고를 한다.
- 프로세스 통합 : 조직의 정보보호를 위하여 전체 프로세스를 통합 관리한다.

1.1 핵심정리

▶ **정보호호 거버넌스**
- 기본적으로 정보보호 거버넌스는 IT 거버넌스, 기업 거버넌스의 하위 개념이다. 즉, IT 거버넌스, 기업 거버넌스의 하위에서 정보보호 분야를 특화하는 전사적 정보보호 관리 체계를 통칭하는 용어이다.

▶ **정보보호 거버넌스의 주요 프로세스**
- 전략적 연계 : 조직의 목표를 달성하기 위한 정보보호와 비즈니스 전략 간의 연계를 뜻한다.
- 가치 전달 : 조직의 목적을 지원함에 있어 가장 최적화된 정보보호 가치 창출 프로세스를 구축한다.
- 자원 관리 : 조직의 정보보호를 위한 자산과 지식, 정보 보안 인프라를 효율적, 효과적으로 활용 및 관리한다.
- 위험 관리 : 조직의 자산에 대한 잠재적 보안 위협을 수용 가능한 레벨로 유지하기 위하여 정보보안 위험의 식별, 분석, 대응 계획 수립 및 완화하는 활동을 한다.
- 성과 측정 : 조직의 목표가 달성되었음을 보장하기 위한 정보보호 프로세스에 대한 기준 수립 및 측정, 모니터링, 보고를 한다.
- 프로세스 통합 : 조직의 정보보호를 위하여 전체 프로세스를 통합 관리한다.

1.2 전사적 정보보호 역할 및 책임

chapter 1 정보보호 조직의 개념 및 구성

■ **정보보호 조직의 개념**

정보보호 활동을 수행하기 위하여 책임, 권한, 관계가 정의된 조직, 인원 등을 말한다.

■ **정보보호 조직 구성 시 고려사항**

- 조직의 정보보호 활동과 업무를 원활히 수행하기 위해서는 조직의 각 부분에서 정보보호에 관련된 역할과 책임을 명확히 정의하여야 한다. 정보보호를 수립하고 구현 및 운영하기 위해 정보보호책임자를 지정해야 한다. 책임을 할당받은 경영진 또는 관리자들은 다른 사람에게 정보보호 업무를 위임할 수 있다.
- 최종 책임(accountability)은 여전히 위임자에게 남아있다. 따라서 수행 책임(responsibility)을 위임한 자는 위임한 업무가 모두 올바르게 수행되었는지를 확인하여야 한다. 조직의 규모에 따라 달라질 수 있으나, 대부분의 경우 정보보호 관리자 및 실무자를 지정하여 실제 업무를 수행 하도록 한다. 조직의 규모가 큰 경우에는 정보보호 전담 팀이나 부서가 만들어 질 수도 있다.
- 정보보호 전담 인력이 아무리 많더라도 정보는 정보시스템, 문서 및 사람의 머리속에서 생성, 저장하고 처리되기 때문에 단일 부서나 조직이 전 조직에 걸친 정보보호 업무를 전담할 수 없고, 정보보호에 대하여 단독적으로 책임을 질 수도 없다.
- 각부서의 업무 처리 중의 정보보호에 대한 책임은 각 부서의 관리자들에게 남아 있다. 일반적인 최적 실무(best practice)는 각 자산에 대하여 소유자를 지정하여 그 자산의 보호책임을 지도록 하는 것이다. 자산의 소유자는 정보보호 관리자와 협력하여 자신이 책임져야 하는 자산의 보호 방법을 결정하고 보호 방법을 구현하기 위한 자원을 조달해야 한다.

■ **정보보호 조직체계를 새로 구성시 고려사항**

- 정보보호조직을 구성할 때는 조직의 규모(크기 및 인력), 조직 관리 구조, 운영 사이트의 수와 위치, 사이트 간 상호 연결 형태, 정보화 및 IT 예산, 시스템 운영 환경 등을 고려하여야 한다.
- 조직에서 정보보호 활동을 원활히 수행하기 위해서는 보호해야 할 정보 자산의 유형, 규모 및 가치 등을 고려하여 이에 적합한 수준으로 인원과 예산을 배정해야한다.
  - 전 조직에 걸쳐 목표 정보보호 수준을 유지하는 것은 정보보호 전담 조직만의 노력만으로는 부족하다. 조직의 모든 부서에서 해당 업무 수행에 필요한 정보보호책임이 할당되어야 하며, 이를 정보보호 전담 조직은 이를 기획·조정, 통합하고 이행을 모니터링하며 정보보호 사고 등 위반에 대응하는 역할을 수행하는 것이 바람직하다.

- 정보보호 전담 인력이 아닌 일반 직원이라 하더라도 자신의 업무 수행 과정에서 정보를 보호할 책임이 있으며 이는 본래의 업무 수행과 똑같이 중요한 책임이다.
- 정보보호 조직을 구성함에 있어 직무 분리의 원칙을 적용해야 한다. 직무 분리는 부주의에 의한 또는 고의적인 시스템 오용, 악용의 위험을 감소시키기 위해 필요하며, 직무 분리가 어려운 상황에서는 별도의 관리 감독 강화 또는 통제 대책을 수립하여야 한다.
- 정보보호 조직을 구성·운영하는 데 있어 적정 인력을 확보하기 어려운 경우 외부전문 업체에 정보보호 업무를 위탁할 수 있으나, 책임을 져야 하는 정보보호책임자, 정보보호 관리자는 내부 인력으로 임명해야 하며, 실무 수행을 담당하는 정보보호 담당자에 대해서는 외부 인력을 활용할 수 있다. 어떤 경우에든 최종적인 책임은 경영진에게 남아 있다.
- 외부 전문 업체의 인력을 활용하고 있는 경우, 해당 인력의 책임 및 역할, 자격 요건 등도 문서화하고, 계약된 인력과 실제 업무를 수행하는 인력이 일치하는 지에 대해서도 반드시 확인이 필요하다.

chapter 2   정보보호 조직의 역할 및 책임

■ 정보보호 조직의 책임 할당

- 조직의 전사적 정보보호 의사결정을 위하여 모든 부서의 임원진 등 경영층이 참여하는 정보보호 위원회를 구성하고, 각 부서별로 정보보호 활동 지원을 위한 정보보안 담당자가 지정되어야 한다. 이들 정보보안 담당자는 정보보호 실무의 구체적인 사항을 협의하기 위한 정보보호 실무 협의회를 구성한다.
- 정보보호 위원회
  - 조직은 정보보호 관리체계의 효과적인 운영을 위하여 주요 정보보호 관련 사안에 대한 심의 책임을 갖는 기구(위원회 등)를 구성하여야 한다.
  - 정보보호 위원회의 구성원은 일반적으로 정보보호책임자를 위원장으로 하며, 정보보호에 관련된 각 부서의 장을 위원으로 하고, 정보보호 관리자가 간사 역할을 맡는다. 또한 주요 정보보호 관련 사안에 대한 검토와 승인이 가능하다고 판단되는 인원을 포함할 수 있다.
  - 조직에서는 정보보호 위원회 구성 및 정기 운영에 관한 사항을 별도 규정으로 수립하여 적용할 수 있다.
  - 정보보호 위원회에서는 아래와 같은 주요 정보보호 활동 및 업무에 관한 사항을 심의·의결할 수 있으며, 의사 결정 기록을 남겨야 한다.
    - 정보보호 정책의 심의 및 승인
    - 정보보호 활동 계획의 심의 및 승인
    - 정보보호 예산 심의 및 승인
    - 보안 사고의 심의, 위규자 징계, 우수자 포상 심의 및 승인
    - 위험 평가 결과 검토 및 승인
    - 정보 통신망 신·증설에 따른 자체 보안성 검토

- 정보보호 관련 장비 및 프로그램 도입 검토
- 정보보호 정책 및 지침의 제·개정에 관한 사항
- 연간 정보보호 계획 수립과 집행에 관한 사항
- 내부 감사 실시 및 결과에 관한 사항
- 기타 의장 또는 정보보호책임자가 필요하다고 인정하는 사항

- 정보보호 실무 협의회
  - 정보보호 실무 협의회는 정보보호 위원회 심의·의결 사항에 대한 실무적인 검토, 세부 이행 방안 수립, 원활한 정보보호 관리 활동의 조정 등의 업무를 수행한다.
  - 정보보호 실무 협의회는 정보보호 관리자가 주관하고 정보보호 담당자가 간사 역할을 수행하며, 다루는 사안에 따라 관련된 부서의 정보보호 담당자가 참여한다.
  - 정보보호에 관련하여 부서 간 협의가 필요한 사항이 발생하는 경우 수시로 협의회를 소집할 수 있다.
  - 정보보호 실무 협의회에서는 정보보호 위원회의 의사 결정을 지원하기 위하여 아래와 같은 구체적인 사항을 협의한다.
    - 정보보호 정책 및 지침 안 작성 및 검토
    - 정보보호 활동 계획안 수립
    - 정보보호 예산안 수립
    - 위험 평가 수행, 위험 평가 결과의 실무 검토 및 해결 방안 협의
    - 정보 통신망 신·증설에 따른 자체 보안 방안
    - 분야별 정보보호 대책의 수립과 집행에 관한 사항
    - 자산에 대한 위험 분석 평가에 관한 사항
    - 내부 감사 지원, 그 결과의 실무 검토 및 해결 방안 협의
    - 기타 정보보호 관리자 및 부서별 정보보호 담당자가 요청하는 사항

■ 정보보호 전담 조직

- 정보보호 업무를 체계적으로 그리고 책임성 있게 수행하기 위해서는 정보보호에 관련된 업무에 대한 책임자가 필요하다. 인력이 매우 부족한 소규모 조직에서는 정보보호책임자 또는 정보보호 관리자를 임명하고 정보보호 담당자를 지정하는 것 이상은 불가능할 수 있다. 그러나 인력 및 자원이 풍부한 대규모 조직 또는 정보가 극히 중요한 조직에서는 다양한 전담 기능을 보유하고자 할 수 있다. 다음에서 설명하는 정보보호 전담부서들은 반드시 팀으로서 구성해야 하는 것은 아니나, 정보를 체계적으로 보호하기 위해 필요한 기능들이다.

- 정보보호팀
  - 정보보호팀의 역할은 정보보호 관련 업무를 기획하고 시행하기 위한 세부 계획을 마련하며, 각종 보안 통제 사항을 관리한다.
  - 자산에 대한 위협 및 위험 분석, 주기적인 모니터링을 통해 평시 정보보호 관리를 이행한다.
  - 조직 임직원의 정보보호에 대한 인식 및 기술 수준을 제고하기 위해 교육 계획을 수립하고 시행한다.
  - 주요 시스템에 대한 침해 사고 등 긴급 상황에 대처하기 위한 비상 계획의 수립과 운영을 지원한다.

- 침해사고 대응팀 : 정보통신망의 침해 사고 등 사이버 침해로부터의 예방, 대응, 분석 및 복구 등의 활동을 수행하기 위하여 침해 사고 대응팀(CERT, Computer Emergency Response Team)을 구성·운영할 수 있다. CERT 혹은 정보보호 관련 조직 체계는 기업의 규모와 산업 분야에 따라 차이를 보이며, 인력 및 조직의 규모도 큰 차이를 보이고 있다. 최근의 침해 사고 대응팀(CERT)은 다양한 보안 위협에 대응하기 위하여 기술적인 측면뿐만 아니라 관리적인 측면과 물리적인 측면의 통합을 강조하는 추세이다. 또 과거에는 IT 조직 내 하나의 부서로 정보보호 관련 조직이 편성되어 있었지만, 침해 사고와 정보보호에 대한 중요성이 강조됨에 따라 정보보호 관련 부서가 IT 조직에서 벗어나 독립적인 전담 기구로 존재하는 경우가 늘어나고 있다.

  - 침해 사고 대응팀(CERT)은 비상시 조직으로서 침해 사고를 비롯한 정보보호 사고가 발생할 경우, 신속하고 효과적인 사고 처리 및 복구를 위해 주요 정보보호 담당자를 중심으로 침해 사고 대응팀(CERT)을 구성하여 운영한다. 사고의 종류에 따라 정보보호 업무 이외의 업무 담당자를 포함할 수 있다.
  - 정보보호책임자는 침해 사고에 즉각적으로 대응하기 위하여 사전 조직 구성, 대응절차 및 예방책 수립, 사고 대비 교육 및 훈련 등을 실시하여야 한다.
  - 침해 사고는 다양한 방식으로 발생할 수 있으므로 일반 직원이 침해 사고를 인지하고 신고하기 위한 교육 훈련을 포함해야 한다.

- 개인정보보호팀 : 개인정보를 취급하는 조직에서는 관련 법에 따라 개인정보보호책임자(CPO, Chief Privacy Officer)를 임명해야 한다. 개인정보 노출 및 유출 등 침해 사고 발생을 예방하고 발생 시 능동적으로 대응하기 위해서는 개인정보보호책임자(CPO)는 임원급 이상의 실무에 능통한 사람을 임명하는 것이 필요하다. 또한 소규모 조직에서는 정보보호책임자가 개인정보보호책임자(CPO)를, 정보보호 관리자가 개인정보보호 관리자를 겸임하기도 하지만, 법에서 요구하는 사항을 전 조직에 걸쳐 만족스럽게 대응하기 위해서는 실제 개인정보를 관리하는 부서의 장이 개인정보보호책임자(CPO)를 맡고 전담하는 실무자 또는 전담 부서를 두는 것이 좋다.

  - 고객 정보를 보유하는 각 조직에서는 개인정보보호책임자(CPO)를 지정해야 한다. 개인정보보호책임자(CPO)는 개인정보의 취급 및 보호에 관한 총괄 책임을 지고 이에 필요한 실무 이행을 위해 개인정보 관리자 또는 담당자를 지정하여 업무를 위임할 수 있다.
  - 개인정보보호책임자(CPO)는 개인정보 취급자 및 부서별 개인정보 보유 현황 및 업무를 파악하고 개인정보의 전체 수명 주기에 걸쳐 법적 요건을 만족하기 위한 취급 방침 및 방침의 이행을 위한 프로세스를 수립하고 관리하여야 한다.
  - 개인정보보호책임자(CPO)의 업무는 다음과 같다.
    - 개인정보보호 계획의 수립 및 시행
    - 개인정보 처리 실태 및 관행의 정기적인 조사 및 개선
    - 개인정보 처리와 관련한 불만의 처리 및 피해 구제
    - 개인정보 유출 및 오·남용 방지를 위한 내부 통제 시스템의 구축
    - 개인정보보호 교육 계획의 수립 및 시행
    - 개인정보 파일의 보호 및 관리·감독

- 개인정보 취급자에 대한 감독 및 정기적인 보안 교육
- 위탁 업체의 개인정보 관리 상황에 대한 관리 · 감독
- 이용자의 불만 사항 접수 및 처리
- 그 밖에 개인정보의 적절한 처리를 위하여 별도로 정한 사항

⏵ 보안 감사팀 : 조직은 정보보호 방침 혹은 정책에 따라 보안 활동이 적절히 이루어지고 있는지를 확인해야 하며, 이같은 활동은 보안 감사를 통해 이루어진다. 보안 감사는 감사 주체에 따라 내부 감사와 외부 감사로 구분하여 실시되며, 감사시기에 따라 정기 보안 감사와 수시 보안 감사로 나눌 수 있다. 정기 보안 감사는 연간 1회 이상 실시하여야 하며, 조직의 상황에 따라 분기별로 수행하는 경우도 있다. 지나친 감사는 업무 프로세스에 부담을 줄 수 있으며, 인원 및 시간 등 업무 자원의 낭비를 초래하고 임직원 간의 불필요한 오해를 야기할 수 있으므로 보안 감사 수행을 위한 정책과 적용 기준이 명확하게 수립되어야 한다.

- 조직의 보안 정책 및 업무 위험을 고려하여 적절한 다음 사항을 포함하는 보안 감사계획을 수립한다.
  - 감사 대상 및 영역
  - 감사 목적
  - 감사 범위 및 중점 감사 항목
  - 감사 일정(기간)
  - 참여 감사자
  - 감사 기법 및 감사 기준
  - 기타 필요 사항 등
- 보안 감사 수행 후에는 발견 사항에 대한 조치를 대상 부서에 요청하고, 일정 기간 후 조치 수립에 대한 확인을 실시한다.

■ 정보보호 조직 구성원의 역할

⏵ 정보보호 역할을 맡는 정보보호책임자, 정보보호 관리자 및 정보보호 담당자, 이들과 협력하는 부서별 정보보호 담당자의 역할을 정보통신 분야와 비정보통신 업무부서 담당자 등의 역할은 조직의 규모와 특성에 따라 변경될 수 있다.

⏵ 최고 정보보호책임자 : 최고 정보보호책임자(CISO, Chief Information Security Officer)는 조직의 정보보호 총괄 책임자로서 정보보호의 필요성과 목표에 대한 명확한 인식을 가지고 있어야 한다. 효과적인 정보보호 업무 이행을 위해서는 임원급에서 지정되어야 하며, 정보보호 분야의 다양한 경험과 지식을 보유하고 있다면 더욱 바람직할 것이다.

- 최고 정보보호책임자는 조직의 전반적인 정보보호 관련 업무에 대한 총괄 책임을 가지고 의사 결정을 내리며 업무 이행을 관장하고 준수 여부를 감독한다.
- 최고 정보보호책임자는 정보보호 위원회의 의장 역할을 수행하며, 주요 업무는 다음과 같다.
  - 정보보호 정책의 수립 및 이행
  - 정보보호 조직의 구성 및 운영

- 정보보호 정책 및 지침의 승인/승인 획득
- 정보보호 활동 및 교육 지휘, 감독
- 정보보호 예산 편성 및 집행
- 정보보호 대책의 수립
- 침해 사고 대응팀 수립 및 운영
- 정보보호 관련 법, 규정 검토 준수
- 정보보호 현황을 최고 경영진에게 정기적으로 보고
- 타 정보보호 관련 업무 지휘 감독

- 최고 정보보호책임자 지정기준 및 업무
  - 정보보호최고책임자는 기업 내 정보기술 부문의 안전성 확보, 이용자 보호를 위한 전략과 계획 수립, 보안사고 예방 및 조치 등의 정보보안 업무를 총괄하는 최고 임원을 지칭한다. 일정 기준 이상 규모를 갖춘 정보통신서비스 제공자는 정보통신망 이용촉진 및 정보보호 등에 관한 법률 제45조의3(2014. 11. 27. 시행)에 의하여 정보보호최고책임자(CISO)를 지정·신고해야 하며, 금융회사 및 전자금융업자는 전자금융거래법(2012. 5. 15. 시행)에 따라 정보보호최고책임자(CISO)를 임원으로 지정해야 한다.

■ '정보통신망 이용촉진 및 정보보호 등에 관한 법률'에 따른 지정기준 및 업무

[지정기준]
- 법 제41조 제1항제1호에 따른 내용 선별 소프트웨어를 개발 및 보급하는 사업자
- 법 제47조 제2항에 따라 정보보호 관리체계 인증을 받아야 하는 자
- '저작권법' 제104조 제1항에 따른 특수한 유형의 온라인서비스 제공자로서 상시 종업원 수가 5명 이상 이거나 전년도 말 기준 직전 3개월 간의 일일평균 이용자 수가 1000명 이상인 자
- '전자상거래 등에서의 소비자보호에 관한 법률' 제2조제3호에 따른 통신판매업자(통신판매중개업자를 포함한다)로서 상시 종업원 수가 5명 이상인 자
- '게임산업진흥에 관한 법률' 제2조제7호에 따른 인터넷컴퓨터게임시설제공업을 영위하는 자에게 법 제 28조제6호에 따라 고시된 음란물 및 사행성게임물 차단 프로그램을 제공하는 사업자
- 상시 종업원 수가 1000명 이상인 자

[업무]
- 정보보호관리체계의 수립 및 관리·운영
- 정보보호 취약점 분석·평가 및 개선
- 침해사고의 예방 및 대응
- 사전 정보보호대책 마련 및 보안조치 설계·구현 등
- 정보보호 사전 보안성 검토
- 중요 정보의 암호화 및 보안서버 적합성 검토
- 그 밖에 이 법 또는 관계 법령에 따라 정보보호를 위하여 필요한 조치의 이행

■ '전자금융거래법'에 따른 지정기준 및 업무

[지정기준]
- 금융회사 또는 전자금융업자는 전자금융업무 및 그 기반이 되는 정보기술부문 보안을 총괄하여 책임질 정보보호최고책임자를 지정하여야 한다.
- 총자산, 종업원 수 등을 감안하여 대통령으로 정하는 금융회사 또는 전자금융업자는 정보보호최고책임자를 임원(상법 제401조의2제1항제3호에 따른 자를 포함한다)으로 지정하여야 한다.
- 총자산, 종업원 수 등을 감안하여 대통령으로 정하는 금융회사 또는 전자금융업자의 정보보호최고책임자는 제4항의 업무 외에 다른 정보기술부문 업무를 겸직할 수 없다.

[업무]
- 제21조제2항에 따른 전자금융거래의 안전성 확보 및 이용자 보호를 위한 전략 및 계획의 수립
- 정보기술 부문의 보호
- 정보기술 부문의 보안에 필요한 인력관리 및 예산 편성
- 전자금융거래의 사고 예방 및 조치
- 그 밖에 전자금융거래의 안정성 확보를 위하여 대통령령으로 정하는 사항

◉ 정보보호 관리자

- 정보보호 관리자는 정보보호책임자의 임무를 위임받아 정보보호 업무를 수행하는 인력을 말한다.
- 정보보호 전담 조직의 관리자로서 적절한 정보보호 수준을 유지하기 위하여 다음과 같은 업무를 수행한다.
  - 정보보호 업무 기획 및 정보보호 활동 실무 조정
  - 정보보호 정책 및 지침의 수립, 주기적인 검토 및 개정
  - 정보보호 계획 수립
  - 정보보호 정책 및 지침 준수에 대한 지원 및 관리 감독
  - 조직 구성원에 대한 정보보호 교육 및 홍보
  - 침해 사고 대응 체계 수립 및 대응
  - 정보보호 감사 계획 수립 및 이행
  - 정보보호 시스템의 도입 계획 수립 및 운영 관리
  - 비상 대책 및 재난 대책 등을 포함한 정보보호 대책 수립
  - 정보보호책임자를 보좌
  - 정보보호 현황의 정기적인 모니터링
  - 정보보호 현황을 정보보호책임자에게 정기적 또는 비정기적으로 보고

◉ 정보보호 담당자

- 조직에서 정보보호 실무 운영을 담당하는 자로서 기술적, 관리적, 물리적 담당자로 역할을 나누기도 한다. 정보보호 관리자의 지시에 따라 일반적으로 다음과 같은 역할을 수행한다.
  - 정보보호 시스템의 운용 및 유지 관리
  - 인프라, 응용 프로그램, 데이터베이스 및 PC의 보안 관리

- 정보보호 점검 및 감사 수행
- 보안 모니터링
- 침해 사고 등 비상 상황 시 대응
- 기타 정보보호 관리자의 업무 보조

정보통신 분야별 담당자

- 정보 통신 분야별 담당자는 서버, 네트워크, 응용 시스템, 데이터베이스 등에 관련된 실무를 담당하는 인력으로 분야별 세부 담당자 및 운영자를 지정할 수 있다. 또한 정보 통신 분야별 담당자는 담당 정보 자산의 보안을 관리하고 자체 점검을 실시하며, 보안 사고 처리를 지원한다.
- 시스템(서버 운영) 담당자, 네트워크 담당자, 보안 시스템 담당자, 데이터베이스 담당자, 시스템 개발 담당자, 전산실 담당자가 포함되며 다음과 같은 정보보호 역할을 수행한다.
  - 서버 등 주요 시스템에 대한 정보보호 점검 및 통제
  - 네트워크에 대한 정보보호 점검 및 통제
  - 애플리케이션 등 주요 응용 시스템에 대한 정보보호 점검 및 통제
  - 데이터베이스 관리 시스템(DBMS)에 대한 정보보호 점검 및 통제
  - 개인용 컴퓨터(PC), 이동형 저장 장치 등에 대한 정보보호 점검 및 통제

비정보통신 업무 부서별 정보보호 담당자

- 업무 부서별 정보보호 책임은 해당 부서장에게 있으며, 업무별 정보보호 담당자는 부서장의 지휘를 받아 해당 부서의 정보보호 실무를 이행한다.
- 조직의 정보보호 정책 준수를 위해 필요한 실무를 이행하며 해당 부서의 정보보호 관련 의견 수렴 및 전달을 위한 채널로써 정보보호 전담 조직과 협력하여 다음과 같은 업무를 수행한다.
  - 부서 내 주요 정보보호 활동에 대한 기획 및 이행
  - 부서 내 정보보호에 대한 의견 수렴 및 정보보호 부서에 전달·협의
  - 부서 내 정보보호 현황 점검 및 보고
  - 부서 내 보안사고 발생시 정보보호 전담 조직(부서)와 협력하여 이를 처리

▶ 정보보호 조직 구성원의 직무 기술서(예)

직 무 기 술 서			
직무코드	직무명	보안업무	직무 수행자
ISMS-R1	정보보호책임자	총괄관리	○○○
소속	직책	인원	작성 연월일
관리 부문	CISO	1	0000. 00. 00
직무 개요 및 권한	최고보안책임관은 일반 보안(인원, 문서, 시설 등)과 주요 정보 통신 보안에 관한 업무를 총괄하는 자로 본 ○○의 업무를 총괄함		
직무내용			
- 보안 및 정보 보호 업무를 전달·총괄 - 각 부서(팀)별 보안 및 정보 보호 업무를 지도·감독			
직무 요건			
학력		경력	
대졸 이상		관리 업무 경력 5년 이상	
기타 사항			
업무 지식 및 보유 필요. 정보 보호 지식 및 보유 우대			

[출처] 한국정보통신기술협회, 정보보호 조직구성 및 운영지침 (2012.12.21.)

1.2 핵심정리

▶ **정보보호 조직 구성 시 고려사항**
- 조직의 정보보호 활동과 업무를 원활히 수행하기 위해서는 조직의 각 부분에서 정보보호에 관련된 역할과 책임을 명확히 정의하여야 한다. 정보보호를 수립하고 구현 및 운영하기 위해 정보보호책임자를 지정해야 한다.

▶ **정보보호 조직의 역할 및 책임**
- 전 조직에 걸친 정보보호 의사결정을 위하여 모든 부서의 임원진 등 경영층이 참여하는 정보보호 위원회를 구성하고, 각 부서별로 정보보호 활동 지원을 위한 보안 담당자가 지정되어야 한다. 이들 보안 담당자는 정보보호 실무의 구체적인 사항을 협의하기 위한 정보보호 실무 협의회를 구성한다.
- 또한 CISO를 비롯한 정보보호 전담 조직, 정보보호 담당자, 침해사고 대응팀, 개인정보보호팀, 보안감사팀 등 각 직책에 따른 역할 및 책임을 명확히 명시하고 업무를 수행토록 하여야 한다.

1.3 정보보호 환경 분석 및 요구사항 정의

chapter 1   정보보호 환경 분석

■ 내부 환경 분석

- 정보보호 거버넌스의 개념을 정확히 이해하고 정보보호 활동과 비즈니스 목표와의 연계에 중점을 두어야 하며, 정보보호 거버넌스 수립을 위하여 조직 내·외부 현황을 분석하여야 하므로 내·외부 환경 분석에 필요한 다양한 기법을 이해하고 적용할 수 있도록 한다. 특히 내부 문서의 접근 시 접근 권한 통제 규정에 준하여 분석을 실시하도록 한다.
- 내부 환경 분석은 기업 내부에서 보유하고 있는 다양한 인적, 물적 역량을 경쟁사와 객관적으로 비교·평가하고 자사의 강점 및 약점을 파악하는 경영활동이다.
- 기업 내부의 핵심역량을 파악하여 강점을 활용하고 약점을 보완하여 시장에서 경쟁우위를 선점할 수 있도록 경영전략 수립에 활용하는 분석을 기업 내부 환경분석이라 한다. 기업의 강점은 주요 소비자의 니즈(needs)를 만족시켜줌으로써 결과적으로 기업에 이익을 가져다 주는 내부요인을 말하며, 약점은 새로운 전략을 기업에 적용하거나 발전시키려고 할 때 따라오는 내부적인 한계점을 말한다. 내부 환경분석 시 고려 요인으로는 기업 보유자원(재화나 서비스 포트폴리오, 보유 기술, 내부 직원, 자산 등)과 내부역량(미션과 비전, 브랜드 로열티 등) 등이 있다.

■ 외부 환경 분석

- 기업이 경영전략 수립 시, 직·간접적으로 경영에 영향을 미치는 외부적인 요인을 파악하는 것으로 소비자 분석, 경쟁자 분석, 시장 분석, 환경 분석 등이 있다. 기업이 처한 외부환경에서 경영에 영향을 미칠 수 있는 잠재적인 기회 및 위협을 파악하는 경영전략 활동 중 하나이다. 외부로부터의 기회와 위협은 기업의 활동과는 관계없이 독립적으로 주어지는 것으로, 기업은 자체적으로 보유하고 있는 강점과 약점을 분석하는 내부 환경 분석과 함께 이를 활용하여 경영전략을 수립한다.
- 외부 환경 분석 시 사용하는 기준으로는 소비자 분석(소비자 현황 및 트렌드, 구매 동기, 잠재적 욕구 등), 경쟁자 분석(경쟁기업의 전략, 기업문화, 강점과 약점 분석 등), 시장 분석(시장규모, 예상 성장 규모, 이익 창출, 진입장벽, 가격구조, 유통구조, 주요 성공요인 등), 환경 분석(기술적 환경, 정부 정책 환경, 경제적 환경, 문화적 환경, 인구 통계적 특징 등) 등이 있다.

chapter 2   정보보호 요구사항 정의 및 분석

■ 요구사항의 정의

- 어떤 문제를 해결하거나 특정의 목적을 위하여 사용자가 필요로 하는 조건이나 능력을 뜻한다.
- 계약, 표준, 명세 또는 다른 형식으로 제시된 문서에 맞추어 시스템이나 시스템 구성 요소가 갖추어야 할 조건이나 능력. 요구 사항들은 시스템이나 시스템 구성 요소의 후속 개발 단계의 자료가 된다.
- 계약을 수행하거나, 표준에 맞추거나, 시방을 만족시키기 위해 시스템의 전체 혹은 일부가 갖추어야 하는 조건이나 능력. 요구의 총체는 시스템의 장래 발전의 기반이 될 수 있다.

■ 정보 및 정보보호 요구사항

- 정보 요구사항이란? 하나의 정보 시스템에 제기될 수 있는 실제 질문이나 예상 질문을 뜻한다.
- 정보보호 요구사항은 하나의 정보시스템에 제기 될 수 있는 전반적인 사항보다는 정보보호 측면에서 발생이 가능한 문제점이나 보완사항을 도출하는 것으로 범위측면에서는 축소되는 사항이다. 정보보호 요구사항은 정보시스템에 제기될 수 있는 정보보호 측면에서의 질문 등으로 정보보호에 대한 미흡사항이나 취약사항이 발생되지 않도록 면밀히 검토되어야 한다.

■ 분야별 정보보호 요구사항 분석

- 요구사항의 분석이란? 어떠한 일이나 프로젝트를 완수하기 위해서 선제적으로 필요한 사항들을 목록화 하고 조직에서 해결해야 하는 요소들을 검토해야 하는 것이다. 예를 들어 해킹메일 수신 및 랜섬웨어 등 사이버공격 상황이 발생하면 신속한 대처가 어렵고, 각각의 아키텍처별에 대하여 각기 다른 대응 방법을 사용해야 한다.
- 서로 다른 아키텍처에 맞춰 각기 다른 보안요소를 적용해야 하므로 구체적인 보안 요구사항 적용이 어렵고, 상호 호환성에 대한 문제점이 발생 할 수도 있다. 따라서 이러한 문제점 해결을 위해 다양한 사이버공격에 대한 가상 시나리오 수립 및 정보보호 요구사항을 분석하고 새로운 대응방안을 제안한다. 적절한 사이버공격 대응방안 및 정보보호 체계 강화 방안이 도출되려면 정확하고 효율적인 정보보호 요구사항 분석이 매우 중요할 수밖에 없을 것이다.
- 다음과 같이 어떠한 정보시스템 개발 프로젝트를 수행시에 법적기준 및 기술적인 정보보호 요구사항에 대한 분석 사례를 살펴보도록 하자.

- 신규 정보시스템 개발 및 기존 시스템 변경 시 (개인)정보 영향 평가 결과, 정보보호 기본 요소, 최신 보안취약점 등을 고려하여 다음과 같은 항목이 포함된 보안 요구사항을 정의하여 설계 단계에서부터 구현, 시험, 이관까지 일관성 있게 적용될 수 있도록 하여야 한다.
    - 개인정보처리에 관련된 법적 요구사항 (예 : 개인정보 취급자 권한 부여 기록, 접속기록, 암호화 대상 정보 등)
    - 사용자 부서 및 기관의 정보보호 요구사항 (예 : 접근권한 정의 및 통제 원칙, 암호화 대상 선정 등)
    - 정보보호 관련 기술적인 요구사항 등 (예 : 개발보안, 인증, 암호화 등)

1.3 핵심정리

▶ **정보보호 환경 분석**
- 정보보호 거버넌스의 개념을 정확히 이해하고 정보보호 활동과 비즈니스 목표와의 연계에 중점을 두어야 한다. 또한 정보보호 거버넌스 수립을 위하여 조직 내·외부 현황을 분석하여야 하므로 내·외부 환경 분석에 필요한 다양한 기법을 이해하고 적용할 수 있도록 한다.

▶ **내부 환경분석**
- 내부 환경 분석은 기업 내부에서 보유하고 있는 다양한 인적, 물적 역량을 경쟁사와 객관적으로 비교·평가하고 자사의 강점 및 약점을 파악하는 경영활동이다.

▶ **외부 환경분석**
- 기업이 경영전략 수립 시, 직·간접적으로 경영에 영향을 미치는 외부적인 요인을 파악하는 것으로 소비자 분석, 경쟁자 분석, 시장 분석, 환경 분석 등이 있다.

2장 정보보호 자원 할당

평가목표
- 정보보호 중장기 계획에 따라 소요될 예산 및 인력을 파악할 수 있다.
- 정보보호 목표달성을 위하여 필요한 조직을 구성하고 역할 및 책임을 명세화할 수 있다.
- 우선순위에 따라 부서별 또는 기능별로 수행 가능한 정보보호 과제를 도출하고 승인할 수 있다.
- 예산, 인력정책에 따라 부서별 또는 기능별 예산 및 인력 요구서를 취합, 조정하고 정보보호 예산 및 인력 계획을 수립할 수 있다.
- 예산, 인력정책에 따라 정보보호 투자 및 비용 집행을 통제하고, 집행 실적을 주기별로 분석하여 필요시 예산, 인력을 조정할 수 있다.

2.1 예산 및 인력 계획 수립

chapter 1 정보보호 예산 수립

■ **정보보호 예산 수립의 실태**

- 국내 기업 가운데 절반 가까이는 정보보호 예산을 편성하는 등 정보보호 관련 투자가 늘어나고 있는 것으로 나타났다. 반면 정보보호 전략을 수립하고 전담조직을 운영하는 등 중장기적 정보보호 활동을 위한 대비나 투자를 하는 기업들은 오히려 줄었다.
- 기업과 일반 국민들의 정보보호 예방, 투자에 대한 인식이 개선되는 가운데 인공지능(AI), 빅데이터 등 4차 산업혁명 관련 새로운 서비스가 등장하면서 사생활 침해, 개인정보 유출 등에 대한 우려는 커지고 있는 것으로 나타났다.
- 과학기술정보통신부가 2018년 1월 8일 발표한 2017년 정보보호 실태조사에 따르면, 정보보호 예산을 편성한 기업이 전체 48.1%로 전년 조사 대비 15.6%p나 상승한 것으로 나타났다. 과기정통부는 종사자 1인 이상 9000개 기업과 개인 4000명을 대상으로 면접조사를 통해 정보보호 실태조사를 진행했다.
- 대상 기업 가운데 IT예산 중 정보보호 예산을 5%이상 편성 기업도 전년대비 2배로 늘어나 2.2%를 차지하면서 정보보호 투자도 늘어난 것으로 나타났다. 다만, 정보보호(개인정보보호) 전략 수립을 수립한 기업은 1.9%p 낮아진 15.2%로 나타났고 전담조직을 운영하는 기업도 9.9%로 전년대비 1.1%p 하락했다. 과기정통부는 중장기적 정보보호 활동을 위한 대비나 투자는 미흡한 것으로 나타났다고 설명했다.

■ 정보보호 예산 수립 규정

- 현재 국내에서는 정보통신망법에서는 구체적인 정보보호 예산 편성에 대한 강제사항이 없지만, 제1금융권은 정보보안 인력 및 예산 시스템을 전자금융감독 규정에 의거하여 정보보호 예산 및 인력에 대한 사항을 준수하여야 한다.
- 정보보호 조항인 '5·5·7규정'(전자금융감독규정 3장 2절 8조 2항)이 있다.
  5·5·7규정은 2011년 금융당국이 개정한 전자금융감독규정에 포함된 내용으로 금융사에 전체 인력의 5%를 IT 전문인력으로, IT 인력의 5%를 정보보호 전담 인력으로, 전체 예산의 7%를 정보보호에 사용하도록 권고한 사항이다.

■ 정보보호 예산 수립 전략

- 정보보호 예산 편성의 규정은 법적으로 명시된 분야도 있지만, 일반 기업과 기관에 모두 적용할 수 있는 것은 아니다. 모든 조직에서는 그 조직의 규모와 상황이 모두 다르니 어떠한 명확한 답안이 있지는 않다. 무엇보다도 중요한 것은 제일먼저 경영자(CEO)를 비롯한 임원들이 기업의 생존과 발전 전략에 따라 실무자들과의 회의 및 의견수렴을 통하여 가장 효율적이고 적정한 정보보호 예산을 편성하는데에 귀를 기울여야 할 것이다.

chapter 2 정보보호 인력 구성 계획 수립

■ 정보보호 인력 구성

- 조직 구성 시에 가장 중요하게 고려하여야 할 사항은 정보보호를 전담할 조직의 구성이다. 즉, 보안을 전담하는 조직이 아닌 일시적인 보안 업무를 수행하는 조직 구성이나 타 업무를 병행하는 '일회성', '부분적 보안'을 위한 조직 구성으로는 조직의 정보보호를 제대로 구현할 수 없다는 것이다.
- '지속적 관리'와 '전사적 보안'을 위한 높은 수준의 보안 관리 활동을 위해서는 반드시 전담 조직의 구성을 필수적으로 이행하도록 한다.
- 전담 조직의 범위 산정 및 역할과 책임 정의
  - 전담 조직의 구성은 우선, 업무량 산정 과정을 통하여 식별된 정보보호 서비스별로 조직의 범위를 선정한다. 범위 선정 시에 각 서비스들과 정보 보안 설비, 관련 인력(정보보호 실무자, 내부 보안 감사 인력 등)을 모두 포함하도록 한다. 이후 선정된 조직별로 각각의 R&R을 정의한다. R&R 정의 시에는 세부 수행 업무를 명시하고 추가로 수행 시 필요한 입출력 산출물과 필요 지식을 정의하도록 한다.

2.1 핵심정리

▶ **정보보호 예산 수립 규정**
- 현재 국내 제1금융권은 정보보안 인력 및 예산 시스템을 전자금융감독 규정에 의거하여 정보보호 예산 및 인력에 대한 사항을 준수하여야 한다.
- 정보보호 조항인 '5·5·7규정'(전자금융감독규정 3장 2절 8조 2항)이 있다. 5·5·7규정은 2011년 금융당국이 개정한 전자금융감독규정에 포함된 내용으로 금융사에 전체 인력의 5%를 IT 전문인력으로, IT 인력의 5%를 정보보호 전담 인력으로, 전체 예산의 7%를 정보보호에 사용하도록 권고한 사항이다.

▶ **정보보호 인력 구성**
- 조직 구성 시에 가장 중요하게 고려하여야 할 사항은 정보보호를 전담할 조직의 구성이다. '지속적 관리'와 '전사적 보안'을 위한 높은 수준의 보안 관리 활동을 위해서는 반드시 전담 조직의 구성을 필수적으로 이행하도록 한다.

2.2 투자관리 및 사업대가 산정

chapter 1　투자관리

■ **정보보호 투자 관리**

- CISO는 기업(조직)에 투입된 정보보호 자원에 대하여 투자 사항을 지속적으로 모니터링하고 통제한다.
- 조직의 정보보호 정책이 시행되면 지속적으로 실태 조사를 통하여 투자와 비용을 확인하고 통제할 필요가 있다. 조직의 정보보호에 관련된 업무량 산정이 적정한 수준으로 진행 되었는지를 확인하고 그렇지 못하였을 경우에는 조정을 통하여 적정 수준을 유지할 수 있다. 투자 및 비용을 통제하기 위하여 정보보호 업무별 구분을 정리하고 각 시스템별 비용을 정량적으로 산출하여 정리한다. 그리고 산출한 금액과 예상하였던 최종 계획 금액과 의 대비를 통하여 현재 비용이 적정한지, 그렇지 않은지 여부를 판단하고 조정하는 작업을 수행한다.
- 정보보호 업무별로 구분하여 정리한다.
  - 관리적, 물리적, 기술적 정보보호 보안 업무 구분 정리
- 각 시스템별 비용을 정량적으로 산출한다.
  - 시스템별 비용 산출(소요 금액, M/M 등)
- 계획 금액과 실적 금액을 대조하고 결과를 분석한다.
  - 계획 대비 실적 산출
  - 결과 분석 및 투자 비용 조정

chapter 2　SW 사업 대가

■ **SW 사업 대가 산정 가이드**

- 현재 일반적으로 알려져 있는 "SW사업 대가산정 가이드"는 공공 부문에서 SW사업을 추진할 때, 예산 수립 및 사업 발주시 대가를 산정하기 위하여 준용되고 있다.
- "민간용 SW사업 대가산정 가이드(2017년 개정판)"은 민간 부문에서 활용될 수 있도록 IT아웃소싱(ITO) 서비스 대가 모델을 소개하는 가이드이다.
- 2016년 개정판까지는 공공부문 가이드의 유지관리 및 운영비에 추가하여 공표하였으나, ITO 대가만을 참고하고자 할때 문서량에 따른 불편함이 제기되어 2017년부터는 별책으로 공표한다. 따라서, ITO서비스 대가 이외의 다른 SW사업에 대한 대가산정 방법은 "공공부문 SW사업 대가산정 가이드(2017년 개정판)"을 참고하기 바란다.

■ ITO 서비스 소개

ITO 서비스의 개요 및 정의
- 가치기반 방식 ITO 서비스는 고객이 운용중인 애플리케이션 시스템 전부 또는 일부를 대상으로 종합적인 서비스를 전문기관인 제공자가 전체적인 책임을 맡아서 제공하는 것을 의미한다.
- 기본적인 운영, 유지관리 서비스뿐만 아니라 SW아키텍처의 유지, 업무지원 등 고객이 필요로 하는 IT전반에 관한 서비스를 제공한다. 다만 제공자가 둘 이상이 되면 고객이 컨트롤타워 역할을 직접 수행할 필요가 있어 복잡해지므로 통상적으로는 한 제공자에게 서비스 제공을 맡기는 경우가 많다.
- 기술적인 부분뿐만 아니라 고객과 여러 면에서 호흡을 맞춰 서비스가 제공되어야 하므로 장기적인 계약이 고객과 제공자 모두에게 유리한 측면이 있다.

서비스의 특징
- 서비스를 제공받는 고객과 서비스를 제공하는 제공자 두 당사자가 있다.
- 서비스 제공에 관한 ITO 계약이 필요하다.
- 계약기간이 장기적인 경우가 많다.
- 고객이 운용 중인 애플리케이션 시스템을 서비스의 주 대상으로 한다.
- 제공자는 고객의 정보자원을 통합하여 관리하면서 서비스를 제공하게 된다.
- 운영 및 유지관리 서비스를 기본으로 하고, 고객의 애플리케이션 시스템에 관련된 여러가지 서비스를 전체적으로 함께 묶어서 서비스가 제공되기도 한다.
- 개별 애플리케이션 시스템을 대상으로 제공되어야 하는 서비스가 있고, 공통적으로 통합하여 제공되어야 하는 서비스도 있다.

서비스의 종류
- 서비스종류는 서비스대가 산정을 위한 기본 단위이다. 서비스 기반의 대가는 서비스 입력(Input)이 아닌 서비스 결과(Output)를 기반으로 산정한다. 따라서 서비스종류는 서비스 결과 유형, 즉 서비스 대상, 서비스 산출물, 또는 서비스 규모 결정 시점이 유사한 단위로 분류한다.

서비스종류의 분류 기준
- 서비스종류를 분류함에 있어 고려해야 할 사항은 크게 서비스 대상이 무엇인지, 서비스를 통한 산출물은 무엇인지, 마지막으로 서비스 규모를 결정하는 시점은 언제인지 등이다. 이러한 고려사항을 기준으로 서비스종류는 1) 서비스 대상 애플리케이션 시스템의 유무, 2)서비스로 인한 형상 변경 여부, 3) 서비스 업무량 결정 방식을 기준으로 분류하여 서비스의 종류를 정한다.
- 첫째, 서비스 대상 애플리케이션 시스템이 계약 시점에 존재하는지 또는 예상이 가능한지 여부를 기준으로 한다. 즉, 대상 애플리케이션이 있는 경우 서비스대가 산정을 위해 기 축적된 데이터가 있으므로 해당 데이터를 근거로 산출 가능하나, 애플리케이션이 없는 경우 데이터가 부재하므로 새로운 근거 산출이 필요하다.
- 둘째, 애플리케이션이 있는 경우, 애플리케이션을 구성하는 형상, 즉 프로그램 또는 테이블 등의 변경 여부에 따라 분류한다. 형상 변경이 발생하는 경우 대가 산정을 위해 변경 규모를 축적 및 활용할 수 있으나, 형상 변경이 발생하지 않는 경우 별도의 데이터를 축적 및 활용할 필요가 있다.
- 셋째, 서비스 내역을 계약 체결 이전에 협의 가능한지 또는 계약 체결 이후에 협의가 필요한지 여부에

따라 분류한다. 사전협의가 가능한 업무는 고객과 제공자 간 예측한 업무량으로 대가를 산정할 수 있으나, 사후결정이 필요한 업무는 오차가 클 수 있으므로 리스크를 최소화하기 위한 적정 수준의 사후 대가정산의 필요가 있다.
- 서비스종류의 분류 기준에 의거하여, 서비스종류를 1) 운영관리 서비스, 2) 장애관리 서비스, 3) 개선관리 서비스, 4) 지원관리 서비스로 분류한다.

◉ 서비스대가의 정의와 기본 방향
- 가치기반 방식의 ITO 서비스를 위해서는 서비스를 제공받는 고객과 서비스를 제공하는 서비스 제공자 사이에 계약하여 거래를 하여야 하고, 그러기 위해서는 서비스에 대한 가격을 정해야 한다. 이를 서비스대가라 한다. 서비스의 대가를 정하기 위하여 두 가지가 필요한데, 하나는 서비스규모이고 다른 하나는 서비스단가이다.
- 서비스규모를 산정하기 위해 객관적이고 명쾌한 근거를 갖도록 한다. 또한 고객의 특성이나 제공자의 역량 차이를 반영하여 서비스 품질의 향상을 위한 투자를 유도하도록 한다.
- 서비스단가도 서비스종류의 특성을 반영하여 정한다.
- 서비스를 제공하기 위해서는 많은 서비스 활동들이 필요로 하게 된다. 그에 필요한 인력, 프로세스, 제도, 지원 시스템 등 많은 요소들이 상호 작용하여 움직여 줘야 하는데, 고객 측면에서는 서비스 품질이나 서비스 수준에 연계가 잘 되도록 하고, 서비스 제공자 입장에서도 인력의 재배치를 포함한 자원들에 대한 투입을 효율적으로 통제하여 생산성 향상이나 수익성 제고에 기여가 되도록 하여야 한다. 서비스 범위에 대한 명확성을 높이고, 경험에 의한 주관성을 최대한 배제하여 서비스 규모 산정의 객관화를 이루고, 서비스 제공자의 역량에 따른 차등을 두어 정당한 보상이 이루어지도록 하려고 한다.
- 서비스 범위를 명확하게 정의하기 위해서 "인력"보다 "서비스 기반"에 초점을 두고, 서비스규모 산정의 객관화를 위해 "경험"보다는 "객관적 규모 산정"에 초점을 두며, 서비스대가의 차별화를 위해 "평균"보다는 "차등 대가 산정"에 초점을 두는 것이 서비스대가의 방향이다.

■ 서비스 가치 기반의 서비스대가 추구

◉ IT서비스에 관하여 "서비스 제공자와 서비스 고객 모두가 가치를 느낄 수 있도록 서비스를 창출 및 전달하는 인력, 정보기술, 조직, 정보가 공유 및 종합된 환경"이라고 한다. 즉, IT 시스템이 고객의 사업 프로세스에 있어 갖추어야 할 도구 및 비용으로 인식하기 보다는 IT 서비스 제공자가 고객 사업의 가치 사슬 안에서 고객과 함께 가치를 공동으로 창출함을 의미한다.

chapter 3 **컨설팅 사업 대가산정**

■ IT 컨설팅의 개요

◉ IT컨설팅이란 "IT 분야의 제반 업무에서 전문가의 도움이나 지원을 원하는 의뢰인의 요구에 대해 그 문제점을 도출해내고 분석하여 이에 대한 개선 방안이나 해결책을 제시하는 등 일련의 자

문을 제공하는 것"이라고 정의하여 기존 정보전략계획(ISP) 수립 사업대가의 범위보다 포괄적인 정의를 사용하고 있다.

- IT컨설팅에는 정보전략계획(ISP: Information Strategic Planning), 정보전략계획 및 업무재설계(BPR: Business Process Reengineering), 전사적 아키텍처(EA: Enterprise Architecture), 정보시스템 마스터플랜(ISMP: Information System Master Plan), 정보보안 컨설팅 등 다양한 영역이 있다.
- IT컨설팅 사업대가 산정에는 컨설턴트 투입공수에 의한 방법이 주로 활용된다. 다만, ISP 사업대가의 경우는 기존의 SW사업 대가기준에서 정의한 컨설팅지수에 의한 방법도 사용 가능하다. IT컨설팅 사업 유형별 사업대가 산정 방법을 요약하면 다음 표와 같다.

IT 컨설팅 사업 유형	컨설팅지수에 의한 방법	투입공수에 의한 방법
정보전략계획(ISP)	✓	✓
정보전략계획 및 업무재설계(ISP/BPR)		✓
전사적 아키텍처(EA/ITA)		✓
정보시스템 마스터플랜(ISMP)		✓
정보보안 컨설팅		✓

| IT컨설팅 사업 유형별 사업대가 산정 방법 |

■ 사업 대가 산정 방식

- 투입공수에 의한 사업대가 산정
  - 투입공수에 의한 사업대가 산정방식은 통상적으로 말하는 M/M(Man-Months)방식을 말하며 이 방식은 엔지니어링기술진흥법 제10조의 규정에 의한 엔지니어링사업 대가의 기준을 준용하여 정보전략계획 수립비를 산정하는 방식이다. 단, 투입컨설턴트의 직접인건비는 컨설턴트의 유형과 수준이 다양하기 때문에 거래실례가격을 적용하여 산정할 수 있다. 또한 「통계법 제18조(통계작성의 승인)」에 따라 조사 및 산출되어 공표하는 소프트웨어 기술자 평균 임금(기존 '기술자 노임단가')을 참고할 수도 있다.
  - 이는 과거의 유사 정보전략계획 수립 사업의 투입인력 정도를 기초로 한 경험적 판단에 의해 사업대가를 산정하는 방식으로서, IT컨설팅 사업은 가치설계를 목적으로 도메인 지식과 컨설팅 기술로 요구사항을 개발해야 하므로 컨설턴트의 수준이 대가 산정의 핵심요소이다.

절차	주요내용	산출물
❶ 사전준비	• ISP 컨설팅의 대상 업무 범위를 확정하고, 업무별 요구사항을 결정한다.	컨설팅 대상 업무 요구사항
❷ 컨설턴트 등급 결정	• ISP 컨설팅의 특성을 고려하여 투입인력의 컨설턴트 등급을 결정한다.	컨설턴트 등급
❸ 컨설팅 공수 계산	• 업무범위와 요구사항을 고려하여 필요한 컨설턴트 등급별 투입공수를 결정한다.	등급별 투입공수
❹ 컨설턴트 직접인건비 계산	• ISP 컨설팅을 수행할 인력의 직접인건비를 계산한다. – 직접인건비 = 투입 컨설턴트 등급별 공수 × 컨설턴트 평균 임금	직접인건비
❺ 제경비 및 기술료 계산	• 컨설팅 업무를 수행할 인력의 제경비와 기술료를 계산한다. – 제경비 계산 = 직접인건비 × 100~120% – 기술료 계산 = (직접인건비 + 제경비) × 20~40%	제경비 기술료
❻ 직접경비 계산	• 컨설팅 업무에 필요한 직접경비를 계산한다.	직접경비
❼ ISP 컨설팅 대가 산정	• ISP 컨설팅 대가를 산정한다. – ISP컨설팅 대가 = 직접인건비 + 제경비 + 기술료 + 직접경비	컨설팅 대가

| 투입공수 방식에 의한 정보전략계획 수립비 산정절차 |

컨설팅 지수에 의한 사업대가 산정

- 정보전략계획 수립비 산정에 있어서 컨설팅지수에 의한 방법은 조직의 규모나 계획 수립 범위를 기준으로 한 업무별 가중치와, 사업의 특성에 의해 결정되는 업무의 난이도를 바탕으로 컨설팅 지수를 산정하여, 그 지수에 따라 대가를 산정하는 방식이다. 기존 SW사업 대가기준의 정보전략계획(ISP) 수립비 산정기준을 준용하였다.

절차	주요내용	산출물
❶ 업무범위 설정	• 정보전략계획 수립 대상 업무를 정의한다. • 대상사업 업무목적 및 범위를 고려하여 업무항목별 수행여부를 식별한다.	업무 범위
❷ 업무별 가중치 계산	• 정보전략계획 수립 업무별 가중치 표를 이용하여 수행 대상 업무에 대응되는 가중치를 합산하여 정보전략 계획 사업 총 업무 가중치를 계산한다.	업무별 가중치
❸ 업무별 난이도 계산	• 정보전략계획 수립업무에 포함된 대상 업무 수행활동별 난이도를 정보전략계획 수립 난이도표를 이용하여 평가한다.	업무별 난이도
❹ 컨설팅 지수 계산	• 업무별 가중치 및 업무별 난이도 결과를 이용하여 컨설팅 지수를 계산한다. – 컨설팅 지수 = 정보전략계획 수립업무 가중치 × 정보전략계획 수립 난이도	컨설팅 지수
❺ 직접경비	• 정보전략계획 수립사업과 관련된 직접경비를 계산한다.	직접경비
❻ 정보전략계획 수립비 계산	• 계산된 컨설팅 지수를 이용하여 정보전략계획 수립비를 산출한다. – 정보전략계획 수립비 = 공수 (컨설팅지수)$^{0.95}$ + 10,000,000원 + 직접경비	컨설팅 대가

| 정보전략계획 수립비 산정 절차 |

다양한 사업 대가 산정의 예시

구분	대가산정핵심요소	비용 구성
정보전략계획(ISP)수립비	컨설팅지수	① 컨설팅대가 = 공수 × (컨설팅지수)0.95 + 10,000,000 ② 직접경비
	투입공수	① 직접인건비 ② 제경비 = 직접인건비의 110%–120% ③ 기술료 = (직접인건비 + 제경비)의 20%–40% ④ 직접경비
정보전략계획 및 업무재설계 (ISP/BPR)수립비	투입공수	① 직접인건비 ② 제경비 = 직접인건비의 110%–120% ③ 기술료 = (직접인건비 + 제경비)의 20%–40% ④ 직접경비
전사적아키텍처(EA/ITA)수립비	투입공수	① 직접인건비 ② 제경비 = 직접인건비의 110%–120% ③ 기술료 = (직접인건비 + 제경비)의 20%–40% ④ 직접경비
정보시스템마스터플랜(ISMP) 수립비	투입공수	① 직접인건비 ② 제경비 = 직접인건비의 110%–120% ③ 기술료 = (직접인건비 + 제경비)의 20%–40% ④ 직접경비
정보보안컨설팅 수립비	투입공수	① 직접인건비 ② 제경비 = 직접인건비의 110%–120% ③ 기술료 = (직접인건비 + 제경비)의 20%–40% ④ 직접경비

구분	대가산정핵심요소	비용 구성
소프트웨어 개발비	기능점수	① 개발원가 ② 이윤 = 개발원가 × 25% 이내 ③ 직접경비: 시스템 사용료, 개발도구 사용료 등
	투입공수	① 직접인건비 ② 제경비 = 직접인건비의 110%~120% ③ 기술료 = (직접인건비 + 제경비)의 20%~40% ④ 직접경비
요율체 유지관리비	유지관리 총점수	① 소프트웨어 개발비 재산정가 × 유지관리 난이도(%) ② 직접경비
투입공수방식 운영비	투입공수	① 직접인건비 ② 제경비 = 직접인건비의 110%~120% ③ 기술료 = (직접인건비 + 제경비)의 20%~40% ④ 직접경비
고정비/변동비 방식의 유지관리 및 운영비	기능점수, 투입공수	① 변동비 산정(재개발대가) ② 고정비 산정(투입공수방식 운영비) ③ 직접경비
SLA기반 유지관리 및 운영비 정산법	서비스 항목, 보상/체재비율	① 서비스 측정 ② 서비스 평가 ③ 보상/체재 비율에 따른 사후정산
상용소프트웨어 유지관리비	등급별 요율	① 최초 Licence 구매 계약 금액 × 등급별 유지관리요율
소프트웨어 재개발비	재개발 기능점수	① 재개발원가 ② 이윤 = 재개발원가 × 25% 이내 ③ 직접경비: 시스템사용료, 개발도구 사용료 등

| 공공부문 SW사업 대가산정 가이드 |

2.2 핵심정리

▶**IT컨설팅의 정의**
- IT컨설팅이란? IT 분야의 제반 업무에서 전문가의 도움이나 지원을 원하는 의뢰인의 요구에 대해 그 문제점을 도출해내고 분석하여 이에 대한 개선 방안이나 해결책을 제시하는 등 일련의 자문을 제공하는 것 "이라 정의한다.

▶**사업 대가 산정 방식**
- 투입공수에 의한 사업대가 산정 : 투입공수에 의한 사업대가 산정방식은 통상적으로 말하는 M/M(Man-Months)방식을 말한다.
- 컨설팅 지수에 의한 사업대가 산정 : 정보전략계획 수립비 산정에 있어서 컨설팅지수에 의한 방법은 조직의 규모나 계획 수립 범위를 기준으로 한 업무별 가중치와, 사업의 특성에 의해 결정되는 업무의 난이도를 바탕으로 컨설팅 지수를 산정하여, 그 지수에 따라 대가를 산정하는 방식이다.

2.3 조직편성 및 인적자원 관리

chapter 1 조직 편성 및 협의체

■ 조직 편성 및 부서간 협의

▶ 정보보호 최고 관리자(CISO) 또는 정보보호책임자는 보안 심의위원회에서 중추적인 역할을 수행하게 된다. 그리고 정보보호 담당자, 서버 담당자, 부서 보안 담당자 등 보안 실무자들의 실무 위원회의 의견 및 회의결과를 토대로 부서간 협의 사항을 파악하여야 한다.

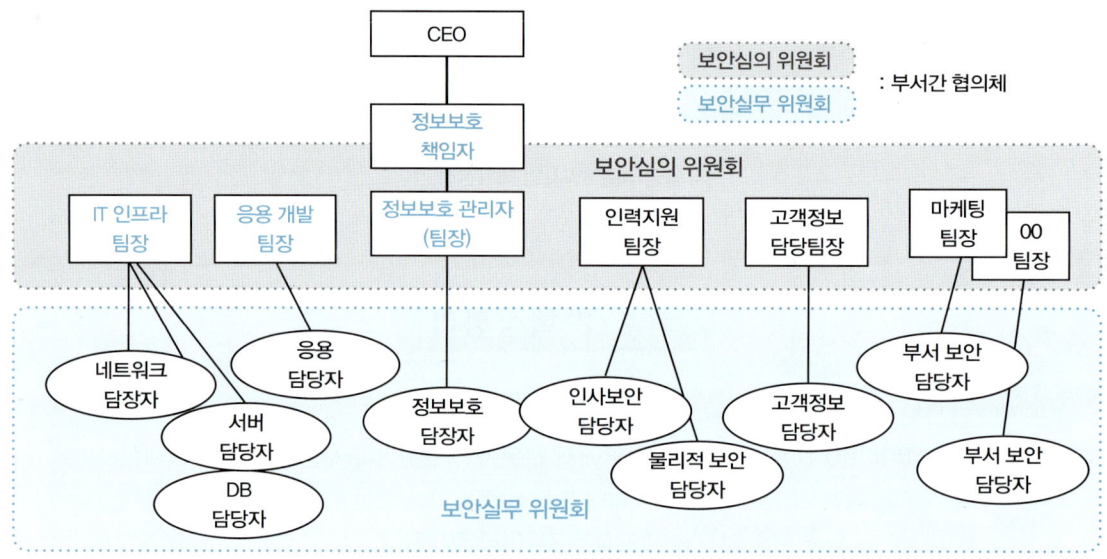

| 정보보호 책임 할당 및 부서간 협의체 |

chapter 2 인적자원 관리

■ 인적 자원 관리

사람에 의한 실수, 도난, 사기, 오용 등을 줄이기 위해서는 직원 채용 단계에서부터 당사자의 정보보호 책임이 언급되어야 하며 이는 계약서에 포함되어야 하며 그 직원이 근무하는 동안 지속적으로 관찰되어야 한다.

민감한 직책에 대해서는 특히 직원을 적절히 선정하여야 한다.

정보처리시설을 사용하는 모든 내부 사용자와 제3자 사용자(외부 하청업자, 서비스 제공자)들은 정보보호 동의서에 서명하여야 한다.

채용 및 종료
- 악의적인 내부자의 위험을 감소시키기 위하여 담당할 업무에 적절한 수준의 검증을 거친 인력을 신규 채용하여야 한다.
- 유사한 과정이 계약자나 임시직 직원에게도 적용되어야 한다.
- 비밀유지 동의를 이용하여 정보가 비밀사항이라는 점을 인식시켜야 한다.
- 고용조건에는 정보보호에 대한 피고용자의 책무가 적혀있어야 한다.
- 직원의 고용이 끝나게 되는 경우에는 해고 통보와 동시에 적절한 종료절차를 처리해야 한다.
- 개인정보수집·이용 동의서, 정보보호 서약서, 비밀유지 서약서 징구
- 필요한 최소한의 개인정보 수집
  - 근로계약 체결 및 이행을 위한 필수정보는 동의없이 수집 가능(민감정보 수집은 별도 동의 필요)
  - 근로자명부, 임금대장 작성 등 관계 법령 준수를 위해서는 동의 없이 개인정보 수집 가능(고유식별정보 수집도 동의 없이 수집 가능)
- 업무 특성 상 반드시 필요한 개인정보 제3자 제공 및 공개는 해당 의료기관 취업규칙 또는 동의서에 기술하여 동의 확보
- 주민등록번호 등 고유식별정보 저장 시 암호화하여 저장

교육 및 훈련
- 정보보호에 대한 인식을 높이기 위한 교육을 수행해야 한다.
- 정보보호 절차와 사용법에 대한 훈련을 수행해야 한다.
- 정보보호 최고책임자 및 개인정보 보호책임자는 의료진과 임직원의 역할과 책임에 적절한 정보보호 및 개인정보보호 교육을 최소 연 1회 이상 실시한다.
- 정보보호 및 개인정보보호 대응력을 향상시키기 위한 훈련을 병행하는 것을 권고한다. 정보보호 및 개인정보보호 훈련은 다음의 방법이 있다.
  - 도상훈련 : 재난·재해·정보보호 사고 발생 시나리오를 바탕으로 각자의 정보보호 및 개인정보보호 역할과 책임에 맞는 행동요령을 토론 등을 통해 숙지하는 과정
  - 모의훈련 : 재난·재해·정보보호 사고 발생 시나리오를 바탕으로 실제와 같은 상황을 상정하여 각자의 정보보호 및 개인정보보호 역할과 책임에 맞는 행동요령을 습득하는 훈련

직원관리
- 조직의 정보보호 정책에 따라 각 직원의 정보보호 역할 및 책임은 필요한 경우 문서화되어야 한다.
- 책임과 함께 권한에 대해서도 명시되어야 함
- 개별 정보자산은 의미가 없을지라도 적절히 조합되면 중요한 정보가 될 수 있으므로 특정 정보자산에 대한 접근권한과 정보자산에 대한 조작에 관한 권한은 서로 배타적으로 관리되어야 한다.
- 횡령이나 정보 유출 등의 위험요소가 많은 직무는 한 종업원이 계속적으로 담당하면 안된다.

처벌과 포상
- 직원과의 계약서에는 만일 이들이 불법적인 접속을 시도하는 경우의 처벌 내용을 명시하는 문구를 포함해야 한다.

- 외부의 서비스 제공업자들에 대해서도 마찬가지로 서비스 계약서에 이들의 불법적인 접속시도에 대한 처벌 내용을 포함해야 한다.
- 조직의 정보보호 정책이나 절차를 위반한 직원에 대한 공식적인 처벌절차도 포함해야 한다.
- 정보보안에 적극적인 활동이나 규정 준수, 사이버 대응 훈련 우수 등 타의 모범이 되는 사례가 있을 경우에는 적절한 포상 수여 및 관련한 내용이 지침이나 규정에 명시되어야 한다.

 2.3 핵심정리

▶ 정보보호 최고 관리자(CISO) 또는 정보보호책임자는 보안 심의위원회에서 중추적인 역할을 수행하게 된다.
- 정보보호 담당자, 서버 담당자, 부서 보안 담당자 등 보안 실무자들의 실무위원회의 의견 및 회의결과를 토대로 부서간 협의 사항을 파악하여야 한다.

▶ 인적관리
- 사람에 의한 실수, 도난, 사기, 오용 등을 줄이기 위해서는 직원 채용 단계에서부터 당사자의 정보보호 책임이 언급되어야 하며 이는 계약서에 포함되어야 하며 그 직원이 근무하는 동안 지속적으로 관찰되어야 한다. 인적관리 사항으로는 채용 및 종료, 교육 및 훈련, 직원관리, 처벌과 포상 등이 있다.

3장 정보보호 성과관리

평가 목표
- 정보보호 목표에 따라 성과 측정이 가능한 지표를 개발할 수 있다.
- 정보보호 성과 측정 프로그램에 따라 정보보호 활동을 모니터링하고, 투자대비 성과를 평가할 수 있다.
- 모니터링 및 평가결과에 따라 문제점을 파악하고, 우수사례를 반영하여 개선방안을 수립할 수 있다.
- 조직의 목표달성에 정보보호가 기여하는 정도에 따라 정보보호 성과평가를 경영 성과평가 요소에 반영되도록 근거를 제시할 수 있다.

3.1 정보보호 성과관리 개요

chapter 1 성과 관리 이해

■ **다양한 성과관리의 개념**
- 심리학에서의 성과관리 : 성과관리란 사전적인 의미로 조직의 구성원이 최상의 직무 수행 활동을 하여 조직 성과 목표를 달성하도록 피드백과 코칭을 제공하고 조직의 인적·물적 환경을 구축하는 체계적인 성과 향상의 조직 관리 방법이라고 말한다.
- 행정학적 성과관리 : 조직구성원들이 주어진 성과 목표를 달성하도록 체계적으로 관리하는 것을 말한다. 성과관리는 먼저 성과 목표가 결정되면, 목표 달성 과정에서 사업추진자는 자율성을 가지고 목표를 추구하며, 사후에 성과 목표의 달성 여부를 측정해 차기 사업 및 보상 체계에 반영하는 방식으로 추진된다.

■ **행정학적 성과관리의 개념**
- 정보보호 성과관리를 이해하기에 앞서 국민들을 대상으로 하는 가장 커다란 조직인 정부의 행정적인 분야에서의 성과관리는 무엇인지 이해하고, 정보보호 성과관리에 대해 알아보도록 하자.
- 성과관리는 다양한 이름과 방식으로 정의되는 일련의 개념들을 포함하고 있다. 결과지향적 정부(results-driven government), 성과에 기초한 관리(performance-based management), 결과를 위한 통치(governing for results), 성과에 기초한 예산(performance-based budgeting) 등의 성과관리와 관련하여 함께 사용되는 용어들이다.
- 일반적인 행정에서는 성과관리를 성과측정, 성과주의 예산, 성과계약, 성과급 보수 등 다양한 개

념을 포함하는 것으로 언급하며, 성과측정(performance measurement) 측면에서만 보더라도 성과측정기준이나 성과정보의 도출 및 활용 등에 따라 성과관리 내용을 다르게 이해할 수 있음을 언급한 바 있다. 이와 같이 성과관리는 학자마다 달리 정의하거나 실제에서 다양한 형태로 사용되고 있다.

- 성과관리는 성과와 관리라는 두 개념의 합성어이다. 행정현실에서 성과란 무엇인가? 성과는 정부가 수립하고 추진한 정책 또는 사업이 즉각적으로 나타낸 단순 결과적 측면에서의 산출물(outputs), 1차적인 산출물이 직·간접적으로 사회 및 수혜자에게 미치는 효과(outcomes), 그 효과로 인해 나타나는 긍정적인 목적에 해당하는 최종적인 실현정도인 영향(impacts) 등을 모두 포함하는 개념이다. 이와 같은 개념의 성과가 실제에서 관리의 대상이 될 때 전제되어야 할 것은 반드시 가치지향성이 내포해야 한다는 것이다.

■ 성과관리의 목적

- 바람직한 성과를 내기 위한 성과관리 노력이 행정현실에서 이루어져야 하는 이유는 대국민 책무성(accountability)을 제고해야 함에 있다. 즉, 정부가 '하고 있는 일'은 물론 지금까지 '해 온 일'과 '하고자 하는 일' 모두가 국민 세금을 재원으로 이루어지고 있고, 그렇기에 그 일은 반드시 '가치'(value for money)있는 일이어야 한다. 따라서 세금 재원으로 이루어지는 공적인 정책 또는 사업의 성과는 사업담당자 내지는 사업추진기관의 실적에 국한되지 않아야 할 뿐만 아니라 그 실적이 결과적으로는 국민을 위한 성과로 이어져야 한다. 이를 위해서 체계적인 성과관리가 이루어져야 하며, 이것은 성과관리의 본질이며 목적에 해당하는 것이다.

chapter 2 정보보호 성과관리 이해

■ 정보보호 성과관리

- 정보보호 분야에서의 성과관리란 위의 개념에서 설명한 기업이 측정하는 통합적인 성과관리 중에 정보보호의 분야를 집중적으로 다루는 정도로 이해해야 하겠다.

■ 정보보호 성과관리 과정

- 성과관리 체계의 첫 번째 구성요소인 전략기획에서는 기관의 존재의의에 해당하는 임무설정(mission setting)과 함께 이를 달성하기 위한 최소 3년에서 5년의 중·장기적 목표가 설정(goal setting)되어 제시된다.
- 두 번째 구성요소인 성과기획에서는 기관의 중·장기 목표에 해당하는 전략목표를 실현하기 위해 연 단위(1회계연도)의 사업 활동 목표인 성과목표(annual goals)를 설정하게 된다. 이때의 성과

목표는 사업 추진 담당자는 물론 사업 관리자 및 사업의 이해관계자 등이 쉽게 사업의 성과를 파악하고 이해할 수 있도록 구체적이고 객관적이며 측정 가능한 형태로 제시되어야 한다.
- 세 번째 요소에는 전략기획과 성과기획에 따라 성과관리 대상 사업이 실시되었는지를 평가하기 위한 성과지표(performance indicator)의 설정과 이를 적용한 성과측정(performance measurement)이 해당된다. 성과측정 단계에서는 연단위의 성과목표를 달성하기 위한 구체적인 성과목표치(performance target) 대비 구체적인 사업의 성과를 대비 평가하게 된다.
- 네 번째 요소는 성과정보의 공개 및 활용이다. 연도별 시행계획의 대상년도(회계연도)가 종료된 이후, 성과지표를 적용한 측정 결과를 포함한 성과관련 정보를 포함하여 해당 사업의 성과를 평가한 의견(성과목표 계획 대비 달성·미달성 사유, 성과목표치의 현실적합성 여부 등)이 보고서로 공개·활용되어야 한다.

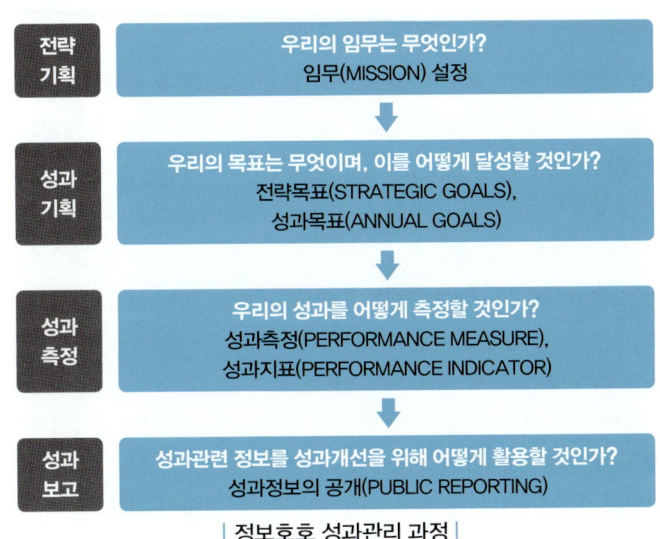

| 정보호호 성과관리 과정 |

■ 정보보호 성과관리 기대효과

- 조직 경영의 나침반 역할
  - 환경변화 및 예기치 못한 상황의 발생으로 경영 항로를 변경해야 하는 경우가 빈번하게 발생한다. 이 때 최종 목표를 잊지 않도록 해주고 지속적으로 측정 및 관리할 수 있도록 한다.
- 조직의 Vision을 성과지표(KPI)로 구체화
  - 조직의 개념적이고 이상적인 Vision을 조직원들이 정확하게 인식할 수 있도록 형이하학적인 성과지표로 구체화 한다.
  조직의 Vision을 실현하기 위해서 조직, 개인이 무엇을 어떻게 해야 하는지에 대한 해답을 제시한다.
- 정보보호 관리시스템의 역할
  - 선택과 집중을 통해 수많은 정보보호 과제 중 가장 핵심적인 사안을 핵심전략으로 설정하고 조직의

역량을 집중시키게 한다. 또한 신속하고 다이나믹한 목표를 전략적으로 선택하고 자원의 최적분배를 가능하게 하는 정보보호 관리시스템으로서의 역할을 한다.

- 성과 목표의 정렬
  - 전략목표에 의해 설정된 정보보호 성과지표를 조직 또는 개인의 목표로 체계적으로 배분시킴으로써 성과지표에 대한 책임을 부여한다.
- 의사 소통의 도구 역할
  - 조직이 어느 곳을 향해 가고 있으며 그 과정에서 구성원들이 어떻게 기여할 수 있는지를 알게 하는 의사소통의 도구의 역할을 한다.

3.1 핵심정리

> ▶ 정보보호 성과관리
> - 첫째, 전략기획에서는 기관의 존재의의에 해당하는 임무설정(mission setting)과 함께 이를 달성하기 위한 최소 3년에서 5년의 중·장기적 목표가 설정(goal setting)되어 제시된다.
> - 둘째, 성과기획에서는 기관의 중·장기 목표에 해당하는 전략목표를 실현하기 위해 연 단위(1회계연도)의 사업 활동 목표인 성과목표(annual goals)를 설정하게 된다.
> - 셋째, 전략기획과 성과기획에 따라 성과관리 대상 사업이 실시되었는지를 평가하기 위한 성과지표(performance indicator)의 설정과 이를 적용한 성과측정(performance measurement)이 해당된다.
> - 넷째, 성과정보의 공개 및 활용이다. 연도별 시행계획의 대상년도(회계연도)가 종료된 이후, 성과지표를 적용한 측정 결과를 포함한 성과관련 정보를 포함하여 해당 사업의 성과를 평가한 의견(성과목표 계획 대비 달성·미달성 사유, 성과목표치의 현실 적합성 여부 등)이 보고서로 공개·활용되어야 한다.

3.2 정보보호 성과 측정지표 및 평가

chapter 1 정보보호 성과 측정지표

■ **정보보호 성과 측정지표**

- 성과 측정지표 또는 성과지표(performance indicator)란 조직의 임무, 전략목표, 성과목표의 달성 여부를 측정하는 척도로서 성과를 측정할 수 있도록 계량적 혹은 질적으로 나타낸 것을 말한다. 성과지표에 의해 객관적이고 정확하게 성과의 달성수준을 측정할 수 없는 경우에는 성과관리의 목적을 달성할 수 없기 때문에 성과지표는 성과관리의 가장 중요한 요소가 된다.
- 정보보호 분야에서도 성과지표 도출
  - 국내 정보보호 인증으로 ISMS(Information Security Management System, 정보보호 관리체계)를 비롯하여 BS10012(데이터보호-개인정보경영정보 시스템에 대한 표준), ISO27001(정보보호 국제표준), PIMS(Persnal Infomation Management System, 개인정보보호 관리체계) 등이 정보보호의 성과 지표로 활용되고 있는 실정이다. ISMS와 PIMS는 중복 인증을 피해야 한다는 목소리가 높아져 2018년 8월 현재에도 ISMS-P 라는 통합인증 체계를 마련 중이다.
  - 한국인터넷진흥원이 시행하는 ISMS는 정보통신망법에 의거하여 의무 대상으로 지정된 기업/기관들이 주로 인증을 득하고 있으나, 최근에는 다양한 기관과 기업 등의 조직을 대상으로 자발적인 분위기 속에서 인증을 적극적으로 더 활용하고자 하는 움직임들이 최근 포착되고 있다.

■ **기업의 정보보호 성과관리의 사례**

- A 카드사 – 정보보안팀 KPI만으로 정보보호 성과관리
  - A사는 회사 정책상 모든 것들을 정량화해 평가하도록 돼있어 전사 KPI 정책에 따라 보안 KPI를 실행하고 있다. 지난해 5월 정보보안팀이 구성된 후 초기에는 과제 수행율, 적기처리율, 고객정보수 등으로 성과관리를 진행해오다 올해 2월 KPI를 설정하고 조금씩 업그레이드시켜 비즈니스와 연계한 모니터링 부분이 성과관리의 중심축으로 이동하고 있다.
  - 그러나 전사적으로 KPI를 갖고 가고 있지는 못하며 정보보안팀과 팀원들에 대한 KPI로만 제한돼 있기 때문에 아직은 성숙한 단계에 도달하지는 못했다는 자평이다. 인식교육 이수율도 본래는 해당 현업팀의 KPI로 가져가는 것이 맞지만 정보보안팀의 성과목표로 가져가고 있다.
  - A사는 계정점검, 패스워드 점검, 보안정책 준수 등 내부규정 및 금감원 감독규정을 KPI에 녹여냈다. 정보보안팀 내 각 팀원별로도 각각의 역할에 따라 팀 목표를 달성하기 위한 활동 중심으로 KPI가 설정돼 있다.
  - 이러한 성과관리는 임원진에 보고하도록 돼있으며 각 팀원들의 연봉제와도 연결이 돼있어 강한 실행 동기를 부여하고 있다.
  - A사는 향후에는 통제에 대한 성과관리뿐 아니라 보안의 효율성 부분도 숙제로 고민하고 있다. 보안은 효율을 따지지 말라고 하지만 수익창출이 기업의 최우선 목적인 만큼 전혀 무시할 수는 없다는 것

이 보안담당자의 이야기다. 이에 A사는 개인정보보호 취급자의 수를 줄이는 것을 KPI로 가져가려고 구상 중에 있다.

- A사 정보보안팀장은 "이제까지 현업의 보안활동을 모니터링 하면서 느낀 것이 너무나 많은 사람들이 너무나 많은 개인정보를 취급하고 있다는 것이었다"면서 "이를 줄여서 보안의 효율성을 높이고자 하고 있다"고 말했다. 또 그는 "이를 목표로 가져가려면 내부 프로세스 및 시스템을 변경해야 하는 부분들이 있다. 예를 들면 금융상품이 출시되면 백 오피스(Back Office)에서 상당부분 수작업을 해야 하는 부분들이 많은데 이 과정에서 고객정보가 유출될 위험성이 높아지는 것"이라며 "이를 자동화 시켜 놓으면 사람 손을 탈 일이 없으니 위험성은 훨씬 줄어든다"고 덧붙였다.

▶ B 보험사 – 체크리스트 토대로 도출된 보안 사업 성과 관리

- B사는 정보보호 관련 과제의 완수율을 중심으로 정보보호 성과관리를 해오고 있다. B사의 정보보호를 담당하는 시스템기획파트는 올해 초 1박2일 워크샵을 통해 보안에 대한 체크리스트를 모조리 점검하는 시간을 가졌다. 개인정보보호법, 전자금융거래법, 정보통신망법 등 보안 관련법들을 모두 열거해놓고, 각각의 조항들이 의미하는 바와 현재 자사가 실행하고 있는지 여부 등을 꼼꼼히 따져봤다.

- 그 결과 총 587개의 체크리스트가 도출됐고 이를 토대로 28개의 사업이 시작돼 월별, 연별, 분기별로 계획을 수립해 실행해 나가고 있다. 그 중 하나가 올해 안으로 보안 프레임워크 및 보안 거버넌스를 수립하는 것이다. B사는 수립된 거버넌스대로 2013년 한 해 동안 한 사이클을 돌리고 나면 자사 조직에 적합한 보안 체계를 세울 수 있을 것으로 기대하고 있다. 체계적인 성과관리는 그 이후에나 가능할 것이라는 이야기다.

▶ C 철강사 – ISO27001 토대로 전사적 성과관리

- 대형철강회사인 C사는 국가보안목표 가급시설인 만큼 기본적으로 보안정책이 매우 강화돼 있다. 이 때문에 관리보안 부분의 활동들을 강화하고 있고 성과관리 또한 전사적이고 체계적으로 이뤄지고 있다. C사는 ISO27001을 근간으로 정보보호 활동과 정보보호 성과관리를 운영해오고 있다. 글로벌 기업인만큼 외부에서 기업을 평가하기 위해 보안성에 대한 지표를 요구하기 때문에 글로벌 표준이 필요했다.

- C사 정보보호그룹 팀장은 "ISO27001은 보안 인프라에 대한 관리와 더불어 각종 제도, 기준 등을 다 아울러 종합평가 하는 것이기 때문에 글로벌 표준으로 적합한 도구라고 생각한다"면서 "아마 다른 글로벌 기업들도 대부분 이 기준을 사용하고 있는 것으로 알고 있다"고 밝혔다. 그러나 각 사마다 상황과 여건이 다르기 때문에 ISO27001을 그대로 일률적으로 적용해 사용하기는 어렵다고 그는 덧붙였다. 이에 C사는 ISO27001을 응용, 40여 개 항목을 추가해 11개 영역, 170여 개의 항목으로 성과관리 체계를 운영하고 있다. 또한 C사는 주요 패밀리사를 중심으로 연간 2번 반기 단위로 보안수준 진단을 실행한다. 이런 보안수준 평가내용은 경영층에 보고되며 이는 CEO의 성과평가에 지표로 활용되어 강력한 실행력의 근거가 된다.

- C사는 성과관리의 또 다른 방법 중 하나로 부서별 정보보호 수준평가를 운영하고 있다. 이는 교육을 포함한 변화관리 부분, 생활 준수 부분, 자체 정보보호 활동 부분 등 3개 영역으로 나뉘어 20개 세부 항목을 매월 단위로 데이터를 축적해, 연말 종합 환산, 점수화한다.

- C사의 정보보호 정책의 특이점은 부서마다 정보보호담당자를 한 명씩 임명한다는 것. 평균 근속 10년 이상 매니저급(과장급)에 전입 1년 이상인 직원을 선정해 본업 외에 보안업무를 30% 이상 겸직하도록 하고 있다. 이들은 자체 부서의 보안관리 업무를 수행하면서 보안부서와 매개체 역할을 하기

도 한다. 자체 부서의 보안관리 업무의 성과를 정보보호담당자들만의 커뮤니티에 등록하고, 보안주관부서에서는 그 내용을 평가표에 반영, 누적적으로 총괄 종합해 연말에 환산 적용한다. 상위 5% 부서의 정보보호담당자들에게는 우수부서보안담당자로 포상하고, 하위 10% 부서도 평가수준을 공개하기 때문에 경쟁이 치열하다는 것이 회사 관계자의 이야기다.

출처 : http://www.ciociso.com/news/articleView.html?idxno=10067/ 연보라 기자

chapter 2 정보보호 성과 측정지표의 사례

■ 정보보호의 성과 측정 지표로 가장 대표적인 인증제도의 이해

- 사이버 공격의 지능화 및 고도화로 인한 사회적 문제 대두
  - 사이버 공격이 지능화 및 고도화되고 있으며, 기관 및 기업 등 조직의 기밀이나 개인정보 등 특정 정보 취득을 목표로 침해사고가 꾸준히 증가하고 있으며, 이러한 사고로 첨단 기술 유출, 기업 신뢰도 하락과 고객 이탈, 주가하락뿐만 아니라 집단소송과 대규모 피해보상 등 사회·경제적인 측면에서 큰 문제들이 발생하고 있다. 이러한 국가적인 침해사고로 사회 혼란의 문제점을 해소하기 위해 기관과 기업의 전사적 보안강화를 위한 보다 높은 수준의 보안관리 활동이 가능한 정보보호 관리체계(ISMS) 구축 및 인증제도가 도입되었다.

- 2009년 7.7 DDos 공격, 2011년 은행 전산망 마비, 2012년 통신사 개인정보 대규모 유출사고, 2013년 3.20 사이버공격, 2014년 카드 3사 개인정보 및 신용정보 유출사고, KT개인정보 유출사고, 2015년 한수원 해킹사태, 2016년 랜섬웨어 공격 등 사이버 공격은 기업의 기밀이나 개인정보 등의 특정 정보를 목표로 계속 발생하고 있다. 이는 기업 첨단 기술 유출, 기업 신뢰도 하락과 고객 이탈, 주가 하락 외에도 집단소송과 대규모 피해보상 등 사회·경제적 측면에서 큰 문제를 발생시켰다.

- 정보보호 환경 변화에 따른 정보보호 관리체계(ISMS, PIMS, PIPL, SECU-STAR 등) 요구의 증대
  - IT 환경의 다변화(빅데이터, 클라우드, IOT 등) 및 비즈니스 패러다임의 변화와 보안 위협 및 정보보안 사고 발생 가능성 증가 등 점진적으로 기업의 사회적 책임 요구가 증대되고 있다.
  - 특정 제품이나 일부 조직에 의존하는 정보보호 활동만으로는 기업의 정보보호 수준 향상에 한계를 가질 수밖에 없으며, '일회성 관리', '부분적 보안'이 아닌 '지속적 관리', '전사적보안'을 위한 보다 높은 수준의 보안관리 활동이 가능한 정보보호 관리체계(ISMS) 구축이 요구되었다.

■ 인증제도 필요성

- 지속적인 정보보호 활동을 및 체계적인 관리 없이는 정보 위험의 GAP이 점점 커지고 있기에 지속적인 정보보호관리가 필요하다.

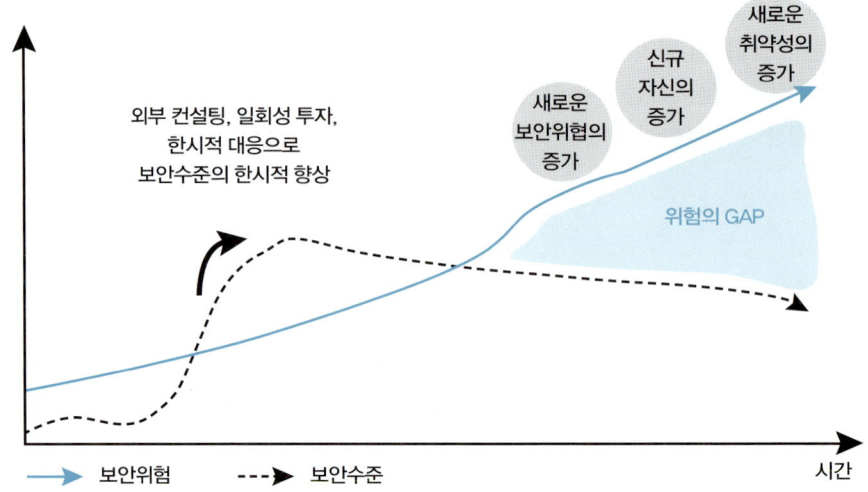

출처 : 한국인터넷진흥원 (ISMS 인증제도 소개, 2015.7.15.)

◈ 균형적인 정보보호 관리의 필요성

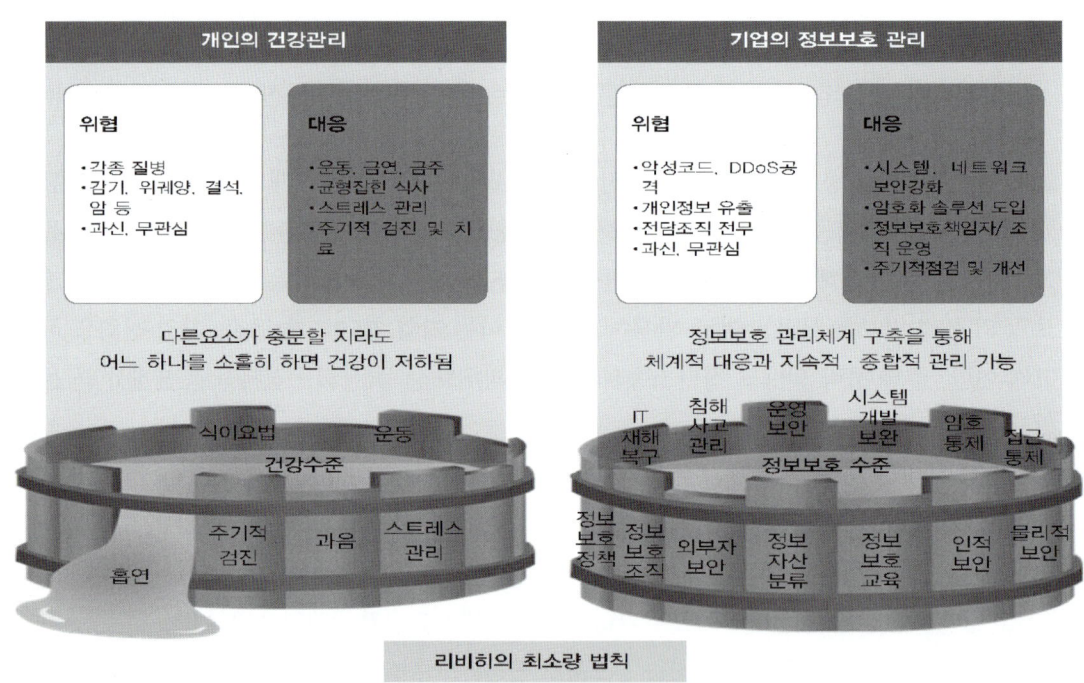

출처 : 한국인터넷진흥원 (ISMS 인증제도 소개 2016.3.23)

■ ISMS(Information Security Management System) 인증제도 소개

ISMS는 어떤 조직(기업)이 정보보호 관리체계를 구축·운영하고 있을 때, 그 관리체계가 법에서 정한 인증심사기준에 적합한지를 인증기관이 객관적이고 독립적으로 평가하여 적합성 여부를 판단해 주는 제도

- 정보보호의 목적인 정보자산의 비밀성, 무결성, 가용성을 실현하기 위한 절차와 과정을 체계적으로 수립·문서화 하고 지속적으로 관리·운영하는 시스템 즉 조직에 적합한 정보보호를 위해 정책 및 조직 수립, 위험관리, 대책구현, 사후관리 등의 정보보호관리과정을 통해 구현된 여러 정보보호대책들이 유기적으로 통합된 체계 (이하"정보보호관리체계"라 한다)에 대하여 제3자의 인증기관(한국인터넷진흥원)이 객관적이고 독립적으로 평가하여 기준에 대한 적합 여부를 보증해주는 제도
- 조직의 주요 정보자산을 보호하기 위해 정보보호 관리절차와 과정을 체계적으로 수립하여 지속적으로 관리·운영하기 위한 종합적인 체계
  - 기업의 정보보호는 비용이 아닌 비즈니스 기회 예측 및 위험에 적절히 대응하는 핵심경쟁력이다. 예상하지 못한 위기상황에서 비즈니스 안정성을 유지하고 정보자산을 적절하게 보호하기 위한 경영활동의 일부이다. 최근 주요 기업에서 발생한 대부분의 해킹사고는 내부관리 소홀 및 정보보호에 대한 경영진의 관심 부족 등이 원인이라 할 수 있다.
  - 기업이 구축한 정보보호 관리체계의 적합성을 판단하여 인증을 부여하는 정보보호 관리체계 인증 제도는 기업의 정보보호에 대한 인식 및 수준 제고에 기여하고 있다.

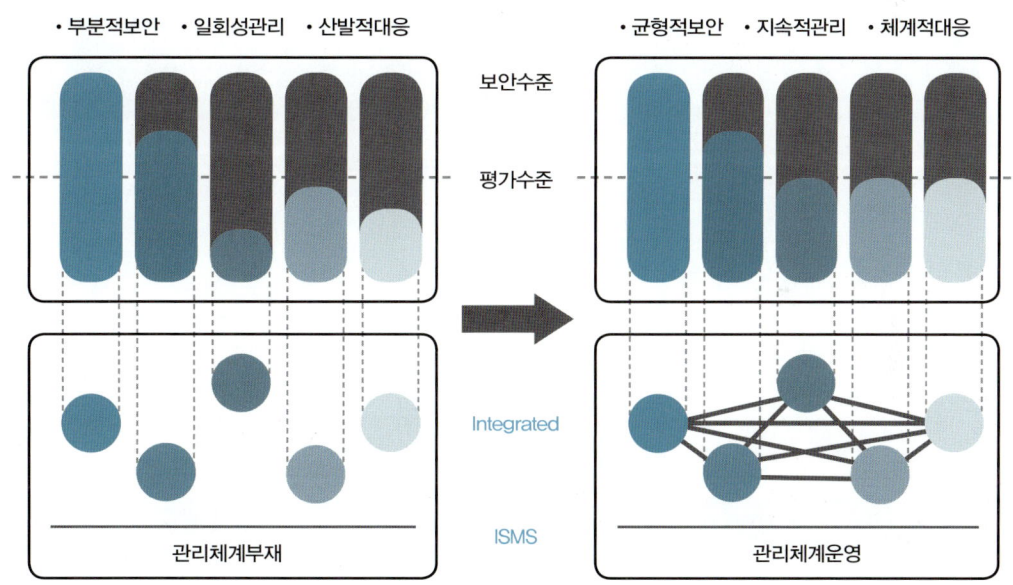

- 정보보호 및 개인정보보호 관리체계 인증
  - 지난 2018년 9월 10일 과학기술정보통신부, 행정안전부, 방송통신위원회 등 3개 정부부처는 정보통신망법과 개인정보보호법 각각의 법령에 기반한 '정보보호관리체계 인증 등에 관한 고시'와 '개인정보보호 관리체계 인증 등에 관한 고시'를 기반으로 ISMS와 PIMS 인증제도를 운영해 왔다.
  - 국내 인증제도의 중복 운영에 따른 기업·기관의 부담 해소 및 행정비용을 절감하고 고도화·융합화되는 사이버 공격에 효과적으로 대응할 수 있는 환경 마련과 정보보호 및 개인정보 관리의 전반적인 수준 향상에 기여를 목적으로 ISMS-P 통합하였다.

- 정보보호 관리과정, 보안대책 등 정보보호 관리체계의 적정성을 심사하여 인증하는 제도의 통합한 '정보보호 및 개인정보보호 관리체계(ISMS-P) 인증 등에 관한 고시'를 2018년 7월 의결, 9월 행정예고 하였다.

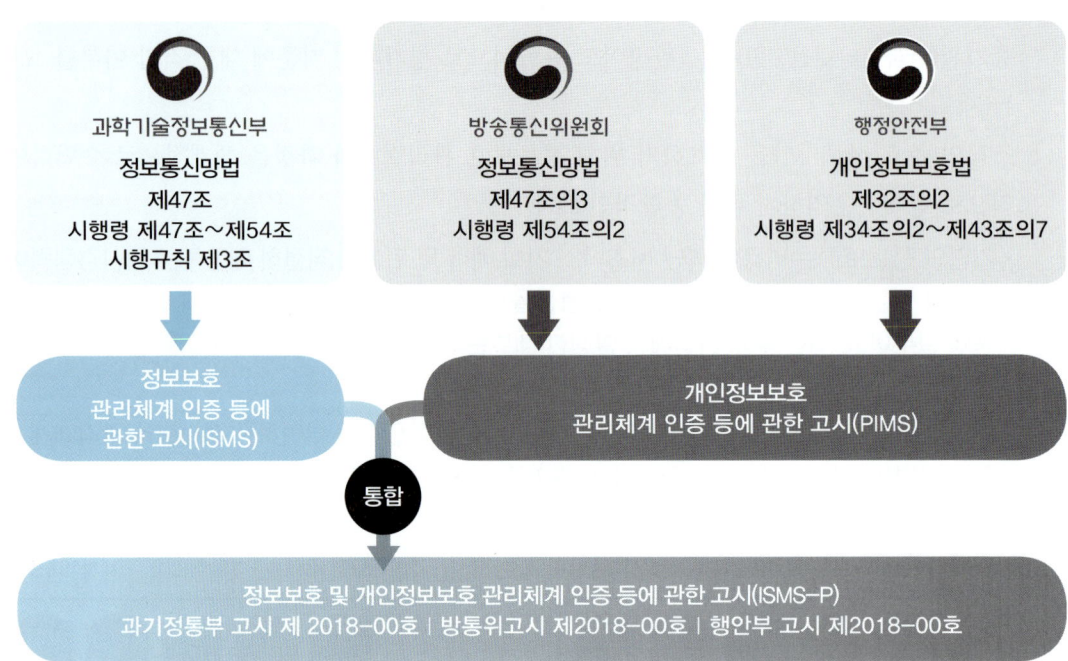

| ISMS-P인증-개정고시의 관계도 |

▶ 법률적 근거를 기반으로 정보보호 프로세스 정립

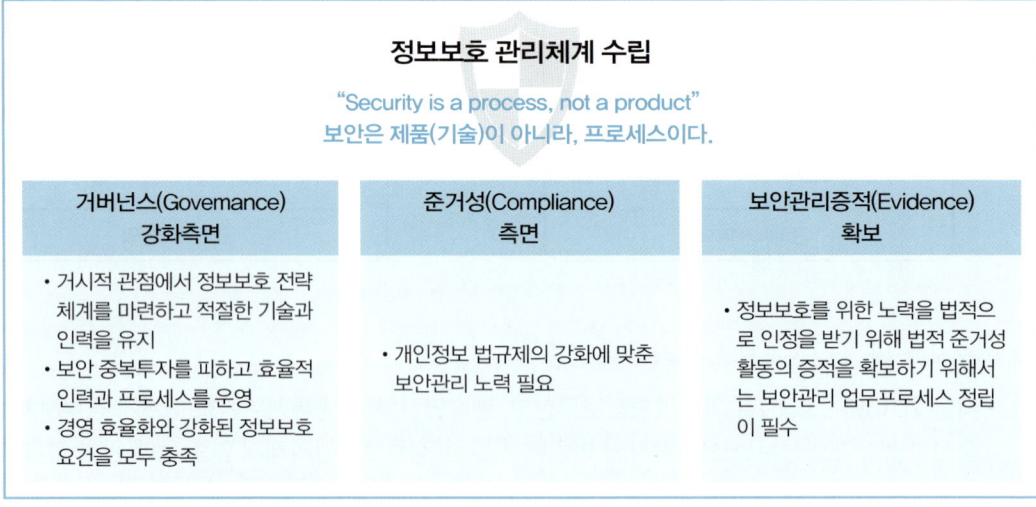

▶ ISMS-P 법적근거

- 정보보호관리체계(ISMS : Information Security Management System) 인증제도는 과학기술정보통신

부 소관인 정보통신망법 제47조과 법 시행령 제47조부터 제54조까지와 시행규칙 제3조를 근거로 한다. PIMS 인증제도는 방송통신위원회 소관인 정보통신망법 제47조의 3과 법 시행령 제54조의 2, 행정안전부 소관인 개인정보보호법 제32조의 2와 법 시행령 제34조의 2부터 제43조의 7까지를 근거로 한다.

- 통합되는 ISMS-P 인증제도(이하 '새 인증제도')는 해당하는 3개 부처가 2가지 고시를 통합한 개정안을 근거로 시행되며, 세부사항은 '정보보호 및 개인정보보호 관리체계 인증 등에 관한 고시'에서 다루고 있다.

「정보통신망 이용촉진 및 정보보호 등에 관한 법률」 <제14839호, 2017.7.26>

> 제47조(정보보호 관리체계의 인증) ① 과학기술정보통신부장관은 정보통신망의 안정성·신뢰성 확보를 위하여 관리적·기술적·물리적 보호조치를 포함한 종합적 관리체계(이하 "정보보호 관리체계"라 한다)를 수립·운영하고 있는 자에 대하여 제4항에 따른 기준에 적합한지에 관하여 인증을 할 수 있다. 〈개정 2012.2.17., 2013.3.23., 2015.12.1., 2017.7.26.〉

- 정보통신망 이용촉진 및 정보보호 등에 관한 법률 시행령 <개정 제27510호, 2016.9.22>

> 제47조(정보보호 관리체계 인증의 방법·절차·범위 등) ① 법 제47조제1항 또는 제2항에 따라 정보보호 관리체계의 인증을 받으려는 자는 정보보호 관리체계 인증신청서(전자문서로 된 신청서를 포함한다)에 다음 각 호의 사항에 대한 설명이 포함된 정보보호 관리체계 명세서(전자문서를 포함한다)를 첨부하여 인터넷진흥원, 법 제47조제6항에 따라 지정된 기관(이하 "정보보호 관리체계 인증기관"이라 한다) 또는 법 제47조제7항에 따라 지정된 기관(이하 "정보보호 관리체계 심사기관"이라 한다)에 제출하여야 한다.
>   1. 정보보호 관리체계의 범위
>   2. 정보보호 관리체계의 범위에 포함되어 있는 주요 정보통신설비의 목록과 시스템 구성도
>   3. 정보보호 관리체계를 수립·운영하는 방법과 절차
>   4. 정보보호 관리체계와 관련된 주요 문서의 목록
>   5. 정보보호 관리체계와 관련된 국내외 품질경영체제의 인증을 취득한 경우에는 그 명세
>
> 제49조 (정보보호 관리체계 인증 대상자의 범위)
> ① 법 제47조제2항제1호에서 "대통령령으로 정하는 바에 따라 정보통신망서비스를 제공하는 자"란 서울특별시 및 모든 광역시에서 정보통신망서비스를 제공하는 자를 말한다.
> ② 법 제47조제2항제3호에서 "대통령령으로 정하는 기준에 해당하는 자"란 다음 각호의 어느 하나에 해당하는 자를 말한다. 〈개정 2016.5.31.〉
>   1. 연간 매출액 또는 세입이 1,500억원 이상인 자로서 다음 각 목의 어느 하나에 해당하는 자
>   가. 「의료법」 제3조의4에 따른 상급종합병원
>   나. 직전연도 12월 31일 기준으로 재학생 수가 1만명 이상인「고등교육법」제2조에 따른 학교
>   2. 정보통신서비스 부문 전년도(법인인 경우에는 전 사업연도를 말한다) 매출액이 100억원 이상인 자. 다만, 「전자금융거래법」 제2조제3호에 따른 금융회사는 제외한다.
>   3. 전년도 말 기준 직전 3개월간의 일일평균 이용자 수가 100만명 이상인 자. 다만, 「전자금융거래법」 제2조제3호에 따른 금융회사는 제외한다.

- 「정보보호 및 개인정보보호 관리체계 인증 등에 관한 고시」 [과기정통부고시 2018.9.10]

제17조(신청인의 사전 준비사항) ① 정보보호 및 개인정보보호 관리체계 인증을 취득하고자 하는 자(이하 "신청인"이라 한다)는 인증을 신청하기 전에 인증기준에 따른 정보보호 및 개인정보보호 관리체계 또는 정보보호 관리체계를 구축하여 최소 2개월 이상 운영하여야 한다.
② 신청인은 인증심사를 위하여 다음 각 호의 사항을 인증심사 실시 전에 준비하여야 한다.
  1. 인증심사를 위한 문서 및 증거자료 등의 열람제공
  2. 인증심사 수행에 필요한 장소·시설·장비·기자재 등의 확보
  3. 그 밖에 인증심사를 원활하게 수행하기 위하여 심사수행기관이 요구하는 사항

제18조(인증 신청 등) ① 신청인은 다음 각 호의 인증을 선택하여 신청할 수 있다.
  1. 정보보호 및 개인정보보호 관리체계 인증
  2. 정보보호 관리체계 인증
② 신청인은 제1항의 인증 선택에 따른 별지 제9호서식의 정보보호 및 개인정보보호 관리체계 인증 신청서를 심사수행기관에 제출하여야 한다.
③ 신청인은 인증범위 및 일정 등을 심사수행기관과 사전 협의하여 신청하여야 한다.
④ 심사수행기관은 제17조에 따른 신청인의 인증심사 사전준비사항을 확인할 수 있으며, 신청인의 준비가 미흡한 경우에는 신청인에 이를 보완할 것을 요구할 수 있다.
⑤ 심사수행기관은 인증범위의 변경이 필요한 경우에 이를 신청인과 협의하여 변경할 수 있다.

제19조(정보보호 관리체계 인증 의무대상자) ① 정보보호 관리체계 인증 의무대상자(이하 "의무대상자"라 한다)란 정보통신망법 제47조제2항, 같은 법 시행령 제49조에 해당하는 자를 말한다.
② 제1항에 해당하는 자 중 집적정보통신시설 사업자가 마련한 시설의 일부를 임대하여 집적정보통신시설 사업을 하는 자에 대하여는 정보통신망법 시행령 제49조제2항의 기준을 준용한다.
③ 의무대상자는 제18조제1항제2호의 정보보호 관리체계 인증을 받아야 한다. 이때 의무대상자가 같은 항 제1호의 인증을 받은 경우에도 인증의무를 이행한 것으로 본다.
④ 의무대상자에 해당하는 자는 다음 해 8월31일까지 인증을 받아야 한다.

제20조(인증심사의 일부 생략 신청 등) ① 제18조제1항제2호의 정보보호 관리체계 인증을 신청한 자가 다음 각 호의 어느 하나에 해당하는 인증을 받거나 정보보호 조치를 취한 경우 별표 5의 인증심사 일부 생략의 범위 내에서 인증심사의 일부를 생략할 수 있다.
  1. 국제인정기관협력기구에 가입된 인정기관이 인정한 인증기관으로부터 받은 ISO/IEC 27001 인증
  2. 「정보통신기반 보호법」제9조에 따른 주요정보통신기반시설의 취약점 분석·평가
② 제1항에 따라 정보보호 관리체계 인증심사의 일부를 생략하려는 경우에는 다음 각 호의 요건을 모두 충족하여야 한다.
  1. 해당 국제표준 정보보호 인증 또는 정보보호 조치의 범위가 정보보호 관리체계 인증의 범위와 일치할 것
  2. 정보보호 관리체계 인증 신청 및 심사 시에 해당 국제표준 정보보호 인증이나 정보보호 조치가 유효하게 유지되고 있을 것
③ 제1항에 따른 인증심사 일부 생략을 신청하고자하는 자는 별지 제10호서식의 인증심사 일부 생략 신청서를 심사수행기관에 제출하여야 한다.
④ 심사수행기관은 별표 5의 인증심사 일부 생략의 범위를 생략하여 심사하고 인터넷진흥원 또는 인증기관이 인증을 부여할 때에는 그 사실을 인증서에 표기하여야한다.

ISMS-P 인증 대상

인증대상은 임의신청자와 의무대상자로 구분되며, 인증 의무대상자가 인증을 받지 않으면 과태료 3천만원이 부과된다.

- 의무대상자

정보통신망에 미치는 영향이 크고 사회·경제적 파급력이 큰 조직(ISP·IDC·쇼핑몰 및 포털 등 정보통신서비스제공자, 다량의 민감정보를 다루는 비영리 법인 등)

① 정보통신망서비스를 제공하는 자(ISP)
② 집적정보통신시설 사업자(IDC)
③ 연간 매출액 또는 세입 등이 1,500억원 이상이거나 정보통신서비스 부문 전년도 매출액이 100억원 이상 또는 3개월간 일일평균 이용자수 100만명 이상으로서, 대통령령으로 정하는 기준에 해당하는 자이다.

※ 정보통신망법 제47조 제2항 및 시행령 제49조 참조

대상자 기준	세부분류 (정보통신서비스제공자)	비고
(ISP)전기통신사업법의 전기통신 사업자로 전국적으로 정보통신망 서비스를 제공하는 사업자	인터넷접속서비스, 인터넷전화서비스 등	서울 및 모든 광역시에서 정보통신망 서비스제공(SKT,SK브로드 밴드,KT,LGU+등)
(IDC)타인의 정보통신서비스 제공을 위하여 집적된 정보통신시설을 운영·관리하는 사업자	서버호스팅, 코로케이션 서비스 등	정보통신서비스부문 전년도 매출액 100억 이하인 영세 VIDC 제외
(매출액 및 이용자기준)연간 매출액 또는 세입 등이1,500억원 이상이거나 정보통신서비스 매출액 100억 또는 이용자수 100만명 이상인 사업자	인터넷쇼핑몰, 포털, 게임, 예약, Cable-SO 등	정보통신서비스 부문 전년도 매출액 100억이상 또는 전년도말 기준 직전 3개월간 일일평균 이용자수 100만명 이상
(매출액 및 이용자기준)연간 매출액 또는 세입 등이1,500억원 이상이거나 정보통신서비스 매출액 100억 또는 이용자수 100만명 이상인 사업자	상급종합병원 대학교	직전연도12월31일기준으로 재학생 수가 1만명 이상인「고등교육법」제2조에 따른 학교

※ 의무대상자 미인증시 → 3,000만원 이하의 과태료 (법 76조)

- 임의신청자(자율신청 기업)
  - 정보보호 관리체계를 구축·운영하여 적합성 여부의 판단을 원하는 모든 조직
  - 의무대상자 기준에 해당하지 않으나 자발적으로 정보보호 관리체계를 구축·운영하는 기업은 임의신청자로 분류되며, 임의신청기업이 인증 취득을 희망할 경우 자율적으로 신청하여 인증심사를 받을 수 있다.
  - 임의신청자의 경우 인증범위를 신청기관이 정하여 신청할 수 있으며, 심사기준 및 심사절차는 의무대상자 심사와 동일하다.

[ISMS-P 인증심사 절차]

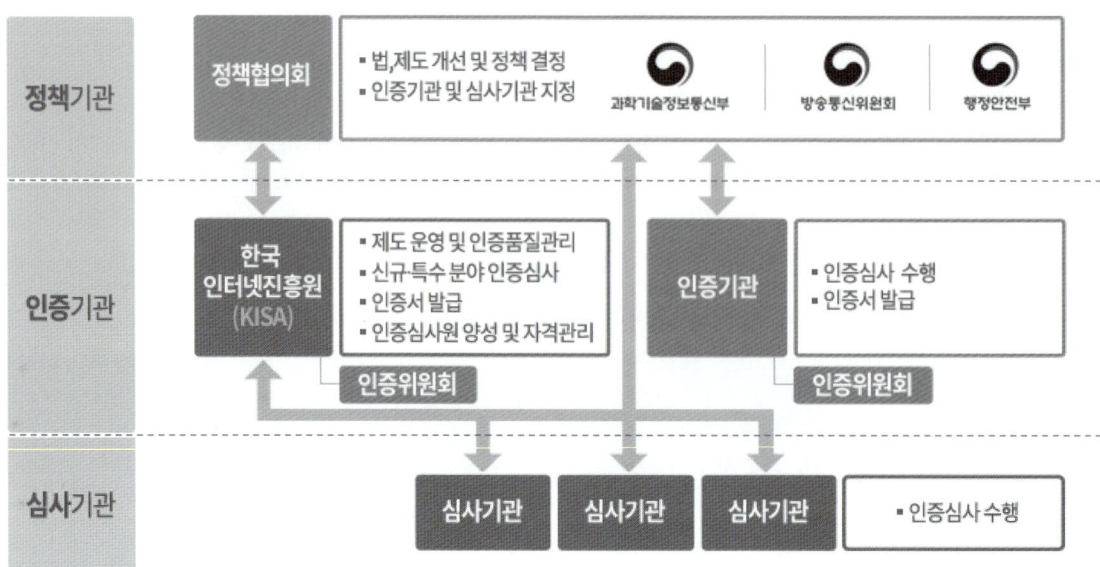

구분		내용
ISMS-P	정보보호 및 개인정보보호 관리체계 인증	• 정보서비스의 운영 및 보호에 필요한 조직, 물리적 위치, 정보자산 • 개인정보 처리를 위한 수집, 보유, 이용, 제공, 파기에 관여하는 개인정보처리 시스템, 취급자를 포함
ISMS	정보보호 관리체계 인증	• 정보서비스의 운영 및 보호에 필요한 조직, 물리적 위치, 정보자산을 포함

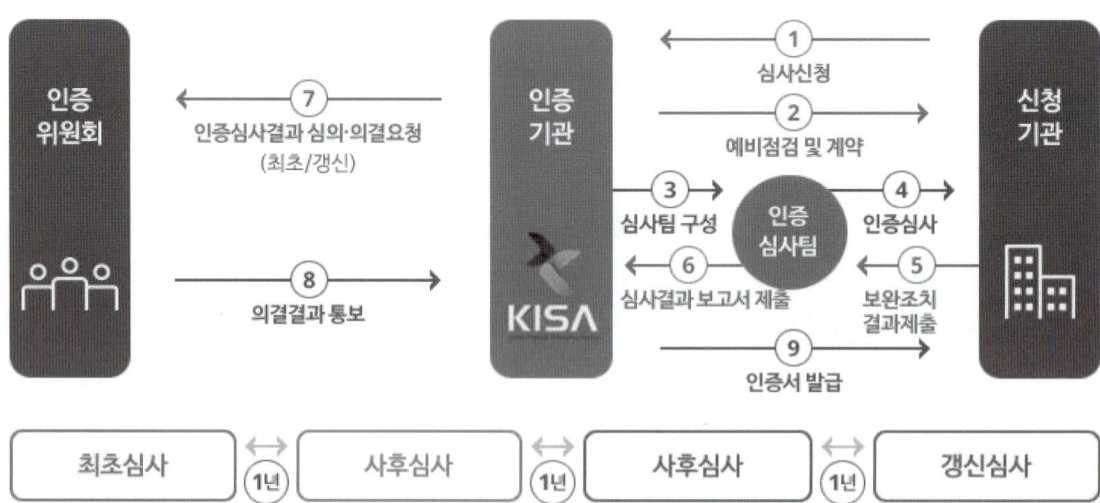

ISMS-P 인증 심사 기준

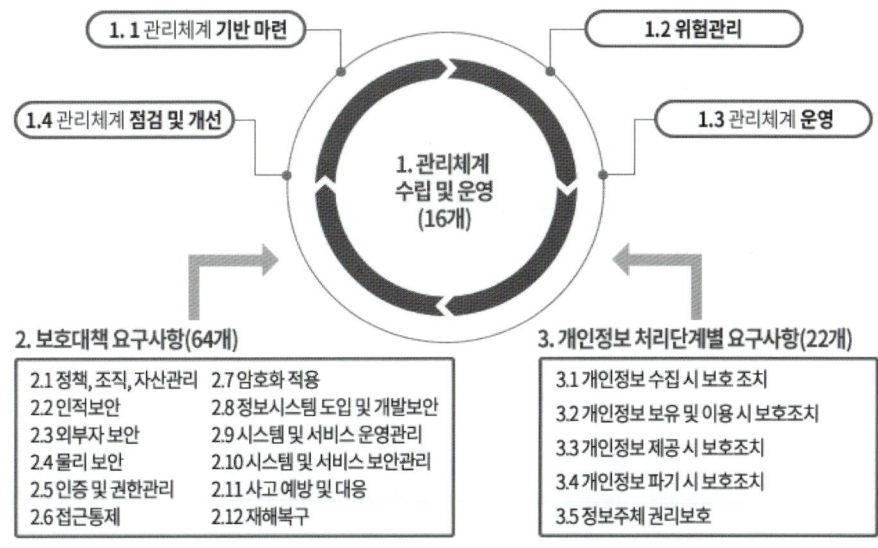

구분	통합인증	분야(인증기준 개수)	
ISMS-P	ISMS	1. 관리체계 수립 및 운영(16)	1.1 관리체계 기반 마련(6) / 1.3 관리체계 운영(3)	1.2 위험관리(4) / 1.4 관리체계 점검 및 개선(3)
		2. 보호대책 요구사항(64)	2.1 정책, 조직, 자산 관리(3) / 2.3 외부자 보안(4) / 2.5 인증 및 권한 관리(6) / 2.7 암호화 적용(2) / 2.9 시스템 및 서비스 운영관리(7) / 2.11 사고 예방 및 대응(5)	2.2 인적보안(6) / 2.4 물리보안(7) / 2.6 접근통제(7) / 2.8 정보시스템 도입 및 개발 보안(6) / 2.10 시스템 및 서비스 보안관리(9) / 2.12 재해복구(2)
		3. 개인정보 처리단계별 요구사항(22)	3.1 개인정보 수집 시 보호조치(7) / 3.3 개인정보 제공 시 보호조치(3) / 3.5 정보주체 권리보호(3)	3.2 개인정보 보유 및 이용시 보호조치(5) / 3.4 개인정보 파기 시 보호조치(4)

가. 관리체계 수립 및 운영 (16개 분류)

분야		항목	
1.1	관리체계기반 마련	1.1.1	경영진의 참여
		1.1.2	최고책임자의 지정
		1.1.3	조직 구성
		1.1.4	범위 설정
		1.1.5	정책 수립
		1.1.6	자원 할당
1.2	위험 관리	1.2.1	정보자산 식별
		1.2.2	현황 및 흐름분석
		1.2.3	위험 평가
		1.2.4	보호대책 선정
1.3	관리체계 운영	1.3.1	보호대책 구현
		1.3.2	보호대책 공유
		1.3.3	운영현황 관리

분야		항목	
1.4	관리체계 점검 및 개선	1.4.1	법적 요구사항 준수 검토
		1.4.2	관리체계 점검
		1.4.3	관리체계 개선

나. 보호대책 요구사항 (64개 분류)

분야		항목	
2.1	정책, 조직, 자산 관리	2.1.1	정책의 유지관리
		2.1.2	조직의 유지관리
		2.1.3	정보자산 관리
2.2	인적 보안	2.2.1	주요 직무자 지정 및 관리
		2.2.2	직무 분리
		2.2.3	보안 서약
		2.2.4	인식제고 및 교육훈련
		2.2.5	퇴직 및 직무변경 관리
		2.2.6	보안 위반 시 조치
2.3	외부자 보안	2.3.1	외부자 현황 관리
		2.3.2	외부자 계약 시 보안
		2.3.3	외부자 보안 이행 관리
		2.3.4	외부자 계약 변경 및 만료 시 보안
2.4	물리 보안	2.4.1	보호구역 지정
		2.4.2	출입통제
		2.4.3	정보시스템 보호
		2.4.4	보호설비 운영
		2.4.5	보호구역 내 작업
		2.4.6	반출입 기기 통제
		2.4.7	업무환경 보안
2.5	인증 및 권한관리	2.5.1	사용자 계정 관리
		2.5.2	사용자 식별
		2.5.3	사용자 인증
		2.5.4	비밀번호 관리
		2.5.5	특수 계정 및 권한 관리
		2.5.6	접근권한 검토
2.6	접근통제	2.6.1	네트워크 접근
		2.6.2	정보시스템 접근
		2.6.3	응용프로그램 접근
		2.6.4	데이터베이스 접근
		2.6.5	무선 네트워크 접근
		2.6.6	원격접근 통제
		2.6.7	인터넷 접속 통제
2.7	암호화 적용	2.7.1	암호정책 적용
		2.7.2	암호키 관리
2.8	정보시스템 도입 및 개발 보안	2.8.1	보안 요구사항 정의
		2.8.2	보안 요구사항 검토 및 시험

분야		항목	
2.8	정보시스템 도입 및 개발 보안	2.8.3	시험과 운영 환경 분리
		2.8.4	시험 데이터 보안
		2.8.5	소스 프로그램 관리
		2.8.6	운영환경 이관
2.9	시스템 및 서비스 운영관리	2.9.1	변경관리
		2.9.2	성능 및 장애관리
		2.9.3	백업 및 복구관리
		2.9.4	로그 및 접속기록 관리
		2.9.5	로그 및 접속기록 점검
		2.9.6	시간 동기화
		2.9.7	정보자산의 재사용 및 폐기
2.10	시스템 및 서비스 보안관리	2.10.1	보안시스템 운영
		2.10.2	클라우드 보안
		2.10.3	공개서버 보안
		2.10.4	전자거래 및 핀테크 보안
		2.10.5	정보전송 보안
		2.10.6	업무용 단말기기 보안
		2.10.7	보조저장매체 관리
		2.10.8	패치관리
		2.10.9	악성코드 통제
2.11	사고 예방 및 대응	2.11.1	사고 예방 및 대응체계 구축
		2.11.2	취약점 점검 및 조치
		2.11.3	이상행위 분석 및 모니터링
		2.11.4	사고 대응 훈련 및 개선
		2.11.5	사고 대응 및 복구
2.12	재해복구	2.12.1	재해 · 재난 대비 안전조치
		2.12.2	재해 복구 시험 및 개선

다. 개인정보 처리 단계별 요구사항 (22개 분류)

분야		항목	
3.1	관리체계기반 마련	3.1.1	개인정보 수집 제한
		3.1.2	개인정보의 수집 동의
		3.1.3	주민등록번호 처리 제한
		3.1.4	민감정보 및 고유식별정보의 처리 제한
		3.1.5	간접수집 보호조치
		3.1.6	영상정보처리기기 설치 · 운영
		3.1.7	홍보 및 마케팅 목적 활용 시 조치
3.2	개인정보 보유 및 이용 시 보호조치	3.2.1	개인정보 현황관리
		3.2.2	개인정보 품질보장
		3.2.3	개인정보 표시제한 및 이용 시 보호조치
		3.2.4	이용자 단말기 접근 보호
		3.2.5	개인정보 목적 외 이용 및 제공

분야			항목	
3.3	개인정보 제공 시 보호조치	3.3.1	개인정보 제3자 제공
		3.3.2	업무 위탁에 따른 정보주체 고지
		3.3.3	영업의 양수 등에 따른 개인정보의 이전
		3.3.4	개인정보의 국외이전
3.4	개인정보 파기 시 보호조치	3.4.1	개인정보의 파기
		3.4.2	처리목적 달성 후 보유 시 조치
		3.4.3	휴면 이용자 관리
3.5	정보주체 권리보호	3.5.1	개인정보처리방침 공개
		3.5.2	정보주체 권리보장
		3.5.3	이용내역 통지

▶ ISMS 인증기준 정보보호대책(13개 분야, 92개 통제사항) 목록표

	통제분야		통제목적		통제사항
1	정보보호 정책	1.1	정책의 승인 및 공표	1.1.1	정책의 승인
				1.1.2	정책의 공표
		1.2	정책의 체계	1.2.1	상위 정책과의 연계성
				1.2.2	정책시행 문서수립
		1.3	정책의 유지관리	1.3.1	정책의 검토
				1.3.2	정책문서 관리
2	정보보호 조직	2.1	조직 체계	2.1.1	정보보호 최고책임자 지정
				2.1.2	실무조직 구성
				2.1.3	정보보호 위원회
		2.2	역할 및 책임	2.2.1	역할 및 책임
3	외부자 보안	3.1	보안요구사항 정의	3.1.1	외부자 계약 시 보안요구사항
		3.2	외부자 보안 이행	3.2.1	외부자 보안 이행 관리
				3.2.2	외부자 계약 만료 시 보안
4	정보자산 분류	4.1	정보자산식별 및 책임	4.1.1	정보자산 식별
				4.1.2	정보자산별 책임할당
		4.2	정보자산의 분류 및 취급	4.2.1	보안등급과 취급
5	정보보호 교육	5.1	교육프로그램 수립	5.1.1	교육계획
				5.1.2	교육대상
				5.1.3	교육내용 및 방법
		5.2	교육 시행 및 평가	5.2.1	교육 시행 및 평가
6	인적 보안	6.1	정보보호 책임	6.1.1	주요직무 지정 및 감독
				6.1.2	직무 분리
				6.1.3	비밀유지서약서
		6.2	인사 규정	6.2.1	퇴직 및 직무변경 관리
				6.2.2	상벌규정
7	물리적 보안	7.1	물리적 보호구역	7.1.1	보호구역지정
				7.1.2	보호설비
				7.1.3	보호구역 내 작업

통제분야		통제목적		통제사항	
7	물리적 보안	7.1	물리적 보호구역	7.1.4	출입통제
				7.1.5	모바일 기기 반출입
		7.2	시스템보호	7.2.1	케이블 보안
				7.2.2	시스템 배치 및 관리
		7.3	사무실보안	7.3.1	개인업무 환경 보안
				7.3.2	공용업무 환경 보안
8	시스템 개발	8.1	분석 및 설계 보안관리	8.1.1	보안 요구사항 정의
				보안	인증 및 암호화 기능
				8.1.3	보안로그 기능
				8.1.4	접근권한기능
		8.2	구현 및 이관 보안	8.2.1	구현 및 시험
				8.2.2	개발과 운영 환경 분리
				8.2.3	운영환경 이관
				8.2.4	시험데이터 보안
				8.2.5	소스 프로그램 보안
		8.3	외주개발 보안	8.3.1	외주개발보안
9	암호 통제	9.1	암호 정책	9.1.1	암호 정책 수립
		9.2	암호키 관리	9.2.1	암호키 생성 및 이용
10	접근 통제	10.1	접근통제 정책	10.1.1	접근통제 정책 수립
		통제	접근권한 관리	10.2.1	사용자 등록 및 권한부여
				10.2.2	관리자 및 특수 권한 관리
				10.2.3	접근권한 검토
		10.3	사용자 인증 및 식별	10.3.1	사용자 인증
				10.3.2	사용자 식별
				10.3.3	사용자 패스워드 관리
				10.3.4	이용자 패스워드 관리
		10.4	접근통제 영역	10.4.1	네트워크 접근
				10.4.2	서버 접근
				10.4.3	응용 프로그램 접근
				10.4.4	데이터베이스 접근
				10.4.5	모바일 기기 접근
				10.4.6	인터넷 접속
12	침해사고 관리	12.1	절차 및 체계	12.1.1	침해사고대응절차 수립
				12.1.2	침해사고 대응체계 구축
		12.2	대응 및 복구	12.2.1	침해사고 훈련
				12.2.2	침해사고 보고
				12.2.3	침해사고처리 및 복구
		12.3	사후 관리	12.3.1	침해사고 분석 및 공유
				12.3.2	재발방지
13	IT재해 복구	13.1	체계 구축	13.1.1	IT 재해복구 체계 구축
		13.2	대책 구현	13.2.1	영향분석에 따른 복구대책 수립
				13.2.2	시험 및 유지관리

ISO 27001에 대한 이해

국제표준(ISO) 기구에서의 정보보호 표준 현황

- 국제 표준화 기구는 국가가 회원이 되는 공적 표준화 기구(ITU-T, ISO 등)과 산업체가 회원이 되는 사실 표준화 기구 등 두가지 유형이 있으며, 국제표준화 개발 과정은 New Work Item Proposal(신규 워크아이템 제안), 표준 개발, Determination(사전 채택), Consultation(국가별 의견 수렴 과정), Approval(최종 채택) 등으로 구성된다.
- ITU-T는 국제 표준화 개발을 위하여 Question(연구과제), Working Group, Working Party, Study Group(연구반), Rapporteur(보고자), Editor(개발책임자), Contributor(기고자) 등 대략 7단계를 거쳐서 국제표준을 채택하고 있다.
- ISO에서의 정보보호 분야의 표준은 ISO/IEC 27001(ISMS, 정보보호관리체계 요구사항), 보안 원칙(ISO 27000), 보안 요구사항(ISO 27001), 보안 위험평가(ISO 27005), 보안 통제(ISO 27002)등이 존재하며, 개인정보보호 분야의 표준은 프라이버시 원칙(ISO 29000), 프라이버시 요구사항(ISO 27552), 프라이버시 위험평가(ISO 29134), 프라이버시 통제(ISO 29151) 등이 존재 한다.
- ISO 27001(ISMS)는 모든 보안 관리체계의 기본이 되며, 추가적인 요구사항, 위험평가 방법, 통제 등 다른 여러섹터과 응용을 고려하여 조직의 기술적, 관리적, 물리적, 법률적 보호조치 구축 및 개선을 통해 조직의 보안 수준을 개선하기 위한 종합적인 보호 대책의 수립과 운영을 확보할 수 있게 한다.

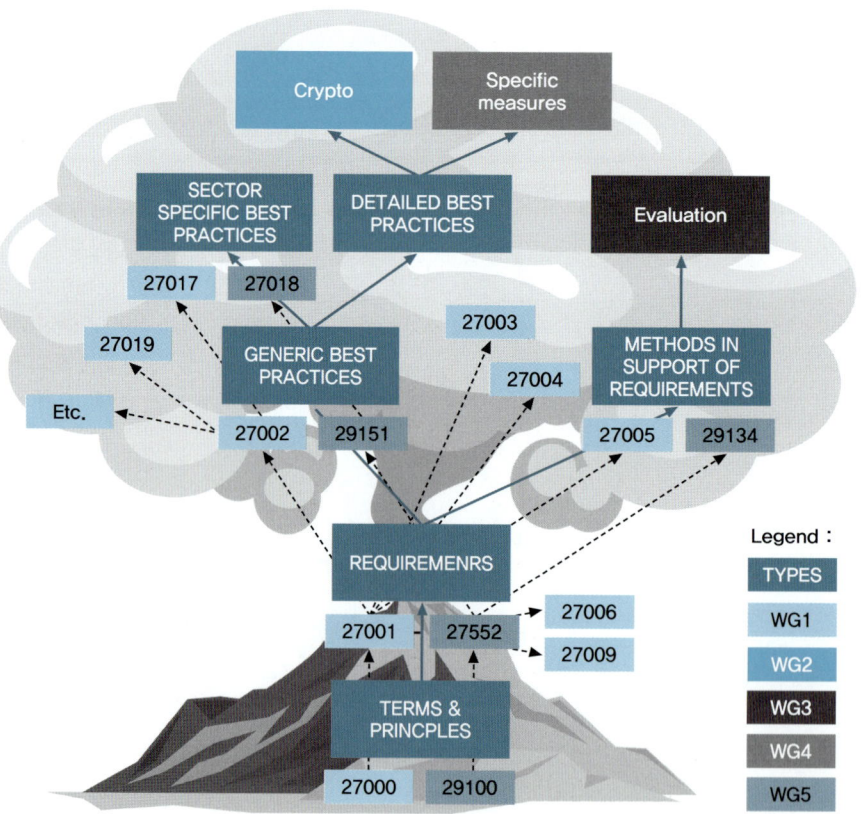

| 프랑스 프라이버시 규제 기관(CNIL)의 보안과 프라이버시를 위한 ISO 국제 표준 트리 |

- 지난 2018년 5월 25일 유럽연합에서는 GDPR(The General Data Protection Regulation)을 발효하였다. 특히, EU GDPR 42조는 기업이 "GDPR 법률 준수의 입증을 목적으로 인증 메커니즘의 수립을 권장"하고 있다. 국내 기업들이 EU GDPR 인증을 대비하기 위해서 대부분의 기업들이 ISO 27001 취득하고 있지만, 우리나라가 주도적으로 개발해 2017년에 채택한 ISO/IEC 29151에 근거하여 인증을 준비하는 것이 단기적으로는 좋으나, 장기적으로는 현재 국제표준 개발 중에 있는 ISO/IEC CD 27552에 근거한 인증을 분석하여 대비하는게 필요하다.

ISO 적합성평가

- ISO에서는 Conformity Assessment(적합성평가)를 통한 인증제도를 운영하며, 적합성평가체계 내 주요 주체의 객관성, 전문성을 확보하기 위해서 인증 단계별로 별도의 기관으로 분리 운영하고 있다.
  ※ 적합성평가란 제품, 프로세스, 시스템, 사람 또는 기관 등에 대한 규정된 요구사항의 충족여부를 실증하는 활동을 말하며 그 분야로 시험, 검사, 제품인증, 경영시스템인증, 자격인증(사람의 특정 자격에 대한 인증) 등이 포함된다.
  - ISO/IEC 17011 인정기관
  - ISO/IEC 17021~3 인증기관 (인증서 발급)
  - ISO/IEC 17024 연수기관 (심사원 등록기구)
- 국내에서는 제품성능평가와 프로세스 적합성평가를 전담기관에서 통합 운영 관리를 하고 있다.
- 제품에 대한 성능평가 전담기관 및 현황
  - 산업통산자원부, 국가기술표준원 : KS, 신제품(NEP)인증
  - 한국산업기술진흥협회 : 신기술(NET)인증
  - 한국산업기술시험원(KTL) : 전기전자, 정보통신, 의료헬스, 소재 부품, 기계시스템, 환경
  - 한국통보통신기술협회(TTA) 정보통신시험인증연구소
    ☞ 이동통신, 네트워크, 방송융합, ICT융합품질 시험인증
    ☞ 소프트웨어시험인증연구소
    ☞ ISO/IEC 9126, 25041, 25051 품질평가
  - 한국인터넷진흥원(KISA) 보안인증지원단
    ☞ 정보보호제품 보안성 평가·인증
    ☞ 정보보호제품 성능 평가: 네트워크/시스템 보안제품, 지능형 CCTV 성능시험/바이오인식 시험인증
    ☞ 정보보호 전문서비스기업 지정, 보안관제 전문기업 지정
- 프로세스에 따른 적합성평가 전담기관 및 현황
  - 과학기술정보통신부, KISA 보안인증지원단
    ☞ ISMS 인증 (PIMS 인증), 정보보호등급제 인증, 클라우드/IoT서비스 보안 평가·인증 및 인증심사원 양성
  - 중소기업벤처기업부
    ☞ 정보화 경영체제 인증(Information Management System)
    ☞ 기술유출 방지시스템 구축 인증 평가 및 인증심사원 양성
  - 대·중소기업·농어업협력재단
    ☞ 기술보호울타리 중소기업 기술지원

- 행정안전부
  ☞ 재해경감을 위한 기업의 자율활동 지원에 관한 법률
  ☞ 재해경감 우수기업 인증 및 기업재난관리사 양성

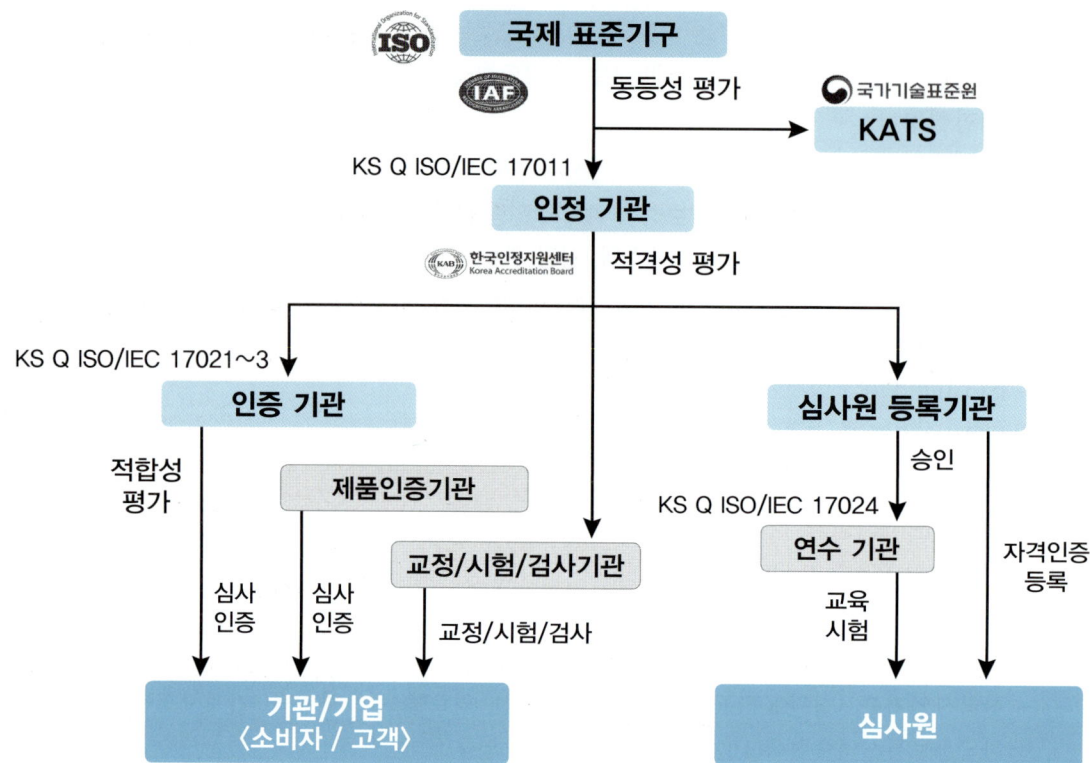

| 인증체계 내 주요 주체 프로세스 흐름도 |

▶ 국제 정보보안 표준인 ISO 27001에 대한 성과 측정 항목에 대해서 간단히 살펴보면 국내 ISMS-P와 약간의 차이는 있지만, 전반적인 기업의 정보보호 지표를 평가하는 항목과 의미에서는 크게 다르지 않다.

▶ ISO 27001 통제항목 요약

보안통제 구분	통제영역	통제항목 수	세부통제항목 수	합계
관리적 보안	정보보호 정책	1	2	49
	정보보호 조직	2	7	
	인적자원자원 보안	3	6	
	자산 관리	3	10	
	공급자 관계	2	5	
	정보보호 사고 관리	1	7	
	업무연속성 관리의 정보보호 측면	2	4	
	준거성	2	8	
물리적 보안	물리적, 환경적 보안	2	15	15

보안통제 구분	통제영역	통제항목 수	세부통제항목 수	합 계
기술적 보안	접근통제	4	14	50
	암호화	1	2	
	운영 보안	7	14	
	통신 보안	2	7	
	시스템 도입, 개발과 유지보수	3	13	
합 계		14	35	114

ISO 27001 세부 통제항목

통제 영역	통제 항목	세부 통제 항목
A.5 보안 정책	A.5.1 정보보안 정책	A.5.1.1 정보보안 정책 문서
		A.5.1.2 정보보안 정책의 검토
A.6 보안 조직	A.6.1 내부 조직	A.6.1.1 정보보안 경영자 실행의지
		A.6.1.2 정보보안 조정
		A.6.1.3 정보보안 책임 배정
		A.6.1.4 정보처리설비 인가 프로세스
		A.6.1.5 기밀성 협정
		A.6.1.6 관련기관 접촉
		A.6.1.7 전문기관 접촉
		A.6.1.8 정보보안의 독립적 검토
	A.6.2 외부 조직	A.6.2.1 외부조직과 관련된 위험 식별
		A.6.2.2 고객과 거래 시 보안
		A.6.2.3 제3자 보안 협정
A.7 자산 관리	A.7.1 자산에 대한 책임	A.7.1.1 자산의 목록
		A.7.1.2 자산의 소유권
		A.7.1.3 자산의 수용 가능한 사용
	A.7.2 정보 분류	A.7.2.1 분류 지침
		A.7.2.2 정보 표시 및 취급
A.8 인적 자원 보안	A.8.1 고용 이전	A.8.1.1 역할과 책임
		A.8.1.2 선발
		A.8.1.3 고용 약정 및 조건
	A.8.2 고용 중	A.8.2.1 경영자 책임
		A.8.2.2 정보 보안 인식, 교육, 훈련
		A.8.2.3 징계 프로세스
	A.8.3 고용 종료 및 변경	A.8.3.1 책임 종료
		A.8.3.2 자산 반환
		A.8.3.3 접근 권한의 제거

통제 영역	통제 항목	세부 통제 항목
A.9 물리적, 환경적 보안	A.9.1 보안 지역	A.9.1.1 물리적 보안 경계
		A.9.1.2 물리적 출입 통제
		A.9.1.3 사무실, 방, 설비 보호
		A.9.1.4 외부와 환경적 위협 보호
		A.9.1.5 보안 지역에서의 업무
		A.9.1.6 공개적 접근, 인도 및 선적 지역
	A.9.2 장비 보안	A.9.2.1 장비 장소와 보호
		A.9.2.2 지원 유틸리티
		A.9.2.3 케이블링 보안
		A.9.2.4 장비 유지보수
		A.9.2.5 건물 외부의 장비 보안
		A.9.2.6 장비의 안전한 처분 또는 재사용
		A.9.2.7 자산의 반출
A.10 통신 및 운영 관리	A.10.1 운영상 절차와 책임	A.10.1.1 문서화된 운영 절차
		A.10.1.2 변경 관리
		A.10.1.3 직무 분리
		A.10.1.4 개발, 시험, 운영 설비의 분리
	A.10.2 제3의 서비스 인도 관리	A.10.2.1 서비스 인도
		A.10.2.2 제3자 서비스 감시 및 검토
		A.10.2.3 제3자 서비스 변경관리
	A.10.3 시스템 계획 및 인수	A.10.3.1 용량 관리
		A.10.3.2 시스템 인수
	A.10.4 악성 및 이동 코드로부터의 보호	A.10.4.1 악성코드에 대한 통제
		A.10.4.2 이동코드에 대한 통제
	A.10.5 백업	A.10.5.1 정보 백업
	A.10.6 네트워크 보안관리	A.10.6.1 네트워크 통제
		A.10.6.2 네트워크 서비스의 보안
	A.10.7 매체 취급	A.10.7.1 삭제 가능한 매체의 관리
		A.10.7.2 매체 폐기
		A.10.7.3 정보 취급 절차
		A.10.7.4 시스템 문서의 보안
	A.10.8 정보의 교환	A.10.8.1 정보 교환 정책과 절차
		A.10.8.2 교환 협정
		A.10.8.3 전송 중 물리적 매체
		A.10.8.4 전자 메시징
		A.10.8.5 업무 정보시스템

통제 영역	통제 항목	세부 통제 항목
A.10 통신 및 운영 관리	A.10.9 전자상거래 서비스	A.10.9.1 전자상거래
		A.10.9.2 온라인 거래
		A.10.9.3 공개 가용 정보
	A.10.10 감시	A.10.10.1 감사 로깅
		A.10.10.2 시스템 사용 감시
		A.10.10.3 로그 정보의 보호
		A.10.10.4 관리자와 운영자 로그
		A.10.10.5 결점 로깅
		A.10.10.6 시각 동기화
A.11 접근통제	A.11.1 접근통제 사업요구사항	A.11.1.1 접근통제 정책
	접근통제	A.11.2.1 사용자 등록
		A.11.2.2 권한 관리
		A.11.2.3 사용자 패스워드 관리
		A.11.2.4 사용자 접근 권한 검토
	A.11.3 사용자 책임	A.11.3.1 패스워드 사용
		A.11.3.2 보호되지 않은 사용자 장비
		A.11.3.3 책상 및 화면 정리 정책
	A.11.4 네트워크 접근 통제	A.11.4.1 네트워크서비스 사용 정책
		A.11.4.2 외부접속에 대한 사용자 인증
		A.11.4.3 네트워크에서의 장비 식별
		A.11.4.4 원격 진단과 구성포트 보호
		A.11.4.5 네트워크에서의 분리
		A.11.4.6 네트워크 접속 통제
		A.11.4.7 네트워크 라우팅 통제
	A.11.5 운영 시스템 접근 통제	A.11.5.1 안전한 로그온 절차
		A.11.5.2 사용자 식별 및 인증
		A.11.5.3 패스워드 관리 시스템
		A.11.5.4 시스템 유틸리티의 사용
		A.11.5.5 세션 시간 종료
		A.11.5.6 접속 시간의 제한
	A.11.6 어플리케이션과 정보 접근 통제	A.11.6.1 정보 접근 제한
		A.11.6.2 민감한 시스템 분리
	A.11.7 이동 컴퓨팅 및 원격근무	A.11.7.1 이동 컴퓨팅 및 통신
		A.11.7.2 원격근무

통제 영역	통제 항목	세부 통제 항목
A.12 정보시스템 획득, 개발 및 유지	A.12.1 정보시스템 보안요구사항	A.12.1.1 보안요구사항 분석 및 명세화
	A.12.2 어플리케이션의 정확한 처리	A.12.2.1 입력 데이터 유효성 확인 개발 및 유지
		A.12.2.3 메시지 무결성
		A.12.2.4 출력 데이터 유효성 확인
A.12 정보시스템 획득, 개발 및 유지	A.12.3 암호 통제	A.12.3.1 암호 통제 사용에 대한 정책
		A.12.3.2 키 관리
	A.12.4 시스템 파일의 보안	A.12.4.1 운영 소프트웨어의 통제
		A.12.4.2 시스템 시험 데이터 보호
		A.12.4.3 프로그램 소스코드 접근통제
	A.12.5 개발 및 지원 프로세스에서의 보안	A.12.5.1 변경 통제 절차
		A.12.5.2 운영시스템 변경 후 어플리케이션 기술적 검토
		A.12.5.3 소프트웨어 패키지 변경 제한
		A.12.5.4 정보 유출
		A.12.5.5 외주 소프트웨어 개발
	A.12.6 기술적 취약성 관리	A.12.6.1 기술적 취약성의 통제
A.13 정보 보안 사고 관리	A.13.1 정보 보안 사건과 취약점 보고	A.13.1.1 정보 보안 사건 보고
		A.13.1.2 보안 취약점 보고
	A.13.2 정보 보안 사고와 개선의 관리	A.13.2.1 책임과 절차
		A.13.2.2 정보보안 사고로부터의 학습
		A.13.2.3 증거 수집
A.14 사업 연속성 관리	A.14.1 사업 연속성 관리의 정보 보안 관점	A.14.1.1 사업연속성 프로세스에 정보보안을 포함
		A.14.1.2 사업연속성과 위험 평가
		A.14.1.3 정보보안을 포함한 연속성 계획 개발 및 이행
		A.14.1.4 사업연속성계획수립 프레임워크
		A.14.1.5 사업연속성계획 시험, 유지 및 재평가
A.15 준거성	A.15.1 법적 요구사항과의 준거성	A.15.1.1 적용 가능한 법률의 식별
		A.15.1.2 지적 재산권
		A.15.1.3 조직의 기록 보호
		A.15.1.4 개인정보 프라이버시&데이터 보호
		A.15.1.5 정보처리 설비 오용의 차단
		A.15.1.6 암호 통제의 규제
	A.15.2 보안 정책과 표준 준거성, 기술적 준거성	A.15.2.1 보안 정책 및 표준과의 준거성
		A.15.2.2 기술적 준거성 점검
	A.15.3 정보 시스템 감사 고려사항	A.15.3.1 정보 시스템 감사 통제
		A.15.3.2 정보 보안 감사 도구 보호

통제 영역	통제 항목	세부 통제 항목
A.16 정보보호 사고 관리	A.16.1 정보보호 사고 관리 및 개선	A.16.1.1 책임 및 절차
		A.16.1.2 정보보호 이벤트 보고
		A.16.1.3 정보보호 약점 보고
		A.16.1.4 정보보호 이벤트 평가 및 의사결정
		A.16.1.5 정보보호 사고 대응
		A.16.1.6 정보보호 사고로부터의 학습
		A.16.1.7 증거 수집
A.17 업무연속성 관리의 정보보호 측면	A.17.1 정보보호 연속성	A.17.1.1 정보보호 연속성 계획
		A.17.1.2 정보보호 연속성 구현
		A.17.1.3 정보보호 연속성 검증, 검토, 평가
	A.17.2 이중화	A.17.2.1 정보처리 시설 가용성
A.18 준거성	A.18.1 법적 및 계약 요구사항 준수	A.18.1.1 적용 법규 및 계약 요구사항 식별
		A.18.1.2 지적 재산권
		A.18.1.3 기록 보호
		A.18.1.4 프라이버시 및 개인정보 보호
		A.18.1.5 암호 통제 규제
	A.18.2 정보보호 검토	A.18.2.1 정보보호 독립적 검토
		A.18.2.2 보안 정책 및 표준 준수
		A.18.2.3 기술 준거성 검토

chapter 3 정보보호 성과 측정 및 평가

■ 정보보호 성과 측정

- 정보보호 지표에 따라 정보보호 활동에 대한 성과를 측정한다. 도출된 조직의 정보보호 지표에 따라 각각의 성과를 업무 실적에 근거하여 수집하도록 한다. 수집된 데이터를 기반으로 각 지표별 산출식에 따라 실적을 정량적으로 산출하고 이를 진단 기준에 따라 등급화하여 점수를 산출한다.
- 산출된 점수를 단순히 합산하여 비교하는 방법을 활용하기도 하지만, 각 업무별, 지표별 가중치를 두어 평가하는 것이 더욱 바람직하다. 특히 조직의 정보보호 목표 중 중점을 두어 관리하여야 할 부분에는 가중치를 크게 두고 비중을 높여 평가함으로써 좀 더 향후 개선 작업에 있어 비중을 크게 가져가는 방향성을 수립할 수 있다.
- 수립한 정보보호 중장기 계획에 의거한 투입 예산, 비용과 측정된 지표별 점수를 비교하여 정보보호 활동의 투자 대비 효과성에 대해서도 측정하는 활동이 필요하다. 다음과 같은 4개의 평가 영역에 대하여 성과 측정을 진행하도록 한다.

- 1. 조직의 비즈니스와 정보보호 전략 간 연계성을 측정한다.
  - 조직의 비즈니스 목표와 정보보호와의 연계성
  - 정보보호 법·규제에 대한 준거성
- 2. 정보보호 관리의 효율성을 측정한다.
  - 조직의 비즈니스 특성을 반영한 정보보호 활동의 이행 여부
  - 정보보호 정책과 조직 관리, 인력의 수준 향상 여부
  - 적정한 수준의 정보 및 자산에 대한 보안 관리
- 3. 정보보호 운영의 효과성을 측정한다.
  - 정보보호 예산에 대한 투자 효과성
  - 조직의 정보보호 역량 향상 수준
- 4. 정보보호 시스템의 성능을 측정한다.
  - 정보보호 침해 사고에 대한 대응력
  - 시스템 백업 및 복구 능력의 수준

■ 정보보호 성과 평가/분석

측정된 지표별 점수를 바탕으로 각 업무별 성과를 평가하도록 한다. 정보보호 관리 수준의 평가는 ISMS의 기준에 의거, 관리 과정과 통제 영역별로 평가하는 것을 권고한다.

1. 정보보호 관리과정 평가
- (1) 정보보호 정책 수립 영역을 평가 : 경영 목표를 지원하는 법적, 규제적 요건을 연계하여 전략적인 정보보호 정책을 수립하고 있는지 여부를 분석하고 평가한다. 또한 수립된 정보보호 정책이 효과적으로 수행되고 유지될 수 있도록 조직이 수립되어 있는지, 조직 내 책임이 정의되어 있는지 여부를 평가한다.
- (2) 정보보호 관리 체계의 범위 설정 영역을 평가 : 정보보호 관리 체계의 범위를 설정하고 조직 내 정보 자산을 식별하여 관리하고 있는지 분석하고 평가한다. 정보 자산의 경우 형태와 소유자, 관리자와 특성 등이 문서화되어 관리되고 있는지 여부를 평가한다.
- (3) 위험 관리 영역을 평가 : 조직의 정보 자산에 대한 위험 관리 전략 및 계획, 위험 분석 활동, 위험 평가 및 이에 준하는 정보보호 대책이 선정되고 이행되고 있는지 여부를 분석하고 평가한다. 또한 위험이 실제 발생하였을 경우 피해를 예상하여 우선순위 기반으로 관리하고 있는지 여부를 평가한다.
- (4) 구현 영역을 평가 : 정보보호 대책의 구현 시 품질 관리, 변경 관리, 보고 관리의 이행 여부를 평가하고 구현된 정책의 교육 및 훈련 프로그램이 잘 수행되고 있는지 평가한다. 수행된 정보보호 관련 교육과 훈련의 성과가 정성적, 정량적으로 평가되고 관리되고 있는지 확인한다.
- (5) 사후 관리 영역을 평가 : 정보보호 관리 체계의 운영을 통한 결과를 취합하여 목표 수준과의 GAP을 확인하고 내·외부 변화 요인, 효율성, 예측되는 위험 수준 등을 포함하여 판단함으로써 지속적으로 정보보호 정책과 체계가 재검토되고 개선되고 있는지를 평가한다. 또한 조직의 정보보호 체계의 운영과 수준에 대한 감사를 시행하여 발견 사항을 공유하고 이를 통하여 주기적인 개선이 이루어지고 있는지를 확인한다.

2. 정보보호 통제영역 평가

- (1) 정보보호 정책 영역을 평가 : 정책의 승인 및 공표, 정책의 체계, 정책의 유지 관리가 타당한지 여부를 평가하고 분석한다.
- (2) 정보보호 조직 영역을 평가 : 정보보호를 위한 조직의 구성과 체계, 책임과 역할 정의가 타당하고 적정한지 여부를 평가하고 분석한다.
- (3) 외부자 보안 영역을 평가 : 조직 외부의 업체나 인력에 대한 계약 및 서비스 수준 협약, 외부자 보안에 대한 사항이 적정하게 수립되었는지 여부를 평가하고 분석한다.
- (4) 정보 자산 분류 영역을 평가 : 조직 내 정보 자산의 구분과 분류, 중요도 수준의 정의, 정보 자산의 조사 및 책임 할당, 정보 자산의 취급에 관한 프로세스가 적정하게 수립되었는지 여부를 평가하고 분석한다.
- (5) 정보보호 교육 및 훈련 영역을 평가 : 정보보호에 대한 교육 및 훈련 프로그램의 수립, 교육 및 훈련의 시행 및 평가가 정기적으로 이루어지고 있으며 그 수준이 적정한 지 여부를 평가하고 분석한다.
- (6) 인적 보안 영역을 평가 : 정보보호 업무에 대한 책임 할당 및 규정화, 직원의 적격 심사, 주요 직무 담당자 관리 및 비밀 유지에 대한 보안이 적정하게 관리되고 있는지 평가하고 분석한다.
- (7) 물리적 보안 영역을 평가 : 물리적 보호 구역, 물리적 접근 통제, 데이터 센터 보안, 장비 보호 및 사무실 보호가 적정 수준에서 관리되고 있는지 평가하고 분석한다.
- (8) 시스템 개발 보안 영역을 평가 : 시스템의 분석 및 설계, 구현 및 이행, 변경 관리 등의 프로세스가 적정하게 관리되고 있는지를 평가하고 분석한다.
- (9) 암호 통제 영역을 평가 : 조직 내 암호화 정책, 암호 사용, 키 관리 프로세스 등이 적정한 수준에서 관리되고 있는지를 평가하고 분석한다.
- (10) 접근 통제 영역을 평가 : 시스템, 보안 영역에 대한 접근 통제 정책, 사용자 접근 관리, 접근 통제 영역의 관리 등이 적정하게 관리되고 있는지 평가하고 분석한다.
- (11) 운영 관리 영역을 평가 : 운영 절차와 책임, 시스템 운영, 네트워크 운영 및 문서 관리, 악성 소프트웨어의 통제, 원격 작업의 보안 수준이 적정하게 관리되고 있는지 평가하고 분석한다.
- (12) 정보 교환 보안 영역을 평가 : 교환 합의서, 전자 거래, 전자 우편, 공개 서버의 보안 관리, 이용자 공지 사항 등의 보안 관리가 적정하게 유지되고 있는지 평가하고 분석한다.
- (13) 보안 사고 관리 영역을 평가 : 보안 사고에 대한 대응 계획 및 대응 체계, 대응 프로세스 및 사후 관리에 대한 수준이 적정하게 관리되고 있는지 평가하고 분석한다.
- (14) 준거성 영역을 평가 : 법적 요구 사항의 준수 검토, 정보보호 정책 및 대책 준수 검토, 모니터링 및 보안감사가 적정하게 이행되고 있는지 평가하고 분석한다.
- (15) 업무 연속성 관리 영역을 평가 : 업무 연속성 관리 체계의 수립, 업무 연속성 계획 수립과 구현, 업무 연속성 계획 시험 및 유지 관리가 적정하게 이행되고 있는지 평가하고 분석한다.

⏩ 각 영역 중 점수가 특별히 높은 부분과 특별히 낮은 부분에 대해서는 그 근본적인 원인을 파악해 보는 것이 중요하며, 평가 결과가 유의미한지 여부를 판단하는 작업을 진행하도록 한다.

⏩ 평가 결과가 단순히 한 가지 지표에 의해 너무 높거나, 낮지는 않은지, 실제로 어떤 문제점으로

인하여 이러한 결과가 발생하였는지 파악하는 것이 중요하다. 평가가 완료된 결과는 각 정보보호 담당팀, 담당자와 회의, 인터뷰를 통하여 확인하는 작업을 반드시 진행하도록 한다.

3.2 핵심정리

▶ 정보보호 성과 측정 지표
- 조직의 CISO 및 정보보호책임자 등은 ISMS(Information Security Management System) 및 ISO 27001 등의 정보보호 인증제도를 이해하고 성과 측정을 수행하고 지속적인 개선 수행이 필요하다.
- ISMS 개념 : ISMS는 어떤 조직(기업)이 정보보호 관리체계를 구축·운영하고 있을 때, 그 관리체계가 법에서 정한 인증심사기준에 적합한지를 인증기관이 객관적이고 독립적으로 평가하여 적합성 여부를 판단해 주는 제도이다.

▶ 정보보호 성과 측정
- 정보보호 지표에 따라 정보보호 활동에 대한 성과를 측정한다.
- 도출된 조직의 정보보호 지표에 따라 각각의 성과를 업무 실적에 근거하여 수집하도록 한다. 수집된 데이터를 기반으로 각 지표별 산출식에 따라 실적을 정량적으로 산출하고 이를 진단 기준에 따라 등급화하여 점수를 산출한다.

2편
정보보호 정책

🔑 학습 목표

본 2편에서는 조직이 수행하는 모든 정보보호 활동의 근거를 포함하고 국가나 관련 산업에서 정하는 정보보호 관련 법·규제를 만족하는 정보보호 정책을 수립, 배포하고 필요에 따라 제정 및 개정 등을 수행할 수 있는 관련 지식과 기법에 대하여 학습하도록 한다.

🔑 평가의 목표

2편의 정보보호 정책에서는
- 정보보호 정책 체계 및 정보보호 정책 수립의 필요성을 이해한다.
- 정보보호 정책의 내용을 결정하기 위하여 참조해야 할 문서를 수집하여 정보보호 요구 사항을 도출하는 방법을 이해한다.
- 정보보호 정책 분야를 목록화하는 요소를 학습한다.
- 작성된 정보보호 정책을 실제 적용하여야 할 대상들에게 배포하여 검토를 받고 승인하는 절차를 이해한다.
- 조직 전체 및 이해 관계자에게 승인된 정보보호 정책 문서의 공유 절차를 이해한다.
- 정보보호 정책과 정책 시행 문서의 이력 관리를 위하여 제정, 개정, 배포, 폐기 등의 관리 절차 수립에 대한 내용을 학습한다.
- 관리 절차에 따라 정기적으로 정보보호 정책의 타당성을 검토하고 정보보호 환경 변화의 영향도를 분석하여 제정 또는 개정하는 업무를 학습한다.

1장 정보보호 정책 수립

> **평가 목표**
> - 정보보호 정책의 내용을 결정하기 위해 참조하여야 할 문서를 수집하여 정보보호 요구사항을 도출할 수 있다.
> - 수집된 참조문서를 기초로 정보보호 정책 분야를 목록화하고 정책의 구성 체계와 서술 방식을 결정할 수 있다.
> - 작성된 정보보호 정책을 실제 적용하여야 할 대상들에게 배포하여 검토를 받고 승인 절차를 진행할 수 있다.

1.1 정보보호 정책 개요

chapter 1 정보보호 정책 체계

■ **정보보호 정책이란?**

기업에서 정보보호를 효과적으로 수행하는 데 필요한 역할을 규정하고 이를 수행하기 위한 구체적인 내용을 정의하는 공식적인 문서이다.

▶ 정보보호 정책 체계
- **정책** : 정책은 상위 레벨의 문서로서, 한 조직의 기업 철학, 고위 경영진의 업무 프로세스로서 책임자의 전략적 사고를 대변한다. 정책은 변경이 잦지 않은 것이 특징이다. 경영진은 모든 정책을 정기적으로 검토하고 상황 변화가 정책에 반영되도록 한다.
- **지침** : 지침은 정책의 원칙 준수를 위한 구체적인 사항이나 양식이다. 지침은 포괄적으로 기술되는 정책을 준수하기 위한 부문별 상세 정책이 기술되어 있다.
- **절차 / 매뉴얼** : 절차 / 매뉴얼은 자세하게 기술된 문서로서, 정책 및 지침으로부터 도출되어야 한다. 따라서, 절차는 정책 및 지침보다 동적으로 변경 가능하여야 하며, 수시적으로 검토가 필요하다. 절차 및 매뉴얼에는 업무 프로세스와 그 안에 내재된 통제가 기술되어 있다.

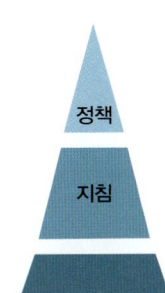

정책
- 정보보호에 대한 상위 수준의 목표 및 방향, 원칙 제시
- 최고 경영진의 승인 필수
- 모든 조직원이 반드시 준수해야할 의무적 요구사항
- 개정 시점: 비즈니스, 법률 등의 중요한 변화 발생 시

지침
- 정책의 원칙 준수를 위한 구체적인 사항이나 양식
- 모든 조직원이 반드시 준수해야 할 의무적 요구사항
- 개정 주기: 최소 년1회 이상 검토

절차 / 매뉴얼
- 정책 준수를 위한 구체적이고 세부적인 방법
- 정책 및 지침과 더불어 필수적으로 준수해야하는 사항
- 개정 주기: 조직/인프라 등의 변동과 함께 필요시 변경

| 그림 1-1 정보보호 정책 체계 |

chapter 2 정보보호 정책의 필요성

■ 정보보호 정책의 필요성

기업에서 문서화된 정보보호 정책 / 지침 등의 규정이 없다면 임직원이 정보보호 활동을 임의적으로 수행하거나, 통제 및 관리 활동을 수행할 수 없어 정보보호 수준의 유지 또는 제고가 불가능할 수 밖에 없다.

- 정보보호 정책 수립 시 실무에서의 적용 가능성을 우선적으로 고려하여 정보보호 정책에서 지침, 절차로 내려갈수록 작성 내용이 구체화 되어야 한다.

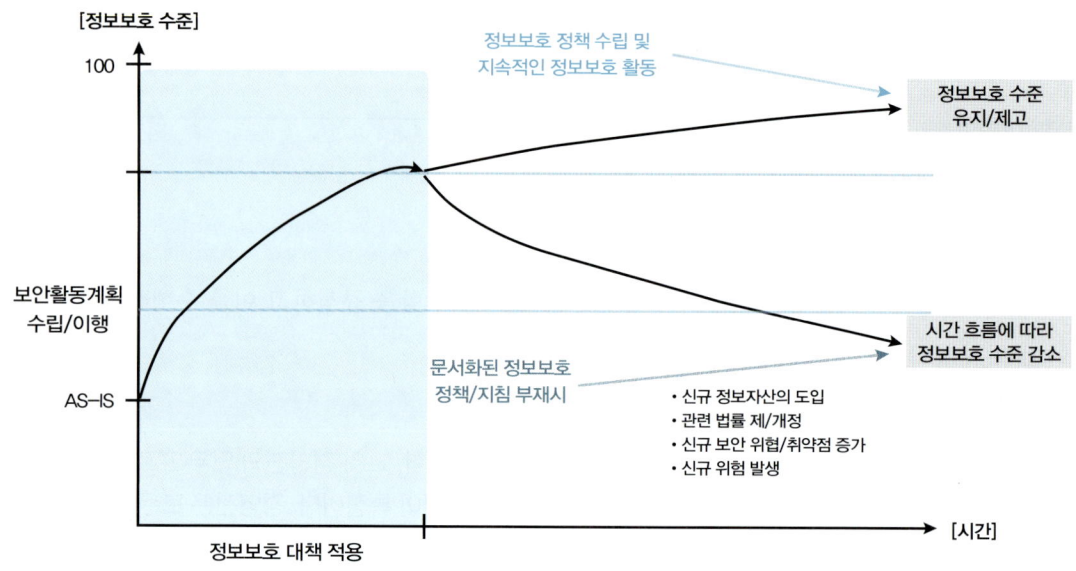

| 그림 1-2 정보보호 정책과 정보보호 수준 상관관계 |

1.2 정보보호 정책의 필요성

chapter 1 요구사항

■ **요구사항의 개념 이해**

▶ 요구사항(requirement)의 정의
- 요구사항은 소프트웨어공학에서 파생된 용어로 문제의 해결 또는 목적을 달성하기 위하여 사용자에 의하여 요구되거나, 표준이나 명세 등을 만족하기 위하여 정보시스템이 가져야 하는 서비스 또는 어떤 제약 사항이 구현되어야 하는지에 대한 명세로, 시스템의 동작 방법과 속성들에 대한 설명이며, 정보시스템 개발 프로세스상의 제약(Constraint) 사항을 말한다.
- 따라서 본 장에서 말하는 요구사항은 정보보호 업무 수행을 위한 관리적, 물리적, 기술적 보호대책의 구현을 위해 기업의 정보보안 정책에 명시되어야 하는 제약사항을 말한다.

▶ 요구사항 수집 방법
- 정보보안 정책 수립을 위한 관련자들의 요구사항을 정확히 수렴하기 위해서는 철저한 요구사항 관리가 수행하여야 향후 요구사항 변경에 따른 문제 발생에 대해서도 문제점을 미연에 방지할 수 있다.
- 요구사항 수집 기법으로는 인터뷰(Interview) 기법, 프로토타입(Prototype) 기법, 관찰(Observation) 기법, 심층 워크샵(Facilitated workshops) 기법 등으로 다양한데, 일반적으로 인터뷰 기법이 가장 광범위하게 기본적으로 적용되고 있다.

구분	내용	고려사항
Interview	일반적이고 기본적인 요구사항 도출 방식, 분석가와 고객 간의 인터뷰를 기반으로 요구사항을 도출	인터뷰 참여율이 저조하거나 인터뷰 내용에 과장, 누락, 애매 모호성 등의 위험 요소 존재 가능
Prototype	구체적이지 못한 요구사항에 대한 UI 또는 프로토타입 등을 통하여 고객과의 피드백으로 요구 추출	제작 비용 및 기간 소요, 화려한 UI로 핵심 기능 간과될 우려가 있음
Observation	WBS(Work Breakdown Structure)를 통하여 각 분석가별 분석 대상 업무의 할당, 사용자의 비즈니스 수행, 현행 시스템의 이용을 관찰	장기간 시간 소요 및 분석가의 상주 비용 발생
Facilitated workshops	주요 이해관계자가 모여서 요구사항을 정의하는 방식, 참여자 간에 신뢰를 구축하고 긴밀한 관계 형성과 활발한 대화를 촉진하여 이해관계자들의 합의를 유도	숙달된 조정자가 필요

| 표 1-1 요구사항 도출기법 예시 |

chapter 2 환경 분석

■ 환경 분석의 필요성

- 현재의 업무 체계와 미래의 업무 체계에 대한 요건을 고려하여, 장기적 관점에서 기업의 비전과 방향을 제시하는 경영 전략의 이해 및 분석을 선행하여야 한다. 이를 위해서는 정보보호에 대한 참조 문서를 철저히 분석하여 기업이 추구하여야 하는 정보보호 요구사항을 정확하게 도출하는 작업이 필요하다. 특히, 기업 내부의 자원을 충분히 분석하고 정보보호 정책 방향을 수립할 수 있는 기반을 갖추어야 한다.
- 기업의 주요 전략 요소 파악
  - 기업의 비전, 미션, 사업 분야, 추진 방향
  - 정보화 전략 계획(ISP)
  - 사업 수행을 위한 기업의 필수적인 데이터
  - 사업 수행을 위한 기업의 책임 조직 체계
  - 기업의 자산 등
- 사업 및 업무현황 분석 : 기업의 전반적인 보안 업무 프로세스 분석을 위해 조직 구조 및 보안업무 운영현황을 파악하여야 한다.
  - 기업의 조직 내부에서 부각되는 보안 이슈
  - 경영진의 보안 이슈
  - 정보보호 현황
  - 정보보호 조직 및 구성
  - 정보보호 업무분장 내역 등
- 인프라 및 서비스 현황 분석 : 기업의 IT 환경 및 서비스 운영현황을 파악하여 이에 따른 위험요인을 분석하고 이슈사항을 도출한다.
  - 시스템 구성 현황
  - 네트워크 구성 현황
  - 정보보호 인프라 현황
  - 관리적 정보보호 현황
  - 물리적 정보보호 현황 등
- 법률적 환경 분석 : 기업의 사업분야에 적용되는 법률적 환경을 분석하여 법적 규제사항 및 정보보호 요구사항을 도출하여야 한다.
  - 정보통신망법, 개인정보보호법 등 관련 법규 분석에 따른 법률적 요구사항
  - 관련 기관 및 이해관계
  - 상위/정책기관 대응 이슈 등

환경 분석

사업 및 업무현황 분석
- 기업의 전박적인 보안 업무 프로세스 분석을 위해 조직 구조 및 보안 업무 운영 현황을 파악함

[예시] 정보보호 조직 및 업무 현황

- 기업의 조직 내부에서 부각되는 보안 이슈를 분석하여 도출
- 경영진의 보안 이슈
- 정보보호 현황
- 정보보호 조직 및 구성
- 정보보호 업무 분장 내역

인프라 및 서비스 현황 분석
- 기업의 IT환경 및 서비스 운영 현황을 파악하여 이에 따른 위험요인을 분석하고 이슈사항을 도출함

[예시] 인프라 운영 현황

- 시스템 구성 현황
- 네트워크 구성 현황
- 정보보호 인프라 현황
- 관리적 현황 분석
- 물리적 현황 분석

법률적 환경 분석
- 기업의 사업분야에 적용되는 법률적 환경을 분석하여 법적 규제사항 및 정보보호 요구사항을 도출함

[예시] 법률적 규제사항

- 정보통신망법, 개인정보 보호법 등 관련 법규 분석에 따른 법률적 요구사항 도출
- 관련 기관 및 이해관계 분석
- 상위/정책기관 대응 이슈

| 그림 1-3 환경 분석 분야 예시 |

chapter 3 정보보호 정책 요구사항 도출

■ 기업 내부 보안 현황 및 요구사항 분석

▶ 기업의 미션과 비전 분석
- 기업의 사업 목표에 대한 철저한 분석을 통하여 기업의 미션과 비전을 파악한다.
- 기업의 미션과 비전이 없을 경우에는 경영층과의 심층 인터뷰를 통하여 기업의 미션과 비전에 대한 방안을 도출하여야 한다.
- 기업의 미션과 비전은 필요 시 다양한 방식을 통하여 도출될 수 있다.

구분	내용

기업 환경 조사	• 기업 환경의 조사 수행을 통하여 기존의 경영계획 수립 자료, 실사 분석 자료 등을 준비하고, 경영층과 함께 기획부서의 주요 임원직과 함께 작업하는 것이 효과적임
	– 주요 분석 대상
	   외부 : 산업 및 시장 환경 분석, 고객 분석, 경쟁사 동향 분석
	   내부 : 기업 현황 조사, 내부 역량 분석, 경영 전략 분석
	– 주요 기법 : SWOT, CSF(Critical Sucess Factor), 5Force, Value Chain 등

임원 면담	• 회사의 경영 비전, 철학, 전략 등에 대한 의견을 듣고 임원의 관장 업무 이해 후 CSF를 발굴하기 위하여 수행함 • 사전에 면담 일정과 내용 전달 후 정해진 시간에 마칠 수 있도록 하며, 경영 전반의 상위 질문으로 구성하고 세부적 질문은 배제하는 것이 바람직함
경영 전략 워크숍	• 회사의 비전, 경영 전략에 대한 이해의 차이를 극복하는 데 목적이 있음 • 전체 임원진이 공감하는 경영 전략 도출이 효과적임
업무 조사서 분석	• 각 부서·팀에 한 부씩 배포 후 전체 부서에 대하여 동일한 기준으로 조사를 수행함

| 표 1-2 기업의 경영 전략 분석 방법 |

▶ 정보보호 정책 수립 관련 보안업무 현황 분석
- 업무 현황 분석은 상세한 부분까지 접근하지 않는 것이 보통이며, 일반적으로 고객의 경영 환경, 사업 활동, 경쟁 관계 등의 총괄적인 측면에서의 분석과 보안 조직 구성, 보안 현황 등의 보안 문제 도출을 위한 기능 파악에 초점을 두면서 진행하여야 한다.

▶ 미션과 비전에 기반한 정보보호 정책 요구사항 분석
- 비전과 미션에 기반한 정보보호 정책 요구사항을 도출하여 이를 향후 정보보호 정책기획에 적용하여야 한다.
- 요구사항 도출 시 다양한 프레임워크 및 툴을 활용하여 논리적이고 체계적인 전략을 도출한다.

▶ 정보보호 정책 수립을 위한 요구사항 도출을 위하여 관련자와의 인터뷰 수행
- 인터뷰 사전 준비 수행 : 인터뷰의 대상, 인터뷰 진행 시간, 인터뷰 장소에 대하여 사전에 명확한 준비가 있어야 한다. 인터뷰에 대한 사전 준비가 제대로 되지 않으면 인터뷰 목표에 대한 방향성을 잃게 될 수 있으니 유념하여야 한다.
- 인터뷰 수행 시 도출할 내용 대한 질의서 작성
  – 인터뷰에서 질문할 내용에 대하여 상세히 작성한다.
  – 정보보호 정책에 대한 정확한 고객의 요구사항을 도출하려면 내용을 도출하기 위한 인터뷰 질문을 사전에 철저하게 누락 없이 작성하여야 한다.

인터뷰 질의서						
작성자		인터뷰 담당자		인터뷰 일시		면담장소
업무영역		인터뷰 대상자 정보	성명	이메일		확인

구분	질의 내용	답변 내용
개인정보보호		
관리적 보안		
물리적 보안		
기술적 보안		
법적 준거상		
상급기관 규제		
기타		

| 그림 1-4 인터뷰 질의서 예시 |

- 인터뷰 질의서의 내용은 제약 상황에 맞게 템플릿을 변경하여 활용할 수 있다.

구성	작성 내용
표지	인터뷰 질의서에 대한 표지
인터뷰 대상	인터뷰에 대한 기본적인 방향성, 인터뷰 대상, 일시 등에 대하여 간략히 작성
인터뷰 질문 리스트	인터뷰 질문 사항은 도출하고자 하는 내용에 대하여 분류해 상세하게 작성

| 표 1-3 인터뷰 질의서 구성 예시 |

- 인터뷰 질의서를 기반으로 인터뷰 수행
  - 인터뷰 진행 시에는 가능한 한 자신이 말을 많이 하지 않고 인터뷰 대상자의 내용에 대하여 경청하는 자세로 진행하여야 한다. 또한 인터뷰 진행 시 인터뷰의 효율화를 위하여 임무를 나누어 역할을 수행하는 것이 좋다. 특히, 회의 내용을 상세히 기록하고 회의록 작성을 위하여 서기를 임명하는 것도 좋은 방법이다.
- 인터뷰 수행 결과에 대한 인터뷰 결과서 또는 회의록 공유
  - 인터뷰 수행 내용은 최대한 현장감을 살리고 누락 요소가 발생하지 않도록 인터뷰 수행 직후 **빠른 시간 내에 작성하여야 한다**. 또한 인터뷰 내용은 향후 업무 수행에 중요한 근거 자료가 될 수 있으므로 관련자에게 공유하는 것이 좋다. 따라서 인터뷰 회의록의 내용에 누락 요소나 오류가 없는지 관련자와 공유하여 필요 시 수정하도록 한다.

■ 정보보호 정책 수립을 위한 법률적 환경 분석

◈ 관련 법규를 수집·분석하여 정보보호 정책에 반영

- 법률 제공 서비스를 조사하고 목록화 한다.
- 정보 제공 신뢰성과 공신력 있는 자료를 제공하는 정보 제공 사이트를 통하여 관련 법규를 수집한다.

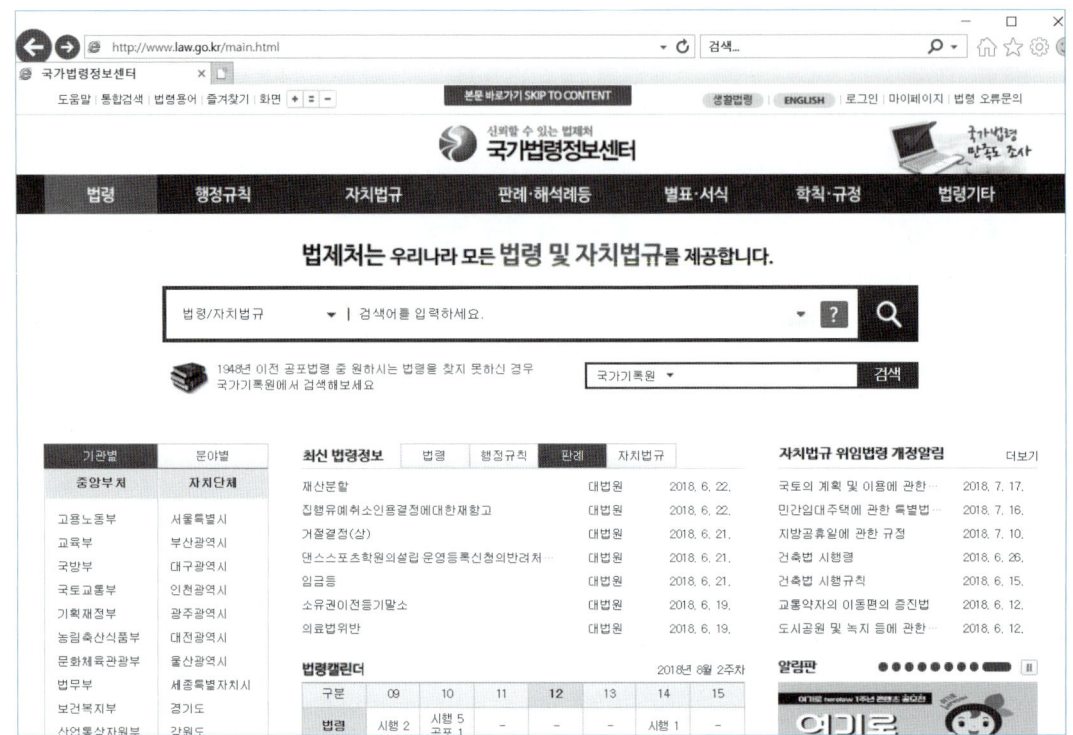

| 그림 1-5 국가정보법령센터 |

- 주요 관련 법률 정보에 대한 목록화 및 분석을 수행하여 정보보호 정책에 반영하도록 한다.

구분	법	시행령	시행 규칙
정보보호 관계 법령	정보통신망 이용촉진 및 정보보호 등에 관한 법률	시행령	시행 규칙
	정보통신기반 보호법	시행령	시행 규칙
	신용정보의 이용 및 보호에 관한 법률	시행령	시행규칙
개인 정보 보호 관계 법령	개인정보보호법	시행령	시행규칙
	정보통신망 이용촉진 및 정보보호 등에 관한 법률	시행령	시행 규칙
	위치정보의 보호 및 이용 등에 관한 법률	시행령	-

| 표 1-4 주요 정보보안 관련 법규 |

- 기업이 준수해야 될 정보보호 관련 국내·외 표준을 분석하여 정보보호 정책에 반영하도록 한다.

표준	개념
ISMS (Information Security Management System)	• 기업이 주요 정보자산을 보호하기 위해 수립·관리·운영하는 정보보호 관리체계가 인증기준에 적합한지를 심사하여 인증을 부여하는 제도 • 법적근거 – 정보통신망 이용촉진 및 정보보호 등에 관한 법률 제47조의 3
PIMS (Personal Information Management System)	• 기관 및 기업이 개인정보보호 관리체계를 갖추고 체계적·지속적으로 정보보호 업무를 수행하는지에 대해 객관적으로 심사하여 기준 만족 시 인증을 부여하는 제도 • 법적근거 – 개인정보보호법 제32조의 2 – 정보통신망 이용촉진 및 정보보호 등에 관한 법률 제47조의 3
ISO 27001	• ISO 27001은 정보보호 관리체계(ISMS: Information Security Management System)에 대한 국제적인 표준으로서 해당 조직이 정보 보호 경영을 실행하기 위한 프레임워크/지침 • 정보보안 경영시스템에 대한 규격을 제시를 통한 기업의 정보보안 경영시스템 평가/인증

| 표 1-5 주요 정보보호 관련 국내·외 표준 예시 |

요구사항의 문서화

» 인터뷰 결과서를 기반으로 요구사항 명세서 작성

인터뷰를 통하여 도출된 내용 중 정보보호 정책 기획에 반영하여야 하는 요구사항은 필수적으로 명세화를 수행하여야 한다. 이 경우 요구사항 기술서를 이용하여 관리하는데, 요구사항에 대하여 그룹핑을 수행하고 요구사항, 중요도, 담당자 등을 상세히 기입하여 향후 추적성을 원활히 할 수 있도록 한다.

요구사항명	요구사항 상세설명	
	정의	세부내용
개인 정보 보호	개인 정보 보호를 위한 요건	• 동일 시스템을 여러 기관에서 사용하여야 하므로 각 기관사용자의 특성을 고려하되 업무권한에 대한 명확한 관리를 통하여 불필요한 정보에 대한 접근을 원천적으로 차단 • 보유한 개인정보 파일에 대한 재조사를 실시하고, 개인정보 파일대장 표준화 작업을 하여야 함
관리적 보안	인적, 물적자원에 대한 관리적보안 요건	• 사업수행 시 정보보안 책임자 및 담당자를 지정하여 투입인력에 대한 철저한 보안업무를 수행 • 제안사는 저작권 등 지적재산권을 침해할 수 있는 불법복제 소프트웨어 등을 본사업 수행을 목적으로 사용할 수 없음 • 인적, 물적 자원에 대한 보안정책 및 지침을 수립하여 적응하고, 수시로 보안 진단을 실시함
물리적 보안	물리적 보안 요건	• 프로젝트 사무실, 중요장비 설치장소에 대한 출입보안 실시 • 개인소유의 PC 및 보조기억장치 반입, 반출 통제 실시 • 생성된 문서는 별도의 시건장치가 된 곳에 안전하게 보관 • 폐기되는 문서는 안전한 방법으로 폐기되도록 함 • 문서의 보안등급을 부여하고 등급에 따라 차별화된 권한관리

기술적 보안	기술적 보안 요건	• 정보시스템 구축, 운영 지침(행정안전부 고시 제2012-25호) 제50조(소프트웨어개발보안 원칙)과 제53조(보안약점 진단절차)에 따라 소프트웨어 개발보안 적용하고 〈별표 3〉 소프트웨어 보안약점 기준 준수 • 공유자원에 대한 접근제어가 사용자 권한에 따라 이루어지는지 관리 • 네트워크 관리자 접속용 계정의 패스워드는 기본 패스워드가 아닌 복잡도가 높은 패스워드로 변경하여 사용 • 패스워드의 길이 및 사용주기를 제한하고 불필요한 디폴트 계정을 삭제하는 등 서버 사용자 및 피스워드 관리 • 구축 및 운용시스템에 대한 서버 보안취약점 점검 및 FTP, Telnet, Finger 등 불필요한 서비스 포트 제거 등 보안사항 점검 및 조치 • 개발 웹 프로그램에 대한 보안 취약점에 대한 사전 점검 및 보완조치

| 표 1-6 요구사항 기술서 예시 |

◉ **요구사항에 대한 관리 수행**

요구사항 기술서에 요구사항을 정리하며, 향후 정보보호 정책서에 반영될 수 있도록 작성하여야 한다. 이를 위해서는 지속적인 형상 관리가 수행되어야 하는데 이를 위한 요구사항 변경 필요시 프로세스를 도입하여 철저한 관리가 수행되도록 한다.

◉ **인프라 및 법률/국내 · 외 표준 분석 결과를 기반으로 정보보호 정책 반영사항 도출**

점검 항목 법규 요구		서버					단말				네트워크 네트워크	시설 시설
		DB	보조 저장 매체	OS	응용	프린터	OS	DATA	보조 저장 매체	프린트		
접근 권한 관리	최소접근 권한부여	●		●			●	●			●	●
	사용자 접근권한변경	●					●					●
	권한 내역 3년 보관		●									●
	1인1계정 부여사용			●	●							●
	안전한 PW 규정 적용			●			●				●	
접근 통제	망접속 권한 제한										●	
	불법유출탐지	●	●	●	●	●	●	●	●	●	●	
	VPN/전용선 활용										●	
	인터넷 2Factor 인증						●					
	인터넷 공유/유출방지	●			▲							
	연1회 취약점검	●		●	●							
	단독단말. 접근통제						●	●	●			
	모바일 PW 설정						●					
개인정 보 암호화	암호화 대상 지정	●	●				●	●				
	이동 시 암호화			●				●			●	
	PW 일방향 암호화	●					●					
	양방향 암호화	●						●				
	안전한 암호화 알고리즘	●		●			●					

점검 항목	법규 요구	서버					단말				네트워크 네트워크	시설 시설
		DB	보조 저장 매체	OS	응용	프린터	OS	DATA	보조 저장 매체	프린트		
접속기록 관리	6개월 이상 보관	●	●									
	반기 1회 이상 점검	●	●									
	안전보관		●									●
악성 프로그램 방지	백신프로그램설치			●			●					
	자동업데이트			●			●					
	1일업데이트			●			●					
	즉시업데이트			●			●					
물리적 접근 통제	보관장소 출입통제											●
	안전한 보관장소											●
	반출입 통제											●
개인 정보	완전 파괴	●	●					●	●			
	마스킹	●	●					●	●	●		
	천공		●	●				●	●	●		

| 표 1-7 기업 인프라에 대한 정보보호 정책 반영사항 도출 예시 |

1.1 핵심정리

▶ **정보보호 정책 체계**
  - 정책 : 정책은 상위 레벨의 문서로서, 한 조직의 기업 철학, 고위 경영진의 업무프로세스로서 책임자의 전략적 사고를 대변한다.
  - 지침 : 지침은 정책의 원칙 준수를 위한 구체적인 사항이나 양식이다. 지침은 포괄적으로 기술되는 정책을 준수하기 위한 부문별 상세 정책이 기술되어 있다.
  - 절차 / 매뉴얼 : 절차 / 매뉴얼은 자세하게 기술된 문서로서, 정책 및 지침으로부터 도출되어야 한다.

▶ **요구사항 수집 방법**
  - 요구사항 수집 기법으로는 인터뷰(Interview) 기법, 프로토타입(Prototype) 기법, 관찰(Observation) 기법 등으로 다양한데, 일반적으로 인터뷰 기법이 가장 광범위하게 기본적으로 적용되고 있다.

▶ **환경 분석 분야**
  - 사업 및 업무현황 분석 : 기업의 전반적인 보안 업무 프로세스 분석을 위해 조직 구조 및 보안업무 운영현황을 파악하여야 한다.

- 인프라 및 서비스 현황 분석 : 기업의 IT 환경 및 서비스 운영현황을 파악하여 이에 따른 위험요인을 분석하고 이슈사항을 도출한다.
- 법률적 환경 분석 : 기업의 사업문야에 적용되는 법률적 환경을 분석하여 법적 규제 사항 및 정보보호 요구사항을 도출하여야 한다.

▶기업의 미션과 비전 도출 방법

구분	내용
기업 환경 조사	• 기업 환경의 조사 수행을 통하여 기존의 경영계획 수립 자료, 실사 분석 자료 등을 준비하고, 경영층과 함께 기획부서의 주요 임원직과 함께 작업하는 것이 효과적임
임원 면담	• 회사의 경영 비전, 철학, 전략 등에 대한 의견을 듣고 임원의 관장 업무 이해 후 CSF를 발굴하기 위하여 수행함 • 사전에 면담 일정과 내용 전달 후 정해진 시간에 마칠 수 있도록 하며, 경영 전반의 상위 질문으로 구성하고 세부적 질문은 배제하는 것이 바람직함
경영 전략 워크숍	• 회사의 비전, 경영 전략에 대한 이해의 차이를 극복하는 데 목적이 있음 • 전체 임원진이 공감하는 경영 전략 도출이 효과적임
업무 조사서 분석	• 각 부서·팀에 한 부씩 배포 후 전체 부서에 대하여 동일한 기준으로 조사를 수행함

○ 정보보호 관련 주요 법률

구분	법
정보보호 관계 법령	정보통신망 이용촉진 및 정보보호 등에 관한 법률
	정보통신기반 보호법
	신용정보의 이용 및 보호에 관한 법률
개인 정보 보호 관계 법령	개인정보보호법
	정보통신망 이용촉진 및 정보보호 등에 관한 법률
	위치정보의 보호 및 이용 등에 관한 법률

○ 정보보호 관련 주요 국내·외 표준

표준	개념
ISMS	• 기업이 주요 정보자산을 보호하기 위해 수립·관리·운영하는 정보보호 관리체계가 인증기준에 적합한지를 심사하여 인증을 부여하는 제도 • 법적근거 – 정보통신망 이용촉진 및 정보보호 등에 관한 법률 제47조의 3
PIMS	• 기관 및 기업이 개인정보보호 관리체계를 갖추고 체계적·지속적으로 정보보호 업무를 수행하는지에 대해 객관적으로 심사하여 기준 만족 시 인증을 부여하는 제도 • 법적근거 – 개인정보보호법 제32조의 2 – 정보통신망 이용촉진 및 정보보호 등에 관한 법률 제47조의 3
ISO 27001	• ISO 27001은 정보보호 관리체계(ISMS: Information Security Management System)에 대한 국제적인 표준으로서 해당 조직이 정보보호 경영을 실행하기 위한 프레임워크/지침 • 정보보안 경영시스템에 대한 규격을 제시를 통한 기업의 정보보안 경영시스템 평가/인증

○ 요구사항에 대한 관리 수행

  – 요구사항 기술서에 요구사항을 정리하며, 향후 정보보호 정책서에 반영될 수 있도록 작성하여야 한다. 이를 위해서는 지속적인 형상 관리가 수행되어야 하는데 이를 위한 요구사항 변경 필요 시 프로세스를 도입하여 철저한 관리가 수행되도록 한다.

1.3 정보보호 정책 수립

chapter 1 정보보호 정책 수립 시 고려사항

■ **정보보호 정책 작성 방법**

- 상위 조직 또는 기관, 법률의 요구사항 반영
  - 기업의 상위 조직(예 : 그룹 지주사)에서 제시한 정보보호 정책 / 지침과 기업의 비즈니스와 관련된 법률상의 요건(예 : 정보통신서비스 사업자의 경우 정보통신망법 등)은 반드시 정책 지침의 조항으로 포함하여야 한다.
- 타사의 선진사례가 아닌 기업에서 수행하고 있는 정보보호 활동의 문서화
  - 정보보호 수준이 높은 타사의 선진사례는 기업의 문화 및 업무 절차를 고려하지 않았기 때문에 해당 조항의 요구사항이 기업의 환경에 맞지않는 과도한 요구사항이 될 수 있다. 따라서 법률 또는 상위 조직에서 요구하는 사항을 충족하는 범위 내에서 현 업무절차를 문서화하여야 한다.
- 정보보호 정책 / 지침의 적용 및 수행주체, 주기를 명확하게 작성
  - 기업에는 정보보호 조직, 정보보호위원회, 수탁자, 정보보호책임자 / 담당자, 인프라 운영자, 개발자, 임직원 등 정보보호 활동과 관련하여 다양한 이해관계자가 존재한다. 따라서 정보보호 정책/지침의 각 조항은 누구에게 적용되고 누가, 언제 수행할 지에 대한 책임 및 역할을 명확하게 해야 각 조항의 활동에 따른 책임추적성을 보장할 수 있다.
- 정보보호 정책 / 지침의 내용 명확화
  - 정보보호 정책 / 지침의 각 조항의 내용은 명확하게 작성하여야 하며, '~~를 할 수 있다.'등의 선택적 의미가 아닌 '~~를 하여야 한다.'의 의무사항으로 규정하여야 한다. 또한 해당 조항의 내용이 상황에 따라서 해석이 달라지지 않도록 하여야 한다.
- 정보보호 정책 / 지침은 이행할 수 있도록 수립
  - 정보보호 활동을 강화하기 위해 정보보호 정책 / 지침을 강력하게 수립하는 것 보다는 임직원이 준수할 수 있는 내용으로 작성하는 것을 권고한다. 다만 관련 법률에서 요구하는 법적 요건은 예외없이 적용하여야 한다.
- 법률, IT 운영환경의 변화 등을 확인하여 주기적으로 개정
  - 정보보호 정책 / 지침은 기업의 비즈니스 환경 변화, 법적 요건의 제·개정, 새로운 IT 기술의 도입, 타사 보안사고 사례 등을 확인하여 최소 년 1회는 개정 여부를 검토하여야 한다. 특히 법적 요인의 변화에 따른 개정을 하지않을 경우 법률 위반 등이 발생할 수 있다.

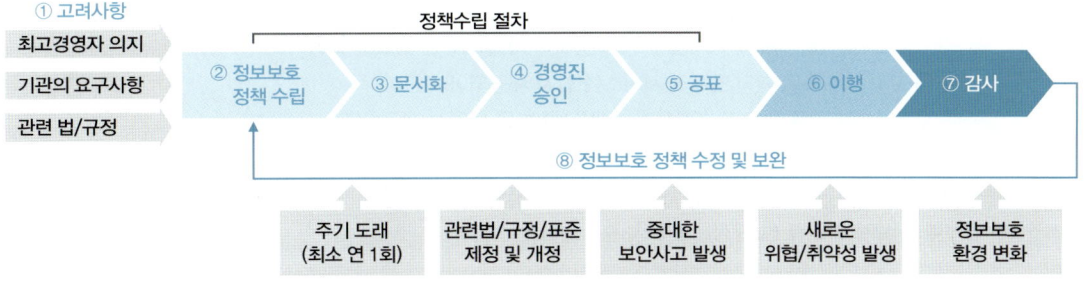

| 그림 1-6 기업 인프라에 대한 정보보호 정책 반영사항 도출 예시 |

chapter 2   정보보호 정책 수립 절차

■ 정보보호 정책, 지침, 절차 목록화

▶ 정책수립을 위한 고려사항 반영
- 최고경영자의 의지 : 경영자가 조직의 정보자산 및 개인정보를 보호하겠다는 구체적인 의지 표명
  - ☞ 정보보호를 위한 예산 및 자원 편성
  - ☞ 해당 인력 할당 및 조직 구성
  - ☞ 정보보호 관리체계 수립 : 정책 수립→이행→감사→수정·보완
- 경영자의 의지는 "정보보호 선언문"의 형식으로 표현될 수 있음
- 정보보호 요구사항 : 정보보호 요구사항은 부문별 규정과 지침, 내규 등에 반영
- 관련 법/규정 : 조직의 정보보호 및 개인정보보호 관련법과 규정, 지침, 국내외 표준과 가이드 등
  - ☞ 정보보호 선언문 예시

정보보호 선언문

(주)가나다의 사업 환경에서 온라인 공간의 각종 위협은 회사의 사업과 대 고객서비스에 심각한 영향을 미칠 수 있으며 정보보호는 필수적인 경영 요소가 되었다. 따라서 (주)가나다의 임직원은 정보 유출, 해킹 등 각종 정보보호 위협으로부터 안정적이며 신뢰성 높은 제작 환경과 고객 서비스를 유지하기 위해 정보보호 관리체계 수립 및 이행에 최선을 다하여야 하며 이에 다음과 같이 정보보호 규정을 수립하고 선포한다.

우리가 보호해야 할 정보자산은 다음과 같다.
1. 서비스를 위해 수집한 정보
2. 고객 개인정보
3. 업무수행 과정에서 생성, 수집한 중요 경영 및 영업비밀 정보
4. 서비스의 제공을 위한 서버 / 네트워크 등 정보시스템
5. 정보시스템 보호를 위한 침입탐지 및 차단시스템
6. 사업 수행에 필요한 물리적 업무 환경

우리는 정보보호관리체계의 구축 및 운영을 통하여 다음과 같은 목표를 달성하도록 노력한다.
첫째, 대 고객서비스 및 내외 인프라 서비스는 상시 제공되어야 한다.
둘째, 모든 정보자산은 업무의 수행을 위해 필요한 범위 내에서 제공한다.
셋째, 모든 정보자산은 업무와 무관하게 사용되거나 공개되지 않는다.
넷째, 모든 정보자산은 승인 받지 않은 접근 및 변경으로부터 보호되어야 한다.
다섯째, 정보보호 관련 법/규정을 반드시 준수한다.

우리는 다음과 같은 활동을 수행함으로써, 주식회사 가나다의 정보를 안전하게 보호하고 정보보호 목표를 달성하도록 노력한다.
1. 정보, 기술 및 자산을 보호하기 위한 정보보호 관리체계를 수립한다.
2. 정보보호 업무수행을 위한 인적 구성, 시설과 제도 등을 마련한다.
3. 정보, 기술 및 자산에 대한 관리적, 물리적, 기술적 정보보호 지침을 수립하고 실천한다.
4. 정보보호 지침을 실천할 수 있도록 조직 내부에 널리 알리고 관련 교육을 한다.
5. 정보보호사고 관리, 사업연속성(재해 예방)관리, 법률적 준거성을 위한 기본 대책을 수립하고 실천한다.

이를 위해 경영진은 다음과 같이 필요한 자원을 적극적으로 지원한다.
1. 정보보호를 위하여 필요한 예산을 확보하여 지원한다.
2. 정보보호를 위해 필요한 조직을 구성하고 충분한 인적자원을 지원한다.
3. 정보보호에 필요한 교육 및 훈련을 충분하게 지원한다.
4. 정보보호를 위하여 필요한 구체적인 업무지침과 절차를 수립하여 이행하도록 지원한다.
5. 정보보호 활동이 지속적으로 이행될 수 있도록 보장하고 지원한다.

(주)가나다 전 임직원은 정보보호 규정 및 이에 기반을 둔 지침을 준수하는 데 있어 신의와 성실의 원칙으로 임하며, 정보보호 활동이 지속적으로 유지 및 발전될 수 있도록 소임을 다하여야 한다.

2019년 01월 01일

주식회사 가나다 대표이사 홍길동

정보보호 정책 목록화

- 정보보호 정책은 최고 경영자의 보인 의지를 표현한 문건이며, 기업의 보안 정책을 수립하는 기초 자료가 되어야 한다.
- 주요 도출 목록은 정보보안 경영의 근본적인 이유와 목표를 제시하고 정보보호 정책의 운영, 검토, 평가 등이 포함되어야 한다.
  ☞ 정보보호 정책 목차 예시

제1장 총 칙	1
제1조(목적)	1
제2조(적용 범위)	1
제3조(용어 정의)	1
제4조(책임사항)	2
제2장 정보보호 정책	2
제5조(정보보호 정의)	2
제6조(정보보호 목표)	3
제7조(정보보호 범위)	3
제8조(정보보호 정책 및 지침)	3
제3장 정보보호 기본활동	5
제9조(정보보호 조직 운영)	5
제10조(정보보호 감사)	6
제11조(정보보호 교육)	6
제12조(자산분류와 통제)	6
제13조(침해사고 대응)	7
제14조(재해·재난방지)	7
제4장 정보보호 관리	7
제15조(인적보안)	8
제16조(정보시스템 보안)	8
제17조(정보통신시설 보안)	9
제18조(단말기 보안)	9
제19조(서버 보안관리)	10
제20조(홈페이지 게시자료 보안관리)	11
제21조(사용자 계정 관리)	11
제22조(비밀번호 관리)	12
제23조(네트워크장비 보안관리)	12
제24조(전자우편 보안대책)	13
제25조(보조저장매체 보안대책)	13
제26조(악성코드 감염 방지 대책)	14
제27조(접근기록 관리)	15
제28조(정보시스템 개발보안)	15
제29조(정보시스템 유지보수)	16
제30조(전자정보 저장매체 불용처리)	16
제5장 주요상황별 보안대책	16
제31조(무선랜 보안관리)	17
제32조(용역사업 보안관리)	17
제33조(정보시스템 위탁운영 보안관리)	18
제34조(공용 및 개인 업무환경 보안)	18
제6장 부칙	19
제35조(시행일)	19
제36조(예외적용)	19
제37조(경과조치)	19

▶ 정보보호 지침 주요 내용 목록화

- 정보보호 지침은 정보보호 정책의 하위 기준을 문서화한 것이며, 여기에는 정보보호 정책에서 제시된 목표를 달성하기 위하여 필요한 해당 정보보호 기능 및 요건들을 명시한다.

구분	개요	포함 내용
정보보호 조직 운영지침	• 위 상 : 정보보호조직 운영을 위한 세부 정책 • 적용대상 : 전 임직원 (정보보안팀 중심)	• 책임 및 역할 • 정보보호 조직 구성 • 정보보호 조직 구성원 자격 요건 • 조직별 운영 • 정보보호 활동 평가 등
인적 보안 지침	• 위 상 : 임직원(내부자) 및 외부자 보안을 위한 세부 정책 • 적용대상 : 전 임직원 (인사팀 중심)	• 책임 및 역할 • 내부인력 보안 • 외부인력 보안 • 정보보호 교육 • 상벌 등
물리적 보안지침	• 위 상 : 정보통신설비 및 시설의 보호를 위한 세부 정책 • 적용대상 : 전 임직원(정보보안팀, 총무팀 중심)	• 책임과 역할 • 정보통신설비/시설의 출입·접근통제 • 보호구역 출입통제 • 사무실 보안 장치 • 저장매체 관리 등
암호화 및 암호키 관리지침	• 위 상 : 암호화 및 암호키 관리를 위한 세부 정책 • 적용대상 : 전 임직원(정보보안팀, 인프라팀 중심)	• 암호화 기술 및 프로그램 적용 대상 • 적용 대상에 따른 암호화 기술 및 프로그램 • 암호화 키 및 패스워드 선택 기준 • 암호화 키 및 패스워드 관리 등
자산관리 지침	• 위 상 : 정보자산 관리를 위한 세부 정책 • 적용대상 : 전 임직원(정보보안팀, 인프라팀 중심)	• 책임과 역할 • 자산 분류 및 등록 • 자산 중요도 평가 • 위협 및 취약성 분석 등
접근통제 지침	• 위 상 : 정보시스템 별 접근통제를 위한 세부 정책 • 적용대상 : 전 임직원(정보보안팀, 인프라팀 중심)	• 책임 및 역할 • 사용자 등록 및 권한부여 • 관리자 및 특수권한 관리 • 사용자/이용자 패스워드 관리 • 접속기록의 검토 등
침해사고 대응지침	• 위 상 : 해킹 등 침해사고 대응을 위한 세부 정책 • 적용대상 : 전 임직원(정보보안팀, 인프라팀 중심)	• 책임과 역할 • 인력 구성 및 비상 연락 체계 • 보안사고 징후 인지 및 접수 • 보안사고 분석 및 대응 • 복구절차 및 결과보고 등
정보 시스템 재해복구 지침	• 위 상 : 사업연속성 보장을 위한 세부 정책 • 적용대상 : 정보보안팀, 인프라팀	• 책임과 역할 • 업무영향 분석 • 주요 업무 프로세스별 복구목표시간 및 복구목표시점 결정 • 정보시스템 재해(장애)복구 대응절차 • 모의훈련 및 유지보수 등

| 표 1-8 정보보호 지침 주요 내용 예시 |

◉))) 정보보호 절차 / 매뉴얼 주요 내용 목록화

- 정보보호 절차는 정보보호 지침에서 다룬 보안 기능 및 사항들을 더 구체적으로 명시하고 세부적 행

동 방침을 기술하는 것을 의미한다.
- 정보보호 관련 지침에 따라 준수하여야 할 절차들은 다음과 같다.

구분	작성 내용
전산실 및 물리적 보안	• 장비 반출입 절차 • 시스템 도입 · 변경 절차 • 저장 매체 도입 및 폐기 절차 • 사용자 등록 · 변경 · 삭제 절차 • 방문증 발급 절차
접근 및 운영 보안	• 서버 장비 보안 설정 절차 • 네트워크 장비 설정 변경 절차 • 정보보호시스템(F/W, IPS, IDS, DDoS, APT 등) 운영 절차
응용 시스템 및 개발 보안	• 사용자 ID 등록 절차 • 접근 권한 부여 및 삭제 절차 • 암호화 키 변경 절차 • 테스트 데이터 삭제 확인 절차 • 분석 · 설계 · 구현 단계 보안성 검토 절차
개인 컴퓨터 보안	• 바이러스 대응 절차 • 비상시 데이터 변경 절차 • 비상 ID 발급 절차

| 표 1-9 정보보호 절차 / 매뉴얼 주요 내용 예시 |

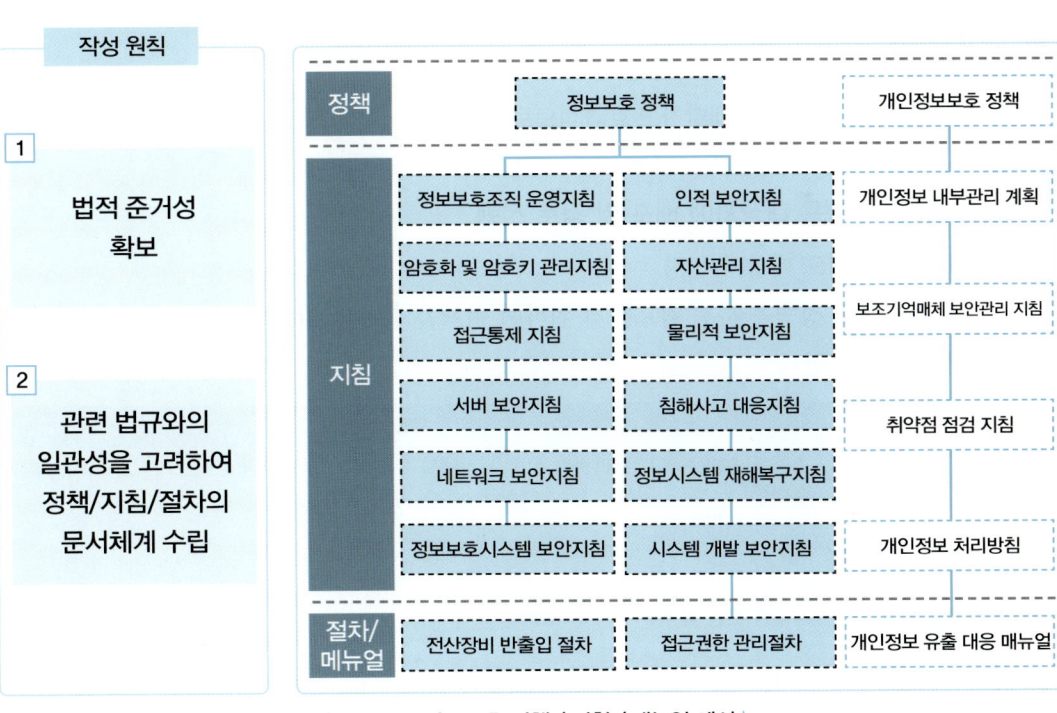

| 그림 1-7 정보보호 정책 / 지침 / 매뉴얼 예시 |

■ 정보보호 정책, 지침, 절차 수립

- 자료 수집
  - 조직 내에서 필요로 하는 보안이 취약한 부분들에 대한 위험분석 자료를 수집한다.
  - 과거의 보안사고로 인한 손실에 대한 자료를 수집한다.
  - 보안 정책과 기타 관련 정책들을 함께 수집한다.
  - 보안 관련한 신규 컴플라이언스 요소를 수집한다.
- 개념 정의
  - 정책에서 다루어야 할 모든 사항들을 포함시킨 포괄적인 목록을 작성한다.
  - 정책의 표현 양식이나 적용 용도를 결정한다.
  - 기존 경영 정책이나 지침 분석으로 세부 수준을 인식한다.
  - 산업 및 업무 관련 자료 및 전문가의 검토를 수행한다.
- 적용 대상 정의
  - 기존 보안 이슈에 대한 해결책으로 새로운 보안 문서를 개발하는 것이 바람직하다.
  - 보안 정책, 지침, 절차에 대한 적용 매트릭스(Coverage Matrix)를 이용한다.
- 검토 · 승인 · 시행
  - 정보보호 위원회에서 검토한다.
  - 최고 관리자(경영자)가 주요 정책의 설정 및 수정을 승인한다.
  - 정책 미준수 시 징계, 인사 고과 반영 등의 제재를 취한다.
  - 교육 및 훈련 프로그램을 개발하고 효과적으로 실행한다.

■ 정보보호 정책 적용 대상자에 배포 및 검토 진행

- 정보보호 정책 배포 대상자 선정

  수립된 정보보호 정책을 사전 검토하기 위하여 정책을 활용할 기업의 대상자들을 선정하고 정보보호 정책을 배포한다.

대상자	주요 역할
시스템 개발자	기존 시스템을 유지 관리하고 신규 시스템을 구현하는 데 필요한 프로그래밍과 시스템 분석을 수행함
사용자 지원	정보시스템 부서와 End-User의 중재 역할을 수행함
기술지원	시스템 운영 및 유지 보수를 수행함
데이터 관리자	대규모 정보 기술 환경에서 데이터 아키텍처에 책임이 있으며, 기업의 자산인 데이터를 관리함
품질 보증 관리자	주로 시스템 개발 활동에 초점을 맞추지만, 정보 기술 전 분야에서 시스템의 품질을 협의하고 촉진함
보안 관리자	정보시스템 프로그램, 데이터, 그리고 설비에 대한 적절한 물리적 및 관리적 보안을 책임짐

| 표 1-10 정보보호 정책 적용 대상자 식별 예시 |

- 이해 관계자 검토
  - 기업의 상위 정책과의 연계성을 검토한다.
    - 정보보호 정책은 상위 조직 및 관련 기관의 정책과 연계성을 유지하여야 한다. 따라서 정보보호 정책이 상위 조직 및 관련 기관의 정책과 연계성이 있는지 검토한다.
    - 예를 들어, 자회사의 경우 본사 정책과의 연계성 검토 등 정보보호 정책이 상위 조직 및 관련 기관 정보보호 정책과의 연계성이 있는지 철저히 분석하여 내용상 상호 부합되지 않은 요소가 있는지 확인하여 정책 간 상하 체계가 적절한지 여부를 검토하여야 한다.
  - 정책 시행문서 간의 일관성을 검토한다.
    - 정보보호 정책의 구체적인 시행을 위한 정보보호 지침, 절차를 수립하고 관련 문서 간의 일관성을 유지하여야 한다. 정보보호 정책의 시행을 위하여 필요한 세부적인 방법, 절차, 주기 등을 규정한 정보보호 지침, 절차, 매뉴얼 등을 수립하고 있는지를 검토한다.
    - 임직원이 상위 정보보호 정책에서 정한 정보보호 활동을 일관성 있게 수행하기 위해서는 시행 주체(책임과 역할 정의), 방법, 주기 등을 구체적으로 정한 정보보호 지침, 절차, 매뉴얼 등을 수립하여야 하며 필요한 경우 서비스별, 시스템별 지침, 절차를 별도로 마련하여야 한다.
  - 정책, 지침, 절차에서 정하고 있는 정보보호 활동의 주기, 수준, 방법 등을 일관성 있게 유지하고 있는지를 검토한다. (예 : 사용자 패스워드의 복잡도 기준이 각 문서별로 다르게 기술되어 있을 경우 문서 간 일관성이 결여되어 있다고 할 수 있음)

■ 최고 경영자 승인

- 정보보호 정책 제·개정 시 최고 경영자의 승인을 받아야 한다.
  - 정보보호 활동에 대한 최고 경영자 등 경영진의 참여와 지원을 보장하기 위하여 상위 수준의 정보보호 정책은 최종적으로 최고 경영자의 승인을 받아야 한다.
- 지침, 절차 등 정책 시행 문서 제·개정 시 최고 경영자의 위임을 받은 책임자(CISO 등)의 승인을 받는다.
- 정책 시행을 위하여 필요한 세부 방법, 절차, 주기 등을 규정한 정보보호 지침, 절차, 매뉴얼의 제·개정 시 최고 경영자의 위임 규정에 따라 정보보호 최고책임자 등의 승인을 받아야 한다.

■ 모든 임직원 및 이해관계자에게 이해하기 쉬운 형태로 배포

- 정보보호 정책 및 정책 시행문서의 제·개정 시 그 내용과 시행 사실을 관련 임직원 및 이해관계자가 알 수 있도록 공표(교육, 메일, 게시판 등 활용)하여야 한다.
- 정보보호 정책 및 정책 시행문서를 관련 임직원 및 이해관계자에게 이해하기 쉬운 형태로 전달하고 최신본으로 제공하여야 한다.
- 정보보호 정책 및 정책 시행문서를 관련 임직원 및 이해관계자가 용이하게 참고할 수 있는 형태(예 : 전자 게시판, 책자, 교육 자료 등)로 전달하여야 하며, 최신 정책 및 정책 시행문서를 언제든지 확인할 수 있도록 하여야 한다.

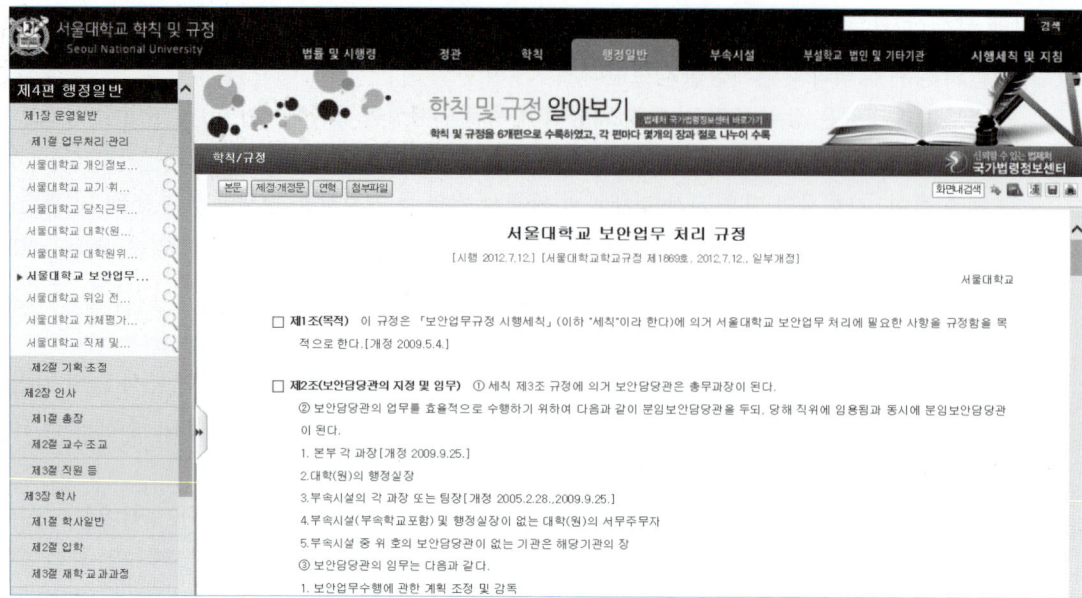

| 그림 1-8 정보보호 정책 게시방법 예시(출처 : 서울대학교 홈페이지) |

◉▶ 중소기업 등 기업의 자체적인 홈페이지가 없는 경우 상용 업무용 메신저 등을 통해 전달하는 방법도 있다.

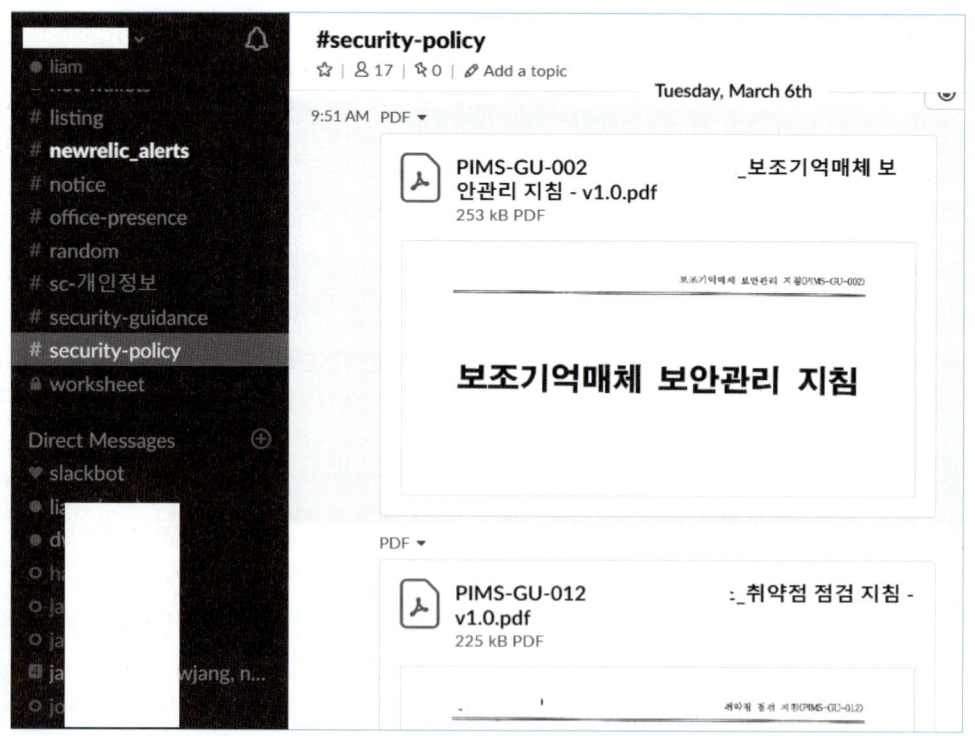

| 그림 1-9 업무용 메신저(Slack) 이용 정보보호 정책 게시방법 예시 |

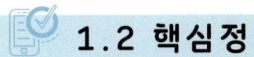# 1.2 핵심정리

▶정보보호 정책 작성 방법
- 상위 조직 또는 기관, 법률의 요구사항 반영
- 타사의 선진사례가 아닌 기업에서 수행하고 있는 정보보호 활동의 문서화
- 정보보호 정책 / 지침의 적용 및 수행주체, 주기를 명확하게 작성
- 정보보호 정책 / 지침의 내용 명확화
- 정보보호 정책 / 지침은 이행할 수 있도록 수립
- 법률, IT 운영환경의 변화 등을 확인하여 주기적으로 개정

▶정보보호 정책 목록화
- 정보보호 정책은 기업의 보안정책을 수립하는 기초 자료이며, 정보보안 경영의 근본적인 이유와 목표를 제시하고 정보보호 정책의 운영, 검토, 평가 등이 포함되어야 한다.

▶정보보호 지침 주요 내용 목록화
- 정보보호 지침은 정보보호 정책의 하위 기준을 문서화한 것이며, 정보보호 정책에서 제시된 목표를 달성하기 위하여 필요한 해당 정보보호 기능 및 요건들을 명시한다.

▶정보보호 절차 / 매뉴얼 주요 내용 목록화
- 정보보호 절차는 정보보호 지침에서 다룬 보안 기능 및 사항들을 더 구체적으로 명시하고 세부적 행동 방침을 기술하는 것을 의미한다.

▶정보보호 정책 배포 대상자 선정

대상자	주요 역할
시스템 개발자	기존 시스템을 유지 관리하고 신규 시스템을 구현하는 데 필요한 프로그래밍과 시스템 분석을 수행함
사용자 지원	정보시스템 부서와 End-User의 중재 역할을 수행함
기술지원	시스템 운영 및 유지 보수를 수행함
데이터 관리자	대규모 정보 기술 환경에서 데이터 아키텍처에 책임이 있으며, 기업의 자산인 데이터를 관리함
품질 보증 관리자	주로 시스템 개발 활동에 초점을 맞추지만, 정보 기술 전 분야에서 시스템의 품질을 협의하고 촉진함
보안 관리자	정보시스템 프로그램, 데이터, 그리고 설비에 대한 적절한 물리적 및 관리적 보안을 책임짐

▶이해 관계자 검토
- 정보보호 정책은 상위 조직 및 관련 기관의 정책과 연계성을 유지하여야 한다. 따라서 정보보호 정책이 상위 조직 및 관련 기관의 정책과 연계성이 있는지 검토한다.

- 정보보호 정책의 구체적인 시행을 위한 정보보호 지침, 절차를 수립하고 관련 문서 간의 일관성을 유지하여야 한다. 정보보호 정책의 시행을 위하여 필요한 세부적인 방법, 절차, 주기 등을 규정한 정보보호 지침, 절차, 매뉴얼 등을 수립하고 있는지를 검토한다.
- 정책, 지침, 절차에서 정하고 있는 정보보호 활동의 주기, 수준, 방법 등이 일관성 있게 유지하고 있는지를 검토한다.

▶ 정보보호 정책 승인 방법
- 정보보호 정책 제·개정 시 최고 경영자의 승인을 받아야 한다.
- 지침, 절차 등 정책 시행 문서 제·개정 시 최고 경영자의 위임을 받은 책임자(CISO 등)의 승인을 받는다.
- 정책 시행을 위하여 필요한 세부 방법, 절차, 주기 등을 규정한 정보보호 지침, 절차, 매뉴얼의 제·개정 시 최고 경영자의 위임 규정에 따라 정보보호 최고책임자 등의 승인을 받아야 한다.

▶ 정보보호 정책 배포 방법
- 정보보호 정책 및 정책 시행문서의 제·개정 시 그 내용과 시행 사실을 관련 임직원 및 이해관계자가 알 수 있도록 공표(교육, 메일, 게시판 등 활용)하여야 한다.
- 정보보호 정책 및 정책 시행문서를 관련 임직원 및 이해관계자에게 이해하기 쉬운 형태로 전달하고 최신본으로 제공하여야 한다.
- 정보보호 정책 및 정책 시행문서를 관련 임직원 및 이해관계자가 용이하게 참고할 수 있는 형태(예 : 전자 게시판, 책자, 교육 자료 등)로 전달하여야 하며, 최신 정책 및 정책 시행문서를 언제든지 확인할 수 있도록 하여야 한다.

2장 정보보호 정책 유지 관리

평가목표
- 조직 전체 및 이해관계자에게 승인된 정보보호 정책 문서를 공유할 수 있다.
- 정보보호 정책과 정책 시행문서의 이력관리를 위해 제정, 개정, 배포, 폐기 등의 관리 절차를 수립할 수 있다.
- 관리 절차에 따라 정기적으로 정보보호 정책의 타당성을 검토하고 정보보호 환경 변화의 영향도를 분석하여 제정 또는 개정할 수 있다.

2.1 정책 시행문서 이력관리

chapter 1 정보보호 정책의 승인

■ **정보보호 정책 관리를 위한 승인 절차를 수립**

▸ 내부 검토
- 정보보호 정책과 운영을 담당하는 조직 또는 정책 수립을 위한 TFT에서 정보보호 정책을 수립하고, 내부적으로 도출된 검토를 수행한다. 검토 시에는 누락된 요소나 중복된 요소가 없는지 철저하게 검토하여야 한다.

▸ 이해 관계자 검토 및 승인
- 검토가 완료된 정책을 이해 관계자에게 검토를 요청하고 이에 대한 승인을 득하여야 한다. 수정 또는 삭제 등 추가적인 작업 요청 사항이 있을 경우 이에 대한 반영을 수행하여야 한다.

▸ 이해 관계자 수정 요청 내용 검토 및 반영
- 이해 관계자의 수정 요청 내용에 대해서는 검토 내용을 반영하며, 또한 내부적으로 수정을 득하여 최종 정보보호 정책을 수립한다.

▸ 최종 승인
- 이해 관계자의 수정 요청 내용 및 내부 검토를 통하여 최종 정보보호 정책 내용을 작성 완료한다.

■ **정보보호 정책의 승인에 대한 기준**

▸ ISMS의 인증 기준 세부 항목에서의 정보보호 정책의 승인에 대한 기준

통제분야	NO	통제항목	통제목적
정책의 승인 및 공표	1.1.1	정책의 승인	정보보호정책은 이해관련자의 검토와 최고경영자의 승인을 받아야 한다.

▶ 정책의 승인에 대한 점검 항목 (ISMS 인증 기준 세부 항목, 2013)

점검 항목	설 명
정보보호정책 및 정책시행 문서(지침, 절차 등)의 제·개정 시 이해관련자의 검토를 받고 있는가?	• 정책은 정보보호 활동을 규정한 상위 정보보호정책과 상위 정책 시행을 위한 문서(지침, 절차, 매뉴얼 등)로 구분하여 제정할 수 있다. • 문서의 제·개정 시에는 이해 관련자의 검토(협의 및 조정 등)를 통해 조직 내에서 실제 수행하고 있는 정보보호 활동이 내용에 반영될 수 있도록 하여야 한다. — 또한, 실무협의회를 운영하고 있는 경우 이 협의회를 통해 검토할 수 있다. • 이해관련자는 상위정책과 정책시행 문서의 시행주체가 되는 부서 및 담당자(정보보호부서, 정보시스템 운영 및 개발 부서, 현업부서)를 의미한다.
정보보호정책 제·개정 시 최고경영자의 승인을 받고 있는가?	• 정보보호 활동에 대한 최고경영자 등 경영진의 참여와 지원을 보장하기 위하여 상위 수준의 정보보호정책은 최종적으로 최고경영자의 승인을 받아야 한다.
지침, 절차 등 정책시행 문서 제·개정 시 최고경영자의 위임을 받은 책임자(CISO 등)의 승인을 받고 있는가?	• 정책시행을 위하여 필요한 세부 방법, 절차, 주기 등을 규정한 정보보호 지침, 절차, 매뉴얼의 제·개정 시 최고경영자의 위임 규정에 따라 정보보호 최고책임자 등의 승인을 받아야 한다

■ 정책의 승인시 중요 사항

▶ 법률 개정 또는 회사 환경의 변화 등으로 인하여 정보보호정책 및 지침 등의 제개정시 현실적인 부분을 감안하여 반영할 수 있도록 관련 부서 및 이해관계자의 충분한 협의를 통한 후 제개정해야 한다.

▶ 기업의 최상위 문서인 정책/규정/세칙 등은 최고경영자가 승인해야 하며, 지침 및 절차와 같은 정책시행 문서는 정보보호 책임자 또는 최고경영자의 위임을 받은 자(일반적으로 CISO 등)로부터 승인을 획득해야 한다.
  • 정보보호 활동에 대한 최고경영자 등 경여진의 참여와 지원을 보장하기 위하여 최상위 수준의 정보보호정책은 최종적으로 최고경영자의 승인을 받아야 한다.

▶ 제개정되는 정보보호정책 및 정책시행 문서(지침, 절차, 매뉴얼, 가이드 등)에 승인자를 명확히 구분하고 정기적인 검토 일정을 수립하여야 한다.
  • 정책 : 년 1회 이해관계자 검토 후 최고경영자 승인
  • 지침, 절차, 매뉴얼 : 년 1회 이해관계자 검토 후 관리자 승인

■ 정책 및 지침/절차 승인 구분

레벨	구 분	내 용	비 고
1레벨	정책	보안정책	최고경영자 승인
2레벨	지침, 절차	지침, 절차	관리자 승인
3레벨	업무지침서, 점검표/서식	특정 업무나 활동의 상세내역 (가이드, 매뉴얼)	관리자 승인
4레벨	기록	명확한 증거로서의 기록(Records)	—

chapter 2   정보보호 정책의 공표

■ 정보보호 정책 공유 및 공표를 위한 계획을 수립

- 공유 대상 파악
  - 회사내 조직도를 기준으로 공유 대상을 사전 선정한다.
  - 업무 특성, 필요성 등 다양한 관점을 고려하여 공유 대상이 누락되는 인원이 없는지 파악한다.
- 수행 조직 구성
  - 공유를 수행할 조직에 대해 도출하고, 이에 대한 조직도를 작성한다.
  - 정보보호 정책의 공유는 일반적으로 정보보호정책을 수립한 조직이 수행하고, 필요시 회사 내 조직과의 협의를 통하여 수립한다.
- 공유 수행 조직의 각 구성원의 역할과 책임 도출

조 직	역 할
정보보호팀	• 교육 커리큘럼 및 대상 선정 • 교육 교재 작성
인사팀	• 교육 계획 수립 • 정보보호팀의 커리큘럼 및 대상을 바탕으로 일정, 장소 등 마련
총무팀	• 교육하는 데 필요한 집기(마이크 등) 마련 및 지원

- 교육 과정 수립
  - 교육 수행 과목을 분류한다.
  - 상세한 교육 과목에서 수행할 교육 내용에 대하여 작성한다.
  - 교육 기간과 피교육 대상자를 파악한다.
  - 교육 방법은 온라인 또는 오프라인 형태로 구분한다.
- 교육 일정 수립
  - 교육 과목에 대한 소요 일정을 확인한다.

■ 정보보호 정책의 공표에 대한 기준

- ISMS의 인증 기준 세부 항목에서의 정보보호 정책의 공표에 대한 기준

통제분야	NO	통제항목	통제목적
정책의 승인 및 공표	1.1.2	정책의 공표	정보보호정책 문서는 모든 임직원 및 관련자에게 이해하기 쉬운 형태로 전달하여야 한다.

- 정책의 공표에 대한 점검 항목 (ISMS 인증 기준 세부 항목, 2013)

점검 항목	설 명
정보보호정책 및 정책시행 문서의 제·개정 시 그 내용을 관련 임직원에게 공표하고 있는가?	• 정보보호정책 및 정책시행 문서의 제·개정 시 그 내용과 시행사실을 관련 임직원이 알 수 있도록 공표(교육, 메일, 게시판 등 활용)하여야 한다.
정보보호정책 및 정책시행 문서를 관련 임직원에게 이해하기 쉬운 형태로 전달하고 최신본으로 제공하고 있는가?	• 정보보호정책 및 정책시행 문서를 관련 임직원이 용이하게 참고할 수 있는 형태(예 : 전자게시판, 책자, 교육 자료 등)로 전달하여야 하며 최신 정책 및 정책시행 문서를 언제든지 확인할 수 있도록 하여야 한다.

■ 정책의 공표시 중요 사항
- 정보보호정책 및 시행문서의 제개정시 그 내용과 시행사실을 관련 임직원이 알 수 있도록 교육 및 메일, 게시판 등을 활용하여 공표해야 한다.
- 정보보호정책 및 정책시행 문서를 관련 임직원이 용이하게 참고할 수 있는 형태(예 : 전자게시판, 책자, 교육 자료 등)로 전달하여야 하며 최신 정책 및 정책시행 문서를 언제든지 확인할 수 있도록 하여야 한다.

chapter 3 정보보호 정책 관리 절차 수립

■ 정보보호정책에 대한 관리 절차 수립
- 문서 관리 관련 조직에 대하여 확인
  - 문서를 작성하는 팀원과 작성된 문서를 검토하는 팀장의 역할을 확인한다. 또한, 지속적인 문서 관리를 위한 담당자를 선정한다.
- 정보보호정책 작성
  - 이해 관계자의 의견, 외부 환경 등 다양한 요소를 고려하여 정보보호정책 문서를 작성한다.
- 문서에 대한 식별 및 관리 등급 산정
  - 정보보호 정책 관련 문서를 자산으로 식별, 보안 등급을 산정하여 소유자, 관리자를 지정 한다.
- 작성된 문서를 검토하고 승인
  - 작성된 문서에 대하여 관리자는 문서 작성에 오류가 없는지를 면밀히 검토하고 확정한다. 수정이나 추가, 삭제 등이 필요한 경우 관리자는 문서에 대한 수정을 요청하여야 한다.
- 문서에 대한 지속적인 관리 수행
  - 문서 관리 담당자는 문서 번호 부여, 문서 등록, 공표, 배포 등 문서에 대한 생명 주기를 관리하여야 한다.

■ **이력 관리 수행**

▶ 문서 제정, 개정 이력을 관리할 수 있는 양식 마련
  • 문서의 표지 뒷장 또는 문서의 마지막에 문서에 대한 이력을 관리할 수 있는 문서의 제정, 개정 내역을 포함허아여 한다.

▶ 개정 내역이 발생하면 내역서에 해당 내용 반영
  • 문서의 수정 사항에 대하여 추적성 확보를 위하여 지속적인 변경 사항을 기록하여야 한다.

버 전	제개정일	내 용	작성자	승인자
1.0	2017.05.01	신규 제정	홍길동	이순신
1.1	2018.03.31	개인정보의 관리적 기술적 조치 기준 고시 변경에 따른 반영 제3조 제1항 모바일APP 사용 권한에 대한 동의 방식	김유신	이순신

■ **문서 관리 기준**

▶ 작성된 문서는 문서 관리 기준에 따라, 산출물 검토, 문서의 변경, 문서 보존, 문서 보관 등의 문서 관리 기준에 따라 관리한다.
  • 문서 관리 기준 예시

관리 기준	세부 내용
산출물 검토	산출물 승인하기 전에 관리자는 해당 산출물 검토
승인된 문서의 변경	승인된 문서 변경시 반드시 변경 관리 절차를 따르고 변경 이력을 기록 유지 및 항상 최신본 유지
문서 보존	작업 계획서에 따르며, 변경 시 승인된 최종본 및 변경 내용을 간략히 요약한 기록 보관
문서 보관	승인된 산출물은 문서 보관 장소에 보관 문서 관리 대장에도 산출물 번호, 작성자, 문서명, 버전, 배포처, 배포일 등을 기입하여 추적성 확보

chapter 4 상위 정책과의 연계성 및 정책시행 문서 수립

■ **정보보호 정책의 상위 정책과의 연계성에 대한 기준**

▶ ISMS의 인증 기준 세부 항목에서의 정보보호 정책의 상위 정책과의 연계성에 대한 기준

통제분야	NO	통제항목	통제목적
정책의 체계	1.2.1	상위 정책과의 연계성	정보보호정책은 상위조직 및 관련 기관의 정책과 연계성을 유지하여야 한다.

◈ 상위 정책과의 연계성에 대한 점검 항목 (ISMS 인증 기준 세부 항목, 2013)

점검 항목	설 명
정보보호정책이 상위 조직 및 관련기관의 정책과 연계성이 있는 지 검토하고 있는가?	• 정보보호정책이 상위조직 및 관련 기관 정보보호정책과의 연계성이 있는 지 분석하여 내용상 상호 부합되지 않은 요소가 있는 지 확인하고 정책간 상하체계가 적절한 지 여부를 검토하여야 한다. (예 : 자회사의 경우 본사 정책과의 연계성 검토 등)

■ 상위 정책과의 연계성 검토시 중요 사항

◈ 정책과 지침간의 정합성을 일치시키도록 한다.
- 예 : 패스워드 기준이 상이한 경우
- 예 : 정보보호정책에 나열된 정책시행 문서(지침, 절차 등) 목록과 실제 제정된 정책시행 문서 간의 일부 내용이 누락되거나 불일치
- 정책-지침간 일관성 검토표(예시)

구 분	정 책	지 침
조 직	정보보호조직	정보보호조직운영지침
자 산	자산 분류 및 통제	정보자산지침
사 람	인적 보안	인적보안지침
물리적	물리적, 환경적 통제	물리적보안지침
접근통제	접근통제	접근통제지침
연속성	업무연속성 관리	누락 (업무연속성 계획관리 지침 등의 지침 없음)

◈ 또한, 정책 및 지침은 상위 법률이나 인증 기준 등에서 제시하는 보안강도보다 낮추어 적용해서는 안된다.
- 예 : 암호정책 및 사용자 패스워드

```
정보보호관리체계 [9.1.1] 암호정책 수립
  – 정보통신망 이용촉진 및 정보보호 등에 관한 법률 '개인정보의 기술적, 관리적 보호조치 기준'
    〉주민등록번호, 신용카드번호, 계좌번호를 안전한 알고리즘(128비트 이상 보안강도 권고
      : SEED, AES128 등)으로 암호화하도록 하고 있음
  – 개인정보보호법 '개인정보의 안전성 확보조치 기준'제7조(개인정보의 암호화)
    〉인터넷구간 및 인터넷구간과 내부망의 중간지점(DMZ)에 저장하는 고유식별정보
      (주민등록번호, 여권번호, 면허번호, 외국인등록번호)는 반드시 암호화하도록 되어 있음
정보보호관리체계 [10.3.3] 사용자 패스워드 관리
  – 정보통신망 이용촉진 및 정보보호 등에 관한 법률 '개인정보의 기술적, 관리적 보호조치 기준'
    〉제4조(접근통제) : 영문, 숫자, 특수문자 중 2종류 이상을 조합하여 최소 10자리 이상 또는
      3종류 이상을 조합하여 최소 8자리 이상의 길이로 구성
  – 개인정보보호법 '개인정보의 안전성 확보조치 기준'제5조(접근 권한의 관리)
    〉안전한 비밀번호를 설정하여 이행할 수 있도록 비밀번호 작성규칙을 수립하고 적용
```

■ 정책시행 문서 수립에 대한 기준

◉ ISMS의 인증 기준 세부 항목에서의 정책시행 문서 수립에 대한 기준

통제분야	NO	통제항목	통제목적
정책의 체계	1.2.2	정책시행 문서수립	정보보호정책의 구체적인 시행을 위한 정보보호지침, 절차를 수립하고 관련 문서간의 일관성을 유지하여야 한다.

◉ 정책시행 문서 수립에 대한 점검 항목 (ISMS 인증 기준 세부 항목, 2013)

점검 항목	설 명
정보보호정책의 시행을 위하여 필요한 세부적인 방법, 절차, 주기 등을 규정한 정보보호 지침, 절차, 매뉴얼 등을 수립하고 있는가?	• 임직원이 상위 정보보호정책에서 정한 정보보호 활동을 일관성 있게 수행하기 위해서는 시행주체(책임과 역할 정의), 방법, 주기 등을 구체적으로 정한 정보보호지침, 절차, 매뉴얼 등을 수립하여야 하며 필요한 경우 서비스별, 시스템별 지침, 절차를 별도로 마련하여야 한다. • 담당자에 의한 임의적, 임기응변식 정보보호 활동 수행은 지양하여야 하며 정보보호 활동은 관련 근거 규정을 반드시 제시할 수 있어야 한다.
정보보호정책과 지침, 절차 등과 같은 정책시행 문서 간 내용의 일관성 여부를 검토하고 유지하고 있는가?	• 정책, 지침, 절차에서 정하고 있는 정보보호 활동의 주기, 수준, 방법 등을 일관성 있게 유지하여야 한다. (예 : 시스템 대상 패스워드 복잡도 기준이 각 문서별로 다르게 기술되어 있을 경우 문서 간 일관성이 결여되어 있다고 할 수 있음)

2.1 핵심정리

▶ 정보보호 정책의 승인
- 정보보호 정책 관리를 위한 승인 절차를 수립
- 정보보호 정책의 승인에 대한 기준
- 정책의 승인시 중요 사항

▶ 정보보호 정책의 공표
- 정보보호 정책 공유 및 공표를 위한 계획을 수립
- 정보보호 정책의 공표에 대한 기준
- 정책의 공표시 중요 사항

▶ 정보보호 정책 관리 절차 수립
- 정보보호정책에 대한 관리 절차 수립
- 정책 문서 관리 기준

▶ 상위 정책과의 연계성 및 정책시행 문서 수립
- 정보보호 정책의 상위 정책과의 연계성에 대한 기준
- 상위 정책과의 연계성 검토시 중요 사항
- 정책시행 문서 수립에 대한 기준

2.2 정책의 타당성 검토와 제/개정

chapter 1   정보보호 컴플라이언스

■ 컴플라이언스의 개념

- 컴플라이언스란 외부 규제나 표준을 정의하고 지속적인 관찰을 통하여 준수 여부를 확인하며, 발견된 문제를 개선하고 발전시켜 나가는 활동이라고 할 수 있다. 기업이 비즈니스 연속성과 경영 투명성을 확보하기 위하여 강제적, 자율적으로 여러 가지 규제(Regulation)를 준수(Comply)하는 것을 의미한다.
- 컴플라이언스의 유형으로서 IT Compliance(Information Technology+Compliance)가 있다. 기업의 비즈니스의 IT 의존도가 심화되면서 기업 활동을 효과적으로 규제하기 위해서는 비즈니스 활동을 지원하는 정보 처리 시스템과 디지털 데이터에 대한 규제가 필수적으로 요구된다. 따라서 IT 컴플라이언스는 특정 규제를 만족시킬 수 있도록 기업의 IT 인프라와 업무 프로세스를 구축하고 재정비하는 것을 말한다.

■ 정보보호 컴플라이언스 및 정보보호 관련법의 적용 대상

- 정보보호 컴플라이언스
  - 회사의 비즈니스 특성 및 환경에 고려하여 관련 법령 및 표준, 사고.사건 사례, 최신 IT 트렌드 등에 기반하여 기업이 지속적인 유지 및 변화 관리를 통하여 강제적, 자율적으로 준수하여야 하는 것을 의미한다.
- 정보보호 컴플라이언스 관련 법령(예시)

구 분	전자금융거래법	신용정보법	정보통신망법	개인정보보호법	금융실명거래법
보호 대상	전자 금융 거래의 안정성 및 신뢰성, 이용자 보호	신용정보 및 개인식별정보	개인정보	개인정보, 개인정보파일	거래정보 등
준수 주체	금융기관, 전자금융업자	신용 정보 제공, 이용자	정보통신 서비스 제공업체	개인정보 처리자	금융 회사 등에 종사하는 자

◈ 정보보호관리체계 기준의 관련 법령 매핑(예시)

구 분	내 용	관련 법령
2. 정보보호 조직	개인정보보호 책임자(CPO) 지정 정보보호 최고책임자(CISO) 지정 인사발령 등의 공식적인 지정 절차	[정보통신망법] 제27조 (개인정보보호책임자의 지정) [정보통신망법 시행령] 제13조(개인정보보호책임자의 자격요건 등) [개인정보보호법] 제31조(개인정보보호책임자의 지정) [개인정보보호법 시행령] 제32조(개인정보보호책임자의 업무 및 지정요건 등) [정보통신망법] 제45조의3(정보보호 최고책임자의 지정 등) [정보통신망법 시행령] 제36조6(정보보호 최고책임자 지정.신고 대상자의 범위) [정보통신기반보호법] 5조(주요정보통신기반시설보호대책의 수립 등) [정보통신기반보호법 시행령] 제9조(정보보호책임자의 지정) [전자금융거래법] 제21조의2(정보보호 최고책임자의 지정) [신용정보법] 제20조(신용정보 관리책임의 명확화 및 업무처리기록의 보존)
	실무조직 구성	[개인정보의 기술적,관리적 보호조치 기준] 제3조(내부관리계획의 수립.시행) [주요정보통신기반시설 보호지침] 제8조(전담 조직의 구성) [집적정보통신 보호지침] 제5조(관리인원의 선발 및 배치) [전자금융감독규정] 제8조(인력, 조직 및 예산) [전자금융감독규정] 제8조의2(정보보호위원회 운영)
3. 외부자 보안	업무 위탁	[개인정보보호법] 제26조(업무위탁에 따른 개인정보의 처리 제한) [개인정보보호법 시행령] 제28조(개인정보의 처리 업무 위탁시 조치) [정보통신망법] 제25조(개인정보의 처리 위탁) [신용정보법] 제17조(수집·조사 및 처리의 위탁) [전자금융감독규정] [금융회사의 정보처리 업무 위탁에 관한 규정] [국가정보보안기본지침] [보안업무규정] * 한국인터넷진흥원(KISA) "IT 외주인력 보안통제 안내서" * 금융위원회의 "외주 용역업체 보안관리 강화방안"
5. 정보보호 교육	교육 계획 및 시행, 평가	[정보통신망법] 제25조(개인정보의 처리 위탁) [정보통신망법 시행령] 제15조(개인정보의 보호조치) [개인정보보호법] 제26조(업무위탁에 따른 개인정보의 처리 제한) [개인정보보호법] 제28조(개인정보취급자에 대한 감독) [개인정보의 기술적,관리적 보호조치] 제3조(내부관리계획의 수립.시행) [개인정보의 안전성 확보조치 기준] 제4조(내부관리계획의 수립.시행) [전자금융감독규정] 제8조(인력, 조직 및 예산) [전자금융감독규정] 제19조의2(정보보호 교육계획의 수립, 시행)
6. 인적보안	내외부 인력보안	[정보보호조치에 관한 지침] 1.3.1 내부인력 보안 [공인인증기관의 보호조치에 관한 규정(별표)] 〈인적 보안-관리-인사〉
	인력, 조직 및 예산 운영	[전자금융감독규정] 제8조(인력, 조직 및 예산) [전자금융감독규정] 제26조(직무의 분리)
7. 물리적 보안	물리적 보안	[집적정보 통신시설 보호지침] 제3조(출입자의 접근제어 및 감시) [신용정보업 감독규정] 제20조(기술적,물리적,관리적 보호대책), 별표3 [전자금융감독규정] 제9조(건물에 관한 사항) [보안업무규정 시행규칙] 제53조(보호구역의 설정 대상), 제54조(보호구역의 구분) [정보통신기반 보호법]

구 분	내 용	관련 법령
9. 암호통제	중요 정보의 암호화	[개인정보의 기술적, 관리적 보호조치 기준] 제6조(개인정보의 암호화) [개인정보의 안전성 확보조치 기준] 제7조(개인정보의 암호화) [정보보호조치에 관한 지침] 2.2.13 중요 정보의 암호화 [전자금융감독규정] 제31조(암호프로그램 및 키 관리 통제) [전자금융감독규정] 제34조(전자금융거래 시 준수사항) *KISA - 암호정책 수립 기준 안내서, 암호 알고리즘 및 키 길이 이용 안내서, 암호기술 구현 안내서
10. 접근통제	계정/패스워드 관리	[개인정보의 기술적, 관리적 보호조치 기준] 제4조(접근통제) [개인정보의 안전성 확보조치 기준] 제5조(접근권한의 관리), 제6조 (접근통제) [정보보호조치에 관한 지침] 2.2.9 관리자 계정의 비밀번호 관리 [전자금융감독규정] 제13조 (전산자료 보호대책), 제32조(내부사용자 비밀번호 관리)
	인터넷 차단 및 망분리	[개인정보의 기술적, 관리적 보호조치 기준] 제4조(접근통제) [개인정보의 안전성 확보조치 기준] 제6조 (접근통제) [정보통신기반보호법] 제15조 (개인정보의 보호조치) [전자금융감독규정] 제15조 (해킹 등 방지대책)
	정보시스템 접근권한 관리	[개인정보의 기술적, 관리적 보호조치 기준] 제4조(접근통제) [정보보호조치에 관한 지침] 2.2.8 접근통제 및 보안 설정 관리 [전자금융감독규정] 제13조 (전산자료 보호대책), 제14조(정보처리시스템 보호대책) 제15조 (해킹 및 방지대책) [개인정보의 안전성 확보조치 기준] 제6조 (접근통제)
11. 운영보안	취약점 점검 및 평가	[주요 정보통신기반시설 보호지침] 제13조 (취약점 분석, 평가) [전자금융거래법 시행령] 제21조의3 (전자금융기반시설의 취약점 분석, 평가)
	해킹 등 방지대책	[전자금융감독규정] 제15조 (해킹 등 방지대책)
	서비스 운영 보안	[국가사이버 안전관리 규정] 제10조2 (보안관제센터의 설치, 운영)
12. 침해사고 관리	침해사고의 보고	[정보통신망법] 제48조의3 (침해사고의 신고 등) [개인정보보호법] 제34조 (개인정보 유출 통지 등) [정보통신기반 보호법] 제13조 (침해사고의 통지) [전자금융거래법] 제21조5(침해사고의 통지 등) [신용정보법] 제39조의2(신용정보 누설통지 등)
13. IT 재해복구	재해복구	[집적정보통신시설 보호지침] 제4조(각종 재난에 대비한 보호조치) [주요정보통신기반시설 보호지침] 제20조(복구조치), 제21조(대응,복구 훈련의 실시) [전자금융감독규정] 제23조(비상대책 등의 수립, 운용)

chapter 2   정보보호 정책의 타당성 및 영향도 분석

■ 정보보호 정책의 타당성 검토

▶ 기업 내부적인 정책 타당성 점검

- 기업 내부의 비즈니스 환경의 변화를 반영한다. 기업의 신규 사업 진입 및 포기 등에 대하여 기업의 보호 정책을 반영하여야 한다.
- 기업의 조직 변경 및 제반 사항에 대하여 정보보호 정책의 유효성을 점검하여 반영해야 한다.

- 기업 내부의 정보보호 정책과 관련된 사고 등에 대한 내부 감사 결과를 정보보호 정책에 반영하여야 한다.

▷ 기업 외부적인 정책 타당성 점검
- 기업의 외부 컴플라이언스인 관련 법규의 제.규정에 대하여 면밀히 확인하고 기업이 준수하여야 할 요소를 파악한다.
- IT의 발전에 따라 기업이 이전과 달리 준수하여야 하는 요소가 도출될 경우 이에 대한 요소를 정보보호 정책에 추가하여야 한다.

■ 정보보호 환경 영향도 분석

▷ 정보보호 정책 반영 요소를 도출하여 정보보호 정책에 반영
- 기업이 준수하여야 하는 정보보호 정책에 대하여 리스트한다. 신규 컴플라이언스 모니터링을 통하여 신규 대응하여야 하는 정보보호 정책을 도출한다.
- 신규 컴플라이언스 요소들에 대하여 기업 내부의 전문가와 외부의 전문가를 통하여 면밀히 파악한다. 이때 기술적, 법률적 등 다양한 각도에서의 검토가 필요하다.
- 검토된 기업이 준수하여야 하는 요소에 대하여 기업의 특수성을 고려하여 정책에 반영하고 준수 기반 체계를 마련한다.

▷ 정보보호 정책의 변화에 따른 영향도를 분석
- 정보보호 정책의 변화에 따른 기업 내.외부적인 영향도를 면밀하게 분석하여 기업 내.외부적인 이해관계자와 협의를 한다.
- 정보보호 정책의 변화에 따른 기업의 대응 전략을 수립하여 기업 업무를 수행한다.

▷ 검토해야 하는 자료는 최신성과 정확성 확보를 위하여 공공기관의 자료를 활용하고, IT트렌드를 적용하기 위해 관련 분야 전문가와 검토 수행

chapter 3 정책의 유지관리

■ 정책의 유지관리에 대한 기준

▷ ISMS의 인증 기준 세부 항목에서의 정책의 유지관리에 대한 기준

통제분야	NO	통제항목	통제목적
정책의 유지관리	1.3.1	정책의 검토	정기적으로 정보보호정책 및 정책 시행문서의 타당성을 검토하고, 중대한 보안사고 발생, 새로운 위협 또는 취약성의 발견, 정보보호 환경에 중대한 변화 등이 정보보호정책에 미치는 영향을 분석하여 필요한 경우 제·개정하여야 한다.
	1.3.2	정책문서 관리	정보보호정책 및 정책 시행문서의 이력관리를 위해 제정, 개정, 배포, 폐기 등의 관리절차를 수립하고 문서는 최신본으로 유지하여야 한다. 또한 정책문서 시행에 따른 운영기록을 생성하여 유지하여야 한다.

⏵ 정책의 검토에 대한 점검 항목 (ISMS 인증 기준 세부 항목, 2013)

점검 항목	설 명
정보보호정책 및 정책시행 문서의 정기적 타당성 검토 절차를 수립하고 있는가?	• 다음과 같은 상황이 발생한 경우를 포함하여 주기적으로 정보보호정책 및 정책시행 문서의 타당성을 검토하여 제·개정을 통해 관련 문서에 반영하여야 한다. 　- 내부감사 수행 결과 　- 중대한 보안사고 발생 　- 개인정보 및 정보보호 관련 법령 제·개정 　- 새로운 위협 또는 취약점 발견 　- 정보보호 환경의 중대한 변화 　- 조직 사업 환경의 변화 (예 : 신규 사업) 　- 정보시스템 환경의 중대한 변화 (예 : 차세대 시스템 구축) • 보안점검, 내부감사 결과 분석 등을 통해 정책, 정책시행 문서에서 규정하고 있는 정보보호 활동의 주기, 방법 등이 적절한 지 정기적으로 검토하여야 하며 필요한 경우 제·개정을 통해 문서에 반영하여야 한다.
중대한 환경 변화 시 정보보호정책 및 정책시행 문서에 미치는 영향을 분석하고 제·개정 필요성 여부를 검토하고 있는가?	• 다음과 같은 상황이 발생한 경우 정보보호정책 및 정책시행 문서에 미치는 영향을 분석하고 필요 시 문서에 반영하여야 한다. 　- 중대한 보안사고 발생 　- 정보보호 및 개인정보 관련 법률 제·개정 　- 새로운 위협 또는 취약성의 발견 　- 비즈니스 환경의 변화 (신규 사업 영역 진출 등) 　- 정보보호 및 IT 환경의 중대한 변화 등

⏵ 정책문서 관리에 대한 점검 항목 (ISMS 인증 기준 세부 항목, 2013)

점검 항목	설 명
정보보호정책 및 정책시행 문서의 제정, 개정, 배포, 폐기 등의 이력을 확인할 수 있도록 관리절차를 수립·이행하고 있는가?	• 정보보호정책 및 정책시행 문서의 제정, 개정, 폐기 시 이력(일자, 내용, 작성자, 승인자 등)을 확인할 수 있는 관리절차를 수립하고 이행하여야 한다. 　- 제·개정으로 인한 문서의 효력 발생일은 일반적으로 최고경영자 혹은 정보보호책임자의 승인일 혹은 공표일로 하여야 한다.
정보보호정책 및 정책시행 문서는 최신본으로 관리하고 있는가?	정보보호정책 및 정책시행 문서는 최신본으로 유지하여야 한다.
정보보호정책 및 정책시행 문서에서 정한 정보보호 활동 수행에 관한 운영 기록을 생성하여 유지하고 있는가?	• 정보보호 활동 수행 과정에서 생성된 각종 양식, 대장, 로그, 결재문서 등 운영기록의 보관방법, 보호대책, 유지기간, 접근통제 등 관리절차를 마련하여야 한다. • 운영기록 확인을 통해 관련 활동의 정상적인 이행 여부를 확인할 수 있어야 하며 정보보호 관리체계 인증기준(104개)의 이행 확인이 가능하도록 운영기록(증적)을 확보하고 있어야 한다.

■ 정책의 유지관리시 중요 사항

⏵ 정책/지침 등을 년 1회 이상 주기적으로 검토하고 검토한 이력을 남겨야 한다.

• 정책/지침 검토 후 제개정한 경우 '개정이력', '신구조문 대비표'등을 남기고, 제개정하지 않은 경우에도 '회의록'등의 관련 문서를 남겨야 한다.

버 전	변경일	변경사유	변경내용	작성자	승인자

- 제개정으로 인한 문서의 효력 발생일은 일반적으로 최고경영자 혹은 정보보호 책임자의 승인일 혹은 공표일로 하여야 한다.
- 정책/지침의 내용과 실제 현장 업무간의 차이가 발생하지 않도록 정책/문서를 현행화하여야 한다. (예 : 지침에는 매월 1회 로그를 분석하도록 되어 있으나, 실제 현장에서는 분기 1회만 로그분석을 하거나, 분기 1회만 가능한 환경인 경우)
- 정보보호정책 및 지침/절차 등의 문서는 최신본으로 유지하여야 한다.
  - '최신본으로 유지한다'라는 의미는 정책/지침의 내용과 실제 현장 업무간의 차이가 발생하지 않도록 해야 함을 뜻한다.
  - 즉, 정책/지침 문서 등 문서의 내용과 실제 현장 업무간의 차이를 없애고 동기화하며, 관련 법률 등의 내용을 적용하여 최신화된 상태를 만들어야 한다.
- 정보보호 활동 수행간에 만들어진 각종 양식, 대장 등 운영기록을 보호하기 위한 대책(접근 통제 등)을 마련하여야 한다.
  - 운영기록을 보호하기 위한 대책 마련(예시)
    ☞ 운영 증적기록은 허가되지 않은 자가 접근해서는 안되며, 문서보안지침 등에 따라 대외비 또는 비밀 등의 등급을 부여하고 외부인이 볼 수 없도록 해야 한다.
  - 운영 증적기록 확보(예시)
    ☞ '년 2회 이상 정보보호 교육 시행'을 하도록 되어 있다면, '정보보호 교육 계획', '정보보호 교육 참석자 명단'등의 관련 자료를 남겨야 한다.

2.2 핵심정리

▶ **정보보호 컴플라이언스**
  - 컴플라이언스의 개념
  - 정보보호 컴플라이언스 및 정보보호 관련법의 적용 대상

▶ **정보보호 정책의 타당성 및 영향도 분석**
  - 정보보호 정책의 타당성 검토
  - 정보보호 환경 영향도 분석

▶ **정책의 유지관리**
  - 정책의 유지관리에 대한 기준
  - 정책의 유지관리시 중요 사항

3편
정보보호 계획

학습 목표

정보보호 정책에 따라 정보보호의 목표와 대상 범위를 설정하고 자원 계획을 포함하는 관리적, 물리적, 기술적 보안 대책에 대한 실행 계획을 이해할 수 있다.

평가의 목표

본 3편 정보보호계획에서는
- 제 1장 정보보호 목표 설정하기를 이해한다.
- 제 2장에서는 정보보호 대상 범위 설정하기를 이해한다.
- 제 3장에서는 정보보호 중장기 계획 수립하기를 이해한다.
- 제 4장에서는 정보보호 세부 실행 계획 수립하기를 이해한다.

1장 정보보호 목표 설정

평가 목표
- 조직의 정보보호 목표 설정을 위해 정보보호 정책과 정책 시행 문서를 수집하여 분석 할 수 있다.
- 정보보호 목표 설정을 위해 정보보호 관리체계 내의 서비스, 업무, 조직, 정보시스템, 설비를 파악하고 분석할 수 있다.
- 정보보호 정책과 관리체계의 분석에 의해 조직의 관리적, 물리적, 기술적 정보보호 목표를 설정할 수 있다.

1.1 정보보호 정책과 관리체계

chapter 1 정보보호 정책 및 시행 문서 분석

■ 조직의 정보보호 목표 설정을 위하여 정보보호 정책과 정책 시행 문서를 수집하여 분석한다.
▶ 정보보호 목표 설정을 위한 정보보호 정책 분석 대상 식별을 위한 기준을 작성한다.
  - 정보보호 목표 설정에 필요한 정보보호 정책 분석 대상 식별 대상을 선정한다.
  - 정보보호 목표 설정이 용이하도록 정책 분석 항목 식별 방법을 작성한다.
    ☞ 정보보호 정책 분석 항목 식별 방법

식별 대상	식별 절차
산출물 기준	가. 정기적 보고서(일, 주, 월, 년 등) 식별 나. 표준화 대상 여부 판단 다. 산출물 작성 유의 사항, 작업 기준 등을 도출
문서(보고서 등) 기준	가. 중요 보고 문서 및 품의문을 검색 나. 동 문서에서 정책 및 표준화 대상을 식별
규정/지침/업무 매뉴얼, 업무 방법서 기준	가. 팀 내 관리하는 규정/지침, 업무 매뉴얼 확인 나. 업무 매뉴얼 체크리스트 조사 다. 세부 내용을 중심으로 정책 항목 도출
외부 선진 보안 모델 기준	가. 보안 관련 자료 수립 나. 회사 내에 응용되어 준수하여야 할 항목으로 변형

▶ 정보보호 목표 설정을 위한 정보보호 정책 분석 대상을 분석한다.
  - 정보보호 목표 설정에 필요한 정보보호 정책서를 파악한다.
    ☞ 정보보호 정책 분석 항목 예시

항목	가이드라인
적용 범위	보안정책 문서의 작성, 검토 및 평가 업무 전반에 대하여 작용한다.
목적	보안정책의 효과적인 운영을 위하여 명확한 정책방향을 제시하고 이를 가시적으로 지원하는데 그 목적이 있다.
책임과 권한	1. 업무 담당 팀장 　가) 보안 정책의 승인 2. 보안 관리자 　가) 보안 정책의 입안 　나) 보안 정책의 검토 및 평가 3. 보안 통합 관리 위원회 　가) 보안 정책의 적절성 심의
정책 내용	1. 보안 관리자의 보안 정책 입안 시 다음 사항을 포함하도록 한다. 　가) 보안의 정의, 포괄적인 목적과 범위, 보안의 중요성 　나) 보안의 목표와 원칙을 지원하는 경영 의지의 서술 　다) 보안 정책, 원칙, 표준, 조직, 특정 중요 요구 조건에의 합당성에 대한 간략한 설명 　라) 보안 사고 보고를 포함한 보안 관리의 일반적, 특정적 의무의 정의 　마) 정책 지원 문서화를 위한 참고 문헌

- 정보보호 목표가 정확히 도출될 수 있도록 정보보호 정책 분석 대상 식별 시 유의 사항을 작성한다.
  ☞ 정보보호 정책 분석 유의 사항

구분	유의 사항
범위	운영상, 보안상 영향을 미치는 모든 자원을 대상으로 한다.
보안 업무 표준	업무 추진 시 일반적으로 준수하여야 할 원칙(선언적 준칙사항 포함)
보안 기술	도입 및 운영할 내·외부 보안 시스템 기술의 요구 사항
보안 프로세스	보안 관리 프로세스 세부 활동의 완전성, 충분성 등을 갖추기 위한 정성적·정량적 조건 명세 등

- 정보보호 목표를 정보보호 성숙 모형을 활용하여 단계별 목표를 설정하고 관리할 수 도 있다.
  - 정보보호 성숙모형 정의 : 정보보호 성숙모형은 정보보호가 조직에 기여하거나 정보보호를 통하여 조직의 정보보호가 이상적으로 발전하여 가는 과정을 단계화함으로써, 기업이 정보보호를 추진하면서 겪게 되는 특성을 정리한 것. 성숙모형을 통하여 기업은 현 단계에서의 정보보호 현황을 파악하고 다음 단계로 개선하기 위한 방향성을 얻을 수 있음 (출처: KISA 중소 IT서비스 기업의 정보보호 참조모델 개발)
    ☞ NIST SP 800-26의 통제 분야와 성숙단계 정의

	관리 통제	운영 통제	기술적 통제
정보보호 통제분야	위험관리 시스템 통제 검토 생명 주기 인가(인증)된 진행 시스템 보안 계획	인적 보안 물리적 보안 운영 및 입출력 통제 연속성 계획 하드웨어와 시스템 소프트웨어 유지보수 정보 무결성 문서화 보안인식, 훈련, 교육 사고대응 능력	식별과 인증 논리적 접근통제 감사 증적
정보보호 성숙단계	1단계: 통제목적이 보안정책에 문서화되었다 2단계: 보안 통제가 절차로서 문서화되었다 3단계: 절차가 구현되었다 4단계: 절차와 보안통제가 시험되고 검토되었다 5단계: 절차와 보안통제가 명확한 프로그램으로 통합되었다		

☞ SSE-CMM 성숙단계 정의

수준	정의	설명
1	비공식적으로 수행됨 (Performed informally)	조직이나 프로젝트가 기본 기능을 수행하고 있는지에 초점을 맞춘다.
2	계획되고 관리됨 (Planned and tracked)	프로젝트 수준 정의, 계획, 성과이슈 등에 초점을 맞춘다. 즉, 조직 전반의 프로세스를 정의하기 전에 프로젝트에 어떤 일을 할 것인가를 이해하는 수준이다.
3	잘 정의됨 (well defined)	조직 수준에서 정의된 프로세스로부터 규범ㅇ화 되어있는 적합화에 초점을 맞춘다. 조직 전반의 프로세스를 생성하는 프로젝트로부터 배워진 것의 최고를 사용하는 수준을 의미한다.
4	정량적으로 통제됨 (quantitatively controlled)	조직의 비즈니스 목표에 맞는 측정에 초점을 맞춘다. 기본 프로젝트 측정을 초기에 모으고 사용하는 것이 필수적이지만 보안 높은 수준이 달성되어지기 전까지 조직 전반에 걸쳐 수행될 필요는 없다.
5	지속적인 개선 (continuously improving)	이 수준에서는 이미 관리 기능에서 획득되어진 것들을 계속해서 유지할 수 있도록 문화적인 이동에 역량을 집중한다. 이러한 지속적인 개선을 위해서는 관리기능, 잘 정의된 프로세스, 측정할 수 있는 목표 등이 요구된다.

☞ ISACA의 Information Security Governance 성숙단계 정의

	성숙도 단계	위험평가	정책	인식	책임	서비스연속성
0	실시하지 않음 Non-Existent	수행되지 않음	없음	없음	없음	없음
1	초기 Initial / Ad-hoc	임기응변적 대응	없음	조직만 인식	책임소재 불분명	비공식적, 제한된 권한으로 수행
2	반복 Repeatable but Intuitive	시도하난 미성숙	불완전	인식의 확산	정보기술 보안조정자가 책임, 권한 미비	책임 할당되나 비체계적인 방법으로 접근

	성숙도 단계	위험평가	정책	인식	책임	서비스연속성
3	정의 Defined Process	조직전반, 정책에 따라 실시	절차, 계획을 포함한 정책 정의	경영진의 보안 의식 고무, 직원 교육	책임 할당되나 지속적 강조는 없음	고 가용성, 중복, 백업 시스템의 일부 도입
4	관리 및 측정 Managed and Measurable	표준화된 절차로 실시	보안 기준선을 만족	위험관리를 경영진의 주요 책임으로 인식	명확하게 할당 관리됨	표준화 수행, 고 가용성 등 장비의 지속적인 도입
5	최적화 Optimized	구족화된 프로세스로 정기적으로 실시	경영 요구사항, 보안요구사항을 포함	보안은 사업경영자와 정보기술 경영자의 공동책임으로 인식	최종 사용자와 정보기술 경영자의 공동책임으로 인식	비상계획과 통합, 주기적인 유지보수, 내부적인 요구로 수행

chapter 2 정보보호 관리체계 내의 관리대상 분석

■ 정보보호 목표 설정을 위하여 정보보호 관리 체계 내의 서비스, 업무, 조직, 정보 시스템, 설비를 파악하고 분석한다.

▶ 정보보호 관리 체계 내의 자산 분석을 위한 서비스 대상을 파악한다.
  - 조직의 업무와 연관된 정보 및 정보 시스템을 포함하는 정보자산을 식별한다.
  - 정보자산 목록에는 정보자산의 관리 책임자, 자산 형태, 업무상 가치를 포함하여 정보보호 관리 체계 내의 서비스를 파악한다.
    ☞ 정보보호 대상 서비스 파악 예시

서비스 명	온라인의료용품 판매 서비스		
이용자 (고객)	14이상	이용자 수	10,0000명
서비스 설명	고객에 대한 자산 관리 및 상품		
범위 내 개인정보 포함여부	고객을 확인할 수 있는 주민등록번호 및 상품 가입에 따른 계좌번호 관리		
관련 외주업체 활용현황	외부 개발 및 유지보수		
기타	외부기관 정보와의 인터페이스를 통해 수집되는 정보가 있음		

▶ 정보보호 관리 체계 내의 업무와 인력을 파악한다.
  - 조직의 업무와 이를 운영하고 있는 부서와 인력 현황을 파악한다.
  - 인력 현황에 대해서는 내부 인력과 외부 인력을 구분하여 파악한다.
    ☞ 정보보호 대상 업무 파악 예시

업무	부서명	내부인력	외주인력	합계
인적보안 및 교육	인사팀	3	0	3
내부 보안감사	감사실	3	0	3
네트워크장비 및 보안장비 운영	네트워크 관리팀	4	3	7
통합보안 모니터링	정보관제실	5	2	7
합계		15	5	20

◉ 정보보호 관리 체계 내의 정보 시스템을 파악한다.

- 시스템 구성 항목, 네트워크 구성 등을 참고하여 보호하여야 할 가치가 있는 주요 자산을 분류한다.
  ☞ 정보보호 대상 업무 파악 예시

구분	자산명	수량	용도	자산위치	관리부서
서버	원격교육 웹서버	3	어플리케이션 관리	데이터센터	전산팀
	원격교육 데이터서버	3	가입자 정보 관리	데이터센터	전산팀
네트워크	일반스위치	4	스위칭	데이터센터	네트워크팀
	L4	4	로드밸런싱	데이터센터	네트워크팀
보안장비	통합방화벽	4	통합방화벽	데이터센터	보안팀
시설	에어컨	2	온도조절	데이터센터	시설팀

- 대상 자산의 용도, 자산의 위치, 관리 부서를 정확히 파악한다.
- 누락되는 자산이 없도록 완전한 자산 파악을 실시한다.

◉ 설비를 파악할 수 있는 시스템 구성도를 분석한다.

- 조직의 업무와 연관된 정보 및 정보 시스템을 포함하는 정보자산을 식별한다.
- 정보자산 목록에는 정보자산의 관리 책임자, 자산 형태, 업무상 가치를 포함하여 작성한다.
  ☞ 정보보호 대상 시스템 구성도

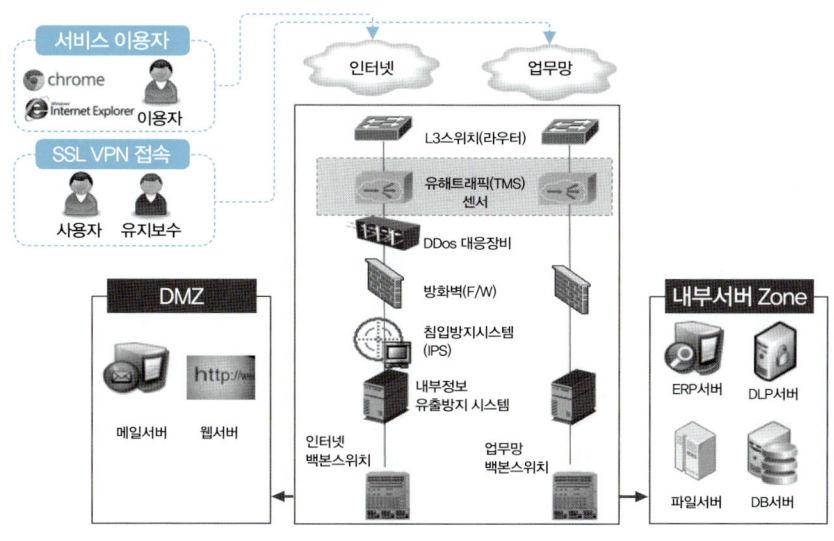

chapter 3 관리적, 물리적, 기술적 정보보호 목표 설정

■ **정보보호 정책과 관리 체계의 분석에 의하여 조직의 관리적, 물리적, 기술적 정보보호목표를 설정한다.**

▶ 정보보호 정책과 관리 체계 분석 결과를 파악한다.
- 정보자산을 어떻게 관리하고 보호할 것인지에 대한 지침 및 절차를 기술해 놓은 문서를 파악한다.
- 정보보호 관련 법령을 참조하여 정보보호 정책에 반영하여야 할 내용을 파악한다.
- 보안사고 대응 개선 대책의 내용을 파악하여 정보보호 관리 체계에 포함하여야 할 내용을 파악한다.

☞ 정보보호 정책 분석을 통한 시사점 도출 예시

기본 보안정책 (예시)	기대효과
HTTP, SSL, SMTP 이외의 서비스는 원칙적으로 허용하지 않음 Telnet, FTP 서비스는 허용하지 않음 업무에 필요한 최소한 정책만 허용 로그 전송 및 각종 서비스 영역의 관리 대상 시스템 제어를 위해 필요로 하는 IP, Port만 허용 Telnet, FTP 서비스는 보안관리자 승인한 경우 허용	• 보안정책 분산으로 인한 정책 관리 용이 • 맞춤 정책 적용을 위한 인프라 확보 • 통합관리를 통한 관리 편의성 증대 • 정책 일관성 확보 • 외부 사용자의 DB영역에 대한 접근 차단을 통해 보안성 확보

▶ 정보자산에 대한 정보보호 활동에 대한 정책, 표준, 지침 절차를 실행하는 조직의 관리적 목표를 설정한다.
- 정책 문서는 모든 임직원과 관련자에게 이해하기 쉬운 형태로 정리한다.
- 정책은 정책 간에 연계성을 유지하여야 하며, 정책 시행을 위한 지침과 절차 간의 일관성을 유지한다.
- 정보보호 정책과 시행 문서를 주기적인 검토를 통하여 타당성을 검토한다.
- 정보보호 정책에 영향을 미치는 위협과 환경 변화에 대응할 필요가 있을 경우 제·개정한다.
- 정책 문서의 시행에 따르는 운영의 기록을 생성하고 유지한다.

▶ 정보자산이 위치한 구역 또는 시설에 대하여 허가되지 않은 접근을 차단하고 모니터링하기 위한 물리적 보안 목표를 설정한다.
- 비인가자의 물리적 접근과 각종 물리적, 환경적 재난으로부터 주요 시스템을 보호하기 위한 보호 구역을 지정한다.
- 외부인이 출입증 없이 출입이 가능한 접견 장소 등을 지정한다.
- 허가된 사용자만이 정보 시스템이 가능하도록 안전한 사용자 인증 절차를 마련한다.
- 법적 요구 사항을 반영한 정보 시스템 접근을 통제하기 위하여 강화된 인증 방식을 적용한다.
- 정보 시스템의 사용자를 식별할 수 있는 식별자를 부여한다.
- 패스워드의 복잡도 기준과 변경 주기 등 사용자 패스워드 관리 절차를 수립한다.
- 네트워크에 대한 비인가 접근의 통제를 위하여 필요한 네트워크 접근 통제 리스트 등에 관한 관리 절

차를 수립한다.
- 인터넷을 통하여 악성 코드가 사내에 침투하더라도 업무 인프라에는 영향을 미치지 않도록 하기 위하여 업무를 수행하는 업무망과 인터넷을 하는 인터넷망(비업무망)을 완전히 분리한다.
- 권한이 있는 사용들에게만 특정 데이터 또는 자원들이 제공되는 것을 보장하기 위한 접근 통제를 적용한다.

◉ 시스템에 존재하는 취약점을 제거하고 정보 시스템에 발생할 수 있는 보안 위협을 차단하기 위한 기술적 보안 목표를 설정한다.
- 악성 프로그램의 침투 여부를 항시 점검·치료할 수 있도록 백신 소프트웨어를 설치한다.
- 사용자 인증, 중요 정보의 유출 등에 대한 감사 증적을 확보할 수 있도록 한다.
- 정보 시스템의 설계 시 업무의 중요도와 목적에 따라 접근 권한을 부여한다.
- 기술적 보안상의 취약성에 대한 노출 여부를 점검하고 이의 보안 대책을 수립한다.
- 접속 기록이 위변조되지 않도록 별도 저장 장치에 백업 보관한다.
- 중요 정보의 보호를 위하여 암호화 대상, 암호의 강도, 키 관리 및 암호 사용에 관한 정책을 수립한다.
- 암호화 프로그램을 이용하여 개인 고객 정보 등 중요 정보를 암호화하여 송·수신하도록 한다.

◉ 정보보호 목표 설정 시 목적, 미션, 비전과 경영목표 체계 간의 연계성 및 일관성을 확보하여야 한다.
- 조직의 목적 > 미션 > 비전 > 목표 > 과제의 순으로 일관성을 확보하여야 한다.
  ☞ 목표 및 과제 수립 시 일관서 예시 (출처: 한국인터넷진흥원 중장기 경영목표 2015-2019)

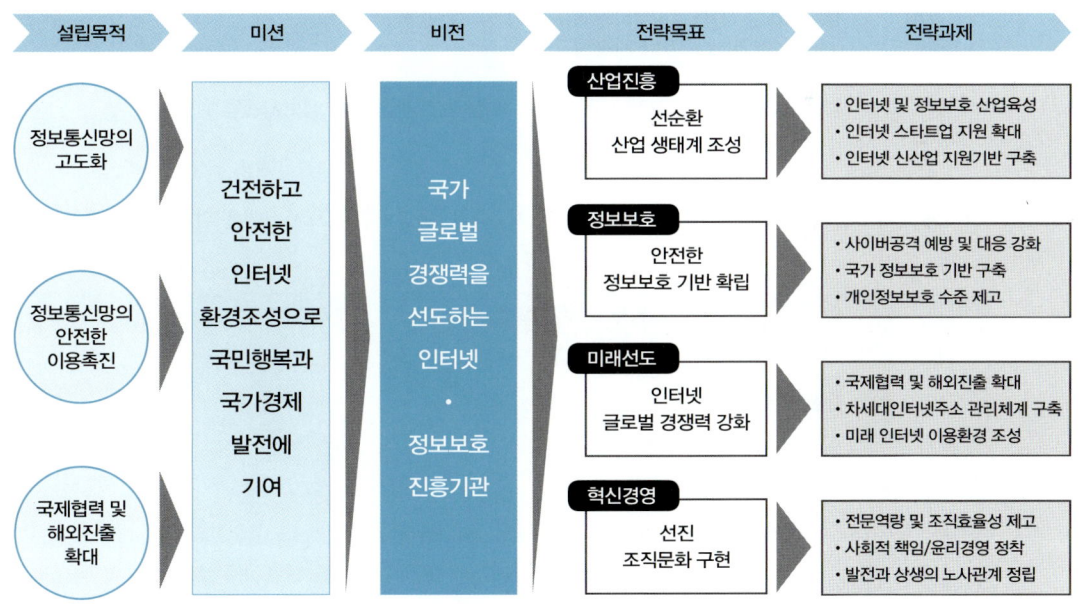

◉ 정보보호 목표 수립 단계에서 업무 연속성 계획 수립도 중요한 요소이다.
- 정보보호 최고책임자는 재난, 재해, 정보보호 사고로 인하여 발생하는 업무 중단에 대비하여 최대한 빠른 시간 내에 업무를 정상화시키기 위한 업무 연속성 계획을 수립해야 한다.

- 업무 중요도에 따른 복구 우선순위 결정: 중요 업무를 목록화하고 업무중요도 등급을 표시하여 재난, 재해, 정보보호 사고 시 업무 복구 우선순위를 결정한다.

  ☞ 업무중요도 등급 예시 (출처: 정보보안 모범사례가이드 교육과학기술부)

등급	공통 사항
1 등급	업무 중단 손실이 막대하여 장시간 지속되는 경우 진료 및 의료기관에 치명적 영향을 주는 핵심 업무
2 등급	업무 중단 손실이나 시급성이 낮으나 이용자의 불편 초래 업무
3 등급	국부적 업무 중단으로 서비스에는 영향이 없으나 복구 지연 시 환자는 이용자의 불편이 다소 야기되는 업무
4 등급	이용자와의 연관성이 낮은 내부 업무로 복구 시까지 수작업 수행 가능하거나 복구 후 처리 가능 업무

- 비상계획 수립
  - 비상계획 운영 조직 구성 및 역할 지정
  - 정보보호 사고 심각도 정의
  - 복구 단계별 세부 행동지침 작성

    ☞ 업무중요도 등급 (예시, 출처: 정보보안 모범사례가이드 교육과학기술부)

등급	공통 사항
관심 (심각도 1)	정보시스템 가능성이나 서비스에 영향을 주지 않는 일반적 인터넷 보안 위협
주의 (심각도 2)	정보시스템 기능성 손상이나 서비스의 중대한 영향은 없지만 지속적 발생으로 문제 발생 가능성, 잠재적 위험성에 대한 모니터링 필요
경계 (심각도 3)	정보시스템 사용이나 서비스에 보안상 심각한 영향 (개별 서버 침해 사고나 지속적 공격)
심각 (심각도 4)	정보시스템 사용 및 고객 관련 서비스에 심각한 영향, 전체 정보시스템 위험

    ☞ 재해복구를 위한 최소요구사항 기록표 (예시, 출처: 공공기관 정보시스템을 위한 비상계획 및 재해복구에 관한 지침)

업무 프로세스 명	최소 요구사항
1. 정규직원 수	
2. 운영을 위한 최소 직원 수 (핵심팀 규모)	
3. 핵심 팀 복구 소요 시간	
4. 업무 프로세스를 핵심 팀만으로 운영하는데 소요되는 시간	
5. 업무 프로세스에 이용되는 컴퓨터 시스템 이름, 하드웨어, 단말기 등	
6. 핵심 팀 지원에 필요한 최소한의 컴퓨터 시스템(5항 관련)	
7. 핵심 지원에 필요한 컴퓨터 네트워크 (6항 관련 AP수)	
8. 핵심 팀 지원에 필요한 전화, 팩스, 기타 통신 기기 수	
9. 핵심 팀 지원에 필요한 중요 서류 및 기록	
10. 핵심 팀 지원에 필요한 기타 서비스 또는 자산	

▶ **중장기 정보보호 목표 수립 시 단계별 목표지표를 설정하여 관리할 수 있도록 한다.**
- 중장기 정보보호 목표지표를 수립하여 목표와 실적을 관리할 수 있도록 목표지표를 설정한다.
  ☞ 전략과제별 목표지표 예시 (출처: 한국인터넷진흥원 중장기 경영목표 2015-2019)

과제별 목표지표	실적 및 목표치								
	'13		'14		'15	'16	'17	'18	'19
	목표	실적	목표	실적					
• 사이버공격 무력화성과 (건)	4,278	4,278	4,848	4,848	5,822	7,449	10,069	14,245	21,002
• 국내·외 정보공유 확대(비계량)	C-TAS 구축	C-TAS 구축	운영 안정화	운영 안정화	정보공유 기관 확대	공유정보의 질적 향상	시스템 고도화	이용 활성화	이용 활성화
• 국제 침해사고 대응 협력체계 강화(발표건)	11	11	12	12	13	14	15	17	19
• 정보보호관리체계 (ISMS) 인증(건)	216	219	394	394	425	459	500	540	583

☞ 목표치 산출근거 예시 (출처: 한국인터넷진흥원 중장기 경영목표 2015-2019)

과제별 목표지표	'15년 목표치	산출근거
• 사이버공격 무력화 성과(건)	5,822건	• 지표산식: (사이버공격 차단건수×0.6) + (사이버위협 제거건수×0.4) ※ 사이버공격 차단건수: 악성코드 유포, 명령 조종지, 악성앱 정보유출, 악성앱 유포, 감염정보 유출지, 기타 신규위협에 대한 공격 근원지 차단 건수 ※ 사이버 위협 제거건수: 취약점 조치 및 홈페이지 보안강화 조치건수 • 목표수준: 전년 대비 2(5개년 표준편차) 증가 • 주요내용: 공격근원지 차단 및 보안위협 발굴. 조치 강화
• 국내·외 정보공유 확대(비계량)	정보공유 기관 확대	• 국내외 주요 기관과 협의를 통해 정보수집·공유 대상 확대 ※ IT 및 보안기업 분야 외에도 공공, 교육 등 다각적인 협의 • C-TAS를 통해 다양한 정보를 신속하게 공유하여 예방·대응 강화
• 국제 침해사고 대응 협력체계 강화(발표건)	13건	• 지표산식: 국외 컨퍼런스 및 워크숍 발표 건수 • 목표수준: 전년 대비 10% 증가 • 주요내용: 국외 침해대응 관계기관과의 협력 기반 (네트워크 형성) 마련을 위한 국가 위상제고 활동을 평가
• 정보보호 관리 체계 (ISMS) 인증(건)	425건	• 지표산식: ISMS 인증건수 • 목표수준: 전년 대비 8% 증가 • 주요내용: ISMS 인증심사 업무효율성 제고로 인증 확대

1.1 핵심정리

▶ **정보자산의 분류 (예시)**

자산 유형	설 명
데이터	전산화된 정보를 말하는 것으로 문서 파일, 데이터 파일 등이 해당된다.
문서	종이로 작성된 정보를 말하는 것으로 각종 보고서, 계약서, 매뉴얼 등이 해당된다.
소프트웨어	패키지 소프트웨어, 시스템 소프트웨어, 각종 애플리케이션 소프트웨어 등이 해당된다.
서버	공용 자원을 가지고 여러 사용자에게 제공하는 컴퓨터 시스템을 말한다.
네트워크	네트워크 장비, 통신 회선 등을 말한다.
시설	건물, 사무실, 데이터 센터 등의 물리적 시설을 말한다.
지원 시설	공조시설, 전력공급, 방재시설 등 정보시스템을 운영을 지원하기 위한 시설을 말한다.

▶ **정보보호 관리체계(Information Security Management System)**

- 정보의 기밀성(Confidentiality), 무결성(Integrity), 가용성(Availability)을 실현하기 위한 일련의 과정 및 활동이다. 정보보호 관리 체계는 조직의 자산에 대한 안전성 및 신뢰성을 향상시키고, 정보보호 운영을 체계적·지속적으로 유지하기 위하여 정보보호 정책 수립, 정보보호 관리 체계 범위 설정, 위험 관리, 구현, 사후 관리의 5단계 과정을 거쳐 운영된다.

구분	절차
표준 (Standard)	정책은 무엇(what)을 정의, 표준은 요구 사항(requirement)을 정의 보안 통제를 위하여 조직이 선택한 하드웨어, 소프트웨어 보안 메커니즘 조직 내 의무적 사항으로 특정 기술, 절차의 공통된 사용을 규정 여러 당사자 사이에 동일하고 효과적인 운영을 위하여 합의된 규칙(rule), 절차, 협정들의 집합
절차 (Procedures)	정책이 어떻게(how) 구현되며, 누가(who) 무엇(what)을 하는지 기술 이해 관계자와 정책의 준수에 관하여 커뮤니케이션을 수행할 근거를 문서화함 일관성 있는 절차의 문서화는 절차의 개선을 용이하게 함
기준선 (Baselines)	조직 전반에 걸쳐 보안 패키지(H/W, S/W 구성)를 일관성 있게 구현하는 방법 제공 보안 통제를 주기적으로 테스트함으로써 기준선이 준수되고 있음을 확인 기준선 그 자체도 최신의 위협, 취약점에 대응할 수 있는지 주기적으로 점검하여야 함

2장 정보보호 대상 범위 설정하기

평가 목표	• 정보보호 대상 범위의 설정을 위해 정보보호 관리체계 내의 서비스, 업무, 조직, 정보시스템, 설비를 식별할 수 있다. • 식별된 정보보호 관리체계 내의 모든 유형, 무형 자산을 조직에 미치는 영향도에 따라 문서화 할 수 있다. • 조직에 미치는 영향도에 따라 문서화된 정보자산 목록에 의해 정보보호 대상의 경계와 그 범위를 설정할 수 있다.

2.1 정보보호 대상 범위 설정

chapter 1 정보자산의 식별

■ **정보보호 대상 범위의 설정을 위하여 정보보호 관리 체계 내의 서비스, 업무, 조직, 정보 시스템, 설비를 식별한다.**

▶ 정보보호 대상 범위 설정을 위한 서비스를 식별한다.
  • 정보보호 관리 체계 내의 서비스를 조사한다.
  • 전체 서비스를 조사하여 인증 대상 여부를 파악한다.
    ☞ 정보보호 대상 시스템 구성도

번호	서비스명	URL	인증대상	비고
1	그룹웨어	gw.aaa.com	비대상	대고객 서비스와 직접적 관계없음
2	통합 모니터링	mon.bbb.com	대상	
3	대고객 지원 포털	www.portal.com	대상	

▶ 정보보호 대상 범위 설정을 위한 서비스를 식별한다.
  • 정보보호 관리 체계 내의 업무를 조사한다.
  • 전체 업무를 조사하여 인증 대상 여부를 파악한다.
    ☞ 정보보호 대상 범위 설정을 위한 업무 목록 예시

번호	업무명	업무내용	담당부서	관련 시스템	인증대상
1	고객 관리	고객 등급 및 고객 마케팅 관리	마케팅팀	CRM시스템	대상
2	상품 관리	고객별 상품 판매 이력 관리	상품기획팀	DW시스템	대상
3	자재 관리	재고 현황 파악	운영관리팀	자재관리시스템	비대상

- 정보보호 대상 범위 설정을 위한 조직을 식별한다.
    - 전체 조직 구성도를 파악한다.
    - 정보보호 활동을 수행하기 위한 조직을 식별한다.
    ☞ 정보보호 활동 조직 중에서 보안사고 대응 조직 구성 예시

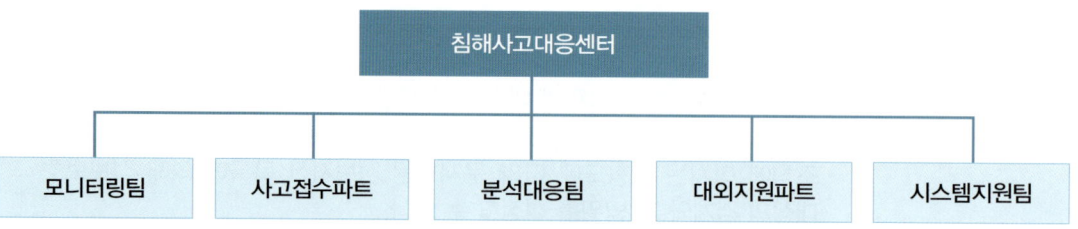

- 정보자산 식별이 가능하도록 정보자산 목록을 작성한다.
    - 정보자산별로 자산 번호를 정보자산의 구분별로 부여한다.
    - 정보자산별로 자산명, 용도 등을 파악한다.
    - 정보자산별에 대한 위치, 소유자, 관리자를 파악한다.
        ☞ 정보자산 관리대장 예시

번호	자산번호	구분	자산명	용도	자산위치	소유부서	운영부서
1	SV002	서버	웹main-1	웹 서버	IDC	마케팅팀	전산팀
2	SV003	서버	웹DB-2	웹 DB 서버	IDC	마케팅팀	전산팀
3	NW001	네트워크	인터넷SW1	인터넷 스위치	IDC	네트웍팀	네트웍팀
4	NW002	네트워크	DMZ-R-1	DMZ 라우터	본사전산실	네트웍팀	네트웍팀
5	SEC003	보안장비	FW-1	인터넷방화벽	IDC	보안팀	보안팀
6	SEC005	보안장비	FW-2	인터넷방화벽	IDC	보안팀	보안팀
7	FC002	시설	항온항습기1	온습도 조절	본사전산실	총무팀	총무팀

- 현장에서 정보자산 식별이 가능하도록 표시한다.
    - 정보자산 목록에 자산을 식별할 수 있는 라벨링을 부여한다.
        ☞ 정보자산 예시

 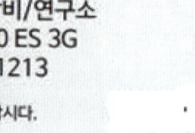 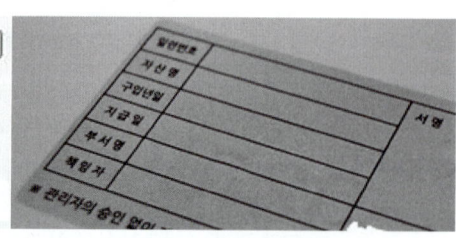

chapter 2   정보자산별 영향도 분석

■ **식별된 정보보호 관리 체계 내의 모든 유형, 무형 자산을 조직에 미치는 영향도에 따라 문서화한다.**

- 정보보호 목표 설정을 위한 정보자산의 등급을 분류한다.
  - 정보 자원에 대한 과보호로 인한 문제가 발생하지 않도록 보안과 경영 목적을 연계하여 분류한다.
  - 해당 자산의 기밀성, 무결성, 가용성이 상실되었을 때의 결과가 조직에 미칠 수 있는 영향을 평가한다.
- 정보보호 목표 설정을 위한 정보자산의 평가 기준을 정의한다.
  - 조직의 특성에 따라 비즈니스와 서비스에 영향을 고려하여 평가 등급을 부여한다.
    ☞ 서비스 영향에 따른 평가 등급 부여 예시

구분	평가등급	설명
서비스 범위	높음	자산의 사용 용도 및 목적이 서비스 전체에 중대한 영향을 미침
	중간	자산의 사용 용도 및 목적이 서비스 전체에 영향을 미침
	낮음	자산의 사용 용도 및 목적이 서비스 일부에 영향을 미침

- 정보자산 소유자나 정보자산 관리자는 주기적으로 자산 중요성 평가 등급 기준표 정보자산에 대하여 정보자산 중요성 평가를 수행하여야 한다.
- 정보자산 중요도 평가 (예시, 출처: 의료기관을 위한 정보보호 안내서)
  - 해당 정보 또는 정보시스템과 관련된 정보가 유출되었을 경우 병·의원의 존립에 위협이 될 수준의 막대한 금전적 손실이 발생하는가? (기밀성)
  (예) 환자의 개인정보 유출, 환자의 영상진료기록 유출 등
  - 해당 정보 또는 정보시스템과 관련된 정보가 훼손되었을 경우 병·의원의 존립에 위협이 될 수준의 막대한 금전적 손실이나 업무상 장애가 발생하는가? (무결성)
  (예) 권한 없는 사람의 환자의 개인정보 변경이나 환자의 영상진료기록 변경 등
  - 해당 정보 또는 정보시스템과 관련된 정보를 이용할 수 없을 경우 병·의원의 존립에 위협이 될 수준의 막대한 금전적 손실이나 업무상 장애가 발생하는가? (가용성)
  (예) 환자의 개인정보 파일 접근 불가, 환자의 영상진료기록 파일 접근 불가 등
- 정보보호 목표 설정을 위한 정보자산의 중요도를 문서화한다.
  - 정보자산 중요성 평가 기준에 의거하여 기밀성, 무결성, 가용성에 대하여 상, 중, 하의 3점 척도를 이용하여 정보자산 소유자가 평가한다.
    ☞ 정보자산 중요도 평가 기준

자산 명	기밀성	무결성	가용성	평가 합	자산 중요도 등급
웹서버-1	하(1)	중(2)	하(1)	4	3등급(낮음)
웹DB 서버	중(2)	상(3)	중(2)	7	2등급(중간)
이용자DB	상(3)	상(3)	상(3)	9	1등급(높음)

- 자산별 기밀성, 가용성, 무결성에 대한 평가는 평가 기준의 세부 항목들에 대한 합으로 한다.
- 기밀성, 무결성, 가용성 각각에 대한 평가 등급은 자산 중요성 평가 등급 기준표를 이용하여 도출한다.
- 정보자산의 중요성 평가를 통하여 문서화를 수행한다.

☞ 정보자산별 중요도 평가 문서화 예시

자산그룹ID	AT-MK		자산그룹명		마케팅그룹	
자산그룹설명	마케팅 관련 서버, DB, 문서, 파일					
자산관리부서	마케팅팀		자산관리자	홍길동부장	자산사용자	마케팅본부
자산명	평가등급	합계	기밀성	무결성	가용성	준거성
MK-SV001	2등급	6	1	1	2	2
MK-DB001	1등급	12	3	3	3	3
MK-DC007	2등급	7	2	2	1	2

chapter 3 정보자산의 관리방안 수립

■ 조직에 미치는 영향도에 따라 문서화된 정보자산 목록에 의하여 정보보호 대상의 경계와 그 범위를 설정할 수 있다.

- 정보자산 목록에 의하여 정보자산을 관리하는 정보자산 관리자를 선정한다.
  - 정보자산 소유자는 정보자산을 관리하는 정보자산 관리자를 지정한다.
  - 정보자산 관리에 대한 실행 책임을 위임할 수 있으며, 이때 정보자산에 대한 책임은 정보자산 소유자 및 정보자산 관리자가 공동으로 진다.
  - 정보자산 관리자의 중대한 실수나, 고의로 말미암은 사고에 대해서는 정보자산 관리자가 1차적인 책임을 진다.
- 정보보호 대상의 경계와 그 범위에 따라 정보자산의 접근 권한을 부여한다.
  - 정보자산의 사용은 소유자의 허가 아래 사용하여야 하고, 통제되지 않는 정보자산을 포함하여 업무와 무관한 어떠한 정보자산에도 접근을 시도해서는 안 된다.
  - 정보자산 사용 시 정보자산의 유출 및 파손 사고가 발생하였을 경우 이에 대한 최종 책임은 사용자가 진다.
  - 정보자산 소유자는 개별 정보자산을 식별하고 적절한 통제를 위하여 정보자산 관리자에게 직·간접적으로 통제 및 관리 활동을 지시할 수 있다.
- 정보보호 대상의 경계와 그 범위를 기준으로 보안 등급을 문서화한다.
  - 정보자산 목록과 중요성 평가 결과를 검토하고 각 정보자산의 보안 등급을 분류한다.
  - 정보자산 분류 현황 및 보안 등급에 대한 정기적인 검토를 수행한다.

- 정보자산의 보안 등급에 따른 취급 가능자를 정의한다.
- 정보자산의 보안 등급에 따라 보관 장소도 제시한다.
  ☞ 정보자산의 등급별 보안관리 기준 예시

분류 등급	취급 가능자	보관 장소
1등급	정보자산 소유자, 정보자산 소유자의 승인과 보안관리자의 승인을 받은 자	정보자산 목록 대상에 명시되어 있는 보관 장소에 보관이 원칙임. 그 외의 장소에 보관할 경우, 정보자산 소유자의 승인과 보안관리자의 승인을 받아야 함
2등급	정보자산 소유자, 정보자산 소유자의 승인을 받은 자	정보자산 목록에 명시되어 있는 보관장소에 보관함이 원칙임. 그 외의 장소에 보관할 경우, 정보자산 소유자의 승인과 보안담당자의 검토를 받아야 함
3등급	제한 없음	정보자산 목록에 명시되어 있는 보관장소에 보관함이 원칙임. 그 외의 장소에 보관할 경우, 정보자산 소유자의 승인을 받아야 함

2.1 핵심정리

▶ **정보자산의 소유자의 역할**

구분	역할
정보자산 소유자	정보자산의 신규 도입부터 폐기 시까지 각 파트에 소속된 정보 자산에 대한 총괄 관리 및 책임을 진다.
정보자산 관리자	정보자산 소유자는 정보자산을 관리하는 정보자산 관리자를 지정하여 정보자산 관리에 대한 실행 책임을 위임할 수 있으며, 정보자산 관리자는 본 절차에서 제시하고 있는 정보자산 분류 체계에 따라 각 파트에서 관리되고 있는 정보자산을 식별하고 각 정보자산의 중요성에 대한 평가 업무를 수행하는 등 실무 업무를 담당한다.
정보자산 사용자	정보자산의 사용은 소유자의 허가 아래 사용하여야 하고, 통제되지 않는 정보자산을 포함하여 업무와 무관한 어떠한 정보자산에도 접근을 시도해서는 안 된다. 또한 정보자산 사용 시 정보자산의 유출 및 파손 사고가 발생하였을 경우 이에 대한 최종 책임은 사용자가 진다.

▶ **정보보호 관리체계의 개요**
- 정보보호 관리 체계는 정보보호의 목적인 기밀성, 무결성, 가용성을 실현하기 위한 절차와 과정을 체계적으로 수립하여 지속적으로 관리·운영하는 체계로 Plan-Do-Check-Act 사이클을 통한 지속적인 정보보호 체계의 관리가 정보자산을 보호하는 성공하는 체계이다

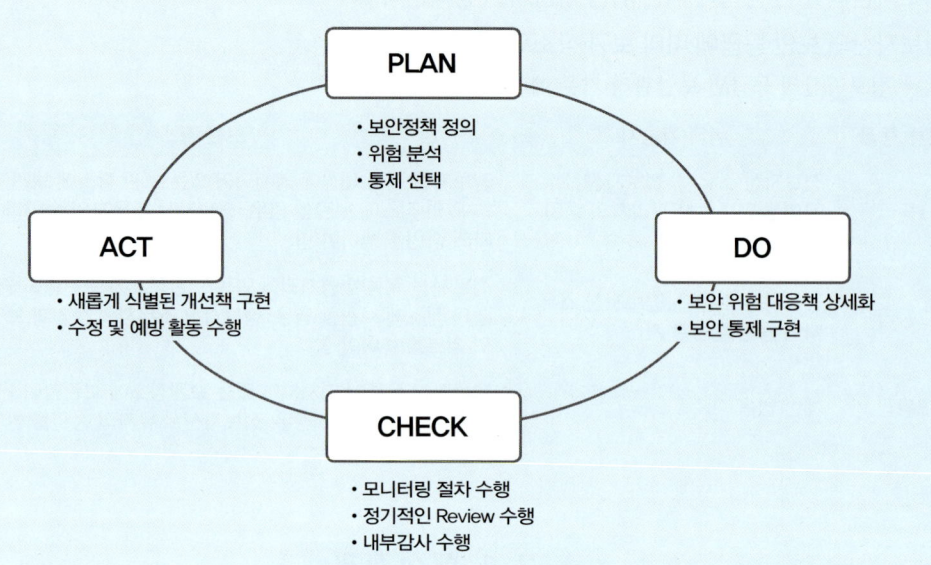

▶ 정보보호 문서화 작성 기준

구분	역할
문서 요건	• 보호 관리 체계 수립 및 이행에 관련된 모든 문서는 해당 신청 기관의 규모, 기능 등을 고려하여 문서화해야 함 • 신청 기관의 정보 보호 정책에 따라 필요한 모든 임직원 및 관련 자들이 쉽게 이용할 수 있어야 함
문서의 통제	• 문서 요건에 의하여 작성된 문서는 문서의 발행 전 타당성 승인, 주기적 또는 필요시 문서의 검토 · 갱신 및 재승인, 문서의 변경과 현재, 개정 상태의 식별, 문서 배포 · 폐기된 문서의 사용 금지 등의 통제를 정의한 절차를 수립하여야 함
운영 기록의 통제	• 정보 보호 관리 체계를 효과적, 효율적으로 운영하기 위하여 기록을 확인, 유지 보수, 보존, 폐기하는 문서화된 절차를 수립하고 유지 · 관리하여야 함 • 접근자의 신원 확인, 기록의 저장, 보호, 검색, 유지 기간, 처분 등의 통제에 필요한 절차를 포함하여야 함

▶ 영역별 정보 보호 관리대상

구분	역할	세부 설명
관리적	조직/인원	시스템에 접근 가능한 조직 및 인력에 대한 접근 통제
	문서	문서 관리 지침 준수, 대외비 문서 유출 금지
물리적	하드웨어	하드웨어 장비에 대한 보호 대책과 관리적 절차
	장소	출입통제 및 우발적 사고, 화재 발생을 방지하기 위한 조치
기술적	데이터	데이터의 변경, 파괴 및 노출 방지
	소프트웨어	소프트웨어 변경 통제, 바이러스 침입 대책
	네트워크	비인가자의 대한 접근 통제

3장 정보보호 중장기 계획 수립

평가 목표	• 조직의 정보보호 목표 달성을 위하여 설정된 정보보호 대상 범위에 대하여 정보보호 중장기 목표와 기본방침을 설정할 수 있다. • 정보보호 중장기 목표와 기본방침에 따라 정보보호 대상 범위에 대한 관리적, 물리적, 기술적 보안 대책과 자원 계획을 수립할 수 있다. • 정보보호 중장기 목표와 기본방침, 정보보호 보안대책과 자원 계획을 포함하는 중장기 계획을 문서화 할 수 있다.

3.1 정보보호 중장기 계획 수립

chapter 1 정보보호 중장기 목표 설정

■ 조직의 정보보호 목표 달성을 위하여 설정된 정보보호 대상 범위에 대하여 정보보호 중장기 목표와 기본 방침을 설정할 수 있다.

▶ 정보보호 중장기 목표와 기본 방침의 설정 목표를 정의한다.
- 내·외부의 불법 침입자에 의하여 무단 유출, 파괴, 불법 변경되는 것으로부터 안전하게 보호하기 위한 목표를 설정한다.
- 정보 시스템의 구성 요소인 네트워크, 컴퓨터 시스템, 데이터베이스 등을 포함한 정보 운영 환경, 응용 프로그램을 안전하고 신뢰성 있게 운영하는 목표를 설정한다.
- 사용자에게 원활한 정보서비스를 제공하기 위한 내용이 반영된 목표를 설정한다.

▶ 조직의 정보 시스템을 보호하기 위한 필수적인 요구 사항을 정의한다.
- 정보보호 목표 달성을 위한 각 영역별 요구 사항을 조사한다.
  ☞ 정보구분별 요구사항 예시

구분	요구사항
암호화	• 주요 금융정보 암호화 후 금융 단말기 내에서 해당 암호문에 대한 복호화 과정이 수행되지 않아야 한다. • 보안 모듈은 표준 암호 알고리즘을 이용하여야 하며 암호 알고리즘에 대한 구현은 안전성이 검증되어야 한다. • 암호 키는 유일성이 보장되어야 하며, 안전하게 저장 및 갱신되어야 한다. • 암호 키는 보안 모듈 이외의 프로세스에 의해 접근이 통제되어야 한다.
보안패치	• 프로그램 등에 대하여 필수 보안 패치를 적용할 수 있는 운용 수단을 제공하여야 한다. • 단말기 운영체제에 대한 최신의 필수 보안패치를 적용할 수 있는 관리 수단을 제공하여야 한다. • 제어 프로그램 등 프로그램 이용 및 설치 시 원격의 특정 IP주소, 프로토콜(protocol) 등만 허용하도록 설정되어야 한다.

- 정보 시스템 환경 분석을 위하여 정보자산 사용 현황 및 정보 시스템 도입 계획을 조사한다.
- 정보자산에 대한 조직의 정보보호 관리 체계의 수준 현황을 분석한다.

☞ 정보보호 관리체계 현황분석 방법 예시

구분	분석 내용	조사 방법
사업 및 업무 환경	• 조직의 비전 및 목표 • 전체 조직 구조 파악 • 부서별 업무 및 역할	문서 검토 및 인터뷰
정보보안 환경	• 정보보안 시스템 구성 • 정보보안 관리 활동 및 현황 • 기능별 보안 시스템 현황	인터뷰 및 실사

▶ 조직의 정보 시스템을 보호하기 위한 정보 보안의 범위를 설정한다.

- 정보 보안의 범위에 관련된 지침을 확인하다.

☞ 정보보호 지침 예시

지침명	참조	특징
정보보호관리체계 인증 심사 기준 (ISMS)	ISO/IEC 27002 정보통신망법	104개 통제항목 기술적 관리적 보호조치 세부 기준
개인정보보호관리체계 인증 심사 기준(PIMS)	개인정보보호법 정보통신망법	관리과정, 생명주기 및 권리보장, 보호대책 요구사항
산업기술보호지침	산업기술보호법	국가핵심기술 지정 보호지침

☞ 주요 국내 Compliance 예시

제목	내용
개인정보보호법	개인정보 보호에 관한 일반법으로 개인정보처리자(기업 등)의 준수 사항을 제시하고 있음
정보통신망법	정보통신망을 이용하여 개인정보를 처리하는 "정보통신서비스제공자등"이 준수해야 할 개인정보 요건을 제시하고 있음
전자거래 기본법	전자문서에 의하여 이루어지는 거래의 법적 효력을 명확히 하여 신뢰성 확보 및 거래의 공정을 기함으로써 건전한 거래질서를 확립하고 전자거래를 촉진하고자 하는 법률
의료법	의료에 관하여 필요한 사항을 규정하기 위해 제정된 법률. 국민의료에 관하여 필요한 사항을 규정함으로써 의료의 적정을 기하여 국민의 건강을 보호증진 함을 목적으로 함 - 진료기록부 등을 전자서명법에 의한 전자서명이 기재된 전자문서로 작성·보관할 수 있다고 규정 - 환자명부(5년),진료기록부(10년) 등 의무기록을 일정기간 이상 보관 의무
외부감사에 관한 법률 (K-SOX)	기업회계 및 경영의 투명성을 높여 투자자를 보호하고 우리 기업 및 시장에 대한 국내외 신뢰를 높이기 위해 내부회계관리 제도(내부회계 관리 규정 및 관리, 운영 조직)를 운영하도록 주식회사의 외부 감사에 관한 법률에 규정함 - 회계정보를 기록,보관하는 장부(자기테이프, 디스켓 그밖의 정보보존장치를 포함)의 관리방법과 위조.변조.훼손 및 파기의 방지를 위한 통제절차에 관한 사항

☞ 주요 국외 Compliance 예시

제목	내용
HIPAA	병원이나 의료 관련 기관에 보관되어 있거나 발표되는 의료 기록 및 다른 건강 관련 정보를 보호하기 위해 자료관리에 대해 규제
GLBA	은행·증권·보험 등 모든 금융 업무를 하나의 회사가 운영할 수 GLBA 있도록 허용한 법(일명 GLB법). 금융기관이 의 개인정보를 안전하게 하기 위한 조치를 취하도록 강제함
SEC17A-4	증권회사, 딜러 등 SEC회원이 지켜야 할 기준을 정함. 증권회사,딜러와 financial firm은 그들의 이메일, 인스턴트 메시징의 내용을 보관 관리하는 등 일정 조치를 취하도록 규제
21CFR rule11	모든 제약 제품의 R&D, 임상실험, 생산, 그리고 마케팅까지 전 영역에 걸친 엄격한 규제를 다루고 있으며, 그 중 Part 11은 전자문서에 신뢰성을 부여하여 효력을 지니기 위해 요구되는 보안과 전자서명 부문을 다루고 있음
USA Patriot Act	9.11테러에 대응해 제정됨. 금융서비스 회사, 보험회사가 고객 식별 및 수상한 거래를 표시하도록 하는 것을 포함하여 anti-terrorism 및 돈세탁방지 규정을 둘 것을 요구함
FISMA	최고 정보화 담당관(CIO)과 감사관(IGs)은 매년 해당 정부기관의 보안 상황을 점검 그 결과를 보고하도록 했다. 특히 정보통신보안은 대통령 현안관리 보드 중 전자정부 확대 보드에서 필수적으로 만족해야 되는 요건임

- 정보보호 목표 수행을 위한 정보 보안 조직 구성을 확인한다.

  ☞ 정보보호 조직 구성 예시

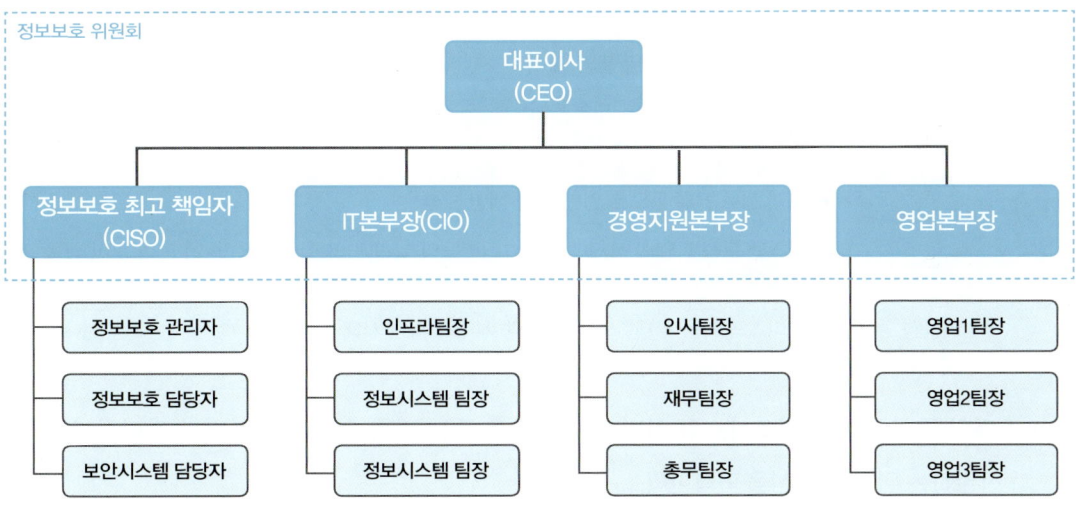

chapter 2   정보보호 대책 수립

■ **정보보호 중장기 목표와 기본 방침에 따라 정보보호 대상 범위에 대한 관리적, 물리적, 기술적 보안 대책과 자원 계획을 수립할 수 있다.**

» 해당 자산의 기밀성, 무결성, 가용성이 상실되었을 때의 결과가 조직에 미칠 수 있는 영향을 평가한다.

- 정보자산의 정보보호 범위를 기준으로 자산의 기밀성, 무결성, 가용성의 기준을 설정한다.
  ☞ 보안관리 3대 원칙별 정보보호 기준 예시

구분	정보보호 기준
기밀성	정보의 생성, 저장 및 전송 과정에서 비인가된 사람의 네트워크 감시, 훔쳐보기 및 사회 공학 등의 방법에 의한 정보 노출을 방지
무결성	인가되지 않은 사람에 의한 정보의 변경을 방지하는 것으로, 정보의 생성, 저장 및 전송 과정에서 비인가된 사람의 실수 또는 고의에 의한 정보의 변경 발생 방지
가용성	인가된 사람의 정보 접근을 방해하지 않도록 네트워크, 시스템 및 데이터에 대한 접근이 허용된 시간 내에서는 항상 가능 운영

- 해당 자산의 기밀성, 무결성, 가용성이 상실되었을 때의 위험 영향 요소를 파악한다.
  ☞ 보안관리 3대 요구사항별 위험 영향도 예시

구분	영향도
기밀성	• 인가되지 않은 사람에게 정보가 노출되어 중요 정보 누출의 위험 발생 • 고객 정보 탈취 등으로 인한 법적 책임 발생
무결성	• 시스템 구성 파일의 삭제나 프로그래머들의 고의에 의한 논리 폭탄, 백 도어 등이 있을 수 있음 • 데이터의 손상 등으로 인한 서비스가 제한적으로 운영될 수 있음
가용성	• 서비스의 사용이 제한되어 대 고객 서비스 중단 사태 발생

» 조직의 특성에 따라 비즈니스와 서비스에 영향을 주는 위협 요소를 영역별로 정리한다.

- 잔존하는 위협, 취약성을 파악한다.
- 위협 요소별로 정보보호 3대 요구 조건 관점에서 분류한다.
  ☞ 보안관리 3대 요구사항별 위험 영향도 예시

위험 요소별	영향도
유해 프로그램 삽입	무결성, 가용성
사용 부인	무결성
데이터 누출	기밀성

☞ 주요 정보유출 경로 (예시, 출처: 의료기관을 위한 정보보호 안내서)

매체		유출 경로
물리적 매체	USB 저정매체, 외장하드, CD, DVD	휴대용 저장장치를 통한 자료 유출, 분실 및 도난
	노트북, 태블릿, 스마트폰	업무용 기기로 개인 업무(인터넷 접속, 이메일 확인), 개인용 기기로 업무용 시스템 접속 또는 기밀정보 다운로드, 사진촬영, 기기 분실 및 도난
	출력물	프린터, 복사, 팩스를 통한 외부 반출, 폐기 대상 문서 외부 반출
	CCTV	CCTV 촬영에 의한 개인정보 유출, 녹화 자료 외부 유출
	진료 모니터	화면을 통한 개인정보 유출
전자 매체	웹 페이지	웹 게시판을 통한 자료 전송, 업무용 시스템에서 유해 사이트 접속
	이메일	메일/웹메일을 통한 자료 전송, 업무용 시스템에서 스팸메일 확인
	SNS, 메신저	SNS에 자료 업로드, 메신저 이용 자료 전송
	FTP, P2P	FTP, P2P 이용 자료 송신 또는 유해파일 수신
	실시간 스트리밍	업무용 시스템에서 실시간 스트리밍 음악, 동영상 수신
	원격제어, 원격진료	VPN 등 망 분리와 엄격한 인증절차 없이 원격에서 접속 가능, 원격업무 완료 후 접속 미 차단

▶ 정보보호 대상 범위에 대한 관리적, 물리적, 기술적 보안 대책과 자원 계획을 수립한다.
- 요구 사항 분석의 결과에 따라 만족되지 않은 요구 사항에 대응 방안을 검토한다.
- 위험에 의한 손실을 줄이기 위한 구체적인 보안 대책을 관리적, 물리적, 기술적 관점에서 선정한다.
  ☞ 관리적, 물리적, 기술적 관점의 보안 대책 예시

관리적 보안	- 보안교육 및 준수 점검 실시 - 위험관리 업무 및 보안성 심의 업무 - 전자금융 보안 - 주기적 모의해킹 및 취약성 점검을 통한 보안강화
물리적 보안	- 출입통제 시스템 운영 - 주요 통제구역에 생체 인증 시스템 적용 등 출입통제 강화
기술적 보안	- 시스템 접근 통제 시스템 구축 - 사용자 인증으로 단말 및 업무시스템 사용시 보인 인증 - 고객정보 및 내부정보 유출방지 시스템 구축 및 운영

- 요구 사항 분석 후 대책 수립 시 정보보호 Framework을 활용하여 정리할 수도 있다.
  ☞ GRC(Governance, Risk Management, Compliance) 구현 Framework 예시

▶ 정보보호 대상 범위에 대한 관리적, 물리적, 기술적 보안 대책의 자원 계획을 수립한다.
- 보안 대책의 구현과 이의 운영에 필요한 전반적 비용을 연간 금액 단위로 작성한다.
- 보안 대책의 구현을 위하여 투입되는 자원에 대한 산정을 수행한다.
- 비용에 수반되는 대책은 내부 재무 프로세스상의 관리자의 승인을 받는다..
  ☞ 관리적, 물리적, 기술적 관점의 보안 대책 예시

No.	영역	시행계획 사업명	세부 사업명	예산(천원)	신규/고도화	인력	주관부서	유관업체
1	관리적	접근통제 강화	서버 접근통제 솔루션 구축	50,000	신규	4mm	전산팀	A업체
2	물리적	CCTV모니터링	CCTV통합관리 구축	15,000	고도화	1mm	총무팀	B업체
3	기술적	중요정보 암호화	고객정보 암호화 프로젝트	20,000	고도화	6mm	마케팅팀	C업체
4	기술적	통신망 보안강화	VPN 구축	25,000	신규	1mm	전산팀	D업체

chapter 3 중장기 계획 수립

■ 정보보호 중장기 목표와 기본 방침, 정보보호 보안 대책과 자원 계획을 포함하는 중장기 계획을 문서화한다.

▶ 정보보호 관리 체계 수립 및 이행에 관련된 모든 문서에 포함될 내용을 정의한다.

- 조직의 규모, 기능, 자산 규모 등을 고려하여 문서화 시 반영한다.
- 정보보호 정책에 따라 필요한 모든 임직원들이 쉽게 이용할 수 있도록 한다.

◈ 정보보호 중장기 계획을 문서화한다.
- 정보보호 중장기 목표를 설정한다.
- 정보보호 중장기 목표에 부합하는 기본 방침과 보안 대책, 자원 계획이 포함되는 계획을 문서화한다.
  ☞ 정보보호 중장기 계획 예시 (출처: 보안뉴스, 방통위 '스마트 모바일 시큐리티 종합계획')

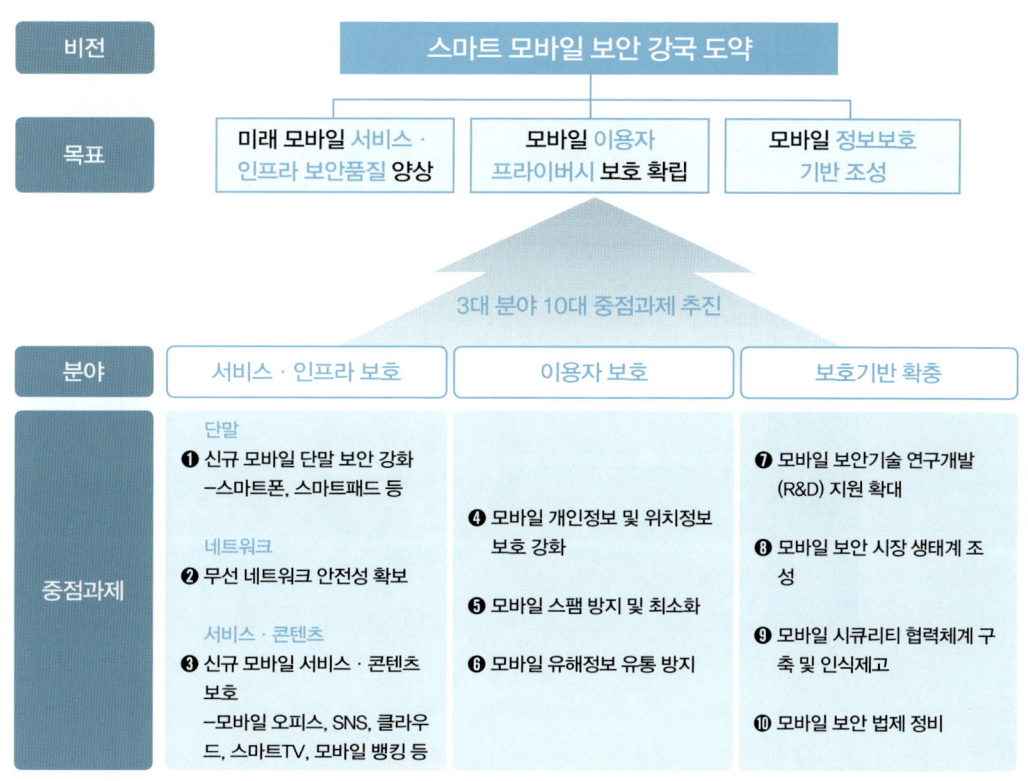

◈ 작성된 정보보호 중장기 계획에 대하여 타당성 승인을 받는다.
- 작성된 문서의 검토·갱신 및 재승인, 문서의 변경 등의 통제를 정의한 절차를 수립한다.
- 문서에 대한 접근자의 신원 확인 등 통제에 필요한 절차를 포함한다.

◈ 작성된 정보보호 중장기 계획을 교육한다.
- 정보보호 중장기 계획에 설명회에 참석할 대상자를 선정한다.
- 정보보호 목표 달성을 위하여 업무를 추진할 수 있도록 정보보호 중장기 계획 교육을 수행한다.

◈ 정보보호 계획에 포함되어야 할 사항은 다음과 같다.
- 일반적 정보보호 계획 포함 요건
  - Hot Fix
  - 정책 및 지침 수립

- 정보보호 시스템 도입 및 관련 교육 수행
- 모니터링(사고 대응) 및 감사
- 개인정보보호
- 사업연속성 계획 등

- 좋은 계획서의 요건
  - 배경의 적정성 (Adequacy of Context) : 계획의 배경 및 환경에 대한 설명
    ☞ 대내외 환경분석을 통한 전략방향 설정(예시)

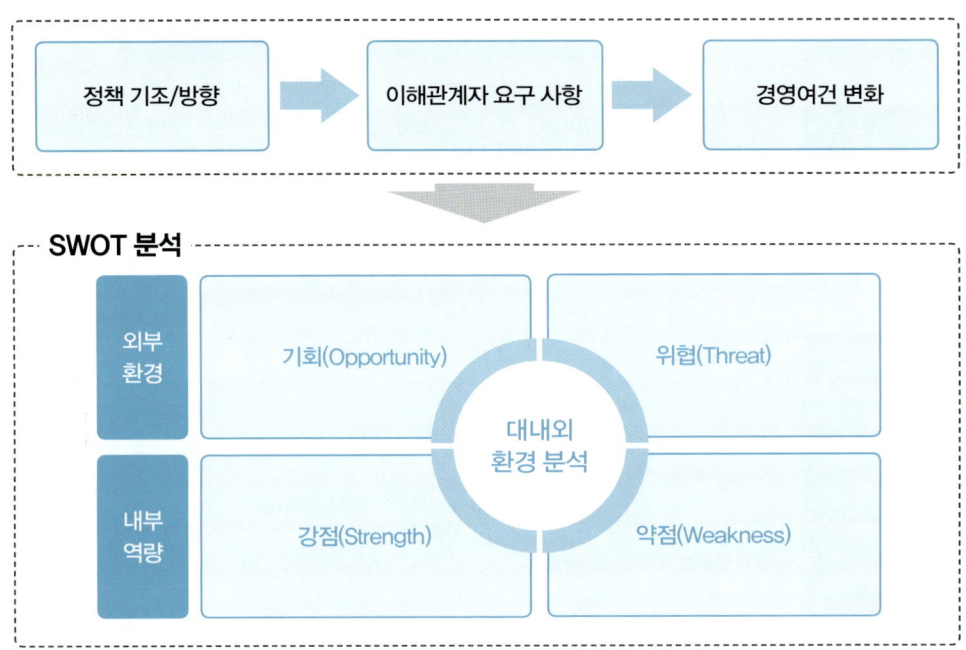

  - 절차의 타당성 (Procedural Validity) : 누가 어떻게 계획을 수립했는지에 대한 설명
  - 범위의 적절성 (Adequacy of Scope) : 계획의 범위에 대한 설명
  - 이행 지침 (Guidance for Implementation) : 계획의 실현 가능성에 대한 설명
  - 접근 방법, 데이터 및 방법론 (Approach, Data and Methodology) : 계획서의 기술적인 기반을 명확하게 제시
  - 의사소통의 품질 : 계획의 대상자와 명확한 의사소통이 이루어졌음
  - 계획서의 형식 : 계획의 포맷이 의사소통을 지원함을 보장

정보보호 중장기 계획으로 정보보호 마스터플랜 수립 시 다음과 같은 항목을 고려한다.

- 수행과제 목록 및 일정
  - 우선순위 및 과제 간 의존관계 포함
- 과제별
  - 수행 목적
  - 소요 자원 (예산, 인력, 구현 대 비구현 비용 비교)

- 이행 책임
- 세부 구현 일정
- 제약 조건
- 예상 문제점 및 해결 방안
• 변경 관리 방안 (출처: 국토교통부 개인정보보호 마스터플랜 2013(부분 공개))
- 마스터플랜 목차(예시)

1. 마스터플랜 개요
   - 마스터플랜 추진목적 및 범위
   - 마스터플랜 추진방법
2. 개인정보보호 요구사항 도출
   - 요구사항 도출 개요
   - 개인정보 현황점검 결과
   - 주요이슈 및 개선방안
   - 마스터플랜 과제 도출
3. TO-BE 모델링
   - 과제 수행계획 수립 개요
   - 과제 우선순위 도출기준
   - 과제 운선순위 도출
   - 추진과제 로드맵
4. 세부 수행과제
   - 개인정보보호 정책/제도 개선
     · 개인정보보호 조직 및 인력 보강
     · 개인정보보호 지침 제개정
     · 개인정보 수집 동의절차 개선
     · 개인정보파일 등록
     · 개인정보 영향평가
   - 개인정보보호 기반 강화
     · 개인정보 암호화 조치
     · 전송구간 암호화 조치
     · 문서보안(PC-DRM) 시스템 구축
     · 문서출력 워터마킹 기능 강화
     · 접속기록 로그관리시스템 구축
   - 개인정보보호 인식제고
     · 개인정보보호 교육 및 홍보
     · 개인정보보호 실태점검
     · 개인정보보호 컨설팅
   ☞ (개인)정보보호 마스터플랜 과제 도출 (예시)

현황점검	• 정보시스템의 관리/물리/기술적 영역별로 정보시스템 및 조직이 가지고 있는 개인정보 보안 취약점을 분석
보안취약점 분석	• 현황점검을 통한 분석 결과를 토대로 공공기관의 영역별 주요 위험에 대한 관리 방안 제시
대외 보안요구 사항 분석	• 공공기관의 개인정보보호 관리 및 준거성(Compliance) 등에 기반하여 조직이 대외적으로 요구 받고 있는 개선사항을 도출함
개인정보보호 추진과제 도출	• 보안 요구사항을 만족하기 위하여 향후 전략적으로 수행해 나가야 할 개인정보 보호 추진 과제를 도출 • 마스터플랜 수립 과정에서 향후 해결 및 구현이 필요한 보안 대책들을 3단계 기간으로 나누어 제시함으로써 단계적으로 대응할 수 있도록 방향을 정함

개인정보 취약성 및 위험 제거를 위한 단기, 중장기 추진 과제 도출 → 개인정보보호 추진 전략 및 방향성 제시 → 비전 달성을 위한 로드맵 제시

- 개인정보 현황 파악
- 개인정보보호 위험요소 파악
- 개인정보보호 요구사항 파악

개인정보보호 과제 도출

지속적 개인정보보호 체계 개선 및 통제 활동

체계 정보 단계 → 인프라 조성 단계 → 수준 성장 단계

3.1 핵심정리

▶ 정보보안 정책의 분류

보안정책	보안정책 정의 및 목적	관련 지침
정보보호 정책	조직의 보안 최상위 규정으로서 해야 할 사항을 정의함, 사업 요구 사항과 관련 법규에 따라 경영 의사결정을 돕고 정보 보호를 지원하기 위함	정보보안 업무 처리 지침
내부 조직	내·외부적인 상황에 따른 보안 활동을 수행할 정보보호 조직에 관하여 정의함, 조직 내의 정보 보안을 관리하기 위함	보안 업무 취급 규정
외부	제3자에 대한 보안 관리 및 운영 등에 관한 사항을 정의함, 외부 조직에 의하여 관리되거나 접근되는 정보와 정보 처리 설비의 보안을 관리하기 위함	정보보안 업무 처리 지침

▶ ISMS(Information Security Management System)의 개요
- 기업이 주요 정보자산을 보호하기 위해 수립 · 관리 · 운영하는 정보보호 관리체계가 인증기준에 적합한지를 심사하여 인증을 부여하는 제도
- 법적 근거
  정보통신망 이용촉진 및 정보보호 등에 관한 법률 제 47조
  정보통신망 이용촉진 및 정보보호 등에 관한 법률 시행령 제47조~54조
  정보보호 관리체계 인증 등에 관한 고시

▶ PIMS(Personal Information Management System)의 개요
- 기업이 전사 차원에서 개인 정보 보호 활동을 체계적, 지속적으로 수행하기 위하여 필요한 일련의 보호 조치 체계를 구축하였는지 점검해 일정 수준 이상의 기업에 인증을 부여하는 제도로, 기업이 개인 정보 보호를 위하여 무엇을 조치하여야(what to do) 하는지에 대한 기준을 제시하여 CEO의 개인 정보 보호 정책 수립에 대한 의사 결정을 지원한다.

▶ 정보자산과 관련한 용어
- 자산은 조직이 보호하여야 할 대상으로서 유?무형의 모든 자산이 포함되며 각 자산은 위협, 위험, 취약성에 노출되어 있다

용어	세부 내용
위협 (Threat)	자산에 손실을 미칠 수 있는 원하지 않는 사건의 잠재적 원인으로서 자연재해와 같은 환경의 위협 및 사람에 의한 의도적 위협이 있음. 이러한 위협은 자산의 취약점을 이용하여 자산에 손실을 발생시키는 것으로 위협의 발생 횟수에 따라 위협의 크기를 산정하여 대응할 위험인지 아닌지를 판단할 수 있음
취약성 (Vulnerability)	자산이 가진 속성으로서 위협의 이용 대상이 될 수 있는 자산의 약점 또는 결점을 말함. 따라서 위협이 발생해도 자산의 취약성이 없다면 자산의 손실이 발생하지 않음. 보안 대책은 흔히 자산의 취약성을 보완 또는 제거하여 위협이 발생해도 자산의 손실이 발생하지 않도록 하는 방법으로 구현함
위험 (Risk)	위협이 취약성을 자산에 손실을 미칠 가능성으로, 위협과 취약성이 클수록 위험이 커지며, 자산의 가치가 클수록 발생할 수 있는 손실도 커진다고 정의할 수 있음. 따라서 위험의 크기는 위협, 취약성, 자산의 가치에 비례하는 함수로 정의할 수 있음

▶ 자원 관리
- 자원 관리는 고품질의 제품 및 서비스를 고객에게 제공하기 위하여 적시에 비용 및 자원을 효율적으로 조달하고 배치·활용하는 계획을 수립하여야 한다. 또한 프로젝트의 성공적인 수행을 위하여 조달된 인적 자원에 대하여 지도, 동기 부여, 감독 및 교육도 포함된다.

4장 정보보호 세부 실행 계획 수립

> **평가 목표**
> - 조직의 정보보호 목표 달성을 위하여 설정된 정보보호 대상 범위에 대하여 정보보호 실행 목표와 기본방침을 설정할 수 있다.
> - 정보보호 실행 목표와 기본방침에 의해 정보보호 대상 범위에 대한 관리적, 물리적, 기술적 보안 대책과 자원 계획을 수립할 수 있다.
> - 정보보호 실행 목표와 기본방침, 정보보호 보안대책과 자원 계획을 포함하는 세부 실행 계획을 문서화 할 수 있다.

4.1 정보보호 세부 실행 계획 수립

chapter 1 정보보호 실행 목표 설정

■ 조직의 정보보호 목표 달성을 위하여 설정된 정보보호 대상 범위에 대하여 정보보호 실행 목표와 기본 방침을 설정한다..

- 정보보호 관리 체계 수립 및 이행에 관련된 모든 문서에 포함될 내용을 정의한다.
  - 정보보호 실행을 위하여 정보보호 대상 범위에 대한 진단 범위를 설정한다.
  - 정보보호 실행을 위한 세부 정보보호 대상 항목의 목표를 설정한다.
  - 보안 통제 해설 및 실행 지침 참고 정보보호 정책에서 반영 요소를 도출한다.
    ☞ 정보보호 중장기 계획 예시

번호	문서 명	보안통제 실행지침 참조 조항
1	정보보호 정책서	제8조
2	정보보호 관리지침	제10조, 제11조
3	개발 보안지침	제5조
4	서버 보안지침	제10조
5	네트워크 보안지침	제11조
6	침해사고 대응지침	제3조, 제7 – 10조
7	재해복구 지침	제15조
8	개인정보보호지침	제9조 – 제15조
9	계정관리 지침	제8조

- 정보보호 대상 범위에 대하여 정보보호 실행 목표와 기본 방침을 설정한다.
  - 정보자산의 정보보호 범위를 기준으로 실행 목표를 설정한다.

- 정보보호 실행 목표를 달성할 수 있는 기본 방침을 설정한다.
  ☞ 정보보호 처리의 기본 방침 예시

구분	기본 방침
개인정보 처리시스템	• 정보통신망법, 개인정보보호법의 개인정보 처리 요건을 준수하여야 한다. • 개인정보보호를 위한 보호조치를 수행하여야 한다. (개인정보의 기술적·관리적 보호조치 기준, 개인정보의 안전성 확보조치 기준 등)

chapter 2 정보보호 대책 및 지원 방안 수립

■ **정보보호 실행 목표와 기본 방침에 의하여 정보보호 대상 범위에 대한 관리적, 물리적, 기술적 보안 대책과 자원 계획을 수립할 수 있다.**

▶ 관리적 보안 대책과 자원 계획을 수립한다.
- 관리적 보안 대책에 포함되어야 할 대상을 설정한다.
- 관리적 보안 대책에 포함되어야 할 보안 대책을 수립한다.
  ☞ 정보보호를 위한 관리적 보호대책 예시

보안대책	통제항목	세부항목
접근통제	운영시스템 접근통제	안전한 로그온 절차, 사용자 식별 및 인증, 패스워드 관리 시스템
	어플리케이션과 정보 접근통제	정보 접근 제한(망 분리), 민감한 시스템 분리
	이동 컴퓨팅 및 원격 근무	이동 컴퓨팅 및 통신, 원격 근무
변경관리	변경관리 절차	변경 요청, 변경 계획, 확인 절차, 승인 절차
	변경 영향 평가	새로운 위험 발생 여부, 영향 평가

- 관리적 보안 대책을 실행하기 위하여 필요한 자원 계획을 수립한다.
  ☞ 관리적 보안대책의 자원 계획 소요 예산편성 예시

보안대책	구분	자원
변경관리	변경관리 툴 통합 추진	예산 확보
	변경관리 전담 인력 배정	3명
	변경관리 프로세스 수립	정보기획팀

▶ 물리적 보안 대책과 자원 계획을 수립한다.
- 물리적 보안 대책에 포함되어야 할 대상을 설정한다.
- 물리적 보안 대책에 포함되어야 할 보안 대책을 수립한다.
  ☞ 정보보호를 위한 물리적 보호대책 예시

보안대책	통제항목	세부항목
모니터링	감시카메라	CCTV 카메라, IP카메라, 적외선 카메라, 열화상 카메라
	영상 신호	영상다중 기록장치, 다중화면 감시제어 장치, 광 디스크 파일, 비디오 프린터
출입통제	출입문 출입통제	안내 데스크, 출입통제 시스템(RF카드)
	로그기록	통제구역 출입로그, 제한구역 출입로그

- 물리적 보안 대책을 실행하기 위하여 필요한 자원 계획을 수립한다.
  ☞ 물리적 보호대책의 자원 계획 소요 예산 편성 예시

보안대책	구분	소요량	금액
감시카메라	영상 카메라	10개	2,000,000원
	영상 보드	2식	1,000,000원
	비디오 분배기	2식	500,000원
	프로젝트 장비	1식	2,000,000원
	합계		5,500,000원

》 기술적 보안 대책과 자원 계획을 수립한다.

- 기술적 보안 대책에 포함되어야 할 대상을 설정한다.
- 기술적 보안 대책에 포함되어야 할 보안 대책 수립한다.
  ☞ 정보보호를 위한 기술적 보호대책 예시

보안대책	통제항목	세부항목
어플리케이션	시큐어 코딩	OWASP Top10, Java, C 보안가이드
	데이터 보안	DB 접근통제, DB 암호화 등
무선보안	무선 암호화	AES128, 3DES128, SEED, 802.1x, VPN 등
	무선 인증	ID/Password, PKI, MAC 등

- 기술적 보안 대책을 실행하기 위하여 필요한 자원 계획을 수립한다.
  ☞ 기술적 보호대책의 자원 계획 소요 예산 편성 예시

보안대책	구분	소요량	금액
개인정보 암호화	서버	2식	4,000,000원
	암호화 소프트웨어	1식	2,000,000원
	마스킹 소프트웨어	1식	1,000,000원
	이미지 암호화 소프트웨어	1식	1,000,000원
	개발	2mm	20,000,000원
	PMO	1mm	10,000,000원
	합계		39,000,000원

- 기술적 보안 대책 수립을 위해 보안 모델을 참고할 수 있다.
  - ☞ ITU X.805 Security Model (예시)

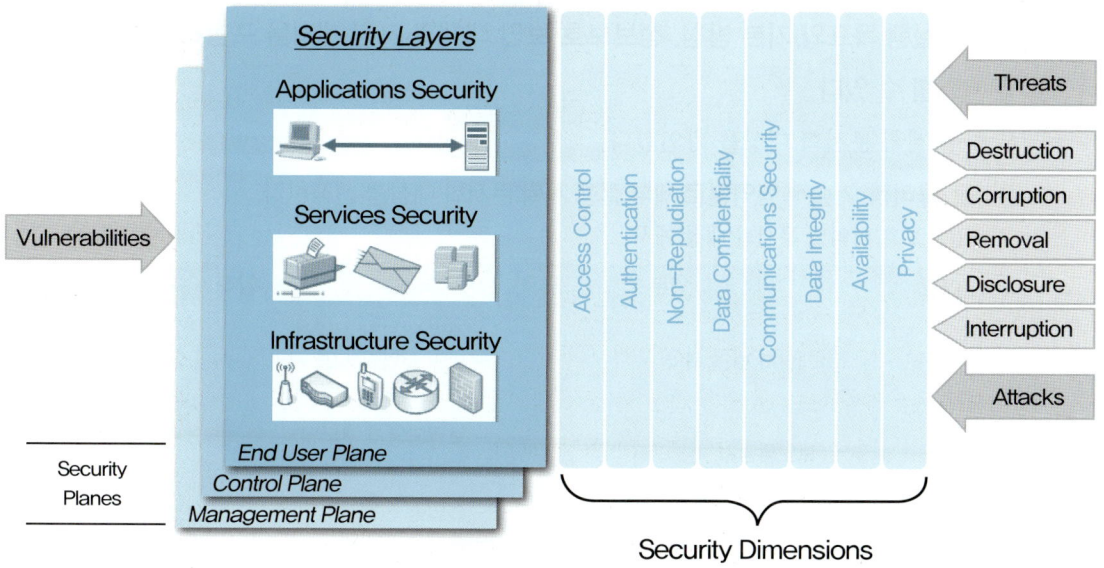

- 기술적 보안 대책 수립을 위해 TRM(Technical Reference Model)/SP(Standard Profile)에 포함된 SA(Security Architecture)를 참고할 수 있다.
  - ☞ 정보시스템 서비스 이용 및 제공 기술 개념도 (출처: 범정부 기술참조모델 2.3)

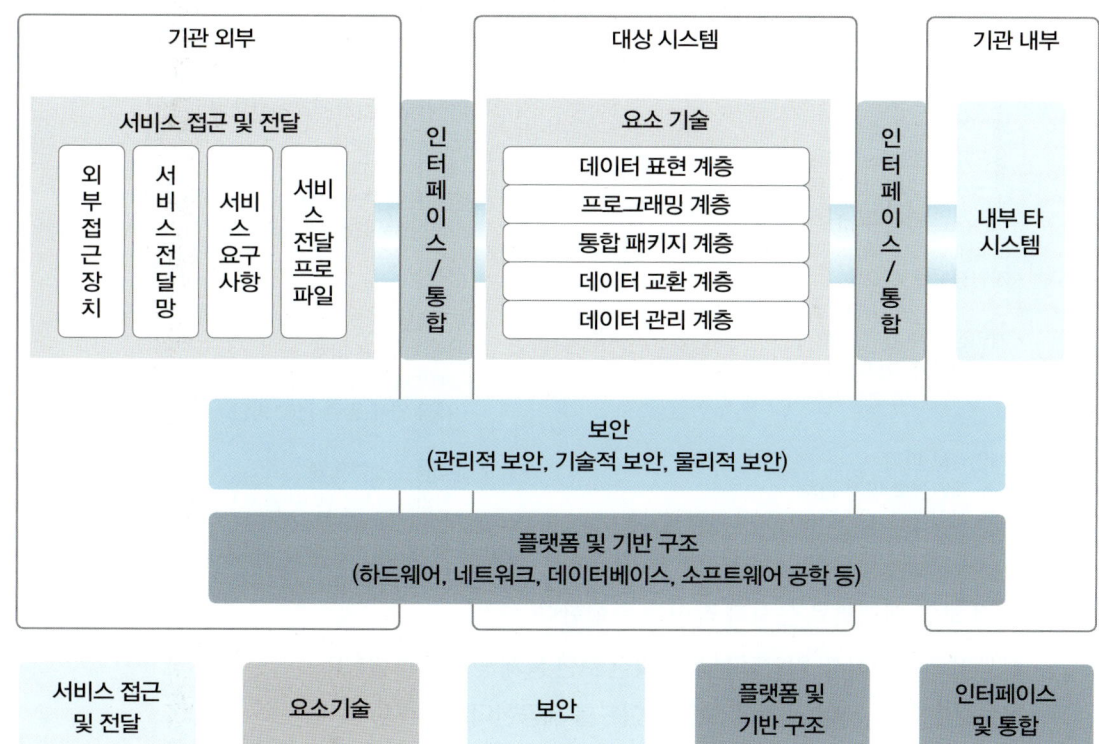

| chapter 3 | 정보보호 세부 실행 계획 수립 |

■ 정보보호 실행 목표와 기본 방침, 정보보호 보안 대책과 자원 계획을 포함하는 세부 실행 계획을 문서화할 수 있다.

◈ 세부 실행 계획 문서화 대상을 확인한다.
  • 관리적, 물리적, 기술적 영역별로 세부 실행 계획 문서화 대상을 선정한다.
    ☞ 정보보호 영역별 문서화 대상 예시

구분	업무	양식
관리보안	개발자 보안 서약	- 개발자 보안 서약서 - 보안 서약서 제출 현황 - 보안 교육 관리 대장
	보안담당자	- 보안담당자 근무일지 - 보안담당자 근무지침
물리보안	출입증 발급	- 출입증 신청서 - 출입증 관리대장
	장비 반출입	- 장비 반출입 신청서 - 장비 반출입 관리대장
기술보안	서버 사용자 계정 등록	- 사용자 계정 신청서 - 사용자 계정 관리대장

  • 세부 실행 계획을 정의할 수 있는 목차를 정의한다.
    ☞ 정보보호 세부 계획 목차 예시

• 개인정보보호 조직
   - 개인정보보호 위원회 구성
   - 개인정보보호 위원회 운영
   - 개인정보보호 위원회 역할 및 책임

• 개인정보보호 교육

• 개인정보 수집
   - 이용자 정보수집 시 동의절차
   - 개인정보보호 정책의 수립 변경

• 개인정보 파기
   - 개인정보 파기 절차
   - 개인정보 외부 전송 데이터 파기 확인절차

• 개인정보처리시스템 접근통제
   - 접근권한 부여
   - 접근권한 관리
   - 접근권한 부여절차
   - 개인정보보호 서약서

• 내부감사

• 개인정보 제3자 제공
   - 제3자 제공 절차
   - 계약서 작성 절차
   - 제공 업체 관련 관리 방안

• 네트워크 접근통제
   - 침입차단시스템 및 탐지시스템 설치

◈ 관리적 보안 대책별로 문서화 작성을 수행한다.
  • 전산 센터의 위협 및 취약점 분석을 통한 보안 통제 방안을 수립한다.
  • 정보보호 정책, 계획, 절차 및 보안 가이드를 제공한다.
  • 전 임직원을 대상으로 보안 인식의 확산 교육을 실시한다.

- 정보보호 업무 독립성을 보장되는 전담 조직을 구성한다.
- 정보보호 분야의 전문 인력을 확보한다.
    ☞ 관리적 영역의 세부 실행 계획 문서화 예시

구분	보안 대책
보안 강화 요건 적용	통합 로그 관리 및 분석 기능 강화, 메인보드 번호 등 수집 로그 정보 확대, 해외 거래 분석 기능 강화 등
	사용 중인 사이트에서 타 사이트로 이동 시 자동 세션 아웃 처리
	테스트 데이터 생성 시 고객 정보보호 방안 강화 테스트 고객 주요 정보 비식별화 조치
	서버 인증 키 관리 강화, 서버의 공인 인증 키는 보안킴 보안장비에서 암호화하여 통합 관리
취약성 점검	구축되는 시스템에 대한 취약성 점검을 보안팀에 의뢰하고 결과 내용을 반영한 후 업무에 적용
	프로그램 개발 시 취약성 점검을 수행하고 결과 내용을 반영한 후 업무에 적용
계정 관리	구축되는 시스템에 계정 관리와 시스템 자원에 대한 접근 계정 권한 관리 적용

▶ 물리적 보안 대책별로 문서화 작성을 수행한다.
- 출입구에는 출입통제 및 감시를 위하여 출입자의 신원 확인을 통하여 개폐되는 지문 인식 등 잠금 장치를 설치한다.
- 중요 장소는 CCTV를 설치하여 24시간 녹화하고 5월간 보관한다.
- 전산실 담당자는 외부인의 서버실 방문 시 방문 일자, 방문 목적 등의 출입 내역을 출입자 관리 대장에 기록한다.
    ☞ 출입자 관리 대장 예시

일자	입실시간	퇴실시간	기관명	출입자명	출입자연락처	방문목적	담당자 확인
2018-07-20	09:00	12:30	A사	홍길동	3214	유지보수	이순신
2018-09-07	13:30	17:50	B사	이길동	4562	점검	최순신
.	.	.	.	.	.	.	.

- 전산실 담당자는 출입자가 전산실 출입 통제 규정을 준수하도록 하여야 한다.
- 전산실 담당자는 전산실로 반·출입되는 모든 가방, 기타 휴대용 전산 장비 등은 반입을 제한할 수 있다.
- 전산실 담당자는 통제 구역의 출입자별 접근 권한을 주기적으로 점검한다.
- 전산실의 외부인 출입 및 업무 수행은 업무 시간으로 제한하며, 부득이한 경우 담당자와 동행하여 출입한다.
    ☞ 물리적 영역의 세부 실행 계획 문서화 예시

구분	내용
비밀번호 관리	[비밀번호 공유 금지] – 접근권한(사용자ID 및 비밀번호)을 타인과의 공유 금지 – 신규인력은 "투입인력 관리절차"를 거쳐, 사용자ID를 부여 받음
각종 장비 반출입	[각종 장비(서버 등 제반 장비)의 반 출입] – 전산장비를 포함한 각종 장비의 반입시시는 "장비 반출입 절차"를 거쳐야 함 – 개발인력 철수 시는 사용한 장비는 Format 한 이후에 가능함

- 기술적 영역의 세부 실행 계획을 문서화한다.
  - 침입 탐지 시스템은 각 네트워크 영역별로 설치하여야 한다.
  - 시스템에 접근하고자 하는 경우는 가상 사설망(VPN)을 통한 사용자 인증을 통하여한 전송 데이터의 노출을 보호하여야 한다.
  - 전자 서명, 암호 키 관리를 적용하여 보안성을 강화한다.
  - 취약점 분석은 보안 취약성을 위하여 검증된 표준 도구를 사용한다.
  - PC에 대하여 보안 관련 버그(Bug)의 강제 패치를 실시한다.
    ☞ 기술적 영역의 세부 실행 계획 문서화 예시

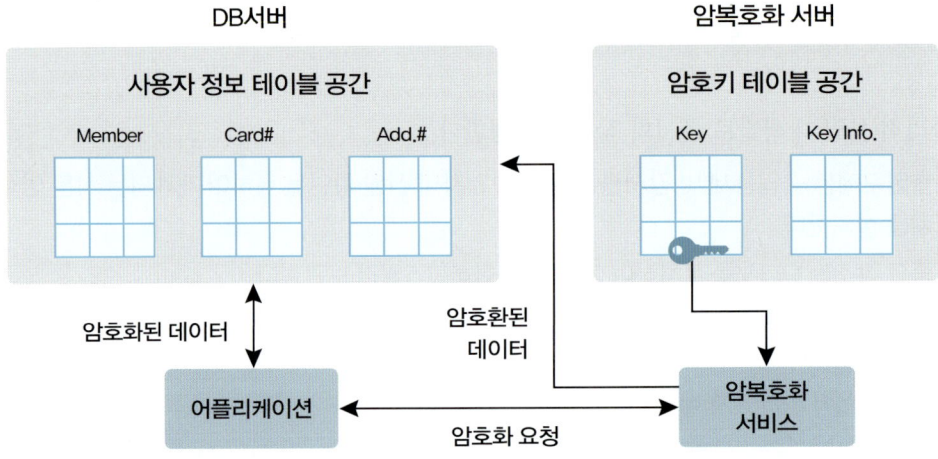

[DB서버 외부에서의 암호화]

- 관리적, 물리적, 기술적 보호대책 수립 후 정보보호 세부 계획에 해당 보호대책에 필요한 재무계획을 수립한다.
  - 과제별 정해진 주기적(예: 연간) 필요 예산을 분석하여 정보보호 세무 계획 추진을 위한 재무 계획을 수립한다.
    ☞ 정보보호 세부계획의 재무 계획 예시

전략 목표	전략 과제	'17년	'18년	'19년	연평균 증가율
안전한 정보보호 기반 확립	사이버공격 예방 및 대응강화	300	320	340	8.6%
	정보보호 기반 구축	80	85	90	4.5%
	개인정보보호 수준 제고	230	240	250	8.2%
	합계	610	645	680	7.9%

(단위: 백만원)

- 정보보호 세부 계획의 추진상황을 점검하기 위한 계획을 수립한다.
  - 다양한 대내외 모니터링 채널을 구축, 활용, 주기적 이행점검, 대외환경 변화에 대해 선제적 대응 등 모니터링 활동 방안을 수립한다.

☞ 성과에 대한 대내외 모니터링 활동 방안 예시 (출처: 한국인터넷진흥원 중장기 경영목표 2015-2019)

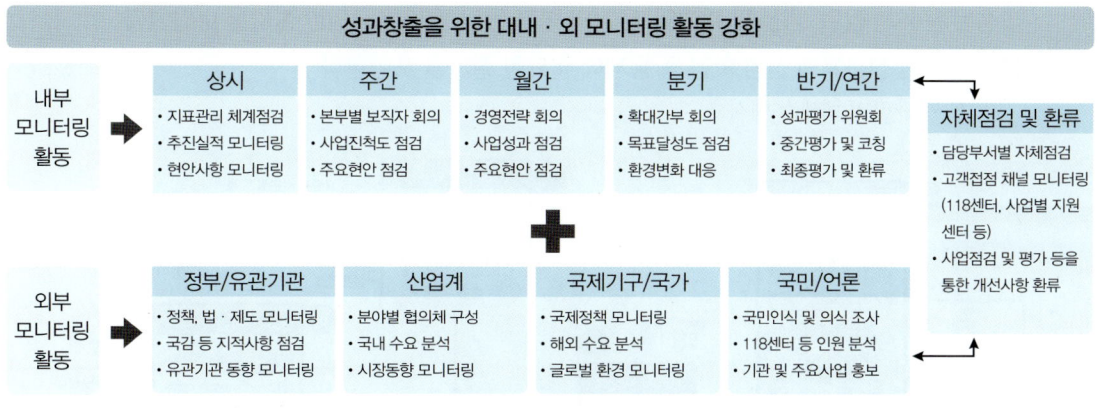

☞ 성과창출을 위한 PDCA 관리체계 및 자체평가시스템 운영 예시 (출처: 한국인터넷진흥원 중장기 경영목표 2015-2019)

⬗ 작성된 세부 계획에 대하여 타당성 승인을 받는다.
- 작성된 문서의 검토, 갱신 및 재승인, 문서의 변경 등의 통제를 정의한 절차를 수립한다.
- 문서에 대한 접근자의 신원 확인 등 통제에 필요한 절차를 포함한다.
  ☞ 문서 관리 프로세스 예시

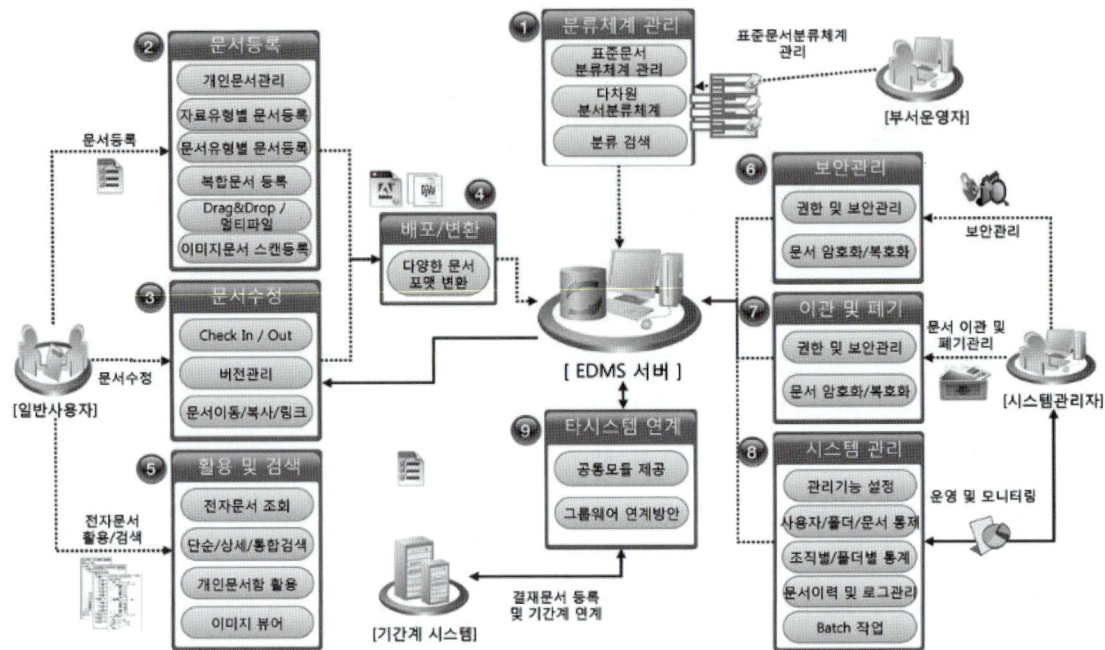

4.1 핵심정리

▶ 보안을 위한 인터넷과 업무용 망의 분리 개념

구분	내용
논리적 망 분리	한 대의 PC에서 가상화 기술을 이용하여 내부 망과 외부 망을 분리하는 방식으로, 사용자가 인터넷 사용 시 가상화 기술을 이용하여 외부 인터넷에 접근 – 가상화 기술을 사용하는 VDI 방식(SBC), PC 운영 체제를 분리하는 OS 커널 분리 방식
물리적 망 분리	물리적으로 2대 이상의 PC 또는 네트워크 회선을 달리하여 내부 망과 외부 망을 분리하는 방식 – 내부 망 PC와 인터넷 망 PC가 존재하거나 별도의 망 전환 스위치를 통한 분리 방식

▶ 정보보안 프레임워크의 정의

- 정보 보안의 기밀성, 무결성, 그리고 가용성을 정점으로 하여 이러한 전략 목표를 성취하기 위하여 보안 메커니즘, 관리적, 물리적, 그리고 기술적 보안 대상으로 구성되는 프레임워크로 다음과 같이 구성된다.

구 분		내 용
보안전략		기밀성(Confidentiality), 무결성(Integrity), 가용성(Availability)
보안 메커니즘		암호화, 부인 방지, 권한 부여, 보증
관리적 측면	인적 보안	고용, 해고, 근무자 권한 및 책임 설정
	보안 정책	정책, 절차, 지침, 표준화, 관련 법규
기술적 측면	응용 기술	전자지불, 공개 키 기반 구조, 무선 보안, 콘텐츠 보안
	기반 기술	네트워크 보안, 시스템 보안, 데이터 보안
	요소 기술	암호화
물리적 보안	출입통제 기술	전산실 및 전산 장비, 주변기기, 백업장비 및 백업매체, 출입통제

▶ 정보보안 영역

- 정보보안 영역별로 관리적 프로세스와 보안 아키텍처를 고려한 보안 기능을 정의한다.

보안운영 프로세스 별 표준 기능	
프로세스	표준 기능
예방	식별 및 인증
	접근통제
	암호화
탐지	취약점 분석
	감사
	모니터링
피드백	백업
	복구

보안 기능을 적용한 보안 아키텍처			
서버	네트워크	응용시스템	데이터베이스
시스템 접근통제	유해 트래픽 차단	사용자 인증	데이터 접근제어
보안운영체계	네트워크 침입차단	접근 통제	사용자 인증
	암호통신	암호화	데이터 암호화
	보안 구성관리	개발보안 관리	
시스템 침입탐지	네트워크 침입탐지	침입탐지	DB 침입탐지
시스템 취약점 분석	N/W 취약점 분석	취약점 분석	DB 취약점 분석
시스템 모니터링	모니터링 및 관리		DB 모니터링
시스템 장애 복구	경로 복구	어플리케이션 복구	데이터베이스 복구
시스템 백업	장비 장애 복구	어플리케이션 백업	데이터 백업
	구성 백업		

위험관리 전략

4편

🔑 학습 목표

본 4편에서는 위험관리 전략에 대하여 학습하도록 한다.

- 위험관리 전략에서는 조직의 의사 결정, 목표 달성 및 성과 개선에 기여함으로써 조직의 가치를 창출하고 보호하기 위한 전략에 대하여 학습하도록 한다.
- 규모나 유형에 관계없이 모든 조직은 내부 및 외부 요소와 영향을 받아 목표 달성 여부가 불확실해 진다는 것을 이해한다.
- 위험관리는 반복적이며 조직에서 전략을 수립하거나 목표를 달성할 수 있도록 지원하며, 정보보호 거버넌스와 리더십의 일부이며 또한 경영시스템의 개선에 기여한다는 사실을 이해한다.
- 위험관리는 조직과 관련된 모든 활동의 일부이며 이해 관계자와의 상호작용을 포함한다는 것을 이해한다.
- 위험관리는 인간의 행동 및 문화적 요인을 포함하여 조직의 외부 및 내부 상황을 고려한다는 것을 이해한다.
- 정보자산 식별, 위험관리 프로세스 기준을 학습하면서 위험에 대한 개선 대책을 마련하고 적용하여 정보보호수준을 지속적으로 유지하는 프로세스를 이해한다.

🔑 평가의 목표

4편에서 위험관리 전략에는
- 제1장에서는 위험관리 원칙, 프레임워크, 프로세스, 식별 및 위험관리 계획 수립의 내용을 이해하고 습득한다.
- 2장에서는 위험분석에 대한 정성적인 방법론과 정량적인 방법론을 중심으로 위험평가 및 위험처리의 기반에 대한 내용을 학습하여야 한다.
- 3장에서는 취약점 제거 및 위험 최소화를 위한 통제방안 도출 등 분석결과의 조치 내용에 대해 이해하고 습득한다.

1장 위험관리 계획 수립

> **평가 목표**
> - 관찰, 문서 검토, 인터뷰를 통해서 위험 관리 계획 수립에 필요한 자료를 수집할 수 있다.
> - 위험 관리를 수행하기 위한 범위를 조정하고, 접근방법을 선택하는 등의 위험관리 계획을 수립할 수 있다.

1.1 위험관리 개요

chapter 1 위험관리 원칙

■ **위험관리를 실시하는 목적은 가치를 창출하고, 가치를 보호하여 조직의 성과를 향상시키고, 이를 통해 목표 달성을 지원하기 위한 것이다.**

- 위험관리 원칙은 효과적이고 효율적인 위험관리의 특징, 가치 전달 및 목적에 대한 지침을 제공한다. 이 원칙은 위험관리의 토대이며 조직의 위험관리 프레임워크 및 프로세스를 수립할 때 고려되어야 한다. 이러한 원칙은 조직에 미치는 불확실성의 영향을 관리할 수 있도록 하여야 한다.
- 위험관리는 모든 조직에서의 활동을 빠짐없이 통합하는 부분이다.
- 위험관리에 대한 체계적이고 종합적인 접근방식은 일관되고 비교 가능한 결과를 제공한다.
- 위험관리 프레임워크와 프로세스는 조직의 목표와 관련된 외부 및 내부 상황에 맞게 사용자 측면에서 정의되고 조정된다.

■ **포괄적**

- 이해관계자의 적절하고 시기 적절한 참여로 이해관계자의 지식, 견해 및 인식을 고려하는 것이 가능하며, 이로 인해 인지도가 향상되고 정보에 입각한 위험관리가 가능해진다.

■ **동적**

- 조직의 외부 및 내부 상황이 변경되면 새로운 위험이 발생하거나, 변경되거나 사라질 수 있다. 위험관리에서는 이러한 변경 사항과 이벤트에 대해 적절한 방법과 적절한 시기를 예상하고, 탐지하고, 파악하고, 대응한다.

- **가장 유용한 정보**
  - 위험관리에 대한 정보는 과거 및 현재 정보는 물론 미래의 기대치를 기반으로 한다. 위험관리는 그러한 정보 및 기대와 관련된 모든 제한 사항 및 불확실성을 명시적으로 고려한다. 정보는 관련된 이해 관계자가 시기상으로 적절하고 명확하며 이용 가능해야 한다.

- **인간 및 문화적 요인**
  - 인간의 행동과 문화는 각각의 수준과 단계에서 위험관리의 모든 측면에 의미있는 영향을 미친다.

- **지속적 개선**
  - 위험관리는 학습과 경험을 통해 지속적으로 개선된다.

chapter 2 위험관리 프레임워크

- 위험관리 프레임워크의 목적은 위험관리를 중요한 활동 및 기능에 통합하는 조직을 지원하는 것이다. 위험관리의 효과는 의사 결정을 포함하여 조직의 거버넌스에 대한 통합에 달려 있다. 이를 위해서는 이해 관계자, 특히 최고 경영진의 지원이 필요하다.
- 위험관리 프레임워크 개발은 조직 전체의 위험관리를 통합, 설계, 구현, 평가 및 개선하는 것을 포함하며, 다음은 위험관리 프레임워크의 구성 요소를 나타낸다.

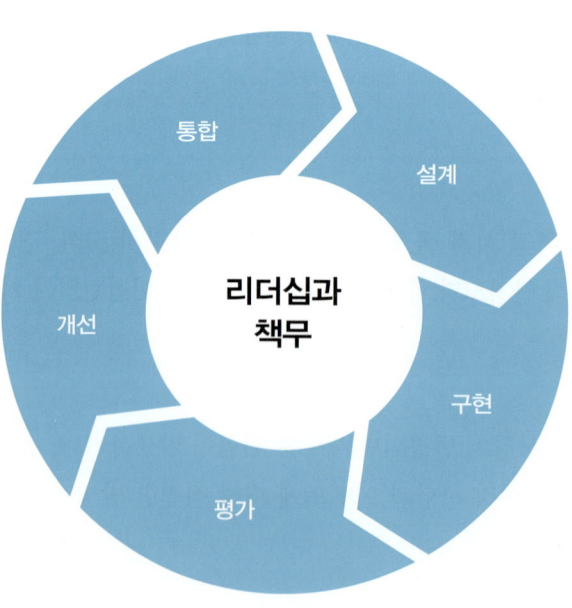

| 위험관리 프레임워크 |

■ 최고 경영진은 모든 조직 활동에 위험관리가 통합되어 있는 지 확인하고 다음을 통해 리더십과 책임을 입증하는 것이 필요하다.
- 프레임워크의 모든 구성 요소를 사용자 측면에서 정의하고 구현
- 위험관리 접근방법, 계획 또는 행동 과정의 정책 수립
- 필요한 자원이 위험관리 활동에 할당되도록 보장
- 조직 내의 적절한 수준에서 권한, 책임 및 책임 추적성 할당

■ 리더십과 책무 활동은 조직이 다음을 수행하는 데 도움을 준다.
- 위험관리를 목표, 전략 및 문화와 연계
- 자발적 약속뿐만 아니라 모든 의무를 인식하고 언급
- 위험기준의 개발을 유도하기 위해 취해질 수도 있고 취해지지 않을 수도 있는 위험의 정도와 유형을 확립하여 조직과 이해 관계자들과 의사소통 보장
- 위험관리의 가치를 조직과 이해 관계자와 의사소통
- 위험에 대한 체계적인 모니터링 촉진
- 위험관리 프레임워크가 조직의 상황에 적절하게 유지되도록 보장

■ 위험관리를 통합한다는 것은 조직의 구조 및 상황에 대한 이해에 따라 다르게 나타난다. 조직의 구조는 정보 보호의 목적, 목표 및 복잡성에 따라 다르며, 위험은 조직 구조의 모든 부분에서 관리된다. 조직의 모든 구성원은 위험을 관리할 책임이 있다.
- 정보보호 거버넌스는 조직의 과정, 내부 및 외부 관계, 그리고 조직의 목적을 달성하는 데 필요한 규칙, 프로세스 및 실행을 이끌어준다. 경영에서의 구조는 지속 가능한 성과와 장기적인 실행 가능성을 달성하기 위해 바람직한 수준에 필요한 전략과 관련 목표로 거버넌스 방향을 전환한다.
- 조직에 위험관리를 통합하는 것은 역동적이고 반복적인 과정이므로 조직의 니즈와 문화에 맞게 조정해야 한다. 위험관리는 조직의 목적, 거버넌스, 리더십과 책무, 전략, 목표 및 운영의 일부이어야 하며, 조직의 목적, 거버넌스, 리더십 및 책무와 별개가 아니어야 한다.

■ 위험을 관리하기 위한 프레임워크를 설계하는 경우, 조직은 외부 및 내부 의 상황을 조사하고 이해하여야 한다.
- 조직의 외부 상황을 조사하는 것은 다음의 사항을 포함하지만 이에 국한되지는 않는다.
  - 국제적, 국가적 또는 지역적인 부분과 관계없이 사회적, 문화적, 정치적, 법적, 기술적, 경제적, 환경적, 규제, 재무 요인
  - 조직의 목표에 영향을 미치는 핵심 동인 및 경향
  - 외부 이해 관계자의 관계, 인식, 가치, 니즈 및 기대

- 계약 관계 및 약속
- 네트워크와 주변 장치의 복잡한 정도

▶ 최고 경영진은 다음을 포함하는 위험관리를 위한 적절한 자원의 배분을 보장해야 한다
- 사람, 기술, 경험 및 역량
- 위험관리를 위해 사용되는 조직의 프로세스, 방법 및 도구
- 문서화 된 프로세스 및 절차
- 정보 및 지식 관리 시스템
- 전문성 개발 및 교육 필요성

■ **프레임워크를 성공적으로 구현하기 위해서는 이해 관계자의 참여와 인식이 필요하다. 이를 통해 조직은 의사결정의 불확실성을 명시적으로 해결할 수 있을 뿐만 아니라 새롭게 발생하거나 지속적으로 발생하는 불확실성을 고려할 수 있다.**

▶ 적절하게 설계되고 구현된 위험관리 프레임워크는 위험관리 프로세스가 의사 결정을 포함하여 조직 전반의 모든 활동의 일부임을 보장하고 외부 및 내부 상황의 변경 사항을 적절하게 파악한다.

▶ 조직은 다음을 통해 위험관리 프레임워크를 구현해야 한다.
- 시간과 자원을 포함한 적절한 계획 수립
- 조직 전반에 걸쳐 누가, 언제, 어디서, 어떻게 다양한 의사 결정을 내렸는 지 확인
- 필요한 경우 의사 결정 프로세스 변경
- 위험관리를 위한 조직의 계획이 명확하게 이해되고 실행되도록 보장

■ **위험관리 프레임워크의 효과성을 평가하기 위해 조직은 다음의 사항을 수행해야 한다.**

▶ 목적, 이행 계획, 지표 및 예상되는 행동에 대한 위험관리 프레임워크 성과를 주기적으로 측정
▶ 조직의 목표 달성을 지원하는 것이 적합한 지 여부 결정

■ **조직은 외부 및 내부 변경 사항을 처리하기 위해 위험관리 프레임워크를 지속적으로 모니터링하고 적용해야 한다. 그렇게 함으로써 조직은 그 가치를 향상시킬 수 있다.**

▶ 조직은 위험관리 프레임워크의 적합성, 타당성 및 효과성 및 위험관리 프로세스가 통합되는 방식을 지속적으로 개선하여야 한다.
▶ 프레임워크에서의 차이(gap)나 개선 기회가 확인되는 경우, 조직은 계획과 과제를 개발하고 구현 책임자에게 업무를 할당하여야 한다. 일단 구현이 되면, 이러한 개선 활동은 위험관리의 향상에 기여해야 한다.

chapter 3 위험관리 프로세스

■ 위험관리 프로세스는 의사소통 및 컨설팅, 조직의 상황, 위험 평가(식별, 분석, 평가), 위험 처리, 모니터링 및 검토, 기록 및 보고 활동에 정책, 절차 및 실행을 체계적으로 적용하는 것을 포함한다.

- 위험관리 프로세스는 경영 및 의사 결정의 필수적인 부분이어야 하며 조직의 구조, 운영 및 프로세스에 통합되어야 한다. 그것은 전략적, 운영적, 프로그램 또는 프로젝트 차원에서 적용될 수 있다.
- 목적을 달성하고 적용되는 외부 및 내부 상황에 맞게 사용자 측면에서 정의되고, 조직 내에서 위험관리 프로세스를 처리하기 위한 많은 응용 프로그램이 있을 수 있다.
- 인간의 행동과 문화의 역동적이고 다양한 특성은 위험관리 프로세스 전체에서 고려되어야 한다.
- 위험관리 프로세스는 종종 순차적으로 제시되지만 실제적으로는 반복적이다.

■ 의사소통 및 컨설팅의 목적은 관련 이해관계자가 위험을 이해하고 결정을 내리는 근거 및 특정 행동이 필요한 이유를 지원하기 위한 것이다. 의사소통은 위험에 대한 인식과 이해를 증진하고자 하는 것이며, 반면에 컨설팅은 의사 결정을 지원하기 위한 피드백과 정보를 얻는 것을 포함하는 것이다. 의사소통과 컨설팅 사이의 긴밀한 조정은 정보의 기밀성과 무결성 및 개인의 프라이버시 권리를 고려하여 사실적으로, 적절한 시기에, 관련성 있고, 정확하고, 이해할 수 있는 정보 교환을 용이하게 하는 것이다.

- 적절한 외부 및 내부 이해관계자와의 의사소통 및 컨설팅은 위험관리 프로세스의 모든 단계에서 이루어져야 한다.
- 의사소통 및 컨설팅의 목표는 다음과 같다.
    - 위험관리 프로세스의 각 단계마다 서로 다른 분야의 전문 지식 수집
    - 위험기준을 정의 할 때와 위험을 평가할 때 서로 다른 견해를 적절하게 반영
    - 위험 감시 및 의사결정을 용이하게 하기 위한 충분한 정보 제공
    - 위험에 영향을 받는 사람들의 포용성과 주인 의식을 구축

■ 위험관리 범위, 조직의 상황 및 위험기준을 수립하는 목적은 위험관리 프로세스를 사용자 측면에서 정의하여 효과적인 위험 평가와 적절한 위험 처리를 가능하게 하는 것이다. 위험관리 범위, 조직의 상황 및 위험기준에는 프로세스 범위 정의와 외부 및 내부의 상황에 대한 이해가 포함된다.

- 조직은 위험관리 활동의 범위를 정의해야 하며, 위험관리 프로세스가 다른 수준 (예 : 전략적, 운영

적, 프로그램, 프로젝트 또는 기타 활동)에서 적용될 수 있으므로 고려 대상 범위, 고려 대상 관련 목표 및 조직 목표와의 일치 여부를 명확히 하는 것이 중요하다.

▶ 접근 방식을 계획 할 때 고려해야 할 사항은 다음과 같다.
- 추진해야 할 목표와 의사결정
- 위험관리 프로세스에서 취해질 단계별 기대되는 결과
- 특정 포함 및 배제
- 적절한 위험 평가 도구 및 기법
- 필요한 자원, 책임 및 기록 유지
- 다른 프로젝트, 프로세스 및 활동과의 관계

▶ 외부 및 내부 상황은 조직이 목표를 정의하고 달성하고자 하는 환경이며, 위험관리 프로세스의 상황은 조직이 운영되는 외부 및 내부 환경에 대한 이해로부터 수립되어야 하며 위험관리 프로세스가 적용되는 활동의 특정 환경을 반영해야 한다.

▶ 조직의 상황을 이해하는 것은 다음과 같은 이유로 중요하다.
- 위험관리는 조직의 목적과 활동의 맥락에서 이루어짐
- 조직적 요인이 위험의 원천이 될 수 있음
- 위험관리 프로세스의 목적과 범위는 전체 조직의 목표와 상호 관련될 수 있음

▶ 조직은 목표와 관련하여 취할 수 있거나 취할 수 없는 위험의 양과 유형을 명시해야 한다. 또한 위험의 중요성을 평가하고 의사결정 프로세스를 지원하기 위한 기준을 정의해야 한다. 위험기준은 위험관리 프레임워크와 일치시켜야 하며 고려중인 활동의 특정 목적과 범위에 맞게 조정되어야 한다. 위험기준은 조직의 가치, 목표 및 자원을 반영하고 위험관리에 관한 정책 및 진술과 일관성을 유지해야 한다. 이러한 위험기준은 조직의 의무와 이해 관계자의 견해를 고려하여 정의되어야 한다.

▶ 위험평가 프로세스 초기에 위험기준을 수립해야하지만, 필요하다면 지속적으로 검토하고 수정해야 하며, 위험기준을 수립하기 위해서 다음과 같은 사항을 고려하는 것이 필요하다.
- 결과와 목표에 영향을 미칠 수 있는 불확실성의 성향과 유형
- 발생 결과와 발생 가능성 내용 및 측정 방안
- 시간 관련 요인
- 측정 도구 사용방안의 일관성
- 위험 수준을 결정하는 방법
- 조직의 역량

■ 위험 평가는 위험 식별, 위험 분석 및 위험 평가의 전반적인 프로세스로 이루어지며, 위험 평가는 이해 관계자의 지식과 견해를 바탕으로 체계적으로, 반복적으로, 협력을 받아 수행되어야

한다. 필요에 따라 추가 조사를 통해 가능한 최상의 정보를 사용하는 것이 필요하다

■ **위험 식별은 위험을 발견하고, 인식하고, 설명하고 및 기록하기 위한 프로세스이다. 위험 식별의 목적은 위험이 발생할 수 있는 상황이나 시스템 또는 조직의 목표 달성에 영향을 미칠 수 있는 상황을 식별하여 조직이 목표를 달성하도록 관리하기 위한 것이다.**

- 조직은 위험의 원천이 통제하에 있는 지 여부와 관계없이 위험을 식별해야 한다. 위험은 한 가지 이상의 유형의 결과가 있을 수 있다는 점을 고려해야 하며, 이로 인해 다양한 유형의 결과 또는 무형의 결과가 발생할 수 있다.
- 조직에서 위험을 식별하기 위해 하나 이상의 목표에 영향을 줄 수 있는 불확실성을 식별하기 위한 다양한 기술을 사용할 수 있다. 위험 식별하는 경우, 다음의 요인들을 고려하여야 한다.
  - 유형 및 무형의 위험 원천
  - 원인과 사건
  - 위협과 기회
  - 취약성 및 기능
  - 필요한 자원, 책임 및 기록 유지
  - 외부 및 내부 상황 변화
  - 나타나는 위험의 지표
  - 자산과 자원의 본질과 가치
  - 결과 및 목표에 미치는 영향
  - 지식의 한계와 정보의 신뢰성
  - 시간 관련 요인
  - 관련된 사람들의 편견, 가정 및 신념
- 위험을 식별하는 방법은 증거 기반 방법(예 : 체크리스트 및 과거 데이터의 검토), 체계적인 프로세스를 따르는 방식으로 접근하여 전문가 팀이 구조화 된 일련의 질문을 통해 위험을 식별하는 방법과 HAZOP과 같은 귀납적 추론 기법이 있다.
- 다양한 지원 기법을 사용하여 브레인 스토밍 및 델파이 방법론을 포함하여 위험 식별에서 정확성과 완성도를 향상시킬 수 있다.
- 실제 적용되는 기법과 상관없이, 위험을 식별할 때 인간 및 조직적 요소에 대한 올바른 인식이 중요하며, 기대하지 않았던 다양한 요인의 편차가 위험 식별 프로세스에 포함된다.

■ **위험 분석은 위험에 대한 이해를 발전시키기 위한 것이다. 위험 분석은 위험 평가와 위험 처리가 필요한 지 그리고 가장 적절한 처리 전략과 방법에 관한 기본적인 정보를 제공한다.**

- 위험 분석은 식별된 위험에 따라 미치는 영향의 결과와 확률을 결정하는 것으로 구성된다. 그 결

과와 그 확률이 결합되어 위험 수준을 결정한다.
- 위험 분석은 위험의 원인과 출처, 결과 및 결과가 발생할 확률에 대하여 고려하는 것이 필요하며, 결과 및 확률에 영향을 미치는 요소를 식별하여야 한다. 특정 사건은 여러 가지 결과를 가질 수 있으며 여러 목표에 영향을 미칠 수 있다. 이러한 영향을 분석하기 위해 기존의 위험 관리 및 그 효과를 고려해야 한다.
- 위험 분석은 일반적으로 위험의 수준을 측정하기 특정 사건, 상황 또는 환경 및 그와 관련된 확률로부터 발생할 수 있는 잠재적 결과의 범위를 추정하는 것을 포함한다. 그러나 결과가 중요하지 않거나 확률이 매우 낮을 것으로 예상되는 경우에는 단일 매개 변수 추정으로 결정을 내릴 수 있다.
- 위험 분석에 사용되는 방법은 정성적, 반 정량적 또는 정량적인 방법이다. 필요한 상세 정보는 특정 애플리케이션, 신뢰할 수 있는 데이터의 가용성 및 조직의 의사 결정 요구 사항에 따라 달라진다.
- 정성적인 방법은 "높음", "중간" 및 "낮음"과 같은 유의 수준으로 결과의 확률 및 위험 수준을 정의하고, 결과와 확률을 결합하여 위험 수준을 정성적인 기준과 비교하여 평가한다.
- 반 정량적인 방법은 결과 및 확률에 대한 수치 등급 척도를 사용하고, 공식을 사용하여 위험 수준을 산출한다.
- 정량적인 방법은 결과 및 그 확률에 대한 실제적인 가치를 추정하고, 상황을 전개할 때 정의된 특정 단위로 위험 수준의 가치를 산출한다. 분석 대상 시스템이나 활동, 데이터 부족, 인적 요인의 영향 등에 대한 정보가 충분하지 않거나 정량적인 분석 노력이 필요하지 않아 전체 정량 분석이 가능하지 않을 수 있다. 이러한 상황에서는 각 분야에 대해 잘 알고 있는 전문가의 위험에 대한 상대적 정량적 또는 정성적 순위 비교가 효과적일 수 있다.
- 위험 분석을 위한 다양한 방법은 위험분석방법론 파트에서 다양한 기법을 다룰 예정이다. 복합 응용을 위해서는 하나 이상의 기법이 필요할 수 있다.
- 이와 같은 위험 분석에서는 다음과 같은 요소를 고려해야 한다.
  - 사건 및 결과의 발생 가능성
  - 결과의 본질과 크기
  - 복잡성 및 연결성
  - 시간 관련 요인 및 변동성
  - 기존 통제의 효율성
  - 민감도와 신뢰 수준
- 위험 분석은 개인의 의견, 편견, 위험 인식 및 판단의 차이에 의해 영향을 받을 수 있다. 이외에도 이용된 정보의 품질, 가정과 제외 사항, 기술의 한계 및 실행 방법을 통해서도 영향을 받는다. 이러한 영향을 고려하고 문서화하여, 실제로 위험 분석에 대한 의사결정 담당자에게 전달하는 것이 필요하다.

- 매우 불확실한 사건은 수치화하여 계량화하는 것이 어려울 수 있다. 특히 중대한 결과를 분석할 때 문제가 될 수 있으므로, 이러한 경우에는 다양한 기법을 조합하여 적용하면, 일반적으로는 통찰력이 향상되는 결과를 얻을 수 있다.
- 위험 분석은 위험 평가를 수행하기 위한 입력 요소이며, 위험을 처리하기 위한 전략 수립이 필요한 지와 가장 적절한 위험 처리 전략 및 방법에 대한 정보를 제공한다. 이러한 위험분석 결과는 의사결정을 위한 통찰력을 제공하며, 선택이 이루어지는 옵션에는 다양한 유형 및 위험 수준이 포함될 수 있다.

■ **위험 평가는 위험 분석에서 얻은 위험에 대한 이해를 이용하여 향후 조치에 대한 결정을 내리며, 위험에 대한 인식을 포함한 윤리적, 법적, 재무적 및 기타 고려 사항도 의사결정에 입력 정보로 활용한다.**

- 위험 평가는 위험 분석의 결과를 미리 수립된 위험 기준과 비교하여 추가 조치가 필요한 지 여부를 결정한다. 이러한 위험 평가를 통해 다음과 같은 결정이 내려 질 수 있다.
    - 위험 방치
    - 위험 처리 옵션 고려
    - 추가 위험 분석 수행
    - 기존 위험 통제방안 유지
    - 목표 재조정
- 위험 기준을 정의하는 가장 간단한 틀은 위험 처리가 필요한 위험과 그렇지 않은 위험을 구분하는 것이다. 이러한 위험을 다루는 지 여부와 방법에 대한 결정은 위험을 감수하면서 얻는 비용과 이점 및 개선된 통제를 시행함에 따른 비용과 편익에 달려 있다.
- 일반적인 접근 방법은 위험을 세 가지 형태로 나누는 것이다.
    - 활동의 이익에 관계없이 위험 수준을 받아 들일 수 없는 것으로 간주하고, 위험을 감소시키기 위해 상당한 비용을 투자하여야 하는 상위 대역
    - 비용 및 편익을 고려한 중간 대역과 잠재적 결과에 대비한 기회
    - 위험 수준이 무시할 정도로 낮거나 위험 수준이 낮아서 위험 처리 대책이 필요하지 않은 경우.
- 의사 결정은 보다 폭 넓은 상황과 외부 및 내부 이해 관계자에 대한 실제적으로 인지된 결과를 고려해야 한다.
- 위험 평가의 결과는 기록되어야 하며, 의사 소통되고 조직의 적절한 수준에서 검증되어야 한다.

■ **위험 처리의 목적은 위험 처리 옵션을 선택하고 구현하는 것이다.**

- 위험 처리에는 다음과 같은 반복적인 프로세스를 포함한다.
    - 위험 처리 옵션 공식화 및 선정

- 위험 처리 계획 및 실행
- 위험 처리 효과성 평가
- 잔존 위험이 수용 가능한 지 여부 결정

▶ 가장 적절한 위험 처리 옵션을 선택하는 것은 목표 달성과 관련하여 도출된 잠재적 이익을 비용, 노력 또는 구현의 불이익과 균형을 맞추는 것을 포함한다

▶ 위험 처리 옵션은 반드시 모든 상황에서 상호 배타적이거나 적절한 것은 아니다. 위험을 처리하기 위한 옵션에는 다음 중 하나 이상이 포함될 수 있다.

- 위험 회피
- 위험 수용
- 위험 원천 제거
- 발생 가능성 변경
- 결과 변경
- 위험 공유 (예: 계약, 보험 구매)
- 위험 유지

▶ 위험 처리 계획의 목적은 선택한 처리 옵션을 구현하는 방법을 규정하여 참여자가 조치를 이해하고 계획에 대한 진행 상황을 모니터링 할 수 있도록 하는 것이다. 처리 계획은 위험 처리가 실행되어야 하는 순서를 명확하게 식별해야 한다.

▶ 처리 계획은 적절한 이해관계자와 상의하여 조직의 경영 계획 및 프로세스에 통합되어야 한다.

▶ 처리 계획에 제공된 정보에는 다음 사항을 포함하고 있어야 한다.

- 얻을 수 있는 기대 이익을 포함한 처리 옵션의 선택에 대한 이론적 근거
- 계획을 승인하고 이행할 의무를 가지고 있는 책임자
- 제안 조치
- 비상 대처 상황을 포함한 필요 자원
- 성과 지표
- 제약 조건
- 보고 및 모니터링
- 조치가 취해지고 완료될 것으로 예상되는 시기

■ **모니터링 및 검토의 목적은 프로세스 설계, 구현 및 결과의 품질과 효과성을 보증하고 개선하기 위한 것이다. 위험관리 프로세스 및 그 결과에 대한 지속적인 모니터링과 주기적인 검토는 책임을 명확하게 정의하면서 위험관리 프로세스의 계획된 부분을 이루고 있어야 한다.**

▶ 모니터링 및 검토의 결과는 조직의 성과 관리, 측정 및 보고 활동 전체에 통합되어야 한다.

■ 위험관리 프로세스 및 그 결과는 적절한 메커니즘을 통해 문서화되고 보고되어야 한다.

- 기록 및 보고의 목적은 다음과 같다.
  - 조직 전체의 위험관리 활동 및 결과 전달
  - 의사 결정을 위한 정보 제공
  - 위험관리 활동 개선
  - 위험관리 활동에 대한 책임과 책임추적성을 포함하여 이해관계자 지원
- 문서화된 정보의 생성, 보존 및 취급에 관한 결정은 정보의 이용, 정보 민감도 및 외부 및 내부 상황을 고려해야 한다.
- 보고는 조직의 거버넌스에서 없어서는 안될 부분이며, 이해관계자와의 대화의 질을 향상시키고 최고 경영진과 감독 기관이 책임을 이행하도록 지원해야 하는 역할이다. 보고를 위해 고려해야 할 요소에는 다음이 포함되지만 이에 국한되지는 않는다.
  - 다양한 이해 관계자와 구체적인 정보 요구사항
  - 보고의 비용, 빈도 및 적시성
  - 보고 방법
  - 조직의 목표 및 의사결정과 정보의 관련성

1.1 핵심정리

▶ 위험관리 원칙은 효과적이고 효율적인 위험관리의 특징, 가치 전달 및 목적에 대한 지침을 제공한다. 이 원칙은 위험관리의 토대이며 조직의 위험관리 프레임워크 및 프로세스를 수립 할 때 고려되어야 한다.
- 통합, 체계적이고 종합적, 사용자 정의, 포괄적, 동적, 가장 유용한 정보, 인간 및 문화적 요인, 지속적 개선

▶ 위험관리 프레임워크의 목적은 위험관리를 중요한 활동 및 기능에 통합하는 조직을 지원하는 것이다. 위험관리의 효과는 의사 결정을 포함하여 조직의 거버넌스에 대한 통합에 달려 있다. 이를 위해서는 이해 관계자, 특히 최고 경영진의 지원이 필요하다.
- 리더십과 책무
- 통합
- 설계
- 구현
- 평가
- 개선

▶위험관리 프로세스는 경영 및 의사 결정의 필수적인 부분이어야 하며 조직의 구조, 운영 및 프로세스에 통합되어야 한다. 그것은 전략적, 운영적, 프로그램 또는 프로젝트 차원에서 적용될 수 있다.
- 의사소통 및 컨설팅
- 위험관리 범위, 조직의 상황 및 위험 기준
- 위험 식별
- 위험 분석
- 위험 평가
- 위험 처리
- 모니터링 및 검토
- 기록 및 보고

1.2 위험 식별

chapter 1 | 위협, 취약점 및 위험

■ 위험은 특정 위협이 자산의 취약점을 이용하여 자산을 공격해서 손상을 초래할 수 있는 가능성을 말한다. 발생가능확률과 영향 두 가지 요소의 결합에 의해 위험도를 평가할 수 있으며 정보시스템의 위험요인을 위협이라고 한다면 위협(Threat)은 시스템이나 조직에 피해를 끼칠 수 있는, 원치 않은 사고의 잠재적 원인이다.

▶ 정보정책 영역에서의 위협과 위험

위협 및 취약점	위험
정보보호 정책이 문서화되어 있지 않음	정보보호 사고에 대하여 체계적으로 대응하지 못하고 임시방편적·비효율적 대응
정보보호 정책이 관련 법령을 위반하고 있는 경우	관련 법령 위반으로 인한 소송, 법적 제재 발생
정보보호 정책이 최고 경영자의 승인을 받지 않음	정보보호 정책 실행 불가
정보보호 정책이 임직원이나 관련 기관에게 공표되지 않음	정보보호 정책 실행 불가
정보보호 정책이 정기적 또는 중요 사안 발생 시 수정·보완되지 않음	보안 위협에 대한 적절한 대응 실패로 인한 정보보호 사고 발생 위험성 증대

▶ 법적 준거성 영역에서의 위협과 위험

위협 및 취약점	위험
정보보호에 관련된 법령, 규정, 계약 의무와 보안 요구사항이 누락되어 있거나 없음	정보보호 요구사항 식별 및 준수 불가
법령, 규제, 계약, 업무 요구사항에 따라 기록물 보호하고 있지 않음	법률 및 시행규칙 위반
개인정보 보호 정책을 수립하지 않거나 이행하고 있지 않음	개인정보보호법 위반
관련 법령, 규제에 따른 암호 통제를 하고 있지 않음	암호화 대상 정보에 대한 안전성 약화
정보보호 정책을 주기적으로 검토하고 있지 않음	정보보호를 관리하기 위한 방법이 적합성, 타당성, 효과성을 보장하지 못함
보안 요구사항에 대한 준수성 주기적으로 검토하고 있지 않음	정보 처리 및 절차의 준수성 부적합에 따른 보안사고의 발생 가능성 확인 불가
정보시스템의 준수성을 주기적으로 검토하고 있지 않음	시스템 내의 취약점 탐지 불가 및 취약점으로 인해 발생하는 비인가 접근 발생
지적재산권 및 소프트웨어 제품의 정책 및 규정이 없으며 관리되고 있지 않음	지적 재산권 및 소프트웨어를 관리하지 않고 불법으로 사용할 시 저작권 위반으로 인한 법적 조치로 벌금이나 형사 소송에 직면

정보자산 영역에서의 위협과 위험

위협 및 취약점	위험
정보자산(정보 및 정보처리 시설과 연관된 자산)의 식별 및 목록화가 되어 있지 않음	누락된 정보자산에 대한 보안 위협 존재
정보자산 목록에 자산 보호 책임자가 없음	관리 소홀로 인한 보안 위협 존재
자산반납 절차가 존재하지 않음	자산이 분실되거나 훼손됨
정보자산 식별 및 분류 기준이 존재하지 않음	중요도에 따라 정보자산을 파악할 수 없음
정보자산에 정보 등급을 표시하지 않음	중요도에 따라 정보자산을 식별할 수 없음

물리적 영역에서의 위협과 위험

위협 및 취약점	위험
조직의 중요 정보 및 정보처리 시설을 보호하기 위한 보안경계가 지정되지 않음	비인가자에 의한 물리적, 환경적 사고 발생
외부인의 무단 접근을 방지하기 위하여 출입통제가 시행되지 않음	
보안구역 내 작업 절차가 수립되어 적용되지 않음	비인가 장비에 의한 보안구역 촬영, 녹음 등으로 인한 정보 유출
배송 및 하역구역이 중요시설로부터 격리되어 있지 않음	비인가자에 의한 도난 및 분실
자산을 반출할 때 승인을 받지 않음	자산 분실로 인한 정보 유출
조직 외부 자산에 대한 보안이 적용되고 있지 않음	자산 방치로 인한 정보 유출
조직 내 자산의 폐기 절차가 수립되지 않음 완전히 폐기되지 않음	정보 복구로 인한 정보유출
사용자의 관리 실태 파악이 이루어지지 않음	관리 소홀로 정보 유출, 손상 발생
책상 정리 및 화면보호기 정책이 수립되어 적용되지 않음	서류 또는 컴퓨터에 표시되는 정보 유출
재해로부터 보호하기 위한 물리적 보호대책이 수립되지 않음	재해로 인한 하드웨어 고장, 손상 등 발생
환경적 위협과 유해요소를 고려하지 않고 장비배치	부적합한 환경적 조건으로 장비 손상 유발 및 비인가 접근
전기, 통신, 수도, 가스 등 지원 설비의 장애 대책이 마련되지 않음	지원 설비 장애 시 운영 매뉴얼이 없어 장비 기능 저하 및 정지
통신 케이블과 전력 케이블을 배선할 때 분리되지 않음	혼선, 간섭, 파손 발생
장비 유지보수를 정기적으로 수행하지 않음	장비 결함이 발생하여 장애 발생

네트워크 영역에서의 위협과 위험

위협 및 취약점	위험
네트워크 운영 절차가 수립되지 않음	네트워크 가용성 손실 및 네트워크로 전송되는 데이터 유출 시 체계적으로 대응할 수 없음
네트워크 서비스의 보안위협 및 장비에 보안 설정을 적용하지 않음	네트워크 공격에 의해 네트워크 서비스 비인가 접근
그룹이나 조직별 네트워크 도메인 미 분리	조직의 정보시스템에 대한 비인가 접근
네트워크 망분리 미 실행 (네트워크 망분리 의무대상)	정보통신망법 위반
암호화되지 않은 기밀정보 전송	기밀정보 노출
정보전송 협약서 체결 없이 업무 정보 외부 전송	데이터 손실과 같은 정보보호 사고 발생 시 법적 책임 근거 없음
외부인터넷(이메일, 메신저 등)에 의한 조직의 중요정보 전송	정보의 기밀성과 무결성을 보장하기 못하여 정보의 유출 및 변조

접근통제 영역에서의 위협과 위험

위협 및 취약점	위험
접근통제 관련 정책이 존재하지 않음	비인가 접근에 대한 통제를 체계적으로 이행할 수 없음
비인가 네트워크 및 네트워크 서비스 접근 가능	정보 유출
사용자 계정 등록 및 해제를 위한 관리 절차가 없음	사용자 계정 관리 미흡으로 비인가 로그인 허용
담당 업무에 따른 접근 권한 부여 원칙이 없음	사용자에게 적절치 못한 권한 부여로 비인가 데이터 접근
데이터베이스 관리 계정과 같은 특수 접근 권한자에 대한 별도의 관리 절차가 없음	불필요한 특수 권한으로 시스템 침해
공식적인 사용자 패스워드 관리절차가 존재하지 않거나 비밀번호 관리 규정을 준수하지 않음 안전한 로그인 절차가 존재하지 않음	패스워드 유출
사용자 접근권한을 모니터링 하지 않음	담당자 변경과 같은 권한 변동 시 접근권한을 제거하지 않아 기존 접근권한 유지
고용 상태에 따른 접근권한 조정되거나 제거되지 않음	고용 상태 변경 시 접근권한을 제거하지 않아 기존 접근권한 유지
정보에 대한 접근 제한 기준이 없음	잘못된 권한 부여로 비인가 정보 접근
프로그램 소스코드 접근을 통제 절차가 없음	프로그램 소스코드 유출

🔊 **운영보안 영역에서의 위협과 위험**

위협 및 취약점	위험
정보처리와 통신 시설에 관련된 운영 절차 없음	예상치 못한 운영적 또는 기술적 문제 발생으로 시스템 장애 시 체계적으로 대응할 수 없음
변경관리 책임과 절차 없음	부적절한 테스트나 잘못된 절차를 통한 변경으로 시스템 장애 시 체계적으로 대응할 수 없음
용량관리 절차 없음	서비스 용량 예측이 불가능하여 시스템 부하 발생 등 서비스 장애 초래
개발, 시험, 운영환경이 분리되어 있지 않음	부적절한 개발자의 접근으로 미인가 또는 시험되지 않은 코드, 운영 데이터 변경 등 발생
악성코드 유입을 방지하는 운영 절차 없음	악성코드 공격으로 인한 정보 유출이나 시스템 파괴 발생 시 체계적으로 대응할 수 없음
백업 정책이 없고 백업을 수행하고 있지 않음	재해나 매체 장애가 발생 시 완전한 시스템 복구 불가
이벤트 로깅이 이루어지지 않음	시스템의 접근통제 위반, 장애, 오류 등의 기록이 없어 원인 분석 및 책임 확인 불가
로그기록 변조 및 삭제에 대비되지 않음	기록이 변조되거나 삭제되어 시스템의 접근통제 위반, 장애, 오류 등의 원인 분석 및 책임 확인 불가
시스템 관리자의 로그기록 조작에 대비되지 않음	변조된 기록으로 시스템의 접근통제 위반, 장애, 오류 등의 원인 분석 및 책임 확인 불가
정보시스템의 시간동기화가 이루어지지 않음	부정확한 시간으로 조사의 방해요인이 되며 증거의 신뢰도 저하로 법적 분쟁 시 증거 활용 불가
운영 중인 서버에 소프트웨어 설치 및 변경관리 절차 없음	변경 장애 시 원상복구를 위한 전략 부재로 운영 시스템 서비스 중단
시스템 취약점에 대한 진단 및 대응이 이루어지지 않음	패치 미설치로 인한 공격 발생과 불완전한 패치로 인한 장애 발생
소프트웨어 설치 제한 규정이 수립되고 적용되지 않음	정보 유출, 변조, 서비스 거부 등 지적재산권의 침해 발생
감사활동을 계획할 때 업무 영향도를 고려하지 않음	업무 담당자와 합의되지 않은 감사활동은 업무 수행에 지장 초래
통제되지 않은 휴대용 저장 매체 사용	비인가된 정보유출 및 악성코드 감염 중요 정보가 저장된 매체 폐기 절차 없음 저장 매체에 기록된 정보 유출
물리적 자산 이송 시 보호대책이 마련되지 않음	물리적 자산 이송 도중 자산 파손, 훼손, 도난
모바일기기 사용을 위한 정보보호 정책이 수립되지 않음	모바일기기를 조직의 외부 및 보호되지 않은 환경에서 사용할 경우 분실 또는 도난 발생
원격업무에 대한 보호대책이 이뤄지지 않음	비인가자의 원격접근으로 인한 정보 유출

보안사고 영역에서의 위협과 위험

위협 및 취약점	위험
정보보호 사고대응 관련 지침 없음	사고대응과 관련한 역할과 책임이 정의되지 않아 정보보호 사고에 신속하고 효율적으로 대응하지 못함
정보보호 사고 발생 시 보고 체계가 수립되지 않음	인식 부족으로 정보보호 사고가 보고되지 않아 신속하고 체계적인 대응을 하지 못함
시스템, 네트워크 등 정보시스템 보안취약점 보고 체계가 수립되지 않음	보안취약점 공격으로 정보시스템 또는 서비스에 피해 발생
정보보호 사고대응을 위한 의사결정 조직이 없음	전체적인 환경을 고려한 적절한 대응전략을 결정하지 못함
정보보호 사고대응팀이 없음	정보보호 사고에 대응하기 위한 체계가 수립되어 있지 않아 협조 및 대응이 늦어지며 이로 인해 피해가 확산될 수 있음
재발 방지 대책이 수립되지 않음	유사한 정보보호 사고 재발될 수 있음
정보보호 사고 증거 수집·분석 절차가 없음	잘못된 증거 수집으로 법적 효력 상실

재해복구(업무연속성) 영역에서의 위협과 위험

위협 및 취약점	위험
업무연속성 관리체계가 수립되지 않고 계획 없음	체계적인 대응 절차가 없어 업무가 중단될 경우 업무 재개 시까지의 시간이나 비용이 사업에 영향을 끼침
재해복구 설비 구현되어 있거나 계획 없음	재해복구 불가
업무연속성 시험이 이루어지지 않음	업무연속성 계획이 수립되어있으나 시험되지 않으면 실제 수행 시 오류 및 미흡한 부분이 발생됨
정보시스템 이중화가 구현되지 않음	재해 시 즉시 업무 대행 불가

공급자(외부자 계약) 영역에서의 위협과 위험

위협 및 취약점	위험
공급자와 관련된 위험을 식별하지 않고, 이를 관리하기 위한 정책 없음	공급자에 의한 정보유출 상황 파악이 어려움
공급자 계약서에 정보보호 요구사항이 포함되어 있지 않음	공급자가 조직의 정보보호 정책 위반 시 손해배상 책임, 지적재산권 문제, 자료 반환 근거 없음
공급자 계약서에 정보통신기술 서비스에 연관된 정보보호 요구사항이 포함되어 있지 않음	정보통신기술 공급망과 제품 및 서비스에 중대한 영향을 미칠 수 있는 문제 발생
공급자 계약서에 명시한 정보보호 관련 조항을 준수하고 있음을 검토하고 있지 않음	대규모 서비스 장애나 재해 시 공급자가 합의한 서비스 연속성 수준을 유지하지 못함
공급자 서비스 변경 절차가 수립되어 있지 않으며, 이행하고 있지 않음	업무의 중요도와 서비스 변경에 따른 위험평가를 고려하지 않아 서비스 연속성 수준 유지하지 못함

chapter 2 | 위험의 상관관계

■ **취약점(Vulnerability)은 자체가 직접적인 위험을 초래하지는 않지만, 위협에 의해 이용될 경우 잠재적인 위험을 발생시킬 수 있는 요소를 의미한다. 즉 취약점은 위협으로부터 방어할 수 있는 보호대책이 수립되지 않은 상태에서 조건을 제공한다.**

- 인터넷에 접속한 컴퓨터에 바이러스가 침입하고자 한다면(위협) 컴퓨터에 바이러스 백신 또는 윈도우 패치가 미설치 되었을 때(취약점) 컴퓨터에 바이러스가 감염될 수 있다(위험).

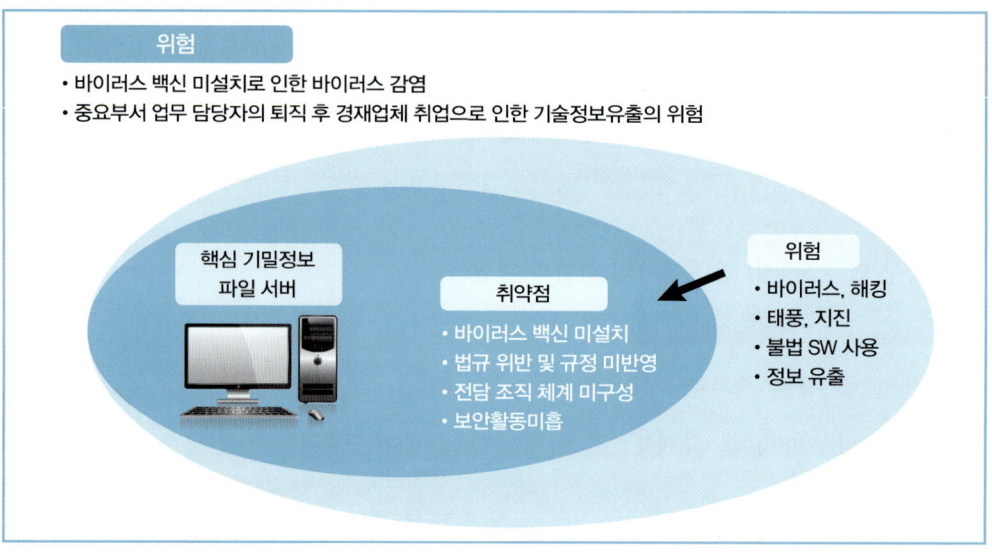

| 위험과의 상관관계 |

- 위 그림은 위험과 위협, 취약점과의 상관관계를 이해하기 위해 표기한 그림이다. 위와 같이 위험(RISK)이란 원하지 않는 사건이 발생하여 손실 또는 부정적인 영향을 미칠 가능성을 말한다. 즉 잠재적 위협이 현실화되어 나타날 손실액과 손실이 발생할 확률의 곱으로서 아래와 같이 위험의 크기 = 발생가능성 × 위협 성공 시 손실크기에 비례하여 증가한다.

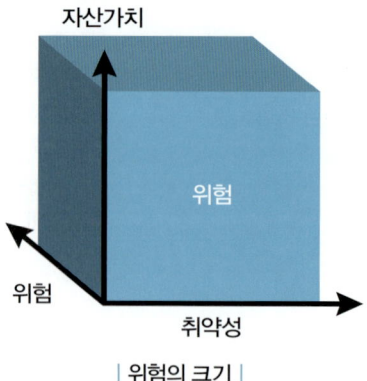

| 위험의 크기 |

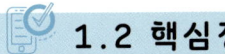
1.2 핵심정리

▶ 위험은 특정 위협이 자산의 취약점을 이용하여 자산을 공격해서 손상을 초래할 수 있는 가능성을 말한다. 발생가능확률과 영향 두 가지 요소의 결합에 의해 위험도를 평가할 수 있으며 정보시스템의 위험요인을 위협이라고 한다면 위협(Threat)은 시스템이나 조직에 피해를 끼칠 수 있는, 원치 않은 사고의 잠재적 원인이다.
  - 정보정책 영역에서의 위협과 위험
  - 법적 준거성 영역에서의 위협과 위험
  - 정보자산 영역에서의 위협과 위험
  - 물리적 영역에서의 위협과 위험
  - 네트워크 영역에서의 위협과 위험
  - 접근통제 영역에서의 위협과 위험
  - 운영보안 영역에서의 위협과 위험
  - 보안사고 영역에서의 위협과 위험
  - 재해복구(업무연속성) 영역에서의 위협과 위험
  - 공급자(외부자 계약) 영역에서의 위협과 위험

▶ 취약점(Vulnerability)은 자체가 직접적인 위험을 초래하지는 않지만, 위협에 의해 이용될 경우 잠재적인 위험을 발생시킬 수 있는 요소를 의미한다. 즉 취약점은 위협으로부터 방어할 수 있는 보호대책이 수립되지 않은 상태에서 조건을 제공한다.
  - 인터넷에 접속한 컴퓨터에 바이러스가 침입하고자 한다면(위협) 컴퓨터에 바이러스 백신 또는 윈도우 패치가 미설치 되었을 때(취약점) 컴퓨터에 바이러스가 감염될 수 있다(위험).
  - 위험(RISK)이란 원하지 않는 사건이 발생하여 손실 또는 부정적인 영향을 미칠 가능성을 말한다. 즉 잠재적 위협이 현실화되어 나타날 손실액과 손실이 발생할 확률의 곱으로서 위험의 크기 = 발생가능성 ×위협 성공 시 손실크기에 비례하여 증가한다.

1.3 위험관리 계획 수립

chapter 1 위험관리

■ 위험관리(RISK Management) 란 조직의 자산에 대한 위험을 감소할 수 있는 수준으로 유지하기 위하여 자산에 대한 위험을 분석하고 이러한 위험으로부터 자산을 보호하기 위한 비용 대비 효과적인 보호대책을 하는 일련의 과정을 의미한다.

- 위험관리는 위험 분석과 평가를 총칭하며 정보자산의 가치와 위협, 취약점에 근거한 위험을 고려하여 발생가능성, 잠재적 손실에 대한 영향을 논리적으로 분석하는 단계를 말하는 것이며 이런 분석단계를 전략계획 수립에서 대응책에 따른 정보보호 계획 수립에 이르기까지 체계적인 절차로 관리하는 것을 위험관리 5단계라 말한다.
- 일반적으로 위험관리 5단계란 아래와 같이 구성되는 전반적인 과정을 말하며 위험관리 전략 및 분석방법인 위험관리 계획 단계, 위험을 식별하는 위험분석 단계, 위험의 규모를 결정하는 위험평가 단계, 새로이 필요한 대응책을 선별하는 정보보호 대책 선정 단계, 정보보호를 위한 우선순위, 일정, 계획을 수립하는 정보보호 계획 수립 단계인 위험관리 5단계로 구분할 수 있다.

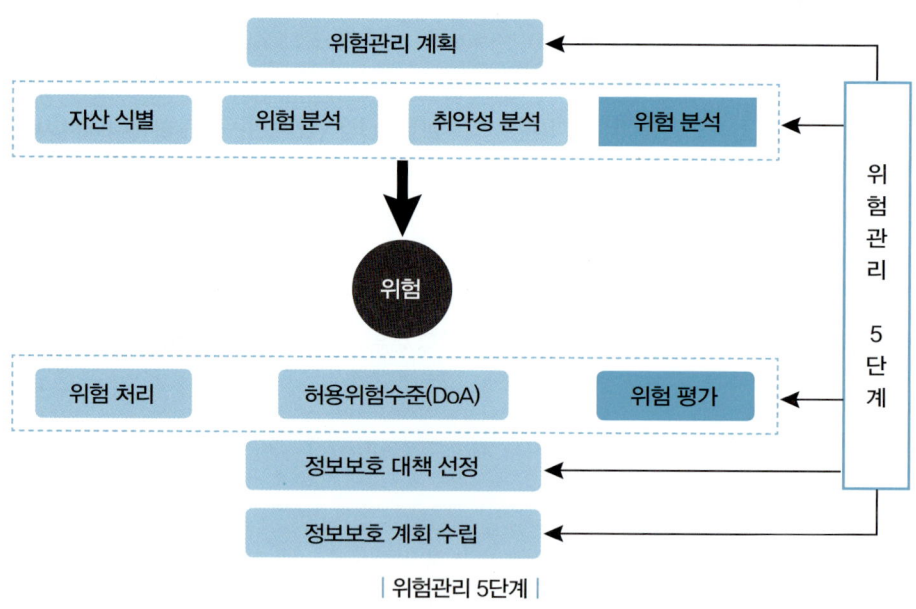

| 위험관리 5단계 |

| chapter 2 | 위험관리 계획 수립 |

■ 위험관리 계획은 위험분석, 위험평가, 정보보호 대책선정, 정보보호계획수립에 앞서서 제일 먼저 정보보호에 대한 방향을 설정하고 정리하는 것으로서 전체적인 방향에 따라 각 단계별로 우선순위를 부여하고 준비하는 과정을 의미한다. 위험관리계획 수립은 3가지로 정리할 수 있다.

- 위험관리계획수립에는 최고경영자의 정보보호에 대한 의지 및 방향을 설정하는 것
- 조직의 정보보호 목적, 범위, 책임을 명시하는 것
- 조직이 수행하는 관리적, 기술적, 물리적인 정보보호 활동의 근거를 명확히 할 것
- 이를 통해 정보보호 관리체계의 수립 및 유지가 이루어지도록 조직의 전반적인 위험관리라는 관점에서 위험관리 계획을 수립해야 한다.

1.3 핵심정리

> ▶ 위험관리(RISK Management) 란 조직의 자산에 대한 위험을 감소할 수 있는 수준으로 유지하기 위하여 자산에 대한 위험을 분석하고 이러한 위험으로부터 자산을 보호하기 위한 비용 대비 효과적인 보호대책을 하는 일련의 과정으로 위험관리 5단계로 구분할 수 있다.
>   - 위험관리 계획
>   - 위험 분석
>   - 위험 평가
>   - 정보보호 대책 선정
>   - 정보보호 계획 수립
>
> ▶ 위험관리 계획은 위험분석, 위험평가, 정보보호 대책선정, 정보보호계획수립에 앞서서 제일 먼저 정보보호에 대한 방향을 설정하고 정리하는 것으로서 전체적인 방향에 따라 각 단계별로 우선순위를 부여하고 준비하는 과정을 의미한다. 위험관리계획 수립은 3가지로 정리할 수 있다.
>   - 위험관리계획수립에는 최고경영자의 정보보호에 대한 의지 및 방향을 설정하는 것
>   - 조직의 정보보호 목적, 범위, 책임을 명시하는 것
>   - 조직이 수행하는 관리적, 기술적, 물리적인 정보보호 활동의 근거를 명확히 할 것

2장 위험 분석하기

| 평가 목표 | • 수립된 위험관리 계획에 따라서 정보보호의 대상이 되는 자산을 파악하고 가치를 평가할 수 있다.
• 조직의 자산에 피해를 줄 수 있는 발생 가능한 사건이나 행동인 위협을 식별하고 발생 가능성을 평가할 수 있다.
• 위협에 의한 손실 발생 가능성과 그 피해 규모에 영향을 미치는 취약점을 식별하고 그 정도를 평가할 수 있다.
• 위협이 현실화되는 경우 발생하는 위험을 평가할 수 있다. |

2.1 위험분석 관리 및 조사방법론

chapter 1   위험분석 모델

■ 위험분석(Risk Analysis)은 정보자산을 보호하고 체계적으로 관리하기 위해서는 중요 정보를 식별하고 어떤 위협에 의해 어느 정도 수준의 위험에 노출되어 있는지를 평가하고, 위험수준을 낮추기 위한 대책을 수립하는 것이 필요하다.

- 위험을 식별하고 발생 가능한 피해를 평가하여 이를 효과적으로 관리할 수 있는 체계를 수립 및 운영할 수 있는 수단이다. 즉, 위험분석은 자산의 가치와 손실을 측정하여 위험의 수준을 결정하는 것으로 위험평가를 통해서 해당 위험을 조직이 수용할 것인지, 적절한 조치를 취하여 감소시킬 것인지를 결정하는 데 매우 중요한 정보를 제공해 준다.

- 위험분석을 통해서 조직에서는 발생 가능한 다양한 위험에 대해 어떻게 대응하고 피해를 최소화해서 신속하게 복귀하느냐를 결정하는 것은 중요한 사안이기 때문에 여러 유형의 위험 분석방법을 통해 보다 효율적인 위험 식별이 필요하다.

■ 사전 위험분석은 현재 조직의 정보시스템 환경에 적합한 위험분석 수준을 결정하는 것을 고려하는 것이며 무결성, 기밀성, 가용성 관점에서 보호해야 할 정보자산에 대한 업무 의존도, 사용목적, 시스템의 투자정도를 고려해야 한다.

- 조직의 규모가 중견기업이상인 경우와 중소기업인 경우에 따라 투자해야 할 시스템의 규모는 차이가 있다. 예를 들어 매출액 대비 정보시스템의 규모가 작은 회사 경우 보안이라는 요소가 크게 영향을 미치지 않는 경우가 대부분이므로 사전위험분석을 통해 위험분석 수준을 '기본통제'로 결

정한다.

- 기본통제 경우에는 상세위험분석 없이 위험산출을 하는 방식으로서 일반적인 기본통제항목에 질문서를 통해 점수를 합산하여 위험을 산출하도록 하고 있다.

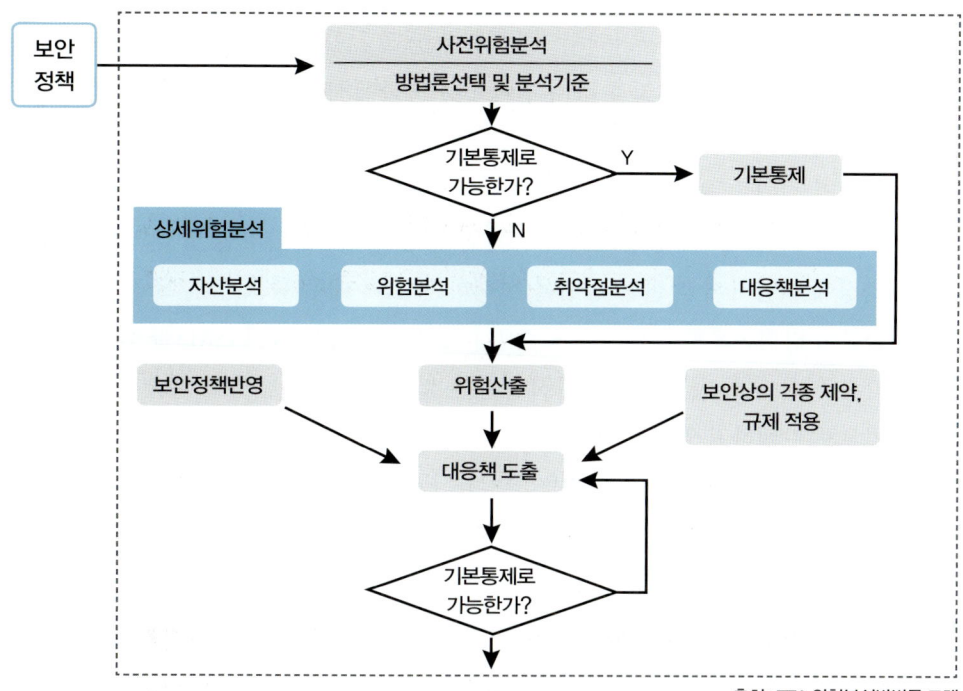

| 위험분석 모델 |

chapter 2 위험도 산정

- 상세위험분석 방식은 조직의 업무 수행에 정보 시스템의 활용도가 높을 경우 적용되어진다. 즉 시스템이 서비스가 중단되거나 장애 발생 시 업무에 미치는 파급효과가 크기 때문에 되도록 시스템이 가지는 자산의 중요도 평가, 시스템이 기본적으로 가지는 취약점, 시스템의 내·외부적으로 갖게되는 위협에 대응책을 고려하여 상호 연관 관계를 고려하는 위험산출이 필요하다.
- 위험산출은 위험도를 산정하는 것을 말하며 위험도는 각각의 위협과 취약점을 정량화하여 표현하는 방법(위험도 산정1)과 조직의 성격에 따라 위협과 취약점을 구분하지 않고 하나로 표현하는 우려사항(Concern)방법(위험도 산정2)으로 활용되고 있으며 그 외 정보보안컨설팅회사에서는 자체 위험산출 방법론을 수행하고 있다.
- 위험도 산정1 : 정보자산 중요도 등급 + 위협정도 + 취약점정도 - (기존 보호대책 정도)

◉ 위험도 산정2 : 정보자산 중요도 등급 + 우려사항 * 2

■ 위험도가 산출이 되면 위험산출에 대해 위험의 규모에 따라 수용할 위험과 수용할 수 없는 위험으로 분류하고 수용할 수 없는 위험에 대해서는 위험의 규모에 따라 우선 순위를 정하여 적절한 대책을 강구해야한다.

◉ 위험분석 범위 선정 : 위험분석을 하기 전에 정보자산에 대해 누가 식별하고 무엇을 보호해야 할지 해당 부서의 정보자산, 위치, 업무의 특성 및 기술적 특성을 반영해야 한다.

◉ 위험분석 방법 정의 : 위험분석방법은 조직에서 보유하고 있는 정보자산의 위험을 세부적으로 측정 분석하는 기법으로서 공공기관이나 기업 환경에 따라 다양한 방법으로 도출될 수 있으며 각각의 환경에 적합하게 적절한 방법을 선택하는 것이 매우 중요하다. 조직에서는 대부분 정보보호 위험분석 방법론으로 국내·외 표준인 ISO/IEC27001, 국내 ISMS를 선호하고 있으며 접근 방식에 따른 위험 분석 방법으로 관리적 부분은 베이스라인 접근법과 기술적 부분은 상세위험분석 접근법으로 수행하고 있다.

◉ 위험분석 방법에는 다양한 방법을 사용하여 자산분석, 위협분석, 취약성 분석에 적용할 수 있다. 하지만 실체가 없는 위험을 분석하기에는 기준이 모호하고 어렵기 때문에 보다 자동화된 기법을 활용하여 위험분석에 활용하고 있다.

구분	정량적 분석법	정성적 분석법
정의	• 손실크기를 화폐 단위로 측정이 가능할 때 사용함 ⇒ 위험발생확률 * 손실크기 = 기대위험	• 분석자의 경험 및 지식에 기초한 위험 분석 방법 ⇒ 손실크기를 화폐가치로 표현하기 어려움
유형	• 과거자료 접근법, 수학공식 접근법 확률분포 추정법	• 델파이법, 시나리오법, 순위결정법
장점	• 비용, 가치분석, 예산계획, 자료분석이 쉽다	• 금액화하기 어려운 정보의 평가가 가능하다. • 분석의 소요시간이 짧음
단점	• 분석의 시간, 노력, 비용이 많이 든다	• 평가결과가 주관적이어서 사용자에 따라 달라질 수 있다.
척도	• 연간 기대 손실	• 점수(5점, 10점 척도)

| 위험평가방식 비교 |

◉ 자산 분석 : 자산 분석은 주요 자산을 유형 속성별로 분류하여 자산의 가치를 평가하고 각 자산에 대해 무결성, 기밀성, 가용성의 중요도를 평가하는 것이다. 중요도 평가는 위협에 따른 보안사고 발생시 각 자산에 미치는 손실을 판단할 수 있는 가치의 기준이 된다. 즉 자산의 가치를 모른다면 조직에서 보호하기 위한 통제 등의 정책 및 기술적인 대책을 수립할 수 있겠는가? 조직은 보호하려는 정보의 가치를 모른다면 정보를 보호하기 위해 어느 정도의 시간과 비용을 투자해야 할지 잘 알지 모른다.

◉ 위협 분석 : 위협(threat)은 외부로부터 다가오는 정보자산에 대한 해로운 행위를 가할 수 있는 잠재적인 요소를 말한다. 위협분석은 위협을 파악하고 발생가능성 등 정보보호활동의 원인이 되는

변수들을 분석하는 과정으로서 위험을 산출하는데 있어 중요한 단계를 말한다. 위협은 기관이나 조직에 따라 다양한 위협의 목록을 제시하고 있으나 표준화된 목록은 없기 때문에 우려하는 위협을 중심으로 구체적으로 작성해야 한다. 위협은 절도, 테러, 해킹과 같은 인간에 의한 의도적 위협 뿐만 아니라 회사직원의 처리능력 미흡으로 인한 오류 등과 같은 비의도적 위협, 화재, 홍수 등 자연재해에 의한 환경적인 위협처럼 위협의 유형을 아래처럼 의도적 위협과 비의도적 위협으로 구분하였다.

위협 구분	의도성	위협의 주체		위협 내용 예시
위협의 유형	의도적 위협	외부인	물리적 위협	절도
				테러
				방화
				비인가된 물리적 침입
			기술적 위협	비인가된 정보자산 반입
				비인가된 정보자산 반출
				비인가자에 의한 정보자산 접근
				비인가자에 의한 정보자산 조작
				비인가자에 의한 통제구역 출입
		내부인	물리적위협	절도
				테러
				방화
				정보유출
			기술적위협	해킹
				백도어
				불법소프트웨어 사용
				유해 사이트 접속 및 다운로드
	비의도적 위협	사람에 대한 위협		정보 및 정보자산의 유출
				정보자산 비인가 조작
				정보자산 오남용
				인력에 의한 처리능력 미흡
				보안인식 부족
		환경적인 위협		태풍
				지진
				침수
				번개
				화재
				전압 불안정
				고온 다습
		시스템적인 위협		웜 및 바이러스 침투
				트래픽 과부하
				시스템 오작동
				시스템 결함

| 위협 구분 및 유형 분류 |

» 위협의 유형 분류 외 다른 관점으로는 자산에 미치는 영향으로서 조직에 의해 소유된 정보자산의 안전성을 위태롭게 하는 중단, 가로채기, 변조, 위조의 공격유형으로서 위협의 유형을 구분한다. (William Stallings, 1995)
- 중단(Interruption) : 데이터의 송수신을 가로막는 행위로 수신자측으로 정보가 전달되는 것을 방해하여 메시지의 가용성을 저해하는 행위이다

- 가로채기(Interception) : 중간에서 데이터를 가로채어 정보를 유출시키는 것으로 메시지의 기밀성을 저해하는 행위이다
- 변조(Modification) : 데이터를 다른 내용으로 변경하여 데이터의 무결성을 저해한다.
- 위조(Fabrication) : 시스템 자원에 불법으로 접근하여 마치 다른 송신자로부터 데이터가 온 것처럼 거짓 정보등의 위조물을 삽입하는 행위로 데이터의 무결성을 저해한다.

▶ 취약점 분석 : 보안 취약점(vulnerability)이란 컴퓨터 하드웨어 또는 소프트웨어 결함이나 체계 설계상의 허점으로 인해 사용자(특히, 악의를 가진 공격자)에게 허용된 권한 이상의 동작이나 허용된 범위 이상의 정보 열람을 가능하게 하는 약점을 의미하며, 취약점의 시스템 상 결함이나 약점들을 이용하여 조직의 IT 자산에 위협을 가하므로 많은 위험이 내포될 수 있다.

- 취약점은 각 자산별 취약점 수준을 통해 정보자산이 가지는 위험을 간접적으로 알 수 있으며 이를 통해 미리 업무처리에 대한 위험을 파악할 수 있다. 위협의 유형은 자연적 취약점, 환경적 취약점, 통신적 취약점, 하드웨어 취약점 등 각 조직의 성격이나 환경에 따라 취약점 유형을 구분할 수 있으나 정보보호 프로세스 측면에서는 관리체계 관점, 기술적 관점으로 취약점 유형을 예시로 구분하여 정리하였다.
- 관리체계 관점에서 취약점 유형
  - 정보보호 관리체계에 근거하여 정책, 조직, 인적보안, 외부자보안, 정보자산분류, 교육, 물리적, 시스템 개발, 암호, 접근, 운영보안, 침해사고, IT재해복구의 13개 통제분야, 104개 세부영역에서 취약점 진단을 도출할 수 있다.
  - 예를 들어 인적 통제가 미흡할 경우 보안인식 부족에 따른 자료 유출의 위험, 침해사고 발생시 불충분한 훈련 부족에 따른 즉각적인 대응에 어려움이 발생한다. 출입문에 적절한 물리적인 통제가 결여될 경우 비인가자의 침입으로 도난이 발생할 수 있으며 시스템 계정에 접근시 손쉬운 패스워드 조합으로 인해 용이하게 패스워드 크래킹을 통한 내부접근이 가능할 수 있다. 그밖에 내부망과 인터넷망이 미 분리되어 있고 방화벽과 같은 정보보안시스템이 결여될 경우 외부에서 내부 네트워크로 비인가의 침입에 따른 정보자산이 침해 받을 수 있다
- 기술적 관점에서의 취약점 유형
  - 서버, 네트워크, 보안장비, 웹 취약점, PC 보안진단 등 기술적 관점에서 다음의 표와 같이 각 시스템별 진단 방법을 통해 수행할 수 있다.

대상	취약점 유형	진단 방법
서버	UNIX, Window, AIX 운영체계 - 패스워드 복잡성 설정 - 계정 잠금 임계값 설정 - 관리자 그룹에 최소한의 계정 포함 - 백도어 현황(login, telnet, rhost 등) 금지 - 파일 접근권한(permission, Owner, Super user access) - r 계열서비스 비활성화 등	스크립트를 활용한 취약점 진단
네트워크	라우터, 스위치 - snmp 취약점, 라우팅 프로토콜 - telnet/console/aux 제어, access-list설정 현황 및 파일점검 - Finger 서비스차단 - NTP 서버연동 - SNMP community string 복잡성설정 - Session Timeout 설정 등	전문가 및 담당자의 수동진단

보안 시스템	방화벽, 침입탐지 시스템 – rule set 점검 – 보안장비Default 계정변경 – 보안장비 계정별 권한 설정 – 보안장비 원격 관리 접근 통제 – 보안장비 로그 정기적 검토 – SNMP community string 복잡성설정 등	보안정책 및 기능점검
응용 시스템	홈페이지, ERP, System Integration, OWASP 10 취약점 진단 등 – 검증되지 않은 리다이렉트 및 포워드 – 알려진 취약점이 있는 컴포넌트 – 크로스 사이트 요청 변조(CSRF) – 기능 수준의 접근 통제 누락 – 민감 데이터 노출 – 보안 설정 오류 – 취약한 직접 객체 참조 – 크로스 사이트 스크립팅(XSS) – 인증 및 세션 관리 취약점 – 인젝션(Injection)	스크립트 TOOL 이용 기능 점검, Source code 진단
DB	DBMS 취약점 진단(오라클, MS-SQL, MySQL등) – 기본계정의 패스워드, 정책 등을 변경하여 사용 – 원격에서 DB서버로의 접속제한 – DBA이외의 인가되지 않은 사용자가 시스템 테이블에 접근 – scott 등 Demonstration 및 불필요 계정을 제거 – 패스워드의 사용기간 및 복잡도 설정 – DBA 권한을 필요한 계정 및 그룹에 대해서만 허용 등	스크립트를 활용한 취약점 진단
PC	노트북, PC진단 – 파일공유, 패스워드 설정 – 공유폴더 제거 – 항목의 불필요한 서비스 제거 – MSN, .NET 메신저 등)와 같은 상용메신저의 사용 금지 – 다른 OS로 멀티 부팅 금지 – PC 내부의 미사용(3개월) ActiveX 제거 등	스크립트를 활용한 취약점 진단

| 기술적 취약점 유형 및 진단 방법 |

– 취약점은 아래와 같이 취약점 진단 평가 기준에 따라 상, 중, 하로 취약점 정도를 점수화 하고 평가 기준에 따라 취약점 정도를 선택해야 한다.

취약점 정도	취약점 진단 정의
상 (3)	자산에 매우 심각한 약점으로 작용하여 보안상 매우 심각한 상황을 초래할 수 있는 취약점
중 (2)	자산에 보통의 영향을 미치는 약점으로 작용하는 취약점
하 (1)	자산에 그다지 큰 영향을 미치는 약점이 아니어서 취약점이 발견되어도 보안상 문제가 되지 않는 취약점

| 취약점 진단 평가 기준 |

– 취약점 평가방법 사례는 다음의 표와 같으며 위협 평가와 함께 위험도 산정을 선택하여 기존 보호 대책은 없는 것을 가정하여 위험도를 산정하였다.

NO	자산의 중요도			위협의 식별	위협의 평가	취약점 식별	취약점 평가	위험시나리오	위험도평가		
	C	I	A						C	I	A
1	2	2	2	비인가자에 의한 정보자산 접근	3	사용자 계정의 최근 암호 기억 설정이 미흡	3	계정에 동일한 암호를 장기간 사용할수록 공격자가 무작위 공격을 통해 암호를 확인할 수 있음	8	8	8
2	2	2	2	비인가자에 의한 정보자산 접근	3	로그온 실패 횟수에 따른 계정 잠금 정책 설정이 미흡	3	비인가자에 의한 지속적인 패스워드 유추공격 시도로 인한 시스템 침투 위험	8	8	8
3	2	2	2	비인가자에 의한 정보자산 접근	3	마지막 로그온 사용자 이름이 표시 안됨	2	비인가자가 서버에 마지막으로 로그온한 사용자의 이름을 확인하여 암호를 추측하거나 무작위 공격을 통해 로그온을 시도 할 수 있음	7	7	7
4	2	2	2	비인가자에 의한 정보자산 접근	3	로그온 경고 메시지가 설정 되어 있지 않음	2	경고메시지 설정 미비로 비인가자 접근 통제 미흡	7	7	7
5	2	2	2	비인가된 물리적 침입	1	통제구역에 정책설정의 미흡	3	정기적인 점검 활동이 이루어 지지 장비 이상징후 발생시 신속한 대응이 어려움	6	6	6

| 위험도 평가 사례 |

- **우려사항** : 조직의 성격에 따라 위협과 취약성을 통합하여 위험도를 도출 할 수 있는데 이를 우려사항이라고 정의하고, 우려되는 정도를 나타내는 값을 우려사항 평가기준(Concern Value)이라고 한다. 우려사항은 '위험도 산정 2'방식으로 위험도를 산출하며 '위험도 산정 2'방식을 선택하는 이유는 정보자산에 위협과 취약성을 구분하여 평가하는 것이 쉽지 않기 때문이다.
- 자산의 중요도가 높을 경우(핵심자산) 기술적인 솔루션 구축이나 관리적인 절차 방법으로 통제가 가능하더라도 '취약점이 높다'라고 평가한다. 만약 자산의 중요도가 낮을 경우 관리적인 절차와 같은 통제가 없는 경우에는 위험이 발생할 가능성이 높은데도 불구하고 '취약점이 낮다'라고 평가할 수 있다.
- 우려사항의 평가기준(Concern Value)을 다음의 표에 정의하였으며 해당 위험의 발생가능성을 분석하여 선택하도록 한다.

가능성	설명
높음(3)	년 1회 이상 발생 가능하며, 발생했을 때 해당 대책이 없음
중간(2)	발생가능성은 있으나 이에 대한 보호대책이 미흡함
낮음(1)	발생가능성이 거의 없거나 발생시 보호대책이 있음

| 우려사항의 평가기준 |

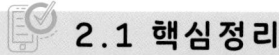
2.1 핵심정리

▶ 위험분석(Risk Analysis)은 정보자산을 보호하고 체계적으로 관리하기 위해서는 중요 정보를 식별하고 어떤 위협에 의해 어느 정도 수준의 위험에 노출되어 있는지를 평가하고, 위험수준을 낮추기 위한 대책을 수립하는 것이 필요하다.

▶ 사전 위험분석은 현재 조직의 정보시스템 환경에 적합한 위험분석 수준을 결정하는 것을 고려하는 것이며 무결성, 기밀성, 가용성 관점에서 보호해야 할 정보자산에 대한 업무 의존도, 사용목적, 시스템의 투자정도를 고려해야 한다.

▶ 위험도를 산정하는 것은 각각의 위협과 취약점을 정량화하여 표현하는 방법(위험도 산정1)과 조직의 성격에 따라 위협과 취약점을 구분하지 않고 하나로 표현하는 우려사항(Concern)방법(위험도 산정2)으로 활용되고 있다.
- 위험도 산정1 : 정보자산 중요도 등급 + 위협정도 + 취약점정도 - (기존 보호대책 정도)
- 위험도 산정2 : 정보자산 중요도 등급 + 우려사항 * 2

▶ 위험분석방법은 조직에서 보유하고 있는 정보자산의 위험을 세부적으로 측정 분석하는 기법으로서 공공기관이나 기업 환경에 따라 다양한 방법으로 도출될 수 있다.
- 정량적 분석법
- 정성적 분석법

▶ 위협분석은 위협을 파악하고 발생가능성 등 정보보호활동의 원인이 되는 변수들을 분석하는 과정으로서 위험을 산출하는데 있어 중요한 단계를 말한다.
- 의도적 위협
- 비의도적 위협

▶ 취약점은 각 자산별 취약점 수준을 통해 정보자산이 가지는 위험을 간접적으로 알 수 있으며 이를 통해 미리 업무처리에 대한 위험을 파악할 수 있다
- 서버
- 네크워크
- 보안 시스템
- 응용 시스템
- DB
- PC

2.2 위험분석 방법론

■ 위험분석 방법론은 ISO 31010: 위험관리-위험평가 기법(2009년 11월)의 내용 중 일부를 발췌하여 재편집한 것이다.

chapter 1 브레인 스토밍

■ 브레인 스토밍은 자유로운 대화를 자극하고 고양시키는 것이다. "브레인 스토밍"이라는 용어는 종종 어떤 종류의 그룹 토론을 의미하며, 매우 느슨하게 사용되기도 하였으나, 진정한 브레인 스토밍은 토론하는 그룹내의 다른 사람들의 생각과 의견으로 사람들의 상상력이 촉발되도록 하기 위한 기법이다.

■ 브레인 스토밍은 다른 위험 분석 방법론과 함께 사용할 수 있다. 위험 관리 프로세스의 모든 단계와 시스템의 수명주기의 어느 단계에서 상상력이 풍부한 생각을 유도하는 기법으로 사용될 수 있다. 브레인 스토밍 기법은 위험을 식별하는 상위 수준의 토론 보다는 자세한 검토 또는 특정 문제에 대한 상세한 수준에서 사용할 수 있다.
- 브레인 스토밍은 상상력에 중점을 둔다. 따라서 새로운 기술의 위험을 식별할 때, 특히 데이터가 없거나 문제에 대한 새로운 솔루션이 필요한 곳에서 특히 유용하다.

■ 브레인 스토밍은 공식적 또는 비공식적으로 이용할 수 있다. 공식적인 브레인 스토밍은 사전에 준비된 참가자들과 구조화할 수 있으며, 아이디어를 평가하는 수단으로 미리 정의된 목표와 결과를 가지고 진행할 수 있다. 비공식적인 브레인 스토밍은 구조화되어 있지 않고, 임시적으로 진행할 수 있다.

■ 브레인 스토밍의 강점은 다음과 같다.
- 새로운 위험과 새로운 솔루션을 식별하는데 도움이 되는 상상력을 이끌어낸다.
- 주요 이해 관계자를 포함하므로, 전반적인 커뮤니케이션을 지원해 준다.
- 상대적으로 빠르고 쉽게 진행할 수 있다.

■ 브레인 스토밍의 제한 사항은 다음과 같다.
- 참가자는 기술과 지식이 부족하여 효과적인 기여를 못할 수 있다.

- 상대적으로 구조화되지 않았기 때문에, 모든 잠재적 위험을 식별하는데 어려움을 겪을 수 있다.
- 귀중한 아이디어를 가진 일부 사람들은 조용히 있고, 토론을 지배하는 특정한 집단이 압도적으로 분위기를 이끌어 갈 수 있다.

chapter 2 인터뷰 (구조화 또는 반 구조화 인터뷰)

■ 구조화된 인터뷰에서 개별 면담자는 질문지에서 미리 준비된 질문내용을 요청하여 인터뷰에서 다른 관점으로 상황을 파악하고, 위험을 식별할 수 있다. 반 구조화된 인터뷰는 구조화된 인터뷰와 비슷하지만 대화에서 발생할 수 있는 문제를 보다 자유롭게 탐색할 수 있다.

■ 구조화된 인터뷰와 반 구조화된 인터뷰는 자유 토론과 관련된 상황이나 사람들에게 적절하지 않은 경우에 유용하다. 프로젝트 또는 프로세스의 모든 단계에서 적용될 수 있다. 이는 위험 평가에 이해 관계자의 의견을 제공하는 수단이다.

■ 인터뷰를 하기 위한 위험 관련 질문 내용이 미리 준비되어야 하며, 가능한 한 질문은 개방적이어야 하며, 인터뷰 대상자에게 적합한 언어로 간단해야 하며, 한 번에 한 가지 문제만 다루어야 한다. 또한 명확한 설명을 위한 가능한 한 후속 질문도 준비하는 것이 필요하다.
- 인터뷰 대상자를 이끌어가지 않도록 주의를 기울여야 하며, 인터뷰 대상자가 잘 알고 있는 분야를 탐구 할 수 있는 기회를 제공하기 위한 유연성이 고려되어야 한다.

■ 구조화 된 인터뷰의 강점은 다음과 같다.
- 구조화 된 인터뷰를 통해 사람들은 문제에 대해 생각할 시간을 가질 수 있다.
- 일대일 의사소통을 통해 문제를 심층적으로 고려할 수 있다.
- 상대적으로 작은 그룹을 사용하는 브레인 스토밍 보다는 구조화된 인터뷰를 통해 보다 많은 이해 관계자가 참여할 수 있다.

■ 인터뷰의 제한 사항은 다음과 같다.
- 인터뷰를 통해 여러 의견을 얻는 데는 많은 시간이 필요하다.
- 편견이 그대로 반영될 수 있고, 이러한 편견이 그룹 토론을 통해서도 그대로 남을 수 있다.
- 브레인 스토밍의 특징인 상상력의 유발은 달성되지 못할 수 있다

chapter 3   델파이 기법

■ 델파이 기법은 전문가 그룹의 견해에 대한 신뢰할 수 있는 합의를 도출하는 절차이다. 델파이 기법의 본질적인 특징은 프로세스가 진행됨에 따라 전문가가 개별적으로 익명으로 의견을 표명하면서 다른 전문가의 견해에 접근할 수 있다.

■ 델파이 기법은 위험 관리 프로세스의 모든 단계 또는 시스템 수명주기의 모든 단계에 적용될 수 있으며, 전문가의 견해에 대한 합의가 필요한 곳이면 어디든 적용 가능하다.

■ 전문가 그룹은 반 구조화 된 설문지를 사용하여 질문하고, 전문가들이 이에 응답하는 형태로 진행 절차는 다음과 같다.
- 델파이 프로세스를 이행하고 모니터링 할 팀 구성
- 전문가 그룹 선정
- 설문지 개발
- 설문지 테스트
- 개별적으로 전문가 패널리스트에게 질문지 송부
- 1차 응답의 정보 분석 후, 전문가 패널리스트에게 재 회람
- 전문가 패널리스트가 응답하고, 합의가 이루어질 때까지 프로세스 반복

■ 델파이 기법의 장점은 다음과 같다.
- 견해가 익명이기 때문에 인기가 없는 의견이 더 많이 표현 될 수 있다.
- 모든 견해는 동등한 관점에서 진행되므로, 좌중을 압도하는 경향을 피할 수 있다.
- 결과의 소유권을 갖게 된다.
- 전문가 패널이 한 번에 한 곳에서 모일 필요가 없다.

■ 델파이 기법의 제한 사항은 다음과 같다.
- 노동 집약적이며 시간이 많이 소요된다.
- 참가자는 서면으로 자신을 명확하게 표현할 수 있어야 한다.

chapter 4 체크리스트

■ 체크리스트는 일반적으로 이전의 위험 평가 결과 또는 과거의 실패로 인한 경험으로부터 개발된 위험 또는 통제 실패의 목록이다

■ 체크리스트는 위험을 식별하거나 통제 수단. 제품, 프로세스 또는 시스템의 수명주기의 어느 단계에서나 사용할 수 있으며, 다른 위험 평가 기법의 일부로 사용될 수 있다. 그 중에서도 특히 새로운 문제를 확인하는 상상력이 뛰어난 기술이 적용된 후에 모든 것이 다루어졌는지 확인하고자 하는 경우에 가장 유용하다.

■ 체크리스트의 진행 절차는 다음과 같다.
- 위험 분석의 활동 범위 정의
- 위험 분석 범위를 적절하게 다루는 체크리스트 선택
- 프로세스의 각 요소를 단계별로 실행하는 지 검토

■ 체크리스트의 강점은 다음과 같다.
- 비 전문가가 사용할 수 있다.
- 잘 설계된 경우, 광범위한 전문 지식을 사용하기 쉬운 시스템에 결합할 수 있다.
- 일반적인 문제를 잊지 않도록 도움을 줄 수 있다.

■ 체크리스트 기법의 제한 사항은 다음과 같다.
- 위험 식별에 있어 상상력을 방해하는 경향이 있다.
- '알려지지 않은' 것이 아닌 알려진 것만을 다루게 된다.
- 단순히 체크만을 하는 유형의 행동을 권장할 수 있다.
- 체크리스트만으로 접근하므로, 쉽게 파악할 수 없는 문제를 놓칠 수 있다.

chapter 5 HAZOP

■ HAZOP은 HAZard 및 OPerability 약어로 계획되거나 기존의 제품, 프로세스, 절차 또는 시스템을 구조적이고 체계적으로 검사한다는 것을 의미한다. 이는 사람, 장비, 환경 및 조직의 목표에 대한 위험을 식별하는 기법이다. HAZOP은 가능한 경우 위험을 처리하기 위한 해결책을

제공할 것으로 기대된다.
- HAZOP 프로세스는 설계의 의도나 운영 조건이 설계, 프로세스, 절차 또는 시스템의 각 단계에서 어떻게 달성에 방해가 되는 지 질문하는 가이드 단어 이용에 기반을 둔 정성적인 기법이다. 이러한 HAZOP은 계속적으로 이어지는 회의 중에 여러 분야의 팀이 수행하는 것이 일반적이다.
- HAZOP은 프로세스, 시스템 또는 절차의 실패 모드를 원인 및 결과로 식별한다는 점에서 FMEA와 유사하다. HAZOP은 의도된 결과 및 조건으로부터 원하지 않는 결과 및 편차를 고려하여, 이를 토대로 가능한 원인 및 고장 모드로 되돌아가는 반면, FMEA는 고장 모드를 식별함으로써 분석이 시작된다는 점에서 다르다.

■ HAZOP 기법은 처음에는 화학 공정 시스템을 분석하기 개발되었으며, 이 분석기법이 다른 유형의 시스템과 복잡한 프로세스로 확장된 것이다. 여기에는 기계 및 전자 시스템, 절차 및 소프트웨어 시스템, 조직 변경 및 법적 계약 설계까지 가능하다.
- HAZOP 프로세스는 설계, 구성 요소, 계획된 절차 및 인간 행동의 결함으로 인해 의도된 설계로부터 벗어나는 모든 형태를 처리 할 수 있으며, 특히 소프트웨어 설계 검토에서 폭 넓게 사용되고 있다.
- HAZOP 기법은 일반적으로 의도된 공정의 전체 다이어그램을 사용할 수 있지만, 설계 변경이 가능한 세부 설계 단계에서 수행된다.

■ HAZOP 기법의 필수 입력 사항에는 시스템에 대한 최신 정보, 검토할 프로세스 또는 절차, 설계 의도 및 성능 사양이 포함된다.
- 입력물에는 도면, 사양서, 흐름 시트, 공정 제어 및 논리 다이어그램, 레이아웃 도면, 유지 보수 절차 및 비상 대응 절차가 포함될 수 있다.

■ HAZOP은 프로세스, 절차 또는 시스템의 설계서 및 명세서 각 부분을 검토하여 성과에서 어떤 편차가 발생할 수 있는 지, 잠재적인 원인은 무엇인 지, 편차의 결과가 무엇인 지 찾는 방식이다.
- 이러한 HAZOP은 시스템, 프로세스 또는 절차의 각 부분이 적절한 가이드 단어를 통해 어떻게 주요 매개 변수의 변화에 대응하는 지 체계적으로 조사하는 방식으로 진행된다.
- 가이드 단어는 특정 시스템, 프로세스 또는 절차에 맞게 사용자 측면에서 정의할 수 있으며, 모든 유형의 편차를 포괄하는 일반적인 단어를 사용할 수 있다.

■ 일반적인 HAZOP 기법의 진행 단계는 다음과 같다.
- HAZOP 기법으로 위험 분석을 수행하는 데 필요한 책임과 권한을 가진 사람을 지명하고,

HAZOP 기법 진행 과정에서 발생하는 모든 조치가 완료되었는지 확인
- 위험분석의 목적과 범위 정의
- 위험분석을 위한 일련의 주요 단어 또는 가이드 단어 수립
- 여러 분야의 전문가들로 구성되며 의도된 설계 또는 현재의 설계와의 편차의 효과를 평가할 적절한 기술 전문 지식을 갖춘 설계 및 운영 인력을 포함하는 HAZOP 수행 팀 정의(HAZOP 수행 팀에 시스템이나 프로세스를 검토하고 있거나 설계에 직접 관여하지 않은 전문가 참여 바람직)

■ HAZOP 분석의 강점은 다음과 같다.
- 시스템, 프로세스 또는 절차를 체계적으로 철저히 검사 할 수 있는 수단 제공
- 실제 운영 경험이 있는 팀을 포함한 다방면의 전문가 위험처리를 수행할 담당자 참여
- 위험 처리 실행방안 발굴
- 광범위한 시스템, 프로세스 및 절차에 적용 가능
- 사람들로부터 발생하는 인적 오류의 원인과 결과를 명확하게 고려

■ HAZOP 분석 기법의 제한 사항은 다음과 같다.
- 상세한 분석을 위해 많은 시간과 비용 소요
- 도전적으로 접근하기 보다는 세부적인 솔루션을 찾는 데 집중할 가능성 존재
- 분석이 설계 세부 사항에만 초점을 맞추고, 보다 넓은 관점에서 접근하지 않을 수 있음

chapter 6 SWIFT (Structured "What-if" Technique)

■ SWIFT는 원래 HAZOP에 대한 간단한 대안으로 개발된 것이다. SWIFT는 참가자들이 위험을 식별하도록 자극하기 위험 워크숍 내에서 진행자가 사용하는 '즉각적인' 단어 또는 문구 모음을 활용하여 체계적인 기법이다. 촉진자와 팀은 시스템, 조직 또는 절차가 정상적인 작동 및 행동과의 편차에 의해 어떻게 영향을 받는 지 조사하기 위해 표준 'what-if' 유형 문구를 사용한다.

■ SWIFT는 원래 화학 및 석유 화학 플랜트 유해성 연구를 위하여 설계되었지만, 이 기법은 현재 시스템, 플랜트, 절차 및 조직 전반에 광범위하게 적용된다. 특히 SWIFT는 변화의 결과를 조사하고 변경되거나 만들어지는 위험을 조사하는 데 사용된다.

■ 이 기법을 적용하기 전에 시스템, 절차, 플랜트 및 변경 사항을 신중하게 정의해야 한다. 조직의 외부 및 내부 상황은 인터뷰를 통해 그리고 진행자가 작성한 문서, 계획 및 도면을 통해 파악한다. 일반적으로 연구를 위한 항목, 상황 또는 시스템은 분석 프로세스를 용이하게 하기 위한 주요 요소로 나누어진다.

■ SWIFT의 일반적인 진행 프로세스는 다음과 같다.
- 기법 시행 이전에, 촉진자는 단어의 적절한 즉각적인 목록을 준비하거나 표준 세트를 기반으로 포괄적으로 사용할 수 있도록 만들어진 구문 검토
- 워크샵에서 항목, 시스템, 변화 또는 외부 및 내부 조직의 상황과 기법 적용 범위 논의
- 진행자는 참가자들에게 다음 사항을 제기하고 토론하도록 요청
  - 알려진 위험(risks) 및 위해(hazards)
  - 이전 경험 및 사건
  - 기존 통제 및 안전 장치
  - 요구 사항 및 제약 조건
- 'what-if' 문구와 즉각적인 단어나 제목을 사용하여, 질문을 작성함으로써 토론 촉진
- 위험 요소를 요약하고 팀이 통제를 적절하게 고려
- 위험, 원인, 결과 및 예상되는 통제에 대한 설명 내용을 팀에서 확인 및 기록
- 팀은 통제가 적절하고 효과적으로 진행되는지 점검
- 토론에서 추가 위험을 식별하기 위한 'what-if' 질문 제시
- 진행자는 목록을 사용하여 토론을 모니터링하고 추가로 팀이 토론할 문제 및 시나리오 제안
- 질적 측면이나 반 정량적 위험 평가 방법을 사용하여, 우선순위 측면에서 진행

■ SWIFT 분석의 강점은 다음과 같다.
- 모든 형태의 물리적 플랜트 또는 시스템, 상황 또는 환경에 널리 적용
- 팀 준비가 비교적 적음
- 주요 위험이 워크샵 세션에서 신속하게 드러남
- '시스템 지향적'이며, 참여자가 편차에 대한 시스템 응답을 파악할 수 있음
- 프로세스 및 시스템의 개선 기회 확인
- 기존에 책임이 있는 사람들이 워크샵에 참여하고, 추가 위험 처리 작업 책임 강화
- 약간의 노력으로 위험 식별과 위험 처리 계획 생성

■ SWIFT 분석 기법의 제한 사항은 다음과 같다.
- 효율적이고 경험이 풍부하고, 유능한 진행자 필요

- ⟶ 작업장 팀의 시간을 낭비하지 않도록 주의 깊은 준비 필요
- ⟶ 워크숍 팀이 충분한 경험이 없거나 시스템이 포괄적이지 않은 경우, 일부 위험이 확인되지 않을 수 있음
- ⟶ 기술의 응용 수준이 복잡하고 상세하며, 서로 얽혀있는 경우에는 위험이 식별되지 않을 수 있음

chapter 7 시나리오 분석

■ 시나리오 분석은 미래가 어떻게 될 지 분석해 보는 기법이다. 가능한 미래의 상황을 고려하고, 그 의미를 탐구하여 위험을 식별하는 데 사용할 수 있다. '최상의 경우', '최악의 경우' 및 '예상 사례'를 반영한 시나리오 집합을 사용하여 위험을 분석할 때, 민감도 분석의 한 형태로 각 시나리오의 잠재적인 결과와 그 가능성을 분석할 수 있다.
- ⟶ 기술, 소비자 선호도, 사회적 태도 등의 시나리오 분석은 변화의 가능성을 예측하여, 그 결과를 고려하여 조직의 예측 가능한 변화에 적응하는데 필요한 강점과 탄력성을 개발한다.

■ 시나리오 분석은 정책 결정을 내리고, 미래를 기획하는 데 도움이 될 수 있다. 시나리오 분석에서는 전략뿐만 아니라 기존 활동도 고려해야 한다. 위험 식별 및 분석을 최상의 사례, 최악의 사례 및 예상 사례를 반영하는 시나리오 집합을 사용하여 특정 상황에서 발생할 수 있는 상황을 식별하고, 각 시나리오의 잠재적인 결과 및 가능성을 분석할 수 있다. 시나리오 분석은 위협과 기회가 어떻게 발전할 것인 지를 예측하는 데 사용될 수 있으며, 단기 및 장기간의 모든 기간에 모든 유형의 위험에 사용될 수 있다.
- ⟶ 시나리오 분석은 커뮤니티 또는 조직의 공간, 시간 및 그룹에 대한 긍정적인 결과 및 부정적인 결과 등에서 서로 간에 큰 차이가 있는 경우 더 유용할 수 있다..

■ 시나리오 분석을 위한 구조는 비공식적이거나 형식적일 수 있으며, 고려해야 할 문제의 상황 및 문제를 정의한 후, 다음 단계는 발생할 수 있는 변화의 특성을 확인하는 것이다.

■ 시나리오 분석은 과거 데이터를 사용하여, 향후 이벤트가 예전의 추세를 계속 따라 가게 될 것이라고 가정하는 고 – 중 – 저 예측에 의존하는 전통적인 접근방법 보다 바람직한 미래의 가능성을 고려한다. 그러므로, 예측을 기반으로 하는 현재의 지식이 없거나 장기간에 걸쳐 위험이 고려되는 상황에서 더 중요하다.
- ⟶ 불확실성 시나리오의 일부는 비현실적일 수 있음

- 시나리오 분석 사용의 주요 어려움은 데이터 분석가와 의사 결정자가 가능한 결과를 조사 할 수 있는 현실적인 시나리오를 개발할 수 있는 능력과 관련됨
- 시나리오 분석을 의사 결정 도구로 사용하는 데 따르는 위험은 사용된 시나리오에 적절한 데이터에 의한 기반이 없고 단순한 추측일 수 있음

chapter 8   비즈니스 영향 분석

■ 비즈니스 영향 분석(비즈니스 영향 평가라고도 함)은 비즈니스의 중단 위험이 조직의 운영에 중대한 영향을 미칠 수 있으며, 이를 관리하는 데 필요한 능력을 식별하고 정량화하는 분석 기법이다.
- 주요 비즈니스 프로세스, 기능 및 관련 비즈니스의 식별 및 중요 자원과 조직에 존재하는 상호 의존성 파악
- 파괴적인 사건이 핵심 비즈니스 목표를 달성하는 역량에 미치는 영향
- 중단의 영향을 관리하고, 합의된 수준의 작업으로 업무를 복구하는 데 필요한 역량

■ 비즈니스 영향 분석은 목표의 지속적인 달성을 보장하기 위한 프로세스 및 관련 자원(사람, 장비, 정보 기술)의 중요성 및 복구 시간을 결정하는데 사용된다. 또한 비즈니스 영향 분석은 프로세스, 내부 및 외부 이해관계자와 모든 공급망 연계 간의 상호 의존성 및 상호 관계를 결정하는데 도움을 준다.

■ 비즈니스 영향 분석은 설문 조사, 인터뷰, 워크샵 또는 세 가지 조합으로 중요 프로세스의 이해, 프로세스의 손실 및 필요한 복구 시간과 지원 리소스를 파악하기 위한 것이다.

■ 비즈니스 영향 분석에서의 일반적인 진행 프로세스는 다음과 같다.
- 위험 및 취약성 평가, 주요 프로세스 확인 및 중요성을 결정하기 위한 조직의 산출물
- 중요 프로세스의 중단으로 인한 기간 동안 재정 및 운영 조건
- 주요 내부 및 외부 이해 관계자와의 상호 의존성 확인
- 현재 사용 가능한 자원과 필수 자원 수준 결정
- 현재 사용 중이거나 계획 중인 대안 프로세스 식별
- 각 프로세스에 대한 최대 허용 중단 시간 결정
- 특정 장비에 대한 복구 목표시간(RTO) 결정

- ⑩ 중요한 프로세스를 관리하기 위한 현재의 준비 수준 확인

■ 비즈니스 영향 분석의 강점은 다음과 같다.
- ⑩ 명시된 목표를 계속 달성할 수 있는 능력을 조직에 제공하는 중요 프로세스 이해
- ⑩ 필요한 자원에 대한 이해
- ⑩ 조직의 회복탄력성을 통한 운영 프로세스 재정의

■ 비즈니스 영향 분석 기법의 제한 사항은 다음과 같다.
- ⑩ 복구 요구 사항에 대한 단순하거나 지나치게 낙관적인 기대
- ⑩ 조직 운영에 대한 적절한 수준의 이해를 얻기 어려움

chapter 9 고장 모드 및 영향 분석 (FMEA)

■ 고장 모드 및 영향 분석(FMEA)은 구성 요소, 시스템 또는 프로세스가 설계 의도를 달성하지 못하는 방식을 식별하는데 사용되는 기법이다.
- ⑩ 시스템의 다양한 부분에서 발생할 수 있는 모든 장애 모드
- ⑩ 실패가 시스템에 미칠 수 있는 영향
- ⑩ 실패의 메커니즘
- ⑩ 장애를 피하는 방법 또는 시스템에 장애가 미치는 영향을 완화하는 방법

■ FMEA를 확장하여 식별된 각 고장 모드가 중요도 또는 중요도에 따라 등급을 정할 수 있다. 이 중요성 분석은 일반적으로 정성적 또는 준 정량적 분석이지만, 실제 고장률을 사용하여 정량화할 수 있다.

■ FMEA에는 여러 가지 용도가 있다. 구성 요소 및 제품에 사용되는 설계(또는 제품) FMEA, 시스템에 사용되는 시스템 FMEA, 제조 및 조립 공정 FMEA, 서비스 FMEA 및 소프트웨어 FMEA으로 구분이 가능하고, 프로세스 및 절차에도 적용될 수 있다.

■ 고장 모드 및 영향 분석(FMEA)은 일반적인 진행 프로세스는 다음과 같다.
- ⑩ 연구의 범위와 목적을 정의한다.
- ⑩ 팀을 구성한다.

- FMEA의 대상이 되는 시스템 및 프로세스를 이해한다.
- 시스템의 구성 요소 또는 단계로의 고장을 파악한다.
- 나열된 모든 구성 요소 또는 단계에 대해 다음 사항을 확인한다.
  - 어떻게 각 부분이 고장이 발생할 수 있는가?
  - 어떤 메커니즘이 이러한 고장 모드를 만들어 낼 수 있는가?
  - 고장이 발생한 경우, 어떤 영향을 미칠 수 있는가?
  - 무해하거나 파괴적인 고장인가?
  - 장애는 어떻게 탐지되는가?

■ FMEA 모델 중요도는 고려중인 모드로 인하여 발생하는 시스템 전체가 실패할 확률을 측정하며, 다음과 같이 정의한다.
- 고장 영향 확률 * 모드 실패율 * 시스템 작동 시간

■ 고장 모드 및 영향 분석(FMEA)의 강점은 다음과 같다.
- 사람, 장비 및 시스템 고장 모드 및 하드웨어, 소프트웨어, 절차에 광범위하게 적용 가능
- 구성 요소 고장 모드, 원인 및 시스템에 미치는 영향을 식별하고, 쉽게 읽을 수 있는 형식으로 제시
- 설계 프로세스 초기에 문제를 식별함으로써, 서비스 비용이 많이 드는 장비 오류 수정의 필요성 최소화
- 이중화 또는 안전 시스템에 대한 단일 지점 고장 모드 및 요구 사항 식별
- 모니터링할 주요 기능을 강조하여, 모니터링 개발 프로그램에 입력 요소 제공

■ 고장 모드 및 영향 분석(FMEA)의 제한 사항은 다음과 같다.
- 장애 모드의 조합이 아닌 단일 장애 모드를 식별하는 데 사용 가능
- 적절히 통제되고 집중되지 않는 한, 기법 적용에 많은 시간과 비용 소요
- 복잡한 다중 계층 시스템에서는 적용하기 어렵고 지루할 수 있음

chapter 10 인과 관계 분석

■ 인과 관계 분석은 가능한 원인을 규명하는 구조화된 방법으로서, 바람직하지 않은 사건이나 문제를 광범위하게 정리한다. 모든 가능한 가설을 고려할 수 있도록 분류하지만, 실제 원인을 가리키지는 않는다. 왜냐하면 이것은 실제 증거와 가설의 경험적 시험에 의해서만 결정될 수

있기 때문이다. 이 기법은 Fishbone (Ishikawa라고도 함) 또는 때때로 트리 다이어그램으로 구성되기도 한다.

- 인과 관계 분석은 전문가 팀에 의해 생성된 모든 가능한 시나리오와 원인을 고려하는데 사용되며, 경험적으로 또는 사용 가능한 데이터를 평가하여 가장 가능성이 높은 원인에 대한 합의를 도출한다. 가능한 원인에 대한 사고를 넓히고, 더 공식적으로 고려될 수 있는 가설을 수립하는 것이 분석 초기에 가장 중요하다.

- 인과 관계 분석은 해결이 필요한 문제에 대해 잘 알고 있는 전문가 팀이 수행해야한다.

- 인과 관계 분석 일반적인 진행 프로세스는 다음과 같다.
  - 분석할 효과를 설정하고 상자에 넣는다. 상황에 따라 효과는 긍정적 또는 부정적일 수 있다.
  - Fishbone 다이어그램에서 상자로 표시되는 원인의 주요 범주를 결정한다. 일반적으로 시스템 문제의 경우 범주는 사람, 장비, 환경, 프로세스 등이 될 수 있다.
  - 각 주요 카테고리의 가능한 원인을 기입하고, 그들 사이의 관계를 기술한다.
  - 원인을 연결하기 위해 "왜?" 또는 "무엇이 원인이 되었습니까?"라는 질문을 계속한다.
  - 모든 요인을 검토하여 일관성과 완전성을 확인하고, 원인을 확인한다.
  - 팀의 의견과 증거를 바탕으로 가장 가능성이 높은 원인을 파악한다.

- 인과 관계 분석의 결과는 가능성이 높고 가능한 원인을 보여주는 Fishbone 또는 트리 다이어그램이다. 이것은 경험적으로 증명되고 검증되어야한다.

- 인과 관계 분석의 강점은 다음과 같다.
  - 팀 환경에서 근무하는 해당 전문가의 개입
  - 구조화된 분석
  - 모든 가능한 가설에 대한 고려
  - 원하지 않는 영향뿐만 아니라 원하는 요소를 식별하는 데 사용

- 인과 관계 분석의 제한 사항은 다음과 같다.
  - 분석 팀이 필요한 전문 지식을 갖추지 못할 수 있음
  - 카테고리 간 상호 작용이 적절하게 고려되지 않을 수 있음

chapter 11　인간 신뢰도 평가 (HRA)

■ 인간 신뢰도 평가(human reliability assessment, HRA)는 인간이 시스템 성능에 미치는 영향을 다루며, 시스템에 대한 오류의 영향을 평가하는 데 사용될 수 있다.

■ HRA는 정성적 또는 정량적으로 사용될 수 있다. 정성적인 방법은 인적 오류 및 그 원인에 대한 잠재성을 파악하여 오류 확률을 줄일 수 있으며, 정량적인 HRA는 FTA 또는 기타 기법을 통한 인적 실패 데이터를 제공하는데 사용할 수 있다.

■ 인간 신뢰도 평가(HRA)에 대한 입력 내용은 다음과 같다.
- 사람들이 수행해야하는 업무를 정의하는 정보
- 실제로 발생하는 오류 유형 및 오류 가능성
- 인간의 실수와 그 정량화에 관한 전문 지식

■ 인간 신뢰도 평가(HRA)는 일반적인 진행 프로세스는 다음과 같다.
- 어떤 유형의 인간 개입이 조사되고 평가되어야 하는 지 문제 정의
- 작업 수행 방법 및 성능 지원을 위한 작업 분석
- 작업 성과가 실패하는 방법 및 발생할 수 있는 오류 및 복구 할 수 있는 인적 오류 분석
- 작업 성과 실패나 오류가 다른 하드웨어, 소프트웨어 및 환경 이벤트와 통합하여 만들어내는 시스템 오류 확률
- 자세한 정량화가 필요하지 않은 오류 또는 작업의 전수 조사
- 개인별 오류 및 작업 실패 가능성의 정량화
- 오류 또는 작업이 신뢰성 또는 위험에 가장 중요하게 미치는 영향 평가
- 사람의 신뢰도를 높일 수 있는 오류 경감 방안
- HRA의 세부적인 내용을 정리한 문서화

■ 인간 신뢰도 평가(HRA)의 강점은 다음과 같다.
- HRA는 인간이 중요한 역할을 하는 시스템에 사람의 실수를 포함한 메커니즘 파악
- 인간의 오류로 인한 실패 확률을 줄일 수 있는 오류 모드와 메커니즘 공식화

■ 인간 신뢰도 평가(HRA)의 제한 사항은 다음과 같다.
- 단순한 고장 모드를 정의하는 인간의 복잡성과 다양성으로 인하여 발생 확률 파악 어려움

- 대부분의 인간 활동이 단순하지 않아, HRA에서 부분적인 실패, 품질의 저하 또는 잘못된 의사결정을 다루기 어려움

2.2 핵심정리

- 브레인 스토밍은 자유로운 대화를 자극하고 고양시키는 것으로, 토론하는 그룹내의 다른 사람들의 생각과 의견으로 상상력이 촉발되도록 하기 위한 기법이다.

- 구조화된 인터뷰에서 개별 면담자는 질문지에서 미리 준비된 질문 집합을 요청하여 인터뷰 대상에게 다른 관점에서 상황을 파악하고, 해당 관점에서 위험을 식별하도록 권장한다.

- 델파이 기법은 전문가 그룹의 견해에 대한 신뢰할 수 있는 합의를 도출하는 절차이다.

- 체크리스트는 일반적으로 이전의 위험 평가 결과 또는 과거의 실패로 인한 경험으로부터 개발된 위험 또는 통제 실패의 목록이다.

- HAZOP은 HAZard 및 OPerability 약어로 계획되거나 기존의 제품, 프로세스, 절차 또는 시스템을 구조적이고 체계적으로 검사한다는 것을 의미한다.

- SWIFT는 참가자들이 위험을 식별하도록 자극하기 위험 워크숍 내에서 진행자가 사용하는 '즉각적인' 단어 또는 문구 모음을 활용하여 체계적인 기법이다.

- 시나리오 분석은 미래가 어떻게 될지 분석해 보는 기법이다.

- 비즈니스 영향 분석은 비즈니스의 중단 위험이 조직의 운영에 중대한 영향을 미칠 수 있으며, 이를 관리하는 데 필요한 능력을 식별하고 정량화하는 분석 기법이다.

- 고장 모드 및 영향 분석(FMEA)은 구성 요소, 시스템 또는 프로세스가 설계 의도를 달성하지 못하는 방식을 식별하는데 사용되는 기법이다.

- 인과 관계 분석은 가능한 원인을 규명하는 구조화된 방법으로서, 바람직하지 않은 사건이나 문제를 광범위하게 정리한다.

- 인간 신뢰도 평가 (human reliability assessment, HRA)는 인간이 시스템 성능에 미치는 영향을 다루며, 시스템에 대한 오류 영향을 평가하는 데 사용될 수 있다.

3장 위험분석 결과 조치

평가 목표	• 취약점을 제거하거나 위험을 최소화할 수 있는 통제방안을 도출할 수 있다. • 통제방안이 적용되는 경우에 기대되는 위험감소와 통제방안 적용시 소요되는 비용 간의 비용 편익 분석을 수행할 수 있다. • 위험 관리를 수행하는 과정에서 수집된 자산 평가, 위험 평가 등을 문서화할 수 있다.

3.1 위험분석 결과 조치 방법론

chapter 1 위험 처리

■ 조직의 수용 가능한 위험(DoA, Degree of Assurance) 수준을 넘어서는 위험은 어떻게든 처리를 해야 한다. 위험 처리(Risk Treatment) 방법에는 위험 감소, 위험 회피, 위험 전가, 위험 수용의 4가지가 있다.

- 수용 가능 위험 수준의 결정은 정보보호위원회와 같은 최고 정보보호 협의/의결 기구의 결정을 거쳐야 한다. (정보보호 조직만의 독자적인 결정이 이루어지지 않아야 한다)
- DoA 이상의 위험은 위험을 줄여야 하는 수준으로 판단하고 위험 처리를 하여야 한다.
- 식별된 각 위험별 통제를 적용하기 위해서는 담당부서 별 구체적인 정보보호 대책과 추진시기 등을 포함한 정보보호 계획을 취합한다.
- 최종 위험분석 및 위험평가 보고서는 정보보호최고책임자(CISO) 또는 대표이사(CEO)의 검토 및 승인을 받아야 한다.

■ 정보보호 대책의 선정

- 위험감소 전략으로 선정된 위험들을 수용 가능한 수준으로 감소시키기 위해 적절한 통제가 이루어지도록 명문화해야 한다.
- 위험 처리 방안을 선택하고 그것을 어떤 조건과 순서로 적용할지는 전략을 먼저 수립하고 그에 따른 방안을 결정하여야 하며, 비용 최소화나 안전 우선 등 조직의 위험을 대하는 기본적인 태도가 의사결정에 영향을 준다. 그 외에도 기술적 적용 가능성, 적용되는 법, 시간, 조직 문화, 재정 상황 등도 영향 요인이다.
  - 보호대책 수립, 구현, 유지 비용은 합리적 예산 내 처리가 가능해야 한다.

- 처리 비용 보다 높은 보호 수준이 요구될 경우, 비용이 자산의 가치보다 높을 수도 있다.
- 프로그램 및 하드웨어와의 호환성, 기술 구현 용이성 등 기술적 고려도 필요하다.
- 위험 관리를 허용하는 기간 내에 처리(조치) 될 수 있도록 한다.

◉ 기대효과 분석을 통해 제한된 비용으로 최적의 효과 고려
- 위험요소를 점검하여 위험요소를 제거, 최소화 할 수 있는 개선 대책을 마련한다.
- 유사 사례에 대한 벤치마킹을 통해 최악의 상황에 대한 조치사항, 책임사항을 준비한다.
- 위험 요소에 대한 점검 및 개선을 위한 총괄 계획표를 작성한다.

◉ 기술적인 위험인 경우 해당 취약점을 제거하는 방향으로 위험을 감소시키고 실제 이행시기와 소요 예산도 고려하여야 한다.

◉ 관리적인 위험(업무프로세스 등)은 담당자 인터뷰, 지침 열람, 현장 실사 등을 통해 각 우려사항을 도출하고 그에 대한 개선방안을 함께 기술한다.

■ 정보보호 대책 이행의 경영진 승인

◉ 정보보호대책 이행계획은 매 월, 매 분기, 매반기 등 연 1회 이상 주기적으로 그 이행여부와 문제점을 파악하여 정보보호최고책임자(CISO) 등 경영진에게 보고하여야 한다.

◉ 정보보호최고책임자는 매년 위험관리를 통해 도출된 정보보호 이행계획의 시행여부를 연 1회 이상 확인하여야 한다.

◉ 이행 확인은 경영진 보고회의 때 이루어지며, 이때 정보보호 조직이 정보보호 이행계획의 각 이행사항에 대한 진도 및 이슈사항 등을 포함하는 내용으로 보고를 한다.

구분	내용
위험 감소 (Risk Reduction)	- 위험을 감소시킬 수 있는 대책을 강구하여 적용한다. - 가능성을 감소시키기 위한 선행적 통제 도입 및 결과를 줄이기 위한 반응적 통제를 도입한다. - 경영진 활동이 필요한 사항에 대한 기준 제한 수립 (KRI: 핵심 위험 지표) - 부주의로 발생하는 위험을 줄이기 위한, 위험 대응 훈련 및 교육 개선 - 대책의 선택에는 비용과 실제 감소되는 위험의 크기를 비교하는 비용 효과 분석을 실시한다. 즉, 정보보호 대책의 효과 = 원 ALE - 대책 구현 후 ALE - 연간 대책 비용 이며, 이것이 양(+)을 갖는 대책을 선택한다. - 사례 : 위험 분산을 위해 제품/고객의 다각화
위험 회피 (Risk Avoidance)	- 위험이 존재하는 비즈니스/프로세스/제품을 포기하거나 재배치한다. - 위험한 고객 (세분화) 및 공급자 (선호 공급자 리스트) 관계 정리 - 사례 : 사업 철수, 매각
위험 전가 (Risk Transfer)	- 잠재적 비용을 제3자에게 이전하거나 할당한다. - 사례 : 보험, 외주, 성과 계약(공급자와 위험 분배)
위험 수용 (Risk Acceptance)	- 현재의 위험을 받아들이고 잠재적 손실 비용을 감수한다. - 어떠한 대책을 도입하더라도 위험을 완전히 제거할 수는 없으므로, 일정 수준 이하의 위험은 불가피 하게 인정하고 사업을 진행한다. - 주변 환경의 변화에 따라 위험 요인으로 변화할 수 있는 점재위험을 지속적으로 감시하고 모니터링 한다. - 적정 위험수준 주변의 위험도가 위협 모니터링 대상이 된다. - 사례 : 위험을 수용하고 그 손실에 대비하여 재무적 준비금을 마련

| 위험 처리(Risk Treatment) |

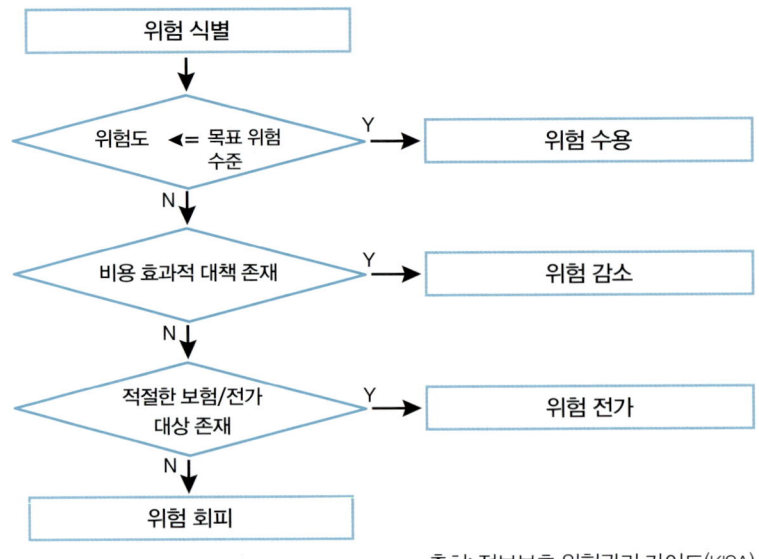

| 위험 처리 절차 |

■ 정보보호 대책 구현

- 선택된 통제사항을 정보보호계획에서 정의된 일정계획과 우선순위에 따라 구현하는 것이 적절하다.
- 구현 및 운영 시 가장 중요한 요소는 자원이다(자원 확보를 위해서는 경영진의 의사와 지원이 가장 중요하다)
- 구현을 마치고 나면 구현된 정보보호대책에 대한 검토를 수행하여 프로젝트가 계획대로 진행되었으며 목적을 달성하였는지를 승인자에게 보고/승인 받아 문서화한다.
- 구현된 통제를 문서화하고 통제의 변경에 따라 문서를 유지관리 해야 한다.
- 경영진은 정보보호 대책의 이행계획이 잘 이루어지고 있는지 년 1회 이상의 주직적인 보고를 받을 필요가 있다.
- 경영진은 정보보호 대책이 효과적으로 구현되고 있는지 그 정확성과 효과성을 측적하여야 한다.
- 정보보호 대책에 대한 구현 여부를 관리/감독하지 않는다면 보호 대책과 이행 계획은 잘 구축했더라도 일부 위험은 제거되지 못한채 조직에 큰 피해를 가져올 수 있다.

※ 참고 ※

• 정보보호대책 명세서
- 정보보호관리체계 인증심사기준의 모든 통제사항에 대해 선택 여부와 근거를 명시한 문서

• 정보보호계획서
- 위험관리 과정에서 채택한 대책들을 구현하기 위한 일정, 담당, 소요자원, 구현 방안 및 절차, 관련 교육 등을 구체적으로 명시한 문서

■ 내용 공유 및 교육

- 조직의 임직원 및 최종사용자에게 정보보호에 대한 필요성을 이해시키고, 인식과 행동을 변화시키기 위해서는 인식제고를 위한 지속적인 교육 프로그램이 필요하다.
- 연간 정보보호 교육을 구축할 때, 위험관리를 통한 이행계획이 도출되는 시기에 교육 과정을 개설하고 이행에 관계된 부서 및 담당자들을 참석시키는 것도 좋은 방법이다.
- 정보보호 대책의 구현 및 운영 측면에서도 정책, 절차, 시스템만의 구현으로는 정확한 운영을 보장할 수 없다.
- 대책의 사용자 및 관리자가 그러한 정책, 절차, 시스템의 올바른 사용법을 이해하고 필요한 방식으로 행동해야만 한다.

■ 내부감사 수행

- 정보보호 계획 및 구현 단계가 제대로 운영되고 있는지 연 1회 이상 내부감사를 수행한다.
- 내부감사 결과(권고사항 포함)는 최고 경영진과 관련자들에게 보고해야 한다.
- 감사 결과의 보고뿐만 아니라 조치를 적절하게 수행하였는지를 검증하고 이를 보고하여 내부감사의 적절성을 확인 받는다.
- 내부감사를 통해 다음의 사항을 달성하고자 한다.
    - 정보보호 정책이 사업목적을 반영하고 지원한다.
    - 적절한 위험분석 평가를 수행한다.
    - 정책이 만족되기 위한 절차를 문서화 하였으면 그대로 준수한다.
    - 정보보호 대책을 구축하고 의도한 대로 운영한다.
    - 잔여위험을 평가하고 위험수용 수준 이하로 유지한다.
    - 정보보호 체계를 재검토하고 개선조치를 이행한다.

■ 위험관리 프레임워크

- 위험관리 프레임워크는 정보시스템과 관련 자산의 기밀성, 무결성, 가용성에 영향을 미칠 수 있는 다양한 위협에 대해 시스템이 취약함을 인식하고, 이로 인해서 예상되는 손실을 분석하며, 안전한 정보시스템을 구현하고, 정보자원에 대한 위험요소를 식별 및 평가하여 위험요소를 적절하에 통제할 수 있는 수단을 체계적으로 구현한다.

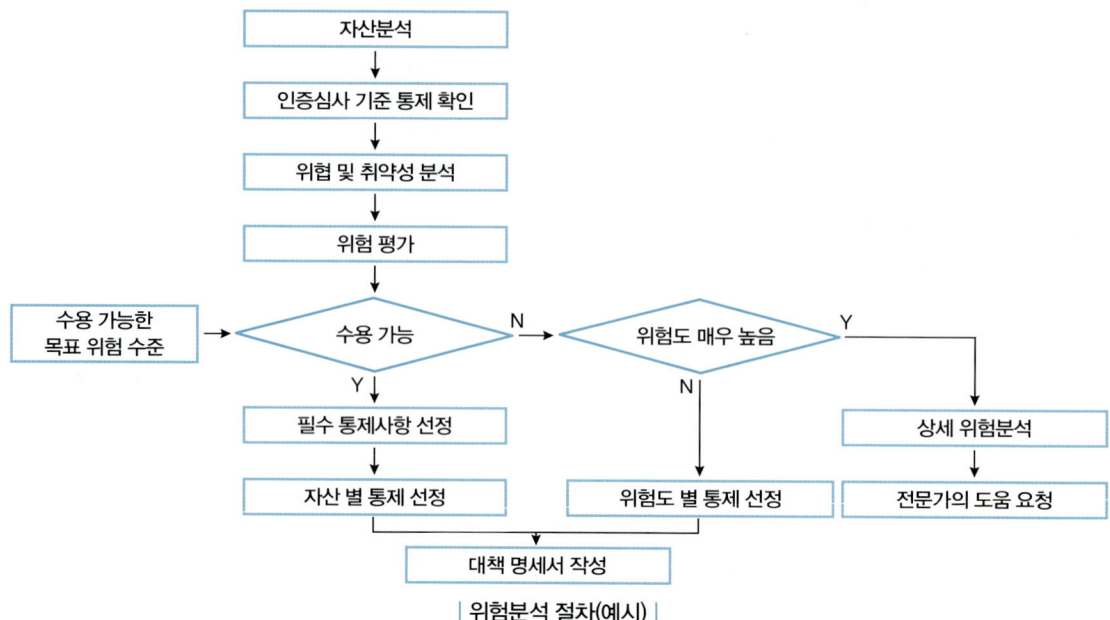

| 위험분석 절차(예시) |

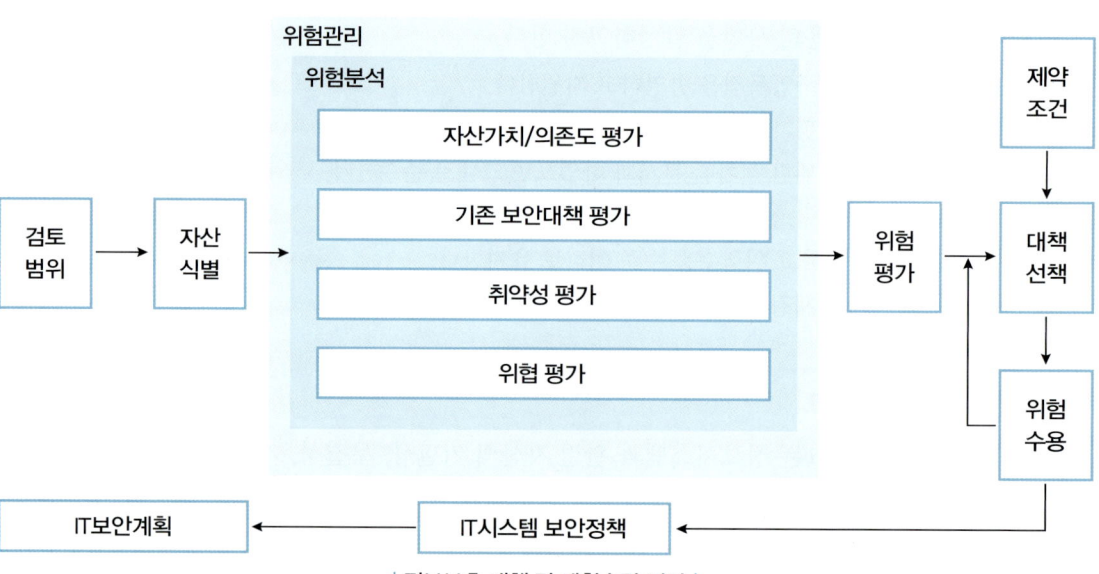

| 정보보호 대책 및 계획수립 절차 |

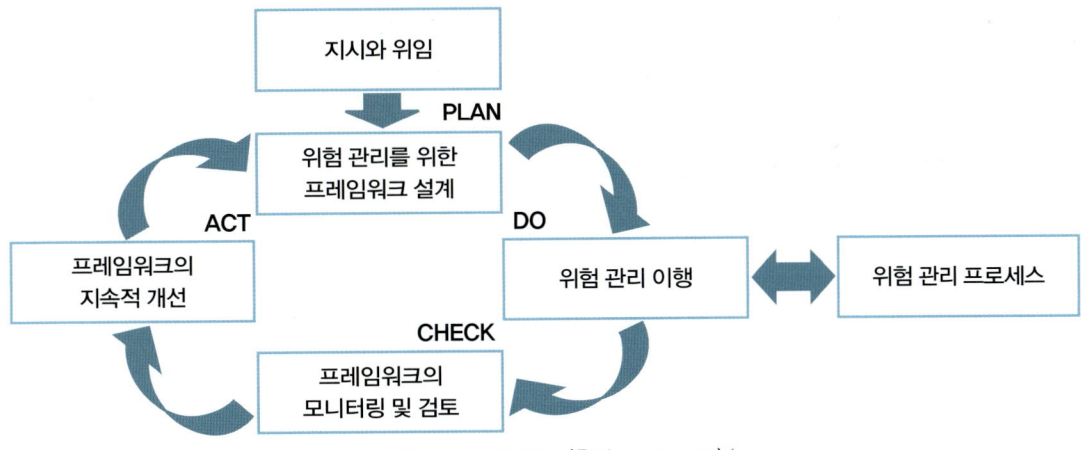

| 위험관리 프레임워크 (출처: ISO 31000) |

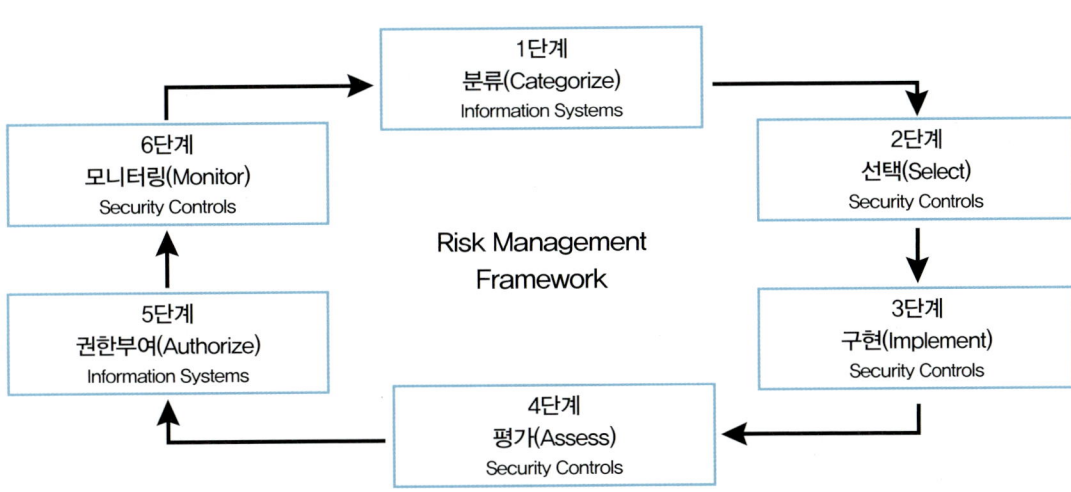

| 위험관리 프레임워크 (출처: 미국 NIST) |

매개변수	관리과정	정보보호 관리체계 활동
정보보호 계획단계 (Plan)	관리체계 범위설정	조직의 특성에 따라 조직의 핵심업무를 포함하는 관리체계의 적용 범위를 정의
	정보보호 정책수립	경영목표를 지원할 수 있도록 전략적이고 조직적인 위험관리를 총체적으로 기술한 정보보호 정책을 수립
	위험관리 계획수립	조직의 목표 및 정책, 법적 요구사항 등을 고려하여 조직, 역할, 책임, 핵심업무 주요과정을 포함한 위험관리 전략 및 계획을 수립
	위험분석 및 평가	보유한 정보자산, 위협 및 취약성, 위험을 식별하고 분류하고, 정보자산의 가치와 위험을 고려하여 잠재적 손실에 대한 영향을 식별 분석
	보호대책 선택	위험분석 및 평가에 의거하여, 위험처리 전략을 설정하고 보호대책 및 통제사항 선택

매개변수	관리과정	정보보호 관리체계 활동
정보보호 실행계획 (Do)	정보보호 대책 계획수립	선택한 정보보호대책 및 통제사항을 구체적으로 구현하기 위한 계획을 상세하게 수립
	정보보호 대책 구현	수립된 정보보호대책 계획을 근거로 정보보호 대책을 구현하도록 적절한 관리 조치와 통제항목 등에 맞게 적절하게 구현
	정보보호 교육 및 훈련	정보보호 교육 및 훈련 프로그램을 수립 및 이행
	보호대책 유효성 설정	정보보호 계획 및 대책 구현 정보보호 교육과 훈련 등의 유효성 측정을 위한 측정요소 정의
정보보호 점검 단계 (Check)	모니터링 검토	통제항목을 대상으로 상시 모니터링을 실시하고 기록 등을 유지
	보안감사	정기적으로 내부감사를 수행하고 결과 보고, 기록 유지
	보안통제 유효성 평가	통제항목 등의 보안수준을 지속적으로 측정하고 평가
	관리체계 검토	관리체계의 효율성, 범위의 적절성, 위험수준, 보안절차 등 관리체계의 적용성 검토
정보보호 개선 단계 (Act)	개선사항 조치	정보보호정책, 정보보호 목적, 감사결과 사건분석, 예방조치, 검토 등을 통해 정보보호관리체계를 지속적으로 개선
	개선조치 결과검토	개선요구 사항에 따른 조치 결과를 공식적으로 조직 내에 공지하여 목적달성, 이행 여부를 확인

| 정보보호관리체계(S-PDCA) 비교 분석 |

3.1 핵심정리

▶ 위험 처리(Risk Treatment) 방법에는 위험 감소(Risk Reduction), 위험 회피(Risk Avoidance), 위험 전가(Risk Transfer), 위험 수용(Risk Acceptance)의 4가지가 있다.

▶ 위험감소 전략으로 선정된 위험들을 수용 가능한 수준으로 감소시키기 위해 적절한 통제가 이루어지도록 명문화해야 한다.

▶ 위험 처리(Risk Treatment) 방법에는 위험 감소(Risk Reduction), 위험 회피(Risk Avoidance), 위험 전가(Risk Transfer), 위험 수용(Risk Acceptance)의 4가지가 있다.

▶ 정보보호 대책 구현을 위해 선택된 통제사항을 정보보호계획에서 정의된 일정계획과 우선순위에 따라 구현하며, 이때 가장 중요한 고려 요소는 자원이다.

▶ 정보보호 계획 및 구현 단계가 적절하게 운영되고 있는지 연 1회 이상 내부감사를 수행하며, 최고 경영진(CEO) 또는 최고정보보호책임자(CSIO)는 이 결과를 보고 받고 검토해야 한다.

3.2 위험전략 소요비용 편익 분석

chapter 1 비용 편익 분석(Cost-Benefit Analysis)

■ 위험처리를 위해 적용할 대책은 투입되는 비용과 산출량의 관계를 검토하여 편익이 가장 큰 즉, 가장 비용 효율적인 것을 선정하는 것이 필요하다.

- 손실율(노출요소 : Exposure Factor) 계산 : 어떤 위험 발생시 손실 정도(%)
- 단일 손실 예상(SLE : Single Loss Expectancy) 계산
  - 단일 손실 예상 = 자산가치 x 손실율
  - 단일 위협으로부터 발생한 손실 액수
  - 기업이 규모를 과대 계상하고 싶을 때 사용
  - 정보보안업체 측에서 SLE를 강조
- 연간 발생 빈도수(ARO : Annual Rate of Occurrence)
  - 연간 예상되는 위협의 발생 빈도
  - 100년에 한번 일어날 가능성이 있는 사건의 ARO = 0.01
- 연간 손실 예상(ALE : Annual Loss Expectancy) 계산
  - ALE = SLE x ARO
  - 위험으로부터 발생할 가능성이 있는 손실 가능 액수
  - 연간 손실 예상은 조직이 보안에 사용해야하는 예산의 상한선이다.

> ※ 참고 ※
>
> • 세이프가드(통제)
> - 취약성을 위험 허용 수준까지 감소시키기 위한 통제 방안을 수립한다.
> - 통제 강도를 평가할 때 통제 강도와 구분이다.
> - 원래 ALE- (세이프가드 이후 ALE + 연간 세이프가드 운영비용) = 세이프가드 가치
> - 보통 ALE자체가 상한선이다(ALE의 70~80%)
>   → 통제를 적절히 구현하지 않아서 발생한 실제 위협은 손해비용이 세이프가드 구현비용 보다 크다면 기업은 법적인 책임을 질 수도 있다.

- 채택 기준 B/C > 1
- 다만 이 비율은 채택 가능한 보호대책(또는 프로젝트)들을 비교하는데는 도움이 안된다.
- 편익을 음(-)의 비용, 또는 비용을 음(-)으로 계산하면 B-C 비율 조작이 가능하다.

■ 비용편익 분석(CBA)의 2가지 목적
- 투자 결정의 타당성 확인 : 이익이 비용대비 얼마나 많은지 비교
- 각 투자 보호대책(또는 사업, 프로젝트)의 비교 : 각 옵션의 예상 총 비용과 총 예상 이익을 비교

■ 비용 및 위험처리를 위해 적용할 대책은 투입되는 비용과 산출량의 관계를 검토하여 편익이 가장 큰 즉, 가장 효율적인 것을 선정하는 것이 필요하다.

- 투자 자본 수익률(ROI : Return on Investment)
    - 경영진에게 보안 투자를 받아내기 위해서는 보안 투자 수익률을 계량화하여 숫자로 보고하는 것이 필요하다.
    - 보안사고 발생 이전에 해당 보안 투자가 없을 경우를 가정했을 때의 피해 규모를 계산한다.
    - SROI(Soft Return On Investment) : 정성적 예측
    - HROI(Hard Return On Investment) : 정량적 예측

■ 회수 기간법(Payback Period)으로 계산해 본다.

- 보안 투자시 발생하는 현금 흐름으로부터 투자 자금을 모두 회수하기까지 걸리는 기간 또는 손익분기점에 도달하는 데 필요한 기간을 나타낸다.
- 자본 예산 편성시 투자안의 가치를 비교 평가하는 기법의 하나이다.
- 돈의 시간 가치를 고려하지 않으므로 투자의 현금 흐름을 제대로 평가하지 못할 수 있다.
- 단기 수익성에 초점을 맞추기에 소중한 투자를 간과하게 만들기도 한다.

■ 순 현재 가치법(Net Present Value)으로 계산해 본다.

- 투자 사업의 가치(타당성)를 나타내는 척도 중 하나이다.
- 최초 투자 시기부터 사업이 완료되는 시점까지의 연도별 순 편익의 흐름을 현재 가치로 환산하는 방법이다. 즉, 투자 한 각 연도에 발생하는 투자 비용과 현금흐름을 적절한 할인율(보통은 시장 이자율)로 할인하여 현재가치를 구하는 방법이다.
- 순 현재 가치 = 편익의 현재 가치 − 비용의 현재 가치
    = 현금 유입액의 현재 가치 − 현금 유출액의 현재 가치

$$PV = \frac{R}{(1+r)^T}$$

R: 미래에 받기로 한 금액
R: 투자 수익률
T: 투자기간

$$PV = R_0 + \frac{R_1}{(1+r)} + \frac{R_2}{(1+r)^2} + \ldots + \frac{R_T}{(1+r)^T}$$

- 타당성 있는 사업은 순 현재 가치가 0보다 크다(즉, 경제성이 있다)

■ **내부 수익률(IRR : Internal Rate of Return)으로 계산해 본다.**

- 내부 수익률이란 최초 투자에 소요된 지출 금액의 현재 가치가 그 투자로 기대되는 미래의 현금 수입액의 현재가치와 동일하게 되는 할인율을 말한다.
- 현재 현금 투자액과 미래 현금 유입액의 현재 가치가 일치할 때의 이자율로 구하며, 순 현재 가치와 내부수익률 모두 어떤 사업을 시작함에 있어서 얼마만큼의 성과가 있을 것인지 미리 예측해보는 지표가 된다.

$$0 = (B_0 - C_0) + \frac{(B_1 - C_1)}{(1+\rho)} + \ldots + \frac{(B_T - C_T)}{(1+\rho)^T}$$

만일 $\rho > r$ 이면 프로젝트 채택

- 내부수익률(IRR) : 보호대책(또는 프로젝트)의 현재가치가 0이 되는 할인율
- "내부수익률 > 기준 시장이자율"일 경우 일반적으로 경제성이 있다.
- 금액을 무시하고 내부수익률이 더 높은 보호대책(또는 프로젝트)을 선택하게 하는 단점이 있다.

분석기법	판단	장점	단점
편익/비용 비율 (B/C)	B/C >= 1	이해 용이하다 사업 규모 고려 가능하다	상호 배타적 대안 선택의 오류 발생 가능하다
순현재가치 (NPV)	NPV >= 0	대안 선택시 명확한 기준을 제시한다 장래 발생편익의 현재가치를 제시한다.	이해가 어렵다 대안 우선순위 결정시 오류 발생가능하다
내부수익률 (IRR)	IRR >= r	사업의 수익성 측정이 가능하다 타 대안과 비교가 용이하다 평가 과정과 결과 이해가 용이하다	사업의 절대적 규모가 고려되지 않는다 몇 개의 내부 수익률이 동시에 도출될 가능성이 있다

| 분석 기법별 장단점 비교 |

3.2 핵심정리

▶ 위험처리를 위해 적용할 대책은 투입되는 비용과 산출량의 관계를 검토하여 편익이 가장 큰(가장 비용 효율적인) 것을 선정하는 것이 필요하다.

▶ 비용 편익 분석 방법(Cost-Benefit Analysis)에는 투자 자본 수익률(ROI), 회수 기간법(Payback Period), 순 현재 가치(Net Present Value), 내부 수익률(IRR) 등이 있다.

▶ 비용편익 분석(CBA)의 2가지 목적은 1)투자 결정의 타당성 확인과 2)각 투자 사업(프로젝트)의 비교이다.

▶ 회수 기간법은 보안투자시 발생하는 현금 흐름으로 부터 투자 자금을 모두 회수하기까지 걸리는 기간 또는 손익 분기점에 도달하는 데 필요한 기간을 나타낸다.

▶ 비용 및 위험처리를 위해 적용할 대책은 투입되는 비용과 산출량의 관계를 검토하여 편익이 가장 큰 즉, 가장 효율적인 것을 선정하는 것이 필요하다.

▶ 순 현재 가치법(PV)는 최초 투자 시기부터 사업이 완료되는 시점까지의 연도별 순 편익의 흐름을 현재 가치로 환산하는 방법으로 PV > 0 인 경우 타당성이 있다고 볼 수 있다.

▶ 내부 수익률(IRR)이란 최초 투자에 소요된 지출 금액의 현재 가치가 그 투자로 기대되는 미래의 현금 수입액의 현재가치와 동일하게 되는 할인율을 말한다.

보안 감사 계획

5편

학습 목표

본 5편에서는 보안감사 계획에 대하여 학습한다.

조직의 보안과 관련된 내부통제 절차의 기록과 행동을 객관적, 독립적으로 조사하고 관련 증거를 수집하여 분석함으로써 주요 정보 자산의 기밀성, 무결성, 가용성, 관리의 적정성을 점검할 수 있다.
보안감사 수행을 위하여 보안감사 자원을 적절히 배분하여 보안감사 계획을 수립하고, 보안감사 계획서를 작성할 수 있다.
보안감사 계획에 따라 착안사항과 중점 점검 항목을 도출하고, 보안감사 수행 체크리스트를 작성할 수 있다.
보안감사 대상 부서로부터 보안감사 수행에 필요한 자료를 수집하고 분석할 수 있다. 보안감사 대상 부서의 피감사인 및 관련자와 인터뷰를 실시하고, 인터뷰 수행 결과에 대한 감사 일지를 작성할 수 있다.
보안감사 수행 결과에 대하여 표준 감사 보고서 양식에 따라 보안감사 결과 보고서를 작성하여 감사 책임자에게 보고하고 보안감사 결과에 대한 시정 조치 요구서를 작성하여 감사 대상 부서에 통보할 수 있다.
보안감사 대상 부서에서 작성한 시정 조치 결과서를 검토하고, 시정 조치 결과를 현장 점검할 수 있다. 보안감사 대상 부서의 시정 조치 결과에 대하여 현장 점검한 결과에 따라 시정 조치 결과 보고서를 작성하여 감사 책임자에게 보고할 수 있다.
보안감사 수행 결과에 대한 평가 및 학습 교훈(Lessons Learned)을 작성할 수 있다.

평가의 목표

제 5편 보안감사계획
제1장에서는 보안감사의 기획과 범위 선정, 단계별 계획 수립 방법을 습득하여야 한다.
제2장에서는 보안감사를 수행하기 위한 체크리스트 작성과 감사 수행 방법을 이해한다.
제3장에서는 감사보고서와 시정조치요구서 작성과 결과에 대한 평가 및 교육을 학습한다.

1장 보안감사 계획 수립

> **평가 목표**
> - 보안 정책, 지침, 절차에 따라 보안감사 수행에 필요한 감사 대상과 감사 범위를 선정할 수 있다.
> - 보안 감사 대상 부서로부터 보안 감사 수행에 필요한 사전 자료를 수집하고 분석할 수 있다.
> - 보안 감사 규정에 따라 보안 감사 수행을 위한 사전 예비조사를 수행하고, 예비조사 결과 보고서를 작성할 수 있다.
> - 예비조사 결과에 따라 보안 감사 수행에 필요한 보안 감사 착안사항과 중점점검 항목을 도출할 수 있다.
> - 보안 감사 수행을 위하여 보안 감사 자원을 적절히 배분하여 보안 감사 계획을 수립하고, 보안 감사 계획서를 작성할 수 있다.

1.1 보안감사 기획

chapter 1. 보안감사의 정의 및 목적

■ 정의

- 보안감사는 정보보호 및 개인정보보호와 관련된 통제절차의 기록과 행동을 독립적으로 조사, 관찰하고 관련 증거를 수집하여 분석함으로써 주요 정보자산의 기밀성, 무결성 및 가용성을 확인하고자 하는 일련의 정보 보안관리 활동을 말한다.
- 보안감사는 조직에서 이뤄지는 보안활동이 적절히 이뤄지고 있는지 확인하는 적극적인 내부통제 점검 활동으로 각 조직의 업무와 정해진 정책 그리고 수행되고 있는 보안 활동 범위와 수준에 맞게 실행되어야 한다.

■ 목적

- 정보보안 부문의 안전성 및 건전성 여부가 조직 전체 업무의 안전성 및 건전성에 많은 영향을 미치고 있으므로, 조직은 반드시 정보보안 부문에 대한 내부통제 규정을 적절히 수립하고 독립적인 위치에 있는 감사조직에서 이러한 내부통제제도의 준수 여부를 주기적으로 점검하는 것이 매우 중요하다.

chapter 2 보안감사의 분류 및 정책 수립

■ 보안감사의 분류

▶ 보안감사는 감사 주체에 따라 내부감사와 외부감사로, 감사시기에 따라 정기 보안감사와 수시 보안점검으로 나눌 수 있다.

분류기준	세부분류	상세내용
보안감사 주체	내부보안감사	• 보안부서 또는 감사부서에 의해 수행
	외부 보안감사	• 회계법인, 감리법인, 지식정보보안 컨설팅전문업체 등 • 개인정보 영향평가기관, 정보보호 전문서비스 기업 등 • 방송통신위원회, 행정안전부 등 정부기관 • 인터넷진흥원, 금융보안원 등 정보보호 관리체계 인증기관 또는 침해사고대응기관
보안감사 시기	정기 보안감사	• 연간 감사계획에 따라 보안영역 전반에 대하여 정기적으로 실시하는 보안감사 • 매월 또는 분기, 반기 등 일정한 기간마다 시행되는 보안감사
	수시 보안감사	• 보안사고 발생 또는 보안관제 결과 사고발생의 개연성이 있다고 판단될 경우 실시하는 특별 보안감사 • 감사 대상의 평상시 보안 상태를 불시에 점검하는 보안감사

| 그림 5-1 보안감사의 분류 |

▶ 내부 보안감사는 기업 조직 및 각 팀의 업무 정의에 따라 보안부서 또는 감사부서에서 수행되며, 외부 보안감사는 회사의 업종 및 해당 법규 등 규제에 따라 달라지며, 감사 주체도 다르다. 감사시기에 따른 분류로는 정기 보안감사와 수시 보안감사로 나눌 수 있으며, 정기 보안감사는 연간 계획에 의해 진행되며 보안 영역 전반을 대상으로 하는 감사와 매월, 분기 또는 반기 등 회사의 정책에 따라 수행되는 감사로 나눌 수 있다. 매월, 분기 또는 반기 등 시행되는 정기 보안감사는 전체 보안영역이 아닌 일부 보안영역에 한정적으로 진행된다.

▶ 수시 보안감사는 보안사고 발생 직후 또는 보안사고 징후가 있을 경우 전체 또는 일부분에 대해 시행되는 보안감사로, 예를 들어 한 대의 웹 서버의 쓰기 권한 허용으로 인해 홈페이지 변조사고가 발생하였을 경우, 신속한 조치 후 전체 웹 서버의 쓰기 권한을 점검하는 활동이나, 일부 서버가 꼭 적용해야 할 패치를 적용하지 않았음을 발견한 직후 모든 서버에 대해 패치 적용여부를 점검하는 활동 등이 있다. 또한 감사대상에 대한 일상적인 보안활동을 점검하기 위해 수시로 보안점검을 수행할 수 있는데 이 역시 수시 보안감사의 한 예다. 예를 들어 임직원이 PC 보안 상태를 확인하기 위해 퇴근한 직후 끄지 않은 컴퓨터를 점검하는 활동이나, 임직원 PC의 패스워드 정책 및 바이러스 백신 정책적용 등을 점검하는 활동도 수시 보안감사이다.

■ 정기 보안감사

- 정기 보안감사는 보안감사 전 영역에 걸쳐 연 1회 이상 실시하는 감사와 매월, 분기별 또는 반기별로 일정 영역에 따라 진행하는 감사가 있다. 예를 들어, 장애 발생 시 신속한 조치를 위해 VPN을 통해 시스템, 네트워크 장비 또는 데이터베이스에 직접 접속할 수 있다면 VPN 접속에 대한 보안감사는 매월 수행되어야 하며, 그 결과는 정보보호최고책임자(CISO)에게 보고되어야 한다. 보안감사 전 영역에 걸쳐 수행되는 정기 보안감사는 매년 작성되는 '연간 보안감사 계획'에 포함되어야 한다. 정기 보안감사를 수행하는 프로세스는 일반적으로 〈그림 5-2〉와 같다.

■ 수시 보안감사

- 임직원의 평상시 보안 상태를 점검하기 위해 공지하지 않은 상태에서 실시하는 수시 보안감사로는 PC 수시 보안감사, 사무환경 수시 보안점검 등이 있다. PC 수시 보안 감사는 비밀번호 설정 여부, PC보안 설정 현황, 바이러스 백신 등 보안 프로그램 설치 여부 및 설정 등을 직접 확인하고 감사하는 것으로 그 결과를 각 부서별로 비교 공지하여 경각심을 이끌어 내기도 한다.

■ 보안감사 정책 수립

- 정보보호 관련 부서는 회사의 비즈니스에 대한 보안 위협 및 위험(Risk)을 감소시키기 위해 감사 정책을 수립하여 관련 부서에 공지하고 이를 추진하여야 한다. 불필요한 보안감사는 업무 프로세스에 부담을 줄 수 있으며, 인원 및 시간 등 업무 자원의 낭비를 초래하고 임직원 간에 불필요한 오해를 야기할 수 있으므로 보안감사 기준에 대한 정책수립이 우선되어야 한다.

구분	관련 부서 역할					설명
	감사 대상 부서	감사팀	CISO	CEO	인사위원회	
감사 계획		보안 감사 계획 수립				목적, 범위, 일정 및 기간 등을 포함하는 감사 계획 수립
			보안 감사 계획 승인			감사 계획의 적절성을 검토하여 승인
감사 실시		보안 감사 계획 승인				보안 감사 계획을 사전 통보하고, 필요한 문서, 기록 등 자료 요청
	자료 제출					요청된 자료를 서면 제출
		자료 검토				요청한 자료를 검토
		인터뷰 요청				인터뷰 및 실사를 통해 확인이 필요한 사항에 대해 협조 요청
	인터뷰 응대 ↔	인터뷰 및 실사				인터뷰 및 실사 수행

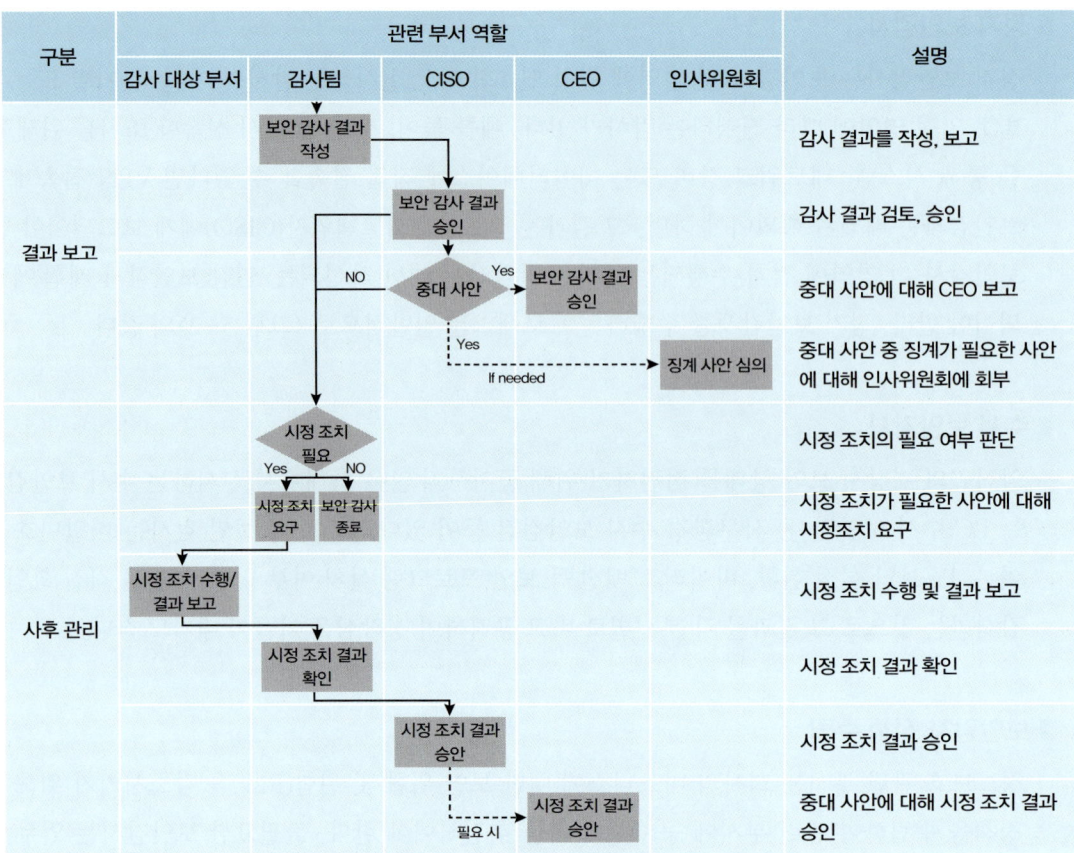

| 그림 5-2 정기 보안감사 수행 프로세스 |

- 보안감사 정책을 수립하기 위해서는 비즈니스에 대한 위험과 위협을 분석하여 이에 맞는 보안감사 정책을 수립하여야 하며 보안감사 정책수립 시 결정하여야 하는 사항은 아래와 같다.
  - 감사대상 보안 영역
  - 감사대상 목적 (감소시키고자 하는 보안 위험)
  - 감사범위 및 중점감사항목
  - 감사일정 및 기간
  - 감사대상 부서
  - 참여 감사자 명단
  - 감사기법 및 감사기준
  - 기타 필요사항 등

| 그림 5-3 보안감사 정책 수립 절차 |

■ **연간 보안감사 계획 수립**

- 조직의 보안감사담당자는 보안감사를 실시하기 위해 보안감사 실시 범위와 시기 및 방법 등을 명시한 연간 보안감사 계획을 작성하고 정보보호최고책임자에게 결재를 받아야 한다.

■ **보안감사 영역**

- 보안감사의 영역은 보안감사 정책 설정 시 결정되며, 일반적으로 아래와 같은 영역으로 구분할 수 있다.
- 아래 예시로 분류한 보안감사 영역은 각 조직이 필수적으로 따라야 하는 영역은 아니며, 각 영역 중 각 조직의 업무상 필요에 따라 대상영역을 설정하면 된다. 다만 보안감사를 기술적인 취약점 위주보다는 보안 프로세스를 점검하는 방향으로 하는 것이 바람직하다.

보안감사 영역	점검 항목 대분류
관리적 보안	• 정보보호 정책 • 정보보호 조직 및 인력 • 내부통제 • 정보보호 교육 및 훈련 • 자산관리 • 업무연속성 관리 • 사고관리 • 정보시스템 도입 개발 유지보수
물리적 보안	• 전산설비 보안 • 전산센터 보안
기술적 보안	• 인터넷 전자금융 보안 • 모바일 전자금융 보안 • 접근통제 • 전산자료 보안 • 서버 보안 • 데이터베이스 보안 • 웹 서비스 보안 • 단말기 보안 • 네트워크 보안 • 정보보호시스템 보안

| 그림 5-4 보안감사 영역구분 (예시) |

※ 다음 표는 감사 시 사용되는 정보보안 부문 체크리스트 예시로 보안감사 영역별로 체크리스트를 작성하여 배포하여야 한다.

정보보안부문체크리스트

1. 물리적 보호(제한구역,통제구역)보안감사 점검항목

점검내용	상태	확인자
전산실의 물리적 보안을 위한 지침서 등이 마련되어 있고 적절히 활용되고 있는지 확인		
전원, 온도 등 전산실 내 환경의 조절은 정해진 기준치 내에서 잘 이루어지고 있는지 확인		
방재시설은 적정하며 잘 관리되고 있는지 확인		
물리적 접근보안을 위해 시건장치, CCTV 등 적절한 접근보안 장치가 설치되어 사용되고 있는지 확인		
USB등 전산 보조기억매체 보관 및 입출 관리가 지침에 따라 행해지고 있는지 확인		
보조기억매체의 반 출입에 대하여 승인권자의 승인 등 적절한 절차를 통해 이루어지는지 확인		
상시 근무자 이외에 전산실에 출입하는 사람에 대한 출입관리기록이 지침에 의거 잘 이루어지고 있으며 관리자에 의해 정기적으로 검토가 이루어지고 있는지 확인		
문서가 보안등급에 적절하게 시건 장치가 된 문서함에 보관되고 있는지 확인		
비밀문건으로 정의된 정보자산의 입출 및 프린트 등이 적절히 통제되어 당사 외부나 당사 내부의 비인가자에게 유출되지 않도록 관리되고 있는지 확인		
이면지 사용 등에 의해 비밀정보가 비 인가자에게 유출되지 않도록 관리되고 있는지 확인		

2. 네트워크 보안감사 점검항목

점검내용	상태	확인자
장비의 도입 및 설치는 보안관리 절차에 따라서 이루어지고 있는지 확인		
장비의 데이터에 대하여 백업이 수행되고 있으며 필요 시 복구가능성을 확보하기 위해 정기적으로 복구테스트가 행해지고 있는지 확인		
장애가 발생하는 경우 발생 일시, 유형, 조치사항 등을 요약한 장애일지를 적시에 기록하고 있는지 확인		
계정은 지침에 따라 권한을 부여하고 있으며 패스워드는 안전하게 설정되고 있는지 확인		
장비에 대한 접근통제 및 불필요한 서비스 제공여부 확인		

| 그림 5-5 **보안감사 영역별 체크리스트 (예시)** |

chapter 3   보안감사의 필요성 증가

■ 2018년 정보보호동향 예측

▶ 신기술 도입 등으로 인한 기업 보안환경의 변화, 사이버공격 기법의 진화, 사물인터넷 확산, 개인정보보호 환경 변화 등 갈수록 각종 보안위협이 증대되고 있는 추세이다.

구분	세부내용	예측건수(건)	비율(%)
기업 보안환경의 변화	• 클라우드 도입에 따른 보안위협의 변화 • 인증 및 보안 모니터링 기능 강화	25	16.2
사이버공격 기법의 진화	• 공급망(Supply Chain)대상 공격 증가 • 사이버공격 기법의 보편화 • 정치적 목적의 가짜 뉴스 확산	25	16.2
사물인터넷 보안위협	• 사물인터넷 기기로 구성된 봇넷 위협의 증가 • 파괴적 목적의 사물인터넷 기기 공격 증가	19	12.3
개인정보보호 환경 변화	• 데이터 유출 사고 증가 • 개인정보보호 제도 강화	17	11.0
조직적인 표적공격의 진화	• 국가 지원의 지능화 사이버공격의 증가 • 지능형지속가능공격의 고도화	15	9.7
악성프로그램 보안위협	• 파일리스 악성프로그램 공격의 증가 • 시스템 파괴 목적의 악성 프로그램 증가	13	8.5
금융서비스 보안위협	• 금전적 목적의 암호화폐 대상 공격 증가 • 현금자동입출금기(ATM)대상 공격 증가	11	7.2
랜섬웨어 보안위협	• 제로데이 취약점을 이용한 랜섬웨어 공격의 증가 • 서비스형 랜섬웨어(RaaS)공격증가 • 의료 및 교육기관 대상 랜섬웨어 공격의 증가	9	5.9
인공지능 활용확대	• 보안 기능 강화 목적으로 인공지능 활용 확대 • 사이버공격 도구로서의 인공지능 활용 증가	7	4.6
모바일 보안위협	• 안드로이드 공식 마켓을 통한 악성앱 유포 증가 • 무선 프로토콜에 대한 공격 증가	5	3.2
기타	• 브라우저 자바스크립트 엔진 취약점 공격 증가	8	5.2
합계		154	100.0

| 그림 5-6 2018년 정보보호동향 예측 분류 (※ 출처: 금융결제원 자료, 2018 신휴근) |

■ 최근 공격유형별, 정보유출 사고비율별 통계 자료

▶ 고객을 대상으로 하는 랜섬웨어 등의 악성코드가 지속적으로 유포되고 내부 임직원 및 외주직원에게 악성 이메일을 발송하는 등 직원을 표적으로 공격하는 사례가 증가하는 추세이다.

악성코드 종류	1분기		2분기		3분기		4분기	
	건수	비율	건수	비율	건수	비율	건수	비율
랜섬웨어	275	44%	255	58.5%	347	77%	463	72%
정보탈취	80	12.7%	130	30%	44	10%	82	13%
원격제어	274	35.7%	39	8.5%	8	1.5%	25	4%
애드웨어	2	0.3%	13	3%	0	–	0	–
파밍	38	6%	0	–	31	7%	21	3%
기타	8	1.3%	0	–	22	4.5%	52	8%

출처 : 사이버위협 동향 보고서(2017.4분기), KISA

| 그림 5-7 2017년 악성코드 유형별 통계비중(일평균) |

상세유형	탐지·분석	
	건수	비율
응용프로그램 취약점 공격	284,691	61%
패스워드 추측 및 인증우회 공격	95,916	21%
웹 취약점 스캔	27,018	6%
SQL Injection 공격	10,819	2%
웹쉘 공격	6,045	1%
기타	41,716	9%

출처 : 금융정보보호동향(제2018-6호), 금융보안원

| 그림 5-8 2017년 악성코드 유형별 통계비중(일평균) |

▶▶ 정보유출사고비율도 갈수록 전통적인 수법보다는 해킹, 사회공학 등을 이용해 내부자 정보유출을 꾀하는 비중이 갈수록 증가하는 추세이다.

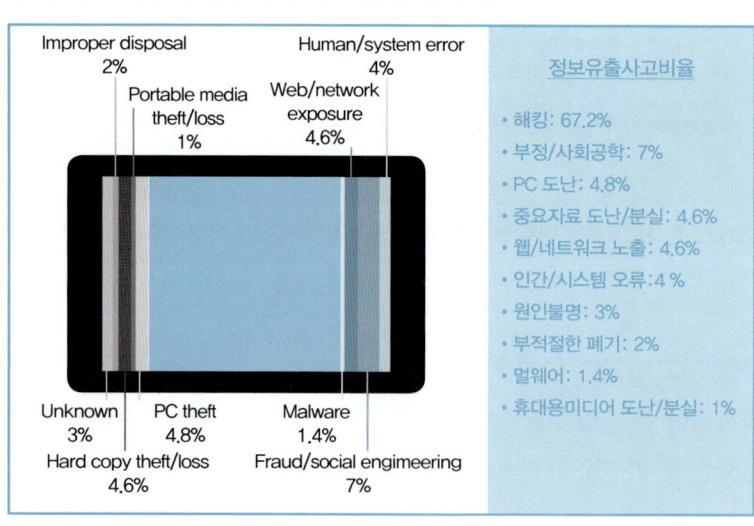

| 그림 5-9 정보유출 사고비율 |

⟫ 조직 외부의 무차별 공격 증가 등의 위협과 내부 직원에 대한 정보보호 인식 제고 등 내부통제의 효과적인 운영을 위해 정보보안 부문에 대한 체계적인 관리와 상시 보안감사의 필요성이 갈수록 더 절실하다고 하겠다.

 1.1 핵심정리

▶ 보안감사란?
 - 정보보호 및 개인정보보호와 관련된 통제절차의 기록과 행동을 독립적으로 조사, 관찰하고 관련 증거를 수집하여 분석함으로써 주요 정보자산의 기밀성, 무결성 및 가용성을 확인하고자 하는 일련의 정보 보안관리 활동을 말한다.

▶ 정기 보안감사
 - 정기 보안감사는 보안감사 전 영역에 걸쳐 년 1회 이상 실시하는 연간 보안감사 계획을 수립하고 실시하는 감사와 매월, 분기별 또는 반기별로 일정 영역에 따라 진행하는 감사가 있다.

▶ 수시 보안감사
 - 임직원의 평상시 보안 상태를 점검하기 위해 공지하지 않은 상태에서 실시하는 수시 보안감사로는 PC 수시 보안감사, 사무환경 수시 보안점검 등이 있다.

▶ 정보보호 동향
 - 신기술 도입 등으로 인한 기업 보안환경의 변화, 사이버공격 기법의 진화, 사물인터넷 확산, 개인정보보호 환경 변화 등 갈수록 각종 보안위협이 증대되고 있으며 그에 대응한 정보보호의 체계적인 관리와 상시 보안감사의 필요성이 갈수록 커지고 있다.

1.2 감사대상과 범위 선정

chapter 1 | 보안감사 대상과 범위 설정

■ **내부 보안감사의 준거**
- 내부 보안감사를 위한 계획을 수행하기 위해서는 보안감사의 준거가 되는 법령은 어떤 것이 있고, 어떠한 항목으로 기술되어 있는지 파악하여야 한다.

관련 법령	관련 내용
정보통신망 이용촉진 및 정보보호 등에 관한 법률	정보보호 사전점검
정보보호 및 개인정보보호 관리체계 인증 등에 관한 고시	정보보호 및 개인정보보호 관리체계(ISMS-P) 인증
정보통신기반 보호법	취약점 분석 평가 실시
국가정보화 기본법	정보보호시스템에 관한 평가 인증
전자정부법	정보시스템 감리 업무범위, 감리법인 등록
소프트웨어산업 진흥법	감리업무 절차
국가를 당사자로 하는 계약에 관한 법률	계약체결
행정기관 및 공공기관 정보시스템 구축 · 운영 지침(행정자치부 고시 제 2016-48호)	SW개발보안 기준 및 절차 등이 정의, 시큐어코딩 준수, 소프트웨어 보안약점 진단
개인정보 영향평가에 관한 고시	개인정보 영향평가 실시
개인정보보호법	개인정보 영향평가제, 개인정보보호 관리 책임 등
국가정보원법	공공기관 보안업무규정
전자금융거래법	전자금융거래 활성화, 금융IT 보안 컴플라이언스

| 그림 5-10 내부 보안감사의 준거가 되는 관련 법령 목록(예시) |

- 관련 법령이 일반법인지 특별법인지를 구분할 수 있어야 한다. 일반법인 경우 관련된 법령에서 예외 조항을 두고 있는지 확인하여야 한다.

■ **내부 보안정책 및 보안 규정 숙지**
- 내부 보안감사 계획을 수립하기 위해서는 내부 보안감사의 준거가 되는 내부 보안 정책 및 보안 규정을 숙지하고 있어야 한다.
- 내부 보안 정책, 보안 규정에서 쓰이는 용어가 관련 법령에서 쓰이는 용어와 의미가 다르거나 범위가 다르다면 관련 법령의 용어를 우선 적용하여야 한다. 또한 법령에서 규정하는 내용과 내부 규정이 다른 경우에도 관련 법령을 우선 적용하여야 한다.

정보보호 업무규정

목 차

제1장 총칙
    제1조 (목적)
    제2조 (적용범위)
    제3조 (용어의 정의)

제2장 정보보호 체계
    제4조 (정보보호 일반기준)
    제5조 (정보보호 조직)
    제6조 (인력보안)
    제7조 (위험 관리)
    제8조 (보안성 심의)
    제9조 (정보보호 점검)

제3장 정보보호 안정성 확보
    제10조 (정보보호 점검)
    제11조 (시스템 및 응용프로그램 보안)
    제12조 (인터넷 및 전자금융업무 보안)
    제13조 (전자자료 및 전자문서 보안)
    제14조 (사용자 PC 보안)
    제15조 (정보보호시스템 및 암호프로그램 운영)
    제16조 (침해사고 대응)
    제17조 (전산시설보안)

| 그림 5-11 내부 보안 정책, 정보보안 업무규정 목차(예시) |

- 국내・외 보안 관련 표준 및 체계
- 내부 보안감사 수행을 위해서는 국내・외 보안 관련 표준 및 체계에 대한 조사를 통하여 수행하고자 하는 내부 보안감사 업무에 적합한 접근 방법을 선택하여야 한다.
- 정보보호 관련 국제 표준은 ISO/IEC 시리즈가 대표적이며, 수행하고자 하는 내부 보안감사 성격에 따라 적정한 항목을 내부 보안감사 방법으로 반영할 수 있게 준비하여야 한다.

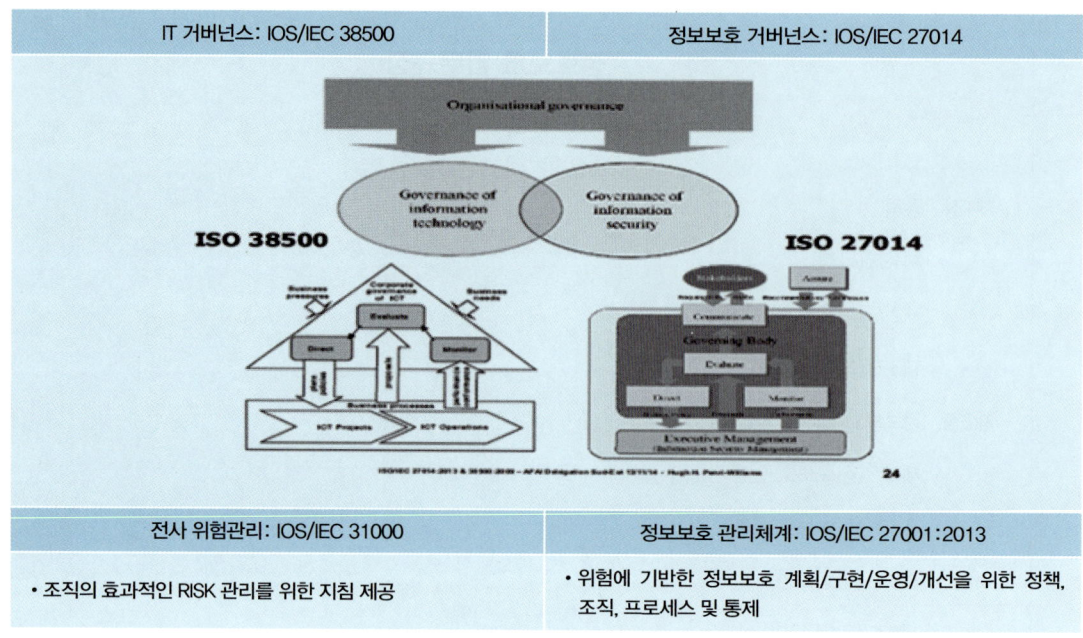

| 그림 5-12 정보보호 관련 ISO/IEC 국제 표준 |

- ISO/IEC 38500(IT 거버넌스), ISO/IEC 31000(전사 리스크 관리), ISO/IEC 27001(정보보호 관리체계), ISO/IEC 27014(정보보호 거버넌스) 관련 표준의 구조를 이해하고, 반드시 정보보호 관련 내용이 아니더라도 보안 위험의 식별, 정보보호 조직 활동의 평가 차원에서 관련 내용에서 필요한 부분을 활용할 수 있을 것이다.
- 이 외에도 ISO 22301/IEC:2012 (비즈니스 연속성 관리시스템(BCMS))이 있으며, 국내에도 이와 관련하여 행정안전부가 고시한 기업재난관리표준 등이 있다.

■ 정보보호 관리체계

- 정보보호 관리체계는 국제 표준인 ISO/IEC27001 인증과 '정보통신망 이용촉진 및 정보보호 등에 관한 법령'에 의한 ISMS 인증이 대표적이며, 내부 보안감사 계획 수립 시에는 감사 대상 업무에서 특히 취약하다고 짐작되는 분야에 대한 점검 항목 도출 시 정보보호 관리 체계에서의 세부 통제 항목을 활용할 수 있을 것이다.
- ISO/IEC 27001:2013
  - ISO/IEC 27001:2013은 정보보호경영시스템(ISMS)에 따라 정보자산의 기밀성, 무결성, 가용성을 실현하기 위해서 프로세스를 체계적으로 수립, 문서화하여 지속적으로 운영, 관리하여 이에 대한 적합성을 인증 받는 국제 표준으로 114개의 통제 항목(Control)에 대한 적합성 판단을 수행할 수 있게 구성되어 있으며, 상황에 따라 하나의 통제 항목을 작게는 여러 개, 많게는 수십 개의 점검 항목으로 세분화하여 점검할 수 있다.
- ISMS (국내 정보보호 관리체계)

- ISMS 인증은 관련 법령인 '정보통신망 이용촉진 및 정보보호 등에 관한 법률 시행령'에서 의무 인증 대상을 규정하고 있으므로, 내부 보안감사 계획 수립 시 관련 조직이 ISMS 의무 인증 대상인지를 먼저 규명하여야 한다.

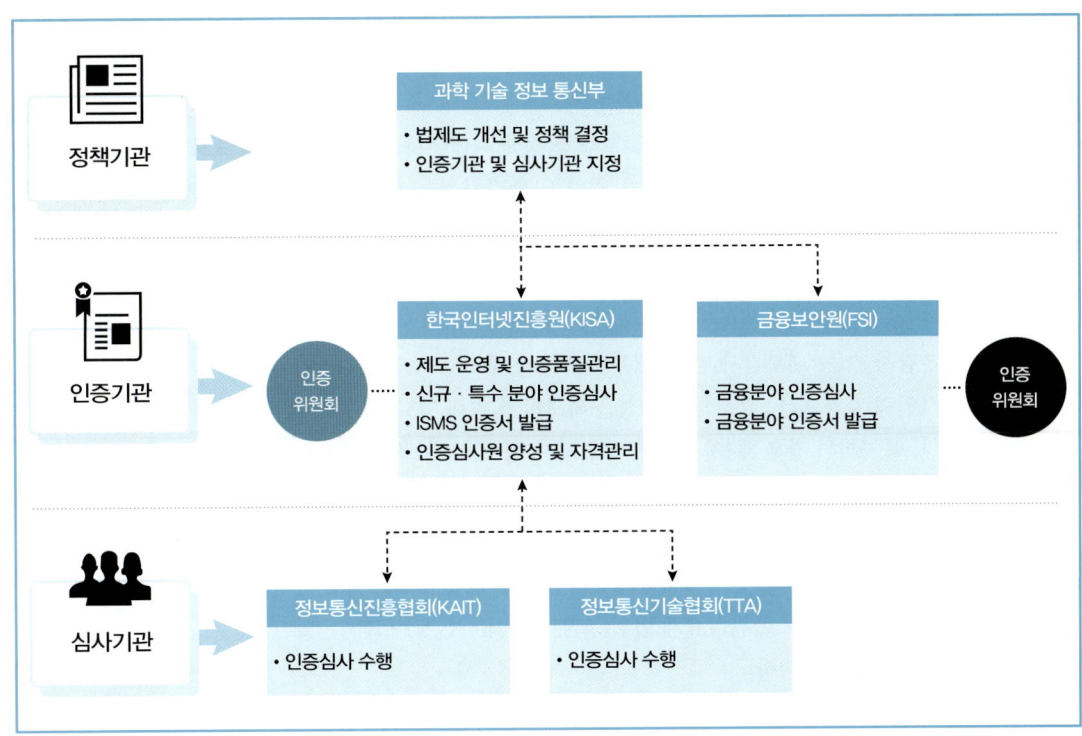

| 그림 5-13 정보보호 관리체계 인증 추진 체계 |

⇒ ISMS-P의 인증 기준 세부 항목에서의 내부감사에 대한 기준

통제분야	NO	통제항목	통제목적
관리체계 수립 및 운영	1.4.2	관리체계 점검	관리체계가 내부 정책 및 법적 요구사항에 따라 효과적으로 운영되고 있는지 독립성과 전문성이 확보된 인력을 구성하여 연 1회 이상 점검하고, 발견된 문제점을 경영진에게 보고하여야 한다.
	1.4.3	관리체계 개선	법적 요구사항 준수검토 및 관리체계 점검을 통해 식별된 관리체계 상의 문제점에 대한 원인을 분석하고 재발방지 대책을 수립·이행하여야 하며, 경영진은 개선 결과의 정확성과 효과성 여부를 확인하여야 한다.

| 그림 5-14 정보보호 및 개인정보보호 관리체계(ISMS-P) 인증 중 내부감사 관련 통제항목 |

- ISMS-P 인증기준 가. 관리체계 수립 및 운영 분야 1.4. 관리체계 점검 항목에서 보안감사와 관련하여 법적 요구사항 준수검토 및 관리체계 점검을 통해 식별된 관리체계 상의 문제점에 대한 근본 원인을 분석하여 재발방지 및 개선 대책을 수립·이행하고 있는지와 재발방지 및 개선 조치의 정확성 및 효과성 여부를 확인하기 위한 기준과 절차를 마련하도록 명시하고 있다
- (구)ISMS 인증기준 5. 사후관리 5.3 내부감사 통제사항

관리과정 상세내용은 "조직은 정보보호 관리체계가 정해진 정책 및 법적 요구사항에 따라 효과적으로 운영되고 있는 지를 점검하기 위하여 연 1회 이상 내부감사를 수행하여야 한다. 이를 위해 감사 기준, 범위, 주기, 방법 등을 구체적으로 정하고 내부감사를 통해 발견된 문제점은 보완조치를 완료하여 경영진 및 관련 책임자에게 보고하여야 한다. 또한 감사의 독립성 및 전문성을 확보할 수 있도록 감사인력에 대한 자격요건을 정의하여야 한다."

- (구)ISMS 인증 5.3 내부감사 세부 점검항목
  ① 법적 요구사항 및 내부 정책(지침, 절차 등 정책 시행문서 포함)에 따라 정보보호 관리체계가 효과적으로 운영되는 지 여부를 검토하기 위한 내부감사를 수행하기 위하여 감사기준, 범위, 주기, 감사인력 자격요건 등을 정의하고 있는가?
    ☞ 법적 요구사항 및 조직 내 수립된 정보보호정책에 따라 정보보호 관리체계 활동이 효과적으로 수행되는 지 여부를 검토하기 위하여 다음과 같은 항목이 정의된 내부감사 지침을 수립하여야 한다.
      · 내부감사 기준, 내부감사 범위, 내부감사 수행 주기 (예 : 연 1회 이상)
      · 감사인력 자격요건 : 감사의 객관성을 확보하기 위해 제3자가 감사를 수행하는 것이 원칙임.
        다만, 불가피한 경우 제3자 인력을 포함하여 정보보호조직이 감사를 수행할 수 있음
    ☞ 정보보호 관리체계 운영 여부를 충분히 점검할 수 있는 정보보호 주관부서의 주기적 점검활동이 수행되고 있다면, 감사적 성격의 보안점검으로 볼 수 있다. 다만, 다음의 요건을 만족하여야 하다.
      · 점검기준에 정보보호 관리체계 운영현황을 확인할 있는 요구사항 반영
      · 점검범위에 정보보호 관리체계 범위(조직, 인프라 자산 등) 포함
      · 점검주기 연 1회 이상
      · 점검 결과를 통해 중대한 법령 및 내부 정책 위반사항이 발견되었을 경우 인사위원회 등에 제재요청을 할 수 있도록 규정화
  ② 내부감사 지침에 따라 연 1회 이상의 내부감사 계획을 수립하여 정보보호최고책임자 등 경영진에게 보고한 후 계획에 따라 내부감사를 수행하고 있는가?
    ☞ 내부감사 지침에 따라 연 1회 이상 감사가 수행될 수 있도록 연간 계획을 수립한 후 정보보호최고책임자 등 경영진에게 보고하여 승인을 득한 후 계획에 따라 내부감사를 수행하여야 한다.
  ③ 내부감사에서 발견된 지적사항에 대해 보완조치 여부를 확인하여 정보보호 최고책임자 등 경영진에 보고하고 있는가?
    ☞ 내부감사 중 지적사항이 발견된 경우 일정 기간 동안 피감사 부서 혹은 담당자가 대책을 마련하여 보완하게끔 한 후 보완조치여부를 확인하여야 한다.
    ☞ 감사결과 보고서에 다음과 같은 내용을 작성하여 정보보호최고책임자 등 경영진 등에게 보고하여야 한다.
      · 일정 및 범위
      · 감사 내용 (감사 방법, 검토 문서, 면담자 등)
      · 지적사항 및 보완조치 내용 (보완조치 완료 여부, 대책 등 포함) 등
- 디지털 포렌식(Digital Forensic) 적용 관련
  • 디지털 포렌식(Digital Forensic) 적용 분야 : 법 위반 사항에 대한 디지털 증거를 찾는 목적으로 주로 경찰, 검찰 등의 수사 기관에서 활용하는 조사 기법이다. 대부분 삭제된 디지털 정보를 복원하여 관련 증거법에 의거한 디지털 증거로 인정받을 수 있게 하는 것으로서, 상당한 전문 지식이 필요하고 분석

에 장시간이 소요될 수 있으므로 내부 보안감사에서 디지털 포렌식 방법까지 적용할 것인지에 대해서는 심사숙고가 필요하다.
- 디지털 포렌식(Digital Forensic) 적용 시 고려 사항 : 디지털 기록 복원 솔루션을 기본적으로 활용한다. 추가적으로 SQL, C, Java 등의 언어 및 사용자 인터페이스 화면을 활용하기도 하며, 압수 수색 영장을 발부 받아 경찰청 데이터베이스에 등록된 사용자의 지문을 활용하여 3D로 손가락을 만들어 휴대 전화의 잠금을 풀어 낼 수도 있다. 이처럼 개인의 사생활과 긴밀하게 관련된 사항이 많아 디지털 포렌식 기법을 내부 보안감사에 활용할 경우 개인 정보보호 법령 등을 위반할 수 있고 관련 방법 적용에 제한이 많을 수 있기 때문에 세심한 주의가 필요하다.

■ **내부 보안감사의 목적과 배경을 파악한 후 준거가 되는 법령, 정책 등을 조사한다.**

▶ 내부 보안감사의 목적과 배경 파악
- 내부 보안감사를 왜 하는지에 대한 이해는 성공적인 보안감사의 수행뿐만 아니라 감사 대상 및 범위 선정을 위해서도 매우 중요하다. 감사가 정기 보안감사 형태인지 수시 보안감사 형태인지에 따라 구분하여 접근하는 것이 좋다.
- 정기 보안감사인 경우
  - 내부 보안감사를 왜 하는지에 대한 이해는 성공적인 보안감사의 수행뿐만 아니라 감사 대상 및 범위 선정을 위해서도 매우 중요하다. 감사가 정기 감사 형태인지 비정기 감사 형태인지에 따라 구분하여 접근하는 것이 좋다.
- 수시 보안감사인 경우
  - 수시 보안감사인 경우 내부 보안감사를 하게 된 사건(Event)을 파악하고, 사건을 초래할 수 있는 다양한 원인을 추론하여 가설적인 인과 관계를 도출하는 것이 좋다. 사건을 초래하게 된 가설들은 내부 감사 수행 과정에서 하나씩 검증되고 확인하면서 채택되거나 기각된다.

▶ 내부 보안감사 준거가 되는 법령, 정책, 규정을 파악한다.
- 내부 보안감사의 목적과 배경을 파악한 후에 수행하여야 하는 감사의 준거가 되는 법령, 정책, 규정을 규명하고 해당되는 법조문의 조항, 조항에서 연결되는 시행령, 시행규칙, 지침, 고시, 가이드 등을 구체적으로 정리하여야 한다.
- 내부 보안감사 목적이 인프라 분야의 기술적 보안 취약점 점검인 경우 [그림 1-4] 같이 정보통신기반보호법 제9조에 따른 시행령, 시행 규칙에 따라 시기와 절차가 정해지고, 기술적 취약점 분석·평가 상세 가이드의 250여 가지 점검 항목이 기준이 된다. 따라서 주어진 일정과 자원을 고려할 때 어디까지 수행 가능한지 계획 단계부터 범위 관리를 해 나가야 한다.
- 또한 내부 보안감사 수행 시 참조하거나 준수하여야 할 관련 법령의 숫자가 30 ~ 50여 가지가 된다. 따라서 본 감사를 효율적으로 수행하기 위해서는 감사 준비 단계부터 감사 수행 예정일을 기준으로
① 공표가 되어 효력이 있는 법령
② 1년 이내에 공표 예정인 법령의 신구 조문 비교 등을 미리 미리 정리해 두는 것이 실제 본 감사 수행을 매우 효율적으로 진행할 수 있다.

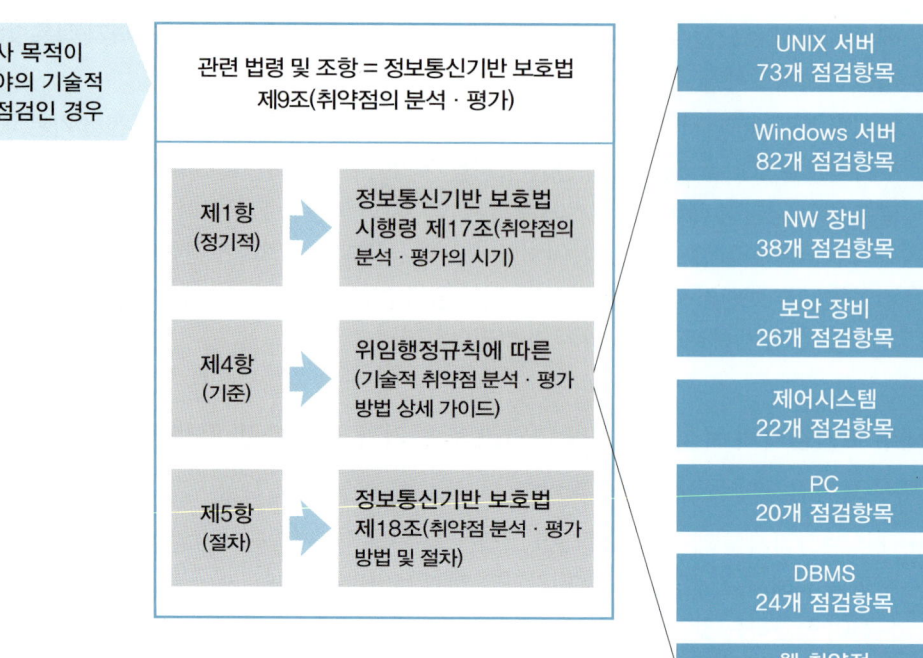

| 그림 5-15 내부 보안감사 목적에 따른 관련 법령 조항 파악(예시) |

■ **내부 보안감사 관련 이해 관계자를 파악하고 정리한다.**

▶ 내부 보안 정책, 규정 대비 실무 차원에 많이 활용되는 보안 지침은 보안 관리 대상 업무 생명 주기(Life Cycle)에 따른 상세한 보안 관리 활동을 기술하고 있다. 따라서 내부 보안감사 계획 수립 단계에서의 보안감사 대상 관련 이해 관계자를 파악하여야 할 때 보안 지침은 매우 유용하다. 각종 보안지침은 세부적인 업무 내용을 포함하여야 담당자가 업무를 이해하거나 인계하기 쉽고 내부 보안감사자 입장에서도 이해 관계자를 파악하기 쉽다.

▶ 이해 관계자 파악은 이해 관계자와의 의사소통과 상호 이해를 통하여 효과적이고 효율적인 내부 감사 수행이 이루어지게 하는 것이 목적이다. 가장 효율적인 이해 관계자 파악은 내부 감사 목적에 부응하는 내용을 업무 구조상 가장 많이 접하고 있고, 2년 이상의 업무 경험이 있는 실무자 리스트를 만들거나 감사 대상 부서에게 부탁하여 확보하는 것이다. 이해 관계자에는 관련 시스템 구축 및 유지 보수 발주 절차에 따라 계약에 의거하여 관련 업무를 수행하는 사업자 및 사업자 소속 인력도 이해 관계자 범주에 포함되므로, 보안지침에 따라 업무를 수행하는 내·외부 인력들을 내부 보안감사 계획 수립 시 대상으로 포함할지에 대하여 판단하여야 한다.

▶ 만약, 내부 감사 대상 분야가 최신 기술이거나 내부 감사인의 보유 지식이 충분하지 않다고 판단되는 경우 외부 전문가를 찾아야 한다. 이럴 경우 대부분 외부 전문가를 찾기가 매우 힘들거나 다행히 찾더라도 외부 전문가 일정과 내부 감사 일정을 맞추기가 매우 힘든 경우가 많다. 따라서 일정상 충분한 여유를 두고 준비 단계부터 미리 준비하여야 한다. 또한 외부 전문가의 역할이 내부

감사 준비에 대한 조언인지, 함께 감사를 수행하는 것인지, 혹은 감사 결과에 대하여 보다 전문적인 관점에서 검토 의견을 제시해 주는 것인지, 아니면 이 모든 것을 다 해 주는 것인지를 가용 예산 등을 고려하여 충분히 검토하여야 한다.

감사 도구 적용 대상	감사 도구의 주요 기능
Web Server	저장매체 이미징
Database	디지털 무결성 검증
Smart Phone	네트워크 정보 수집
Cloud 단말	은닉 정보 탐색
사물인터넷 센서 통신	네트워크 분석
Network 장비	
이동식 저장 장치 등	저작권 보유 여부 등

| 그림 5-16 감사 도구 적용 대상별 감사 도구의 주요 기능 |

■ **내부 보안감사에서 적용할 감사 도구를 조사하고 후보군을 선정한다.**

▶ 감사 도구의 주요 기능
- 감사 도구(Audit Tool)는 감사 증적이 될 가능성이 있는 데이터 추출, 데이터 선정, 데이터 결합, 데이터 결합 보고서 작성을 자동화할 수 있는 기능을 기본적으로 제공한다. 최근 4차 산업혁명 관련 기술의 발달에 따라 감사 도구를 적용하여야 하는 영역이 매우 빠르게 증가하고 있으므로, 어떤 IT 인프라에서 어떤 감사 도구 기능을 사용할지 충분한 사전 조사를 통한 감사 도구를 선정하여야 한다.

▶ 글로벌 감사 도구(Audit Tool) 참조 사이트
- 글로벌 관점에서의 감사 도구는 www.capterra.com 사이트에서 감사 도구에 대한 비교 분석 서비스를 제공하고 있으므로 유용하게 활용할 수 있다. 본 사이트에서는 Audit Software 평가에 따른 우선순위를 제공하고 있을 뿐만 아니라, 각 감사 도구 간의 비교를 손쉽게 할 수 있어 내부 보안감사에서 감사 도구를 활용할 경우 매우 효율적으로 사전 조사를 할 수 있다. 비교 내용은 적합한 업무 영역, 적정 사용자 규모, 가격, 무료 사용 여부, 웹·모바일 설치 등의 적용 플랫폼, 제품 특징, 캡처 화면, 사용자 평가, 교육 등 지원 내용을 일목요연하게 보여 준다.

▶ 감사 도구(Audit Tool) 적용을 위한 사전 고려 사항
- 감사 도구(Audit Tool)를 정보 시스템 운영 환경에 적용할 때는 특히 주의하여야 한다. 운영 중인 시스템의 장애나 가용성에 문제가 없는지를 계획 단계부터 철저히 준비하여야 하며, 필요 시 감사 도구 제공업체, 피감사 대상 IT 담당자 등 관련 이해 관계자들과 공식적인 경로와 방법을 통하여 긴밀히 협조하여야 한다.

▶ 국내 GS(Good Software) 인증 및 CC(Common Criteria) 인증 감사 도구 참조 사이트
- 국내에서 SW 관련 GS 인증 받은 사이트(www.swit.or.kr)의 제품 정보에서 GS 인증 제품을 검색할 수 있다. 검색할 때는 감사 목적에 따라 검색 키워드가 단순 '감사'뿐만이 아니라 '소프트웨어 보안 약점', '취약점', '모바일', '해킹', '위험', '개인 정보' 등 다양하게 있을 수 있으므로 관련 제품 및 기능을 미리

조사하고 분석해 둘 필요가 있다.
- 만약, 내부 보안감사 목적이 국가정보원에서 요구하는 CC(Common Criteria) 인증 제품을 사용하여야 한다면 IT보안인증사무국(www.itscc.kr)에서 CC 인증 제품을 검색할 수 있다. CC 인증 제품은 국내용과 국제용으로 구분되며 보증 등급과 인증일 등을 확인할 수 있으므로 유용하다. CC 인증제품은 제품명에 해당 버전이 반드시 명기되어 있으므로 어떤 버전이 CC 인증을 받았는지 반드시 확인하여야 한다. 또한, 인증 효력이 만료되었는지 인증 효력을 유지하고 있는지 명확하게 알 수 있으므로 감사 도구 선정 시 유용하다. 2018년 8월 현재 473개의 제품(국내용 380개, 국제용 93개)가 CC 인증 효력을 유지하고 있다.
- GS 인증 제품과 CC 인증 제품을 조사하였음에도 불구하고 내부 감사 목적 달성에 필요한 도구가 미흡하다고 생각될 경우에는 외국 사이트(예: www.capterra.com)를 조사한다. 또한, 예산 등의 이유로 오픈소스를 적용할 수 있으므로 상용 제품과 오픈소스 제품의 장단점 등을 다양하게 조사하는 것도 유용하다. 이러한 다양한 조사를 통하여 감사 도구가 어떠한 기능을 가지고 있고 어떻게 분류되며, 연락처 등을 계획 단계부터 일목요연하게 정리해 두고 향후 활용을 위하여 지속적으로 현행화 하는 것이 좋다.
- 이러한 조사를 통하여 감사 목적에 따른 감사 도구 후보군을 정리하여 두고, 사전 자료 분석 등을 통하여 어떠한 감사 도구를 활용할 것인지를 결정한다.

■ 내부 보안감사 대상과 범위를 구체화한다.

- 내부 보안감사의 목적과 배경 파악, 관련 법령 및 해당 조문 구체화, 도구 조사 등을 통하여 내부 보안감사 대상과 범위가 상위 수준에서 어느 정도 정해지게 된다. 감사 대상과 범위가 일정 수준에서 파악되면 보안감사 대상 자산을 파악하고 수검 대상 부서와 담당자를 확인한 후, 필요 시 사전 자료 요청 및 본 감사의 원활한 진행을 위한 사전 협의를 진행할 수 있다. 또한 감사 수행을 위하여 국내외 정보보호 표준 및 과거 보안감사 자료 등을 참조하여 내부 보안감사를 위한 점검 항목을 <그림 5-17>과 같은 형태로 도출한 후 사전 조사를 수행하는 것이 효율적이다.
- 내부 보안감사 범위 설정 시 해당 분야의 점검 항목을 기반으로 접근하기보다는 감사 목적과 감사 결과 보고서를 고려하여 과업 범위가 아니라고 판단되는 내용을 대분류 단계에서부터 제거해 나가는 것이 효과적이다.
- 관리적, 물리적 보안은 대부분 보안감사 범위에 포함되므로 과거 감사 자료를 참조하여야 하며, 기술적 보안은 보안 일정과 투입 자원을 고려하여 어느 정도까지의 상세 항목을 점검하여야 할지 판단하는 것이 보안감사 범위 설정 시 매우 중요하다.

분야	내부 보안감사 점검 항목(예시)
관리적 보안	• 정보보호 정책의 관련 법적 요구 사항 반영 정도 • 정보보호 핵심 자산의 식별 기준과 관리 절차 • 정보보호에의 경영진 참여 수준 및 관련 조직의 책임과 역할 • 정보보호 조직 구성 및 활동 정도 • 정보보호 관련 위험 식별 절차 및 위험 처리 방법론 정립 수준 • 정보보호 관련 교육 등을 통한 조직 내 인식 수준 • 내부 및 외부 인력에 대한 정보 보안 관리 수준 • 업무연속성 보장 관련 관리 수준

기술적 보안	• 시스템 변경 절차 관리 수준 • 소프트웨어 사용 승인 절차 • 사용자계정 관리, 사용자 접근 및 사용 권한 관리, 사용 로그 관리 등 사용자 및 관리자에 대한 보안 관리 수준 • 포트 제한, 과부하 대비 트래픽 분산, 일정 시간 경과 후 세션 종료 등 서버/네트워크 장비/DBMS/보안 장비 관련 파라미터 setting의 안전성 • 시큐어코딩 준수도, 웹 콘텐츠 접근성 • 민감정보 암호화, 백업 주기, IP 관리, ID 및 패스워드 관리, 공유폴더 제한 등
물리적 보안	• 민감지역, 제한구역 설정 여부 • 물리적 접근 통제 위한 CCTV, 이중 잠금장치, 출입 통제 수준 • 사고 또는 외부 위협 발생에 대비한 복구 절차 및 준비도 • 정보자산의 외부 반출 통제 수준 등

| 그림 5-17 내부 보안감사 점검 항목 도출(예시) |

chapter 2 사전 예비 조사 수행

■ 피감사 실무자와의 사전 의사소통 기법

▸ 내부 보안감사를 위한 계획이 어느 정도 수립되고 난 다음에는 피감사 대상 실무자와의 사전 의사소통이 매우 중요하다. 따라서 사전 자료를 요청하기 전에 간단한 통화, 전자 우편 등을 통하여 직접 만나보고 관련 요청을 하는 것이 좋다.

▸ 상대방에 대한 충분한 배려
- 감사를 받는 사람의 입장에서 보면 감사는 성가시고 귀찮고 주눅 들게 한다는 것은 명백한 사실이다. 따라서 왜 이러한 내부 보안감사를 하여야 하는지, 어떠한 위험 또는 이슈가 있어 내부 보안감사를 수행하는지 상대방이 납득할 수 있게 설명하고, 가급적이면 유사한 외부 보안 침해 사례를 구체적으로 이야기하는 것이 좋다.

▸ 증빙과 증빙이 아닌 것의 구분
- 의사소통을 하면서 적어야 하는 것과 적지 않고 기억하여야 하는 것을 잘 구분하여야 한다. 관련 내용을 기록할 때는 상대방에게 사전 양해를 구하도록 한다.

적어야 하는 것	내부 보안감사 점검 항목(예시)
• 의미가 모호한 용어나 단어 • 감사증적으로서의 의미가 될 만한 사실과 이해 관계자 또는 외부 전문가, 관련 사이트, 연락처 등 • 내가 설명하는 내용 중 상대방이 오해를 하고 있거나 오해할 만한 여지가 있는 항목 • 사전 요청 자료 목록과 회신에 긍정적인 자료	• 사전 의사소통 시 피감사 실무자의 잦은 통화 또는 회의장 이탈 정도 • 의사소통 시 과대한 친절 또는 냉소적인 반응 • 관련 업무 핵심 시안에 대한 명확한 설명 여부 • 피 감사 조직 책임자의 관심 정도

| 그림 5-18 적어야 하는 것과 기억하여야 하는 것의 구분(예시) |

🔸 **점검 항목의 전달 및 자료 요청**

- 점검 항목을 전달할 때는 초안임을 분명히 하여야 하고, 하드카피로 전달할 경우에 자료에도 초안임을 명시하여야 한다. 또한, 점검 항목에 대한 의견을 언제까지 회신해 달라고 하면서 사전 자료를 요청한다.
- 사전 자료는 가급적 함께 이야기를 하는 자리에서 바로 받는 것이 가장 좋으나 상황에 따라서는 피감사 부서 책임자의 승인이 있어야 할 때도 있으므로 회신 기한을 협의한다.
- 사전 미팅이 끝난 후 협의 내용을 회의록 형태로 이메일을 송부하면서 요청자료는 언제까지 부탁한다고 기재하고, 회의록 관련 의견이 있는 경우 언제까지 달라고 적어 두는 게 좋다.
- 이메일은 유사시에 대비한 근거 자료로 활용될 수 있으므로 일정 기간 동안 잘 보관하여야 한다.

■ **보안감사 대상 부서로 부터 사전 자료를 수집하고 분석한다.**

🔸 사전 예비 조사를 위한 문서의 통지와 회신

- 내부 보안인 경우, 보안 규정에 따른 정보보호최고책임자에게 보고가 된 경우가 많기 때문에, 사전 예비 조사 등은 대부분 실무자에게 관련 내용을 요청하면서 감사 부서의 책임자 및 피감사 부서의 책임자를 참조인으로 한 이메일로 공문을 대신하는 경우가 많다. 이러한 경우에도 내부의 공식적인 문서에 준하는 내용으로 의사소통을 하여야 한다.

2017년도 보안감사 실시 계획

1. 정기 보안감사
   가. 실시기간 : 2017. 4월 ~ 10월 중 (필요 시 변경 가능)
   나. 감사대상기관 선정기준 : 1년 주기
   다. 감사반 편성 : 3명으로 편성 및 운영
      1) 감사반장 : 운영지원담당
      2) 일반보안 : 업무담당자 1명
      3) 정보보안 및 개인정보보호 : 업무담당자 1명
   라. 월별 감사대상 기관
      - 감사대상 기관별 세부일정은 매월 감사 실시 전 별도 통보

감사 시기	대 상 부 서					계 (32)
4월						3
5월						6
~						6
10월						6
계	1	21	0	9	1	32

※ 월별 감사 대상 부서 및 일정은 변경될 수 있음.
   마. 점검기간 : 연2회 (대상 부서 및 일정은 추후 통보)
■ 보안감사 준비사항 [붙임 1]

[붙임1] **보안감사 준비사항**

준 비 사 항	해당부서
1. 일반현황	
가. 감사관리카드	
나. 부서별 사무분장표	
다. 인사발령대장	
2. 일반보안 관련 현황	
가. 안전반출 및 파기계획서	
나. 자체 시설방호계획 (자체 안전관리 세부시행 계획)	
다. 정기보안진단실시 일지	
라. 보안교육 실시일지 (정보보안 포함)	
마. 대외비 관리에 따른 관련 서류	
1) 대외비 관리 기록부	
2) 대외비 접수 및 발송대장	
3) 대외비 발간승인 신청서 기록사항	
바. 신원조사 대장	
사. 퇴직자 보안각서 징구현황(각서철)	
아. 비상연락망 구성현황 및 정비기록현황(당직근무관계 서류)	
자. 보호구역 설정내역 및 관리현황	
차. 소방시설, 장비 관계서류	
카. 대외기관 자료 제공 대장	
타. 보호구역 설정내역 및 통제구역 관리 현황(출입인가자 명부, 출입대장)	

| 그림 5-19 사전 예비 조사를 위한 문서 통지(예시) |

🔊 사전 자료 분석

- 수신 자료 목록에 따른 검토 초안 작성

    자료를 받고 나면 엑셀 등을 활용하여 수신 자료 목록을 작성한다. 수신 자료 목록 작성 후에는 자료를 하나씩 읽어 가면서 관련 내용을 증빙 관련 내용, 추가 확인이 필요한 내용, 이해 부족 영역 등으로 구분하여 해당 페이지를 명기해 가면서 검토 초안을 작성한다.

- 해당 페이지 관련 고려 사항 : 해당 페이지를 작성하는 이유는 자료를 검토한 후 다시 자료를 활용하여야 할 경우 해당 내용을 빠르게 찾아가기 위해서이다. 전자 문서상에서 해당 페이지가 일관성 있게 작성되어 있으면 효율적으로 사전 감사를 수행할 수 있고, 또 이해 관계자와의 의사소통이 훨씬 용이하게 된다. 따라서 사전에 자료를 요청할 때 컴퓨터 화면에서 표시되는 페이지와 출력 시 종이에 인쇄되는 페이지가 동일하도록 부탁하는 것이 좋다.

- 증빙 내용 : 자료를 보면서 미흡하다고 판단되는 내용은 즉시 기록해 두는 것이 나중에 예비 조사 결과서를 작성할 때 많은 도움이 된다.

- 확인 필요 내용 : 미흡 또는 적절하다고 보기에는 현재 자료가 충분하지 않아 추가적인 자료 조사가 필요하다고 판단되는 경우에 이를 기재한다.

- 용어 등 이해 부족 내용 : 새로운 기술에 관련한 내용이거나 또는 특정 업무에 전문적으로 쓰이는 용어인 경우 판단을 유보하고 관련 내용을 추가적으로 담당자 또는 전문가에게 물어보거나 찾아보아야 할 내용인 경우 이를 기록해 둔다. 잘 모르는 용어가 나오는 경우 내부 보안감사 관점에서 어떤 의미가 있는지, 놓치고 가는 위험은 없는지 주의 깊게 관리하여야 한다.

■ 사전 예비 조사를 수행하고 예비 조사 결과를 보고한다.

🔊 증빙 확보 중심의 접근

- 사전 조사를 통하여 가급적이면 증빙을 많이 확보해 두고 본 감사에서 어떻게 효과적 효율적으로 접근할 것인지를 고민하는 것은 성공적인 감사를 위하여 꼭 필요하다. 따라서 사전 보안감사 단계라고 할지라도 주어진 기간 내에 자료를 충분히 검토·확인할 수 있게 피감사 실무자와의 긴밀한 의사소통이 이루어져야 할 것이다.

🔊 예비 조사 결과 보고서의 작성

- 종합 의견부터 작성

    종합 의견은 예비 조사 결과를 보는 피감사 실무자와 보안 책임자 등 이해 관계자가 제3자 관점에서 이해하기 쉽게 결론부터 쓰는 것이 좋다. 즉 예비 조사 결과 어느 부분은 적정한 것으로 보이는 반면, 어떤 부분은 이러한 점에서 미흡하거나 취약한 것으로 나타났다. 이를 바탕으로 보안감사에서는 이러한 관점에서 이런 영역에 대하여 중점적으로 점검할 것이고, 점검 방법은 어떻게 하겠다는 형태로 초안을 작성한다. 초안으로 작성된 종합 의견을 근간으로 예비 조사 결과 보고서의 목차를 작성한다.

- 예비 조사에서 확인된 구체적 내용의 기술

    제출된 자료를 검토하면서 작성하였던 증빙 내용을 점검 항목과 매핑한다. 관련 증빙이 누가 보아도 알 수 있는 보안 취약점인 경우도 있겠지만, 대부분의 경우 관련 증빙을 비교하거나 설명이 추가적으로 필요한 경우가 많다. 따라서 관련 증빙이 보안 취약점이 되는 이유를, 잘 모르는 사람이 보아도 이해할 수 있게 쉽고 오해의 소지가 없는 용어로 분명하게 표현한다.

- 추가 확인이 필요한 내용
  예비 조사에서 확인하지 못한 사항을 명확하게 정리하고, '내부 보안감사 수행 계획서'에 어떻게 반영하겠다는 내용을 기술한다.
- 사전 예비 조사를 수행 시 피감사 대상 실무자와 의사소통을 할 때 위압적이거나 일방적 통보가 되지 않도록 이메일, 전화, 문자, 직접 방문 등의 다양한 수단을 모두 활용하여 점검을 위한 감사가 아니라 업무 목적 달성을 위한 검토 및 대안 제시라는 느낌이 충분히 들도록 우호적 분위기를 만들어야 한다.
- 사전 예비 조사 수행 관련 직접 방문 시에는 가급적 말을 아껴야 하며, 적정한 질문을 사전에 충분히 준비하고 전달하여 피감사 대상 실무자가 업무 수행상의 애로 사항을 표현하고 감사인의 고견을 구하는 형태가 될 수 있게 전문가적 주의를 기울일 필요가 있다.

chapter 3 보안감사 계획 수립

■ 내부 보안감사 계획 수립을 위한 목차 작성 기법

▶ 보안감사 수행 계획서에 담겨야 하는 항목 중심으로 목차를 구성한다.

```
내부 보안감사 계획서
                    목 차

제1장   내부 보안감사의 목적
제2장   추진 근거
제3장   기본 방침
제4장   2017년도 보안감사 주요 지적 사항
   1. 실시기간
   2. 감사대상
   3. 2017년도 주요 지적 사항
      가) 보안제도 및 운영 부문
      나) 인원보안 부문
      다) 문서보안 부문
      라) 시설보안 부문
      마) 정보보안 부문
      바) 개인정보보호 부문
제5장   2018년도 보안감사 중점 착안사항
   1. 보안제도 및 운영 부문
   2. 인원보안 부문
   3. 문서보안 부문
   4. 시설보안 부문
   5. 정보보안 부문
   6. 개인정보보호 부문
제6장   2018년도 보안감사 실시 계획
제7장   별첨
```

| 그림 5-20 내부 보안 계획서 목차(예시) |

- 내부 보안감사 목적
  - 정보의 기밀성, 무결성, 가용성이 확보될 수 있도록 정보 보안 규정에 따른 정보보호의 적합성을 검토하여 보안 침해가 발생하지 않도록 미흡한 부분을 찾고 개선하게 하는 내용을 기술한다.
- 감사 일정
  - 피감사 대상의 자산 규모와 감사 투입 인력 자원을 고려하여 감사 일정을 수립하되 1회 감사 수행은 통상적으로 5일을 넘지 않도록 일정을 잡는 것이 일반적이다.
- 감사 수행 조직
  - 보안 규정에 따라 보안 책임자는 보안감사를 수행할 수 있는 인력을 구성하고, 책임과 권한을 부여한다. 필요 시 외부 전문가를 활용할 수 있다.
- 감사 범위
  - 관리적·기술적·물리적 보안 영역별로 점검 대상 자산을 식별하여, 감사 여부를 명확히 하고 감사 대상 자산별 수검 대상자를 확인한다.
- 감사 방법
  - 점검 항목 기반의 샘플링 점검
  - 예비 조사 결과 미흡한 사항의 확인을 위한 추가 자료 요청 및 확인
  - 관련 이해 관계자와의 인터뷰
  - 관련 자료, 기록, 증적 등 확인
  - 시스템 화면 육안 검사 등
- 보안감사 점검 항목
  - 컴플라이언스 보안 점검 항목
    - 상세 내용은 '내부 보안 점검 항목에 대한 이해' 참조
  - 관리적 보안 점검 항목
    - 상세 내용은 '내부 보안 점검 항목에 대한 이해' 참조
  - 기술적 보안 점검 항목
    - 상세 내용은 '내부 보안 점검 항목에 대한 이해' 참조
  - 물리적 보안 점검 항목
    - 상세 내용은 '내부 보안 점검 항목에 대한 이해' 참조
- 내부 보안감사 결과의 처리
  - 내부 보안감사 결과 미흡한 내용을 피감사 부서에서 확인한 후 시정 조치 계획서를 제출한다.

■ 내부 보안 점검 항목에 대한 이해

- 내부 보안 점검 항목은 경우에 따라 항목별로 더 세분화할 필요가 있을 수 있으므로 감사 대상 및 감사 목적에 따라 적절히 취사선택하여야 한다. 개인 정보보호 관련 항목은 다른 학습 모듈에서 다루고 있으므로 내부 보안감사 점검 항목에서는 제외한다.
- 컴플라이언스 보안 점검 항목

- 정보보호 정책 : 정보보호 정책은 관련 법령 및 조직의 정보보호 목적에 따라 모든 정보보호 활동의 기본 규범을 정하는 가장 최상위 정책이다. 따라서 정보보호 정책에는 정보보호 관련 용어의 명확한 정의, 관련 조직 및 역할 체계, 보안 등급 및 정보보호 감사·심사 등의 정보보호 활동 기본 요건, 내·외부 인력에 대한 보안 관리, 조직에서 관리하는 정보 통신 시스템에 대한 기술적 보안, 설비 장소 등에 대한 물리적 보안, 침해 사고 대응 및 업무 연속성 확보 등의 내용이 담겨 있어야 한다. 내부 보안감사 계획 수립 시에는 이러한 정보보호정책 중 당해 감사 목적 및 예비 감사 결과에 따라 집중적으로 점검하여야 할 분야를 특정 지을 필요가 있다. 또한, 관련 법령의 개정 여부를 조사하여 정보보호 정책에 반영되지 않은 내용이 있고, 법령의 효력이 내부 보안감사 수행 일자에 발효되는 경우 관련 법령에 따라 감사를 수행하여야 하며, 정보보호 정책 담당에게 통지하여 개정된 법령 중 필요한 내용을 정보보호 정책에 반영시켜야 한다.

▶ 관리적 보안 점검 항목

- 정보보호 자산 관리 : 정보보호 자산이란 감사 대상 부서에서 구매한 정보 자산 중에 정보보호 정책에서 정보보호 대상으로 규정된 것을 의미한다. 일반적으로 정보 시스템을 구성하는 요소들은 대부분 정보보호 자산으로 보아도 무방하며, 특히 모바일 기기, 태블릿 PC 등의 단말기에서 내부 정보 시스템과 연계하여 관련 정보를 보는 경우에 이 또한 정보보호 자산으로 포함시켜야 한다.

- 정보보호 조직 : 정보보호 조직에서 특히 경영진이 참여한 주요 회의에서 정보보호 관련 안건이 어느 정도 다루어지고 있는지 관련 회의록 등을 확인함으로써 경영진의 정보보호에 대한 관심을 확인하는 것이 중요하다. 정보보호가 실무진 중심으로 이루어지는 것이 아니라 조직의 최고 책임자가 정기적으로 챙기는 모습을 보여 줌으로써 정보보호에 대한 선량한 관리 의무를 다하고 있음을 객관적으로 확인하여야 한다. 조직의 최고 책임자뿐만 아니라 정보보호 조직이 평소 어떠한 정보보호 활동을 하고 있는지, 주·월간업무 보고 자료 등을 통하여 정기적이고 지속적인 활동 여부를 확인하여야 한다.

- 정보보호 위험의 식별 : 정보보호 위험이란 침해 형태로 실현되지는 않았지만 침해 가능성이 있는 취약점을 가지고 있거나 침해 시 문제가 될 수 있는 절차, 업무 수행 방법 등을 모두 포함한다. 따라서 정보보호 정책의 체계 속에서 관리적 분야, 기술적 분야, 물리적 분야에 대한 위험 요인을 어떻게 평소에 식별하고 있고, 위험에 대한 조치의 적절성, 위험이 실제 문제가 되었을 경우 위험 관리 과정상에서 위험 최소화의 노력을 어떻게 취해 왔는지 점검하여야 한다. 또한 위험으로는 식별되지 않았지만 실제 문제가 발생한 정보보호 관련 관리 의무 등을 최대한 수행하였는지 확인해야 한다.

- 정보보호 관련 인식 수준 : 정보보호의 목적 달성을 위해서는 내부 직원뿐만 아니라 업무 관련 외부 인력의 인식 수준이 매우 중요하다. 관련 규정, 체계 정비뿐만 아니라 정보보호 관련 SW 및 HW의 설치를 세계 최고의 수준으로 하였다고 하더라도 결국 결정적인 침해 사고는 사람에 의하여 발생한다. 따라서 평소 내·외부 이해 관계자들을 대상으로 정보보호 관련 교육을 실시하여 정보보호 관련 중요성을 스스로 인식하고 평소 업무에 적용시키는 것이 무엇보다도 중요하다. 이를 위하여 업무 불편함을 초래하지 않고 거부감을 주지 않도록 정보 보안과의 최적점을 이룰 수 있도록 하여야 한다. 침해 사례 중심의 교육을 통하여 이해 관계자의 관심을 유발하고 자발적이고 능동적으로 정보보호 활동을 수행할 수 있도록 하여야 한다.

- 내부 및 외부 인력에 대한 정보보안 관리 수준 : 내부 및 외부 인력에 대한 정보 보안 관리는 업무의 시작부터 종료 시까지, 그리고 종료 후 일정 기간 동안 관련 업무 수행에서 습득한 일정 보안 등급 이상의 정보에 대해서는 정보 보안 관련 규정을 지킬 수 있도록 하여야 한다. 외부 인력에 대한 정보 보

- 안을 관리할 때는 내부 인력과 외부 인력의 구분보다는 다루어야 하는 업무 및 정보의 보안 등급에 따라 일관성 있는 정보 보안 지침을 준수하게 하는 것이 효율적이다.
- 업무 연속성 계획 : 업무 연속성 계획(BCP: Business Continuity Plan)은 광의적으로는 재해 복구(DR: Disaster Recovery)를 포함한다. 즉 조직의 핵심 자산을 식별하고, 유사시에 정보 시스템 복구를 어느 기간 내에 어느 정도 할 것이며, 그 기간 내에 업무는 어떻게 처리할 것인지에 대한 계획의 적정성을 점검하는 것이다.

▶ 기술적 보안 점검 항목

- 기술적 보안 점검은 크게 HW 중심 점검(HW 및 시스템 SW를 포함한다.)와 SW 중심 점검으로 구분된다. HW중심 점검은「정보통신기반 보호법」제9조에 따라 주요 정보 통신 기반 시설 관리 기관이 취약점 분석 점검을 하여야 하는 기술적 점검 항목을 많이 활용한다. 내부 보안감사 수행 시 감사 대상 기관이 주요 통신 기반 시설 관리 기관이 아닐 경우 모든 항목을 적용할 의무는 없으나 대부분이 조직에서 일부 보안 장비를 제외하고는 거의 활용하는 HW이므로 주요 정보 통신 기반 기설 관리 취약점 분석 항목이 대부분 해당된다고 볼 수 있다.
- UNIX 서버 보안점검 : UNIX 서버 설정값(Parameter) 관련 점검 중심으로 수행한다. 즉 관리자 및 사용자 계정 설정의 적정성, UNIX 파일 및 디렉터리 관련 설정 점검(접근·사용·수정·삭제 및 활성화 비활성화 등), 서비스 구동 및 실행 관련 설정 점검, 패치 관리, 로그 관리 등에서 보안 취약점이 있는지를 점검한다. 주로 CC 인증을 받은 툴을 활용하여 점검하나 감사 대상 조직의 특징이나 정보 자산의 규모 등을 고려하여 UNIX 스크립트를 작성하고 그 결과를 분석하여 인터뷰 등을 통하여 점검할 수도 있다.
- 윈도우 서버 보안점검 : UNIX 서버 보안 점검과 동일하게 설정값(Parameter) 관련 점검 중심으로 수행한다. 점검 항목 또한 계정 관리, 서비스 관리, 패치 관리, 로그 관리는 동일하나 대부분의 보안 침해 공격이 윈도우 시스템 중심으로 시도되고 있기 때문에 보안 관리와 DB 관리 항목을 추가적으로 점검하여야 한다. 윈도우 서버의 보안 관리는 서버용 백신 설치, DoS(Denial of Service)용 레지스트리 설정, 프린터 설치 제한, 주요 시스템 정보 암호화 여부 등을 점검하여야 하며, 윈도우 서버의 DB 관리는 윈도우 인증 모드 선택 시 SQL 서버 인증 관련 설치되는 DB 서버 관리자 계정인 'sa'가 비활성화 되었는지 등을 점검하여야 한다.
- 정보보호시스템 보안점검 : 정보보호시스템에 대한 보안 점검도 서버 보안 점검과 동일하게 설정값(Parameter) 관련 점검 중심으로 수행한다. 점검 항목은 계정 관리, 접근 관리, 패치 관리, 로그 관리, 그리고 기능 관리로 구분된다. 다른 장비 대비 보안 장비에는 특이하게 NW 기능에 대한 보안 점검을 해야 하는데 이는 보안 장비 간의 시간 연동 여부, 보안 정책의 일관되고 효율적인 보안 장비에의 적용 상태, NW 전송 정보를 쉽게 알아볼 수 없게 변환하였는지 여부 등을 점검하여야한다.
- 네트워크 장비 보안점검 : 네트워크장비에 대한 보안 점검도 서버 보안 점검과 동일하게 설정값(Parameter) 관련 점검 중심으로 수행한다. 계정 관리, 접근 관리, 패치 관리, 로그 관리는 동일하며, 네트워크 장비에 대한 기능 관리는 취약한 통신 프로토콜(SNMP on UDP 등) 사용의 제한, 추측하기 어려운 문자열로의 변경 여부 등을 점검하여야 한다.
- 제어 시스템 보안점검 : 제어 시스템의 보안 점검은 계정 관리, 패치 관리, 접근 통제, 그리고 보안 관리 측면에서 점검한다. 특히 제어 시스템에서의 보안 관리는 이동형 저장 매체의 사용 금지, 정보 시스템에 대한 보안 정책과 별도로 제어 시스템에 대한 보안 정책과 지침이 수립되어 있는지 등을 점검

하여야 한다.

- **PC 보안점검** : PC의 보안 점검은 계정 관리, 패치 관리, 보안 관리, 그리고 서비스관리 측면에서 점검한다. 특히 서비스 관리 측면에서 공유 폴더 제거, 상용 메신저 금지, NTFS 포맷 준수, 멀티 부팅 사용 금지 등을 준수하고 있는지 점검하여야 한다. 최근 멀웨어 등 PC에 보관된 정보 자산에 대한 공격이 많아지고 있으므로 개인 PC에 보관 중인 데이터 백업 관련 보안 정책, 프리 소프트웨어 설치 관련 보안 정책, 관련 소프트웨어 설치 시 윈도우 최신 보안 패치 우선 설치 후 관련 소프트웨어 설치 등의 절차가 올바르게 수행되고 있는지 등을 점검하여야 한다. 특히, 태블릿 PC, 모바일 단말기 등에서 PC와 유사한 업무를 수행하는 환경이라면 PC 보안 점검과 동일한 방법으로 보안 점검을 할 수 있게 관련 점검 항목이 구체화되어 있는지 점검하여야 한다.

- **DBMS 보안점검** : DBMS 보안 점검은 계정 관리, 접근 관리, 패치 관리, 로그 관리, 그리고 옵션 관리 측면에서 점검한다. 특히, DBMS 옵션 관리 보안 점검에서는 설정값(Parameter)이 일반 계정에서도 응용 프로그램 테이블 또는 DBA 테이블로 접근되지 않도록 되어 있는지, 원격 호스팅을 통한 접근을 제한하고 있는지 등을 점검하여야 한다.

- **웹용 Java 시큐어코딩 점검** : 웹 사이트를 구축할 때 관련 보안 취약점이 없도록 자바 언어로 개발하는 것을 Java 시큐어 코딩이라고 하며, 입력 데이터 검증 및 표현, 적절한 보안 기능의 구현, 정보시스템 자원의 올바른 활용을 위한 시간 및 상태 조건 구현, 에러 메시지 처리, 시스템 자원의 올바른 사용을 위한 정확한 코드 사용, 캡슐화 관련 무결성 확보, 그리고 API 관련 올바른 사용 등을 점검하여야 한다. 모든 소스 코드를 육안으로 검사하기에는 한계가 있기 때문에 CC 인증을 받은 시큐어 코딩 점검 도구를 주로 활용한다. 시큐어 코딩 점검 도구를 활용할 때 예외 처리를 통하여 적합하다고 판정받는 경우가 많은데 예외 처리인 경우 해당 개발자로부터 객관적이고 충분한 증빙을 확보한 뒤 적합 판정을 하여야 한다.

- **C 언어 시큐어코딩 점검** : C 언어로 관련 시스템을 구축할 때 관련 보안 취약점이 없도록 개발하는 것을 C 시큐어 코딩이라고 하며, 입력 데이터 검증 및 표현, 적절한 보안 기능의 구현, 정보 시스템 자원의 올바른 활용을 위한 시간 및 상태 조건 구현, 에러 메시지 처리, 시스템 자원의 올바른 사용을 위한 정확한 코드 사용, 캡슐화 관련 무결성 확보, 그리고 API 관련 올바른 사용 등을 점검하여야 한다. 특히 C로 구현된 시스템인 경우 외부 라이브러리를 많이 활용하는데, 특히 포인터 관련 외부 라이브러리와의 연계 관계 파악이 복잡할 수 있으므로, 시큐어 코딩 점검 전에 미리 점검할 수 있도록 의사소통을 한다. 또한 C와 유사한 C++, C#, Pro C의 경우도 C 언어 형태로 변환하여 점검할 수 있으므로 관련 시큐어 코딩 점검 도구 업체 및 감사 대상 기업의 실무자와 긴밀히 협조하여야 한다.

▶ **물리적 보안점검 항목**

- 물리적 보안 점검은 보안 구역의 설정과 물리적인 장비 구비에 따른 보안 점검으로 크게 나누어진다.
- **보안 구역의 설정** : 보안 정책에 따라 제한 구역, 통제 구역, 일반 구역 등으로 나누어져 있고 이에 따라 차별화된 물리적 접근 통제가 이루어지고 있는지 점검하여야 한다. 이에는 CCTV 설치 및 운영, 출입 대장 관리, 외부인 출입증 관리 절차, 민감 지역에 대한 외부인 출입 시 내부인 동행, 배달 및 하역 장소 통제 등이 적절히 이루어지고 있는지 점검한다.
- **장비 구비 및 사용 관련 보안점검** : 자연재해, 고의적 파괴 시도, 온도, 습도, 전력 공급, 누전 등을 고려한 물리적 장비 구비의 적정성뿐만 아니라 장비의 유지 보수, 반출, 폐기 및 재사용, 관리되고 있지 않는 장비, 일반 사무실의 책상 정리, PC 화면 보호 등 물리적인 장비 관련 보안 관리가 이루어지고 있는

지 점검하여야 한다.

■ 본 감사에 필요한 감사 자원을 확정한다.

- 예비 조사를 통하여 파악된 분석 결과를 근거로 본 감사에서 필요한 영역과 내·외부 인원, 감사 도구 등을 결정하고, 확인 대상 자료 및 증빙 확보 방법, 인터뷰 등의 업무량을 산정하고 세부 활동 계획(WBS: Work Breakdown Structure)를 작성한다.
- 감사 영역에 따른 인력 및 도구 활용 계획 수립

보안 구분	주요 감사 영역	인력	감사 도구
관리적	- 정보 보호 정책, 규정, 절차 수립 및 실행 수준(개인 정보 포함)	내부(경력 10년 이상)	PC 보관 개인 정보 점검 도구
기술적	- 인프라(서버, NW장비, 보안장비,DB) - 애플리케이션(모바일포함),웹, 단말기 등의 취약점	외부 인프라 전문가 (경력 10년)	CC 인증 스크립트 + 실무자 운영 증빙
		내부 애플리케이션 (경력 5년 이상)	CC 인증 시큐어 코딩 점검 도구 + GS 인증 모바일 난독화 취약점 점검 도구
물리적	- 통제 구역, 사무실 보안, 원격 사업장 보안, 업무 연속성 등의 적절성	내부(경력 2년 이상)	현장 확인

| 그림 5-21 본 감사 수행을 위한 자원 할당(예시) |

- 본 감사 수행은 보안 구분에 따라 관리적 보안, 물리적 보안, 기술적 보안 영역으로 자원을 할당한다. 일반적으로 기술적 보안은 전문 지식이 필요한 영역으로 내부 전문가가 없는 경우 외부 전문가를 조사하여 별도로 보안을 수행하도록 하는 경우가 많다. 이럴 경우 대부분 검증된 자동화 감사 도구를 활용하여 수행하도록 하는 것이 좋다.
- 관리적·물리적 보안은 팀을 이루어 함께 수행하는 경우가 많은데 이는 물리적 보안 점검 시 사무실 보안 상태, CCTV 등의 접근 통제, 업무 연속성 확보 등의 정책과 규정과 관련된 업무가 많기 때문이다. 물리적 보안 점검은 점검 항목만 잘 도출되어 있으면 경력이 많지 않더라도 수행 가능하므로 인력 확보가 비교적 쉬운 편이다.
- 감사 도구의 경우 PC에서 관련 자료를 제출 받아 수행하는 경우가 대부분이나 인프라 점검인 경우 실제 운영 중인 환경에서 스크립트를 돌려 관련 리포트를 뽑기 때문에 운영 환경에 영향을 미치지 않는, 사전에 철저한 검증이 된 감사 도구를 적용하여야 한다. 또한 만약 약간의 미미한 문제가 생기더라도 즉시 문제를 해결할 수 있는 조치를 갖추고 적용계획을 세워야 한다.
- 감사 수행 조직에서 별도로 구매된 자동화 감사 도구가 없는 경우 사용 시간 또는 사용 회차 기반으로 감사 도구 사용 경비가 발생되는 경우가 많으므로, 본 감사 수행 시 어느 정도 수준의 감사 도구를 적용할 지에 대한 면밀한 계획이 필요하다.
- 확인 대상 자료 및 증빙 요청
  - 예비 조사 단계에서 분석한 사전 자료 이외에 추가적으로 필요한 자료가 무엇인지 관련 내용을 확인하고 인터뷰 할 실무자는 누구인지를 요청하여 정리해 둔다. 확인 대상 자료의 범주는 대부분

① 지침과 기준, 계획 관련 자료
② 계획에 따라 실제 실행하였는지를 확인할 수 있는 증빙 자료로 구분된다.

- 실제 실행되었는지에 대한 것은 감사 대상 부서 및 관련 부서의 주·월간 업무 보고서 및 회의록 등을 통하여 확인하는 경우가 많다. 본 감사에 대비하여 확인에 필요한 관련 자료의 소프트카피, 하드카피, 그리고 이러한 자료 제공 리스트 등을 요청하고 효율적으로 볼 수 있게 필요시 템플릿 등을 제공하여 사전에 준비하게 하는 것이 좋다.

▶ 본 감사 세부 활동 계획(WBS: Work Breakdown Structure) 수립

- 본 감사 수행을 위한 대상 영역과 세부 활동, 필요 자료 및 확인 사항, 시작 및 완료일 등을 구체적으로 계획하여 엑셀 또는 MS Project를 활용하여 WBS를 작성한다. 이러한 WBS는 투입 자원 및 활동 완성도에 따라 감사 진척도를 산정하는 데에도 활용할 수 있고, 매일 매일의 감사 일지 작성 시 계획 대비 실적에 대하여 투입 감사원들이 스스로를 관리할 수 있게 하는 유용한 수단이 된다. WBS 작성은 감사팀장이 작성하고 취합하되 반드시 함께 투입되는 내·외부 감사원들과 충분한 협의를 하고 공유해야 한다.

감사 단계	감사 대상	감사 수행자	세부 감사 활동	확인 필요 자료	감사 대상 부서 담당자	시작일	종료일	도출 산출물
본 감사	UNIX 서버	김XX	UNIX 서버 취약점 점검	UNIX 서버 파라미터 설정값	이XX	20XX.XX.XX	20XX.XX.XX	UNIX 서버 - aaa.001 취약점 점검 보고서
본 감사	애플리케이션 SW개발 보안	이XX	○○시스템 SW 소스 코드 보안 취약점 점검	텍스트기반 SW 소스 코드	박XX	20XX.XX.XX	20XX.XX.XX	○○시스템 시큐어 코딩 점검 보고서

| 그림 5-22 본 감사 세부 활용 계획(WBS: Work Breakdown Structure) 수립(예시) |

- 본 감사 세부 활동 계획상의 종료일은 투입 감사자의 업무 완료일, 보안감사팀장의 검토 및 감사대상 부서와의 사후 협의 시간, 최종 제출 일정 등으로 세분화하여 관리할 것을 권고한다.

■ 본 감사 계획서를 수립하고 전결 규정에 따라 승인을 받는다.

▶ 본 감사 계획서는 감사 목적, 감사 일정, 감사 수행 조직, 감사 범위, 감사 방법, 필요 인력 및 예산, 감사 점검 항목으로 구성되며 감사 점검 항목은 중점 점검 항목 외의 전체 점검표는 〈별첨〉 형태로 작성한다.

▶ 감사 목적

- 보안 관련 법령, 정책, 보안 제 규정에 따라 감사 대상 부서에서 관련 이행을 적정하게 수행하고 있는지를 확인하고, 미흡한 부분의 개선 계획은 어떻게 하여 어떠한 조직 존재 목적과 대외적 서비스 개선에 기여하고자 하는지 등의 관련 내용으로 기술한다. 여기서 고려하여야 할 것은 단순한 점검 중심의 감사 수행이 아니라, 감사 수행을 통하여 조직의 발전, 조직 문화의 고도화, 조직에서 제공하고 있는 서비스·상품 등에 대한 어떠한 기여를 할 것인지에 대한 고민을 담아야 한다는 것이다.

감사 일정 또는 감사 개요

- 본 감사 수행 일정을 명기한다. 만약 감사 대상이 여러 군데 있는 경우 전체 감사 수행 기간과 각각에 대한 감사 수행 날짜를 함께 기재하는 것이 좋다. 만약 감사 대상 부서가 여러 곳이고 점검 분야 및 점검 대상이 다양한 경우에는 점검 분야, 점검 대상, 점검 일정, 방문 감사원, 수검 대상자 등을 일목요연하게 정리하여 기재하는 것이 좋다.

점검 분야	점검 대상	점검 일정	점검 시간	방문 감사원	수검 대상자	주요 점검 항목
관리적 보안	보안 규정 및 실행 여부	20XX.XX.XX	10:00~12:00	김XX	김XX	ISMS 관리적 통제 항목
물리적 보안	IDC	20XX.XX.XX	14:00~16:00	이XX	성XX	물리적 보안 규정
물리적 보안	영업소	20XX.XX.XX	15:00~16:30	박XX	탁XX	물리적 보안 규정
물리적 보안	사무실	20XX.XX.XX	00:00~00:00	최XX	현XX	물리적 보안 규정
기술적 보안	서버(UNIX)	20XX.XX.XX	00:00~00:00	홍XX	김XX	UNIX 서버 취약점
기술적 보안	서버(윈도우)	20XX.XX.XX	00:00~00:00	이XX	김XX	Win 서버 취약점
기술적 보안	NW 장비	20XX.XX.XX	00:00~00:00	김XX	안XX	NW 장비 취약점
기술적 보안	보안 장비	20XX.XX.XX	00:00~00:00	김XX	강XX	보안 장비 취약점
기술적 보안	DBMS	20XX.XX.XX	00:00~00:00	안XX	김XX	DB 취약점
기술적 보안	PC	20XX.XX.XX	00:00~00:00	강XX	정XX	PC 취약점
기술적 보안	웹 취약점	20XX.XX.XX	00:00~00:00	김XX	박XX	웹 취약점
기술적 보안	시큐어 코딩	20XX.XX.XX	00:00~00:00	정XX	최XX	SW 개발 보안

| 그림 5-23 본 감사 계획서상 점검 일정 및 점검 대상 통합 작성(예시) |

감사 방법

- 감사 방법은 보통 5가지 범주로 기술된다.
  ① 점검 항목(checklist) 기반의 샘플링 점검
  ② 이행여부 인터뷰
  ③ 관련 기록(증적, 레코드, 화면 덤프 등) 확인
  ④ 육안 확인
  ⑤ 시스템 log 등을 확인하는 방법으로 감사를 수행한다.
- 샘플링을 통하여 확인할 경우 전체 정보 자산 리스트를 확인하고, 자산 등급, 보안 등급, 장애 등급, 위험 등급 등의 분류 기준과 도입 연도, 표준 제품 여부 등의 확인으로 보안 취약점이 존재할 수 있는 자산을 선별하고, 감사 대상 부서의 의견 등을 수렴할 수 있는 샘플링 계획을 세운다.
- 이행 여부 인터뷰는 실제로 계획에 따른 수행 여부를 점검하는 증빙 확인 성격이 강하다. 따라서 상대방이 위협을 느끼지 않게 보다 개선된 시스템 추구를 위한 공동의 노력을 경주한다는 느낌을 가질 수 있게 하여야 하며, 감사인 또한 이러한 의식을 가지고 인터뷰 및 관련 증빙 제출 요청을 할 수 있어야 한다.
- 육안 확인의 경우 보안에 저촉이 될 만한 정보들은 마스킹 처리를 하고(예: 주민 등록 번호 뒷자리) 단지 감사 목적만으로 활용한다는 전제 하에 사진 촬영, 화면 덤프 등을 요청하여 제3자가 보더라도 인

정할 수 있는 증빙 자료 확보 노력을 기울여야 한다.

▶ 필요 인력 및 예산

- 인력 소요 정도는 감사 세부 활동 계획(WBS)을 얼마나 구체적으로 수립하였느냐와 유사 감사 수행 시 예외 처리, 돌발 변수 등을 고려하더라도 어느 정도의 시간이 소요될 것이냐에 대한 경험이 있으면 인력 규모 산정에 크게 무리가 없다. 만약 관련 경험이 없거나 비교적 생소한 분야에 대한 감사인 경우 관련 경험이 있는 감사원으로부터 조언을 구하거나 관련 자료 조사 등을 통하여 점검 항목을 구체화한 후 적정 인력 규모를 산정하여야 한다. 적정 인력이 있긴 하나 풀 타임(Full Time)이 아니거나 함께 상주하여 감사를 수행할 수 없는 경우, 초급 인력을 상주하게 하고 경험 있는 인력은 원격에서 파트 타임(Part Time) 형태로 지원할 수 있게 인력 투입 계획을 수립할 수 있으며, 이럴 경우 상주 인력과 비상주 인력과의 자료 송수신 방법 등에 대하여 구체화하고 감사 대상 부서와 사전에 협의하여야 한다.

- 감사 소요 예산은 일반적으로 인력 투입에 따른 인건비와 경비 정도이나 만약 감사 도구가 필요한 경우 필요한 도구를 정확하게 식별하고 감사 도구의 실제 사용 횟수, 사용 기간 등을 구체화하고 라이선스 등을 고려한 설치 환경 제약 조건 등을 명확히 하여 필요도구 보유 업체와 협의하여야 한다. 유사한 감사가 많아 별도의 감사 도구 구매가 필요한 경우 감사 도구의 라이선스 정책, 소프트웨어 설치 및 PC 포맷 등에 따른 다른 PC에의 재설치, 교육, 감사 도구 커스터마이징 등에 따른 연차별 유지 관리 비용 등을 구체적으로 확인하고 구매 예산을 책정하여야 한다.

▶ 감사 점검 항목

- 감사 점검 항목은 보안 대상 영역별로 감사 점검 항목을 명확하게 하고, 각각의 점검 항목 별로 점검 결과 점검 방법, 점검 내용을 기재할 수 있게 작성한다. 통상 현장에서 감사 점검 항목에 따른 점검을 고려하여 출력해서 쉽게 작성할 수 있게 구성하여야 한다. 감사 목적 및 범위에 따라 감사 점검 항목이 다양해질 수 있으나 가장 세부적인 점검 항목을 기준으로 하였을 때 100개에서 300개 정도를 염두에 두고 감사 점검항목을 도출하는 것을 권고한다.

구분	세부 구분	점검항목	지적사항
주요정보통신 기반시설 기술적 취약점	UNIX서버 취약점	73개	
	WINDOWS서버 취약점	82개	
	보안장비 취약점	26개	
	네트워크장비 취약점	38개	
	제어시스템 취약점	22개	
	PC 취약점	20개	
	데이터베이스 취약점	24개	
	웹 취약점	28개	
소스코드 취약점 점검항목		47개	
개인정보 영향평가 평가항목		85개	
정보보호 및 개인정보보호 관리체계 (ISMS-P) 통제항목		102개	
ISO/IEC 27001:2013 세부 통제항목		114개	

| 그림 5-24 내부 보안감사 점검 항목 숫자(예시) |

- 점검 항목은 관리적, 물리적 점검 항목과 기술적 점검 항목으로 일반적으로 구분되는데 ISMS, ISO27001:2013의 통제 항목은 기술적 통제 항목 형태로 구분되어 있어서, 실제 점검할 때에는 어떤 정보 자산을 대상으로 할 것인지, 개인 정보 항목 등은 내부 보안감사에서 어느 정도까지 점검할 것인지에 대한 범위를 설정하고 협의하는 것이 매우 중요하다. 왜냐하면 개인 정보 영향 평가와 관련하여 제대로 점검하려면 2달 ~ 3달 정도 소요될 수 있으며, Infra 취약점, 웹 취약점, 소스 코드 취약점 점검 시에도 실제 운영 환경에 영향을 최소화하기 위하여 점검 환경 설정 자체에도 상당한 시간이 필요하기 때문이다 (일반적으로 1 ~ 2주 소요).

▶ 전결 규정에 따른 승인 획득
- 내부 보안감사 계획서를 작성한 후에는 전결 규정에 따라 승인을 득하여야 한다. 서면승인을 득하기 전에 합의 협조가 필요한 부서나 최종 승인권자에 대하여 별도 구두 보고를 수행하는 것이 감사 품질을 높이고, 효율적인 업무 진행에 많은 도움이 되므로 적극적으로 추진할 것을 권고한다.

■ 관련 부서와의 협의를 통하여 적정 자원을 할당 받는다.

▶ 전결권자의 승인을 득한 후에 감사 수행 인력, 자동화 도구 등 내부 감사 수행을 위하여 관련 부서 및 담당자와 협의를 실시한다. 협의를 실시하기 이전에 내부 감사 수행 계획서를 이메일 등을 통하여 사전에 공유하고 숙지하도록 한 다음 회의를 실시하는 것이 좋다. 감사 자동화 도구를 사용한 경험이 있는 경우에라도 감사 대상 부서의 자동화 도구 설치환경이 어떻게 되는지, PC에 설치하여 점검하기 위해서는 감사 대상 부서로부터 어떠한 전자적 자료를 받아야 하는지 사전에 명확하게 규명하여야 한다.

▶ 예를 들어 소스 코드 취약점 점검을 위하여 텍스트 형태의 소스 코드를 받아야 하는데, 의사소통이 불명확하게 되는 경우 이미지, 첨부 파일 등이 함께 포함된 파일을 받는 경우 이를 분리해 내는 데 상당한 시간을 소요하는 경우가 있으므로 유의하여야 한다. 감사 자동화 도구를 사용한 경험이 없는 경우라면, 어떠한 원리로 취약점을 검출하는지, 예외 사항을 확인하려면 어떠한 방법과 절차를 거쳐야 하는지를 충분한 시간을 두고 교육을 받게 하고 실제 연습을 하게 하는 것이 실제 감사에 투입되었을 때 시간 낭비 요인을 줄일 수 있으므로 유의하여야 한다.

▶ 관련 부서 및 감사원들과의 협의를 하고 난 다음 감사 대상 부서장 및 실무자에게 내부 감사 수행 계획서, 특히 점검 항목을 사전에 송부한 다음, 별도의 연락을 통하여 내부 감사 수행 장소, 착수 회의 시간 및 참석자, 프린터/인터넷/감사 수행에 필요한 자료 리스트 등을 전달하고, 내부 감사 수행을 위하여 사전 협조 사항에 대하여 충분히 의사소통할 수 있도록 한다.

▶ 보안감사 계획은 경영층이 의도한 감사의 목적을 달성할 수 있게 최적의 자원을 조달하고, 적정한 일정 내에 감사를 완료할 수 있게 조직과, 범위, 감사 방법과 점검 항목 등을 상세히 도출한다.

▶ 특히, 기술적 항목 점검을 위한 감사 도구의 효율적 활용을 위하여 내부 감사 역량이 미흡하다고 판단되는 경우 전결권자로 하여금 외부 전문가의 필요성을 충분히 인식할 수 있게 감사 도구의 유용성, 핵심 기능, 감사 도구의 활용 이점 및 차별성, 감사 도구를 활용한 내부 감사의 향후 지속적 개선 가능성 등 감사 도구에 대한 정확한 이해를 바탕으로 계획에 반영해 두어야 한다.

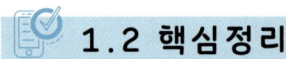 1.2 핵심정리

▶보안감사 대상과 범위를 설정하기 위한 기본지식이 필요하다.
- 보안감사의 준거가 되는 법령 목록 및 조항을 파악하고
- 내부 보안감사의 준거가 되는 정책, 규정, 지침, 매뉴얼을 숙지하고
- 국내·외 보안 관련 표준 및 관리체계를 이해하고
- 보안감사 범위에 디지털 포렌식이 포함될지 심사숙고 한다.

▶보안감사 대상과 범위를 설정하기 위해서는
- 내부 보안감사의 목적과 배경을 파악한 후 준거가 되는 법령, 정책, 규정, 지침, 매뉴얼을 조사한다.
- 내부 보안감사 관련 이해관계자를 파악하고 정리한다.
- 내부 보안감사에서 적용하고자 하는 감사 도구를 조사하고 후보군을 선정한다.
- 내부 보안감사 대상과 범위를 구체화한다.

▶피감사 실무자와의 사전 의사소통을 잘 하기 위해서는
- 상대방에 대한 충분한 배려
- 증빙과 증빙이 아닌 것을 구분할 수 있는 판별력
- 점검 항목의 전달 및 자료 요청을 위한 기법들을 익히는 것이 좋다.

▶사전 예비 조사 수행 절차
- 보안감사 대상 부서로부터 사전 자료를 수집하고 분석한다.
- 사전 예비 조사를 수행하고 예비 조사 결과를 보고한다.

▶내부 보안감사 수행 계획서 작성
- 내부 보안감사 수행 계획서는 필수사항인 감사 목적, 일정, 조직, 범위, 방법, 중점점검 항목을 담고 감사결과의 처리방법을 안내하여야 한다.

▶내부 보안감사 계획을 수립하려면
- 본 감사에 필요한 감사 자원을 규명
- 본 감사 계획서를 수립하고 전결 규정에 따라 승인을 받는다.
- 관련부서와의 협의를 통해 적정 자원을 할당 받는다.

1.3 중점점검 항목 도출

chapter 1   중점점검 항목 도출 프레임워크

■ 보안감사 중점점검 항목 도출 기법

중점점검 항목 도출을 위해서는 보안감사 범위를 먼저 명확히 인식하고, 과거 보안감사 자료 검토, 최근 신규 도입 정보 자산 현황 파악, 담당자 교체, 예비 조사 결과, 관련 상위 법령 개정 예고 내역 등을 고려하여 취약점이 생길 수 있는 분야를 파악하는 것이 중요하다.

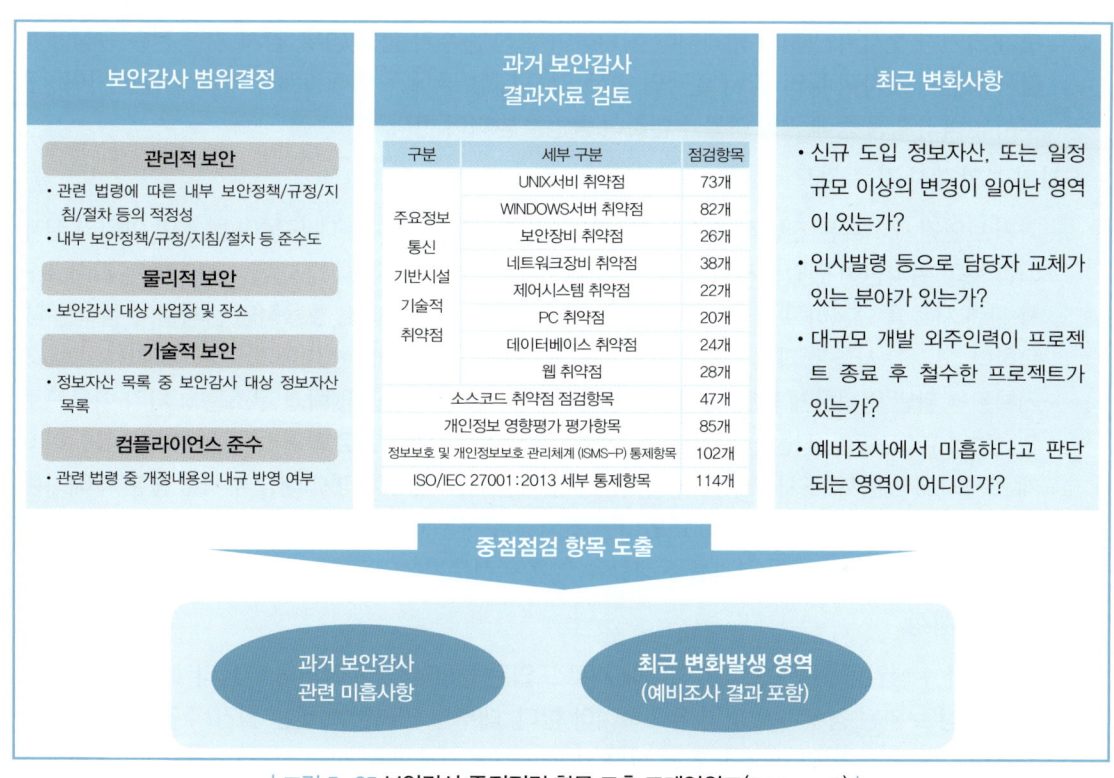

| 그림 5-25 보안감사 중점점검 항목 도출 프레임워크(Framework) |

취약점이 생길 수 있는 분야를 파악하고 난 다음에는 본 감사 수행 계획서에서 작성된 점검 항목을 검토하면서 다른 분야 대비보다 세밀하게 볼 점검 항목을 표시해 둔다. 즉, 본 감사 수행 계획서 상의 점검 항목을 활용하여 대상인 분야, 애매한 분야, 대상이 아닌 분야를 표시하고, 대상인 분야 중에서도 특히 중점적으로 볼 분야를 표시하여 본 감사 시 더 집중적으로 보아야 할 것을 미리 정해 두는 것이 중요하다. 물론, 본 감사 수행 중에 이러한 중점 점검 분야 및 범위는 조정될 수 있음을 염두에 두어야 한다.

chapter 2 　중점점검 항목 도출 및 작성

■ **보안감사 계획에 따른 착안 사항과 중점점검 항목을 최종적으로 작성한다.**

▶ 보안감사 범위 결정

- 보안감사 계획에 따라 본 감사 수행 범위가 어디까지인지를 명확하게 인식한다. 일반적으로 관리적 보안인 경우는 대부분 감사 범위에 포함되며, 물리적 보안인 경우 보안감사를 해야 되는 작업장은 감사 수행 인력 및 일정, 작업장의 크기 및 숫자에 따라 적정 규모를 산정하고 협의하여야 한다. 만약 물리적 보안감사 대상이 너무 적어 보안감사의 목적을 달성하기 힘들다고 판단되는 경우는 감사 대상 부서에 적극적인 협조를 요청하고 그 규모를 늘려야 한다. 그 반대로 물리적 보안감사 대상이 너무 규모가 크거나 숫자가 많거나 원격지에 위치하여 일정 준수가 힘들 경우, 감사 관련 전결 규정에 따라 감사 자원의 추가적 투입, 감사 일정의 연장, 감사 대상 부서 중 이해관계가 비교적 적은 기획·관리 부서 인력의 활용 등에 관한 안을 수립하여 승인을 받아야 한다.

▶ 과거 보안감사 자료 검토

- 과거 보안감사 자료는 전반적인 감사 절차와 점검 항목을 이해하는 데 도움이 될 뿐만 아니라 실제 어떠한 보안 취약점이 있었는지를 이해하는 데 매우 유용하다. 따라서 감사 대상 부서에게 과거 보안감사 관련 자료를 요청하고 적극적인 협력을 구하는 것이 효과적이고 효율적인 감사를 수행하는 데 필요하다. 고려할 사항은 과거 보안감사의 목적과 배경에 대한 충분한 이해가 없는 상태에서 보고서에 기록된 상황만 인식하게 되면 세세한 내용만 알게 되고 전체적인 맥락과 구조는 놓치기 쉬우므로 유의하여야 한다. 또한, 점검을 위한 점검 사항 도출이 될 수 있으므로 과거 보안감사 지적 사항이 어떻게 조치되고 있는지, 조치 과정상의 어려움은 없었는지에 대하여 감사 대상 부서를 충분히 배려한 접근이 필요하며, 만약 조치를 못하고 있다면 조치를 못하는 이유와 원인을 파악하고 이러한 미조치가 보안 취약점상에서 어떠한 결과를 초래할 수 있을지 전문가적인 주의를 기울여야 한다.

▶ 최근 변화사항

- 보안감사 수행일을 기준으로 1년 이내에 새로 도입된 정보 자산이 있거나 애플리케이션이 일정 규모 이상 수정 보완된 경우가 있다면 유의하여야 한다. 대부분 이러한 변화는 월간/주간 업무 보고 등에서 쉽게 파악할 수 있다. 새로 도입된 정보 자산이 있는 경우 관련 점검 절차가 고도화되어 있다면 괜찮겠지만 그렇지 않은 경우 납기 일정에 몰려 보안 관련 조치가 미흡하게 이루어질 가능성이 있기 때문에 유의하여야 한다. 또한 애플리케이션이 일정 규모 이상 수정 보완되어 있는 경우, 이 또한 관련 개발 방법론과 절차서가 고도화되어 있다면 별 이슈가 없겠지만 그렇지 않은 경우 시큐어 코딩, 웹 취약점, 개인 정보보호 등과 관련된 기준과 가이드라인 준수 미흡으로 인하여 보안 취약점이 있을 수 있다. 또한 예비 조사에서 미흡하다고 의심되는 영역도 최근 변화 사항과 관련이 있는지 충분히 분석하여야 한다.

▶ 중점점검 항목 도출

- 중점점검 항목은 따로 도출하기보다는 감사 계획서상의 점검 항목을 기준으로 상중하 형태 또는 가중치 형태로 각 점검 항목별로 표기하는 것이 향후 감사 업무를 진행 시 종합적 관리와 가중치를 고려한 감사 진척도를 산정할 때 편리하다.

1.3 핵심정리

▶ 중점점검 항목 도출을 위해서는 보안감사 범위를 먼저 명확히 인식하고, 과거 보안감사 자료 검토, 최근 신규 도입 정보 자산 현황 파악, 담당자 교체, 예비 조사 결과, 관련 상위 법령 개정 예고내역 등을 고려하여 취약점이 생길 수 있는 분야를 파악하는 것이 중요하다.

▶ 보안감사 계획에 따라 본 감사 수행 범위가 어디까지인지를 명확하게 인식한다. 일반적으로 관리적 보안인 경우는 대부분 감사 범위에 포함되며, 물리적 보안인 경우 보안감사를 해야 되는 작업장은 감사 수행 인력 및 일정, 작업장의 크기 및 숫자에 따라 적정 규모를 산정하고 협의하여야 한다.

▶ 과거 보안감사 자료는 전반적인 감사 절차와 점검 항목을 이해하는 데 도움이 될 뿐만 아니라 실제 어떠한 보안 취약점이 있었는지를 이해하는 데 매우 유용하다. 따라서 감사 대상 부서에게 과거 보안감사 관련 자료를 요청하고 적극적인 협력을 구하는 것이 효과적이고 효율적인 감사를 수행하는 데 필요하다.

▶ 보안감사 수행일을 기준으로 1년 이내에 새로 도입된 정보 자산이 있거나 애플리케이션이 일정 규모 이상 수정 보완된 경우가 있다면 유의하여야 한다.

▶ 중점점검 항목 도출 3대 요소
   - 보안감사 범위 결정
   - 과거 보안감사 자료 검토
   - 최근 변화사항을 바탕으로 중점점검 항목을 도출한다.

▶ 보안감사 범위결정 4대 요소
   - 관리적 측면
   - 물리적 측면
   - 기술적 측면
   - 컴플라이언스 측면

2장 보안감사 실행

평가 목표	• 보안 감사 계획에 따라 착안사항과 중점점검 항목을 도출하고, 보안 감사 수행 체크리스트를 작성할 수 있다. • 보안 감사 대상 부서로부터 보안 감사 수행에 필요한 자료를 수집하고 분석할 수 있다. • 보안 감사 대상 부서의 피감사인 및 관련자와 인터뷰를 실시하고, 인터뷰 수행 결과에 대한 감사일지를 작성할 수 있다. • 보안 감사 수행 시 확인된 문제점에 대하여 피감사에게 확인서를 징구하고, 문제점에 대한 개선방안을 제시할 수 있다.

2.1 보안감사 수행 체크리스트

chapter 1 최종 체크리스트 작성 및 감사 자료 요청

■ **최종 체크리스트 작성 및 자료 준비 요청**

· 감사 수행에 필요한 최종 체크리스트를 아래 표와 같이 작성하여 이를 보안감사 대상 부서에게 전달하고, 관련 자료를 요청한다.

〈관리적 취약점 점검 체크리스트〉

점검 항목	점검 취지	점검 방법
조직이 수행하는 모든 정보 보호 활동의 근거가 될 수 있는 최상위 수준의 정보 보호 정책이 있는가?	정보 보호 목표를 관리하기 위한 조직의 접근 방법(업무 전략과의 연계 등), 목적, 원칙, 책임 할당 등의 적정성 확인	공식 결재 문서 확인
정보 보호 정책은 조직이 제공하고 있는 사업 등에 관련된 정보 보호관련 법적 요구 사항을 반영하고 있는가?	보호 정책 개발, 검토, 평가 관련 법적 근거의 명확성에 대한 추적 확인	관련 법:A, B

〈물리적 취약점 점검 체크리스트〉

점검 항목	점검 취지	점검 방법
물리적 중요도에 따라 제한 구역, 통제 구역 등으로 분류하는 보호 대책이 있는가?	민감하거나 중요한 정보와 정보 처리 시설을 포함한 구역 보호 관련 명확한 근거 확인	공식 결재 문서 확인

〈UNIX 서버 취약점 점검 체크리스트〉

점검 항목	점검 취지	점검 방법
시스템 HW, SW 변경 사항을 관리하는가?	운영 환경에서 변경 사항 관리를 통한 시스템 추적 관리의 적정성 확인	공식 결재 문서 확인

| 그림 5-26 내부 보안감사 최종 체크리스트(예시) |

- 관련 자료는 증빙 확보 편의성 및 감사 업무 효율성 등을 고려할 때 가급적 소프트카피를 요청하는 것이 좋다.
- 보안감사 체크리스트는 관련 법령 및 고시에 의한 점검 항목을 모두 포함하여야 한다. 이를 확인하고 점검하는 업무의 효율적 수행을 위해서는 과거 보안감사 관련 미흡 사항을 확인하고, 최근 변화 발생 영역을 중심으로 항목별 우선순위를 설정하면 체크리스트에 의한 내부 감사 수행을 매우 효율적으로 할 수 있다.

감사증거의 수집
- 조직 내 「정보보안 업무규정」, 「개인정보보호규정」 및 기타 보안관련 내규 등에 규정된 사항이 부정이나 오류 없이 이행되었다는 것을 검증하기 위한 감사증거를 수집하여야 한다.
- 감사증거를 수집하기 위하여 질문, 관찰, 문서검증, 비교 대조, 실사 등의 방법 중에 선택하여 수행할 수 있다.

보안감사의 실시
- 다음의 전체 체크리스트 목록에서 해당 보안감사에 해당하는 점검항목을 추출하여 그것을 기준으로 보안감사를 수행하여야 한다.
  - 그림 5-28 '정보보안 부문 체크리스트-물리적 보호, 네트워크 (예시)'
  - 그림 5-29 '개인정보보호 부문 체크리스트-개인정보보호 관리체계 (예시)'
- 조직 전반에 적용되는 항목에 대해서는 샘플링 조사를 실시하여 서버 및 네트워크 등 정보시스템의 운영과 관련된 항목에 대해서는 전수조사 및 인터뷰를 병행한다.
- 해당 체크리스트는 법령 개정, 내규 개정, 신기술 확산 등의 이슈에 따라 보안감사담당자가 주기적으로 업데이트를 하여 최신성을 유지하여야 한다.

인터뷰 기법

실제 보안감사 과정에서 나타나는 문제점으로는 피감사인 및 참고인의 설명을 방해하는 것, 단답형 질문을 너무 자주 던지는 것, 잘못된 질문순서, 부정적인 어법, 비중립적 표현, 주의 산만 등을 들 수 있다. 보안감사에서는 현장실사 못지않게 인터뷰가 중요한 부분을 차지하고 있다. 따라서 인터뷰 결과가 바르지 못할 경우 보안감사 결과가 실제와는 다르게 나타날 가능성이 매우 높다. 그러므로 올바른 인터뷰를 수행하는 것이 보안감사를 성공적으로 수행하는 첫걸음이라고 할 수 있다.

다양한 인터뷰 기법
- 하드뉴스 인터뷰(Hard News Interview) 기법
  - ☞ 짧고 요점을 잘 보여주는 인터뷰
  - ☞ 5W1H 기법인 6하원칙에 의한 정확한 인터뷰를 수행
  - ☞ 언제(WHEN), 어디서(WHERE), 누가(WHO), 무엇을(WHAT), 어떻게(HOW), 왜(WHY)
- 인지 인터뷰(Cognitive Interview) 기법
  - ☞ 1984년에 Geiselman과 Fisher가 개발한 인터뷰 기법
  - ☞ 환경을 재구성한다. 인터뷰를 통하여 감사대상의 환경을 재구성해 봄으로써 보안감사의 목적을 달성

한다.
- ☞ 다양한 관점으로 인터뷰 목적을 회상케 한다.
- ☞ 중요하지 않다고 생각하는 부분의 정보들을 말하게 한다.
- ☞ 순서를 달리해서 환경을 다시 한 번 재구성토록 한다. 인지 인터뷰 절차는 다양한 순서 즉, 인터뷰 항목의 끝 또는 중간부터 인터뷰를 시작하든지, 인터뷰 대상자가 가장 중요하다고 생각하는 부분부터 말하도록 요구한다.

- 자유반응식 인터뷰(Open-ended narration Interview) 기법
  - ☞ 보안감사 항목에 대한 설명을 피감인 자신의 말로 설명하도록 하는 인터뷰
  - ☞ 가능하면 자유반응식 질문단계에서는 어떤 질문도 하지 않도록 한다.
  - ☞ 답변 중 궁금한 점이 있다고 하더라도 질문을 그뒤로 미루는 것이 좋다.
  - ☞ 판단이 필요한 논평식 답변이나 예, 아니오로 대답하게 하는 폐쇄형 질문은 하지 않도록 한다.

- 라포 형성 인터뷰(Rapport building Interview) 기법
  - ☞ 인터뷰를 개인화한다. 서로 인사를 한 후 인터뷰 대상자가 편안한 상태인지, 그리고 많은 것을 기억하려는 자발적인 의지가 있는지 확인한다.
  - ☞ 인터뷰 대상자에게 진술의 주도권을 넘긴다. 이어서 보안감사인은 인터뷰 대상자에게 진술의 주도권을 주고, 집중하여 감사항목에 대한 기억을 탐색할 시간적 여유를 충분히 준다.

- 정보 인터뷰(Information Interview) 기법
  - ☞ 중요한 사실을 많은 사람들에게 알리기 위한 인터뷰.
  - ☞ 제한된 보안감사 기간동안 성과의 극대화를 추구하는 방법.
  - ☞ 기획, 개발, 운영 단계 등 업무 단계별로 중요한 정보를 가지고 있는 사람을 조사

- 심층 인터뷰 기법
  - ☞ 사건, 사실을 좀 더 심도있게 접근하기 위한 인터뷰.
  - ☞ 감독과 관리차원에서 성과의 극대화를 꾀함.
  - ☞ 효과성, 효율성, 기밀성, 무결성, 가용성, 신뢰성에 대한 효과를 중점적으로 관찰한다.

- 논쟁적 인터뷰 기법
  - ☞ 직접적, 공격적이고 의견을 뒤엎기도 하는 인터뷰 기법
  - ☞ 인터뷰 도중에 말싸움으로 번질 위험이 있다.
  - ☞ 논리적, 이성적으로 답을 얻어내는 것이 중요하다.

- 기타 인터뷰 기법
  - ☞ 해석적 인터뷰: 사건을 좀 더 구체적으로 할 필요가 있을 때 선택하는 인터뷰 기법
  - ☞ 감정적 인터뷰: 상대편의 마음을 잘 읽는 것이 중요한 인터뷰 기법

▶ 인터뷰 시 주의사항
- 인터뷰 대상자의 마음을 편하게 해준다.
  - ☞ 인터뷰 대상자가 감사라는 피해의식에서 벗어나 인터뷰는 단지 미팅을 하고 있을 뿐이라는 생각을 갖도록 한다.
- 힘있고 효과적인 커뮤니케이션 기법을 활용하라.
  - ☞ 인터뷰 대상자와 만남의 관심사에 대해 일치되어야 하며, 조화를 이룰 수 있어야 한다.

- 필요한 곳에서 키워드를 날려라.
  - ☞ 상대의 반응을 살피면서 표현하고자 하는 방향의 세세한 부분을 현장 적응(Tailoring)하면서 진행하도록 한다.
- 인터뷰 기법을 숙달시켜라.
- 인터뷰에 거론될만한 주요 토픽을 카드식으로 미리 준비한다.
  - ☞ 회사에 관한 정보 특히 인터뷰 대상자가 담당하고 있는 업무내용, 업무, 향후 사업계획 등을 포함한다.
- 보안감사인의 복장은 해당 피감기관의 분위기에 잘 어울리도록 한다.
- 인터뷰 대상자에게 하루 전날 전화를 걸어 인터뷰 일정과 장소를 확인한다.
- 인터뷰 장소에 15분 정도 미리 도착한다.
- 바디 랭귀지에 신경을 쓴다. 보안감사인이 하고자 하는 인터뷰를 할 수 있을지에 대하여 먼저 양해를 구하고 필요하다면 노트 또는 녹음을 하면서 인터뷰하는 것이 향후 결과 분석에 도움이 된다.
- 단순히 듣는 기술만으로는 충분치 않다. 행간의 의미를 읽어야 한다. 말속에 숨은 의미를 찾을 수 있어야 한다.
- 진지하게 인터뷰에 응해준 것에 대해 인터뷰 후 24시간 이내에 감사의 이메일을 보낸다.
- 성공 인터뷰의 조건은 철저한 계획, 준비, 그리고 리허설이다.

▶ 인터뷰 준비
- 철저한 사전조사(Research)
- Backgrounding
- 서적탐독
- Scripting
- 사전담소

▶ 주요 인터뷰 대상자 선정기준
- 보안감사 증거 확보 및 보안감사 결과보고서 작성에 있어서 각 업무담당자의 협조를 원활히 하기 위해 사전에 면담, 보안감사 일정을 조정·협의해야 한다.

구분	세부 구분	인터뷰 대상직원
관리적 보안	보안기획	정보보호부, IT기획부의 보안기획 담당직원
	보안인증	정보보호부, IT기획부의 보안기획 또는 인증전담 담당직원
	보안 컴플라이언스	정보보호부, IT기획부의 보안기획 담당직원 또는 준법 관련 담당직원
기술적 보안	네트워크 보안	네트워크 관리담당직원
	시스템 보안	시스템 관리책임자
	소프트웨어 보안	시스템 소프트웨어 개발직원
	방화벽 보안	정보보호부의 보안운영 담당직원
물리적 보안	서버실 보안	시스템 운영담당직원
	관제실 보안	중앙관제실 운영책임자
	컴퓨터실 보안	컴퓨터실 운영책임자
	통제구역 보안	안전부서(총무부 등) 운영담당직원

| 그림 5-27 주요 인터뷰 대상자 선정기준(예시) |

정보보안 부문 체크리스트 (예시)

1. 물리적 보호(제한구역, 통제구역) 보안감사 점검항목

점검내용	상태	확인자
전산실의 물리적 보안을 위한 지침서 등이 마련되어 있고 적절히 활용되고 있는지 확인		
전원, 온도 등 전산실 내 환경의 조절은 정해진 기준치 내에서 잘 이루어지고 있는지 확인		
방재시설은 적정하며 잘 관리되고 있는지 확인		
물리적 접근보안을 위해 시건장치, CCTV 등 적절한 접근보안 장치가 설치되어 사용되고 있는지 확인		
USB등 전산 보조기억매체 보관 및 입출 관리가 지침에 따라 행해지고 있는지 확인		
보조기억매체의 반 출입에 대하여 승인권자의 승인 등 적절한 절차를 통해 이루어지는지 확인		
상시 근무자 이외에 전산실에 출입하는 사람에 대한 출입관리기록이 지침에 의거 잘 이루어지고 있으며 관리자에 의해 정기적으로 검토가 이루어지고 있는지 확인		
문서가 보안등급에 적절하게 시건 장치가 된 문서함에 보관되고 있는지 확인		
비밀문건으로 정의된 정보자산의 입출 및 프린트 등이 적절히 통제되어 당사 외부나 당사 내부의 비인가자에게 유출되지 않도록 관리되고 있는지 확인		
이면지 사용 등에 의해 비밀정보가 비 인가자에게 유출되지 않도록 관리되고 있는지 확인		

2. 네트워크 보안감사 점검항목

점검내용	상태	확인자
장비의 도입 및 설치는 보안관리 절차에 따라서 이루어지고 있는지 확인		
장비의 데이터에 대하여 백업이 수행되고 있으며 필요 시 복구가능성을 확보하기 위해 정기적으로 복구테스트가 행해지고 있는지 확인		
장애가 발생하는 경우 발생 일시, 유형, 조치사항 등을 요약한 장애일지를 적시에 기록하고 있는지 확인		
계정은 지침에 따라 권한을 부여하고 있으며 패스워드는 안전하게 설정되고 있는지 확인		
장비에 대한 접근통제 및 불필요한 서비스 제공여부 확인		

| 그림 5-28 정보보안 부문 체크리스트-물리적 보호, 네트워크 (예시) |

개인정보보호 부문 체크리스트

1. 개인정보보호 관리체계 점검항목

점검내용	상태	확인자
내부관리계획에 개인정보보호 조직구성 및 운영 등의 세부 사항이 명시되어 있는가?		
정보주체의 개인정보를 보호하고 개인정보와 관련한 정보주체의 고충을 처리하기 위하여 개인정보보호책임자가 지정되었는가?		
개인정보보호책임자의 자격 요건을 정하여 이에 적합한 자를 지정하고 있는가?		
개인정보보호책임자의 개인정보보호에 관한 역할 및 책임이 정의되었는가?		
개인정보취급자의 개인정보보호에 관한 역할과 책임 및 권한이 정의되었는가?		
교육 훈련의 대상은 개인정보 보호책임자, 개인정보 취급자 및 개인정보취급부서 책임자 및 관리 담당자 등을 포함하고 있는가?		
조직이 보유한 개인정보를 공유, 제공 받거나 접근 권한을 부여받은 외부 직원에 대한 교육훈련을 제공 하는가?		
교육내용은 개인정보보호 관련 법률 및 제도, 사내 규정, 관리적 기술적 조치사항 및 이를 수행하기 위한 방법 등 개인정보취급자가 필수적으로 알아야 하는 사항을 포함하는가?		
개인정보보호 교육 시 교육대상자의 직위 및 담당하는 업무의 특성에 따라 교육 내용을 차별화하여 적합한 교육을 실시하고 있는가?		
교육 및 훈련이 계획에 따라 연 1회 이상 시행되고, 이에 대한 기록을 유지 하는가?		
업무상 개인정보를 취급해야 하는 사람들을 최소한으로 제한하고 있는가?		
인사규정 또는 채용계약서 등에 개인정보취급자가 직무상 취득한 개인정보를 훼손·침해 또는 누설하는 경우 관계법령상의 책임 및 처벌규정에 대해 명시하고 있는가?		
개인정보취급자의 퇴직 및 직무변동 시, 인사부서와 정보보호 관련부서 간에 상호 공지가 이루어지는가?		
내부직원(정규직/계약직/임시직)의 개인정보 취급 업무 시작 시 개인정보보호에 관한 책임 및 의무를 고지한 개인정보보호 서약서를 징구하는가?		
제3자 등 외부 인원에게 개인정보처리시스템 접근권한을 부여하는 경우 개인정보보호에 관련된 사항이 계약서에 포함되어 있으며, 개인정보를 취급하는 인원에 대해서는 개인정보보호 서약서를 받는가?		
개인정보 사고 보고 시 법률이나 규정 등에 의해 관련 기관에 보고해야 할 경우 보고되고 있는가?		
개인정보사고가 종결된 후 개인정보사고의 원인을 분석하고 있는가?		

| 그림 5-29 **개인정보보호 부문 체크리스트-개인정보보호 관리체계 (예시)** |

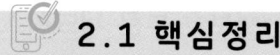 2.1 핵심정리

▶ 보안감사를 수행하기 위해
- 최종 체크리스트를 작성하여 이를 보안감사 대상 부서에게 전달하고, 관련 자료를 소프트카피로 요청한다.
- 보안감사 최종 체크리스트는 관련 법령 및 고시에 의한 점검 항목을 모두 포함하여야 한다.
- 제출 자료에서 감사증거를 수집하고 보안감사를 실시한다.

▶ 보안감사를 수행하기 위해
- 최종 체크리스트를 작성하여 이를 보안감사 대상 부서에게 전달하고, 관련 자료를 소프트카피로 요청한다.
- 보안감사 최종 체크리스트는 관련 법령 및 고시에 의한 점검 항목을 모두 포함하여야 한다.
- 제출 자료에서 감사증거를 수집하고 보안감사를 실시한다.

▶ 감사증거의 수집
- 조직 내 「정보보안 업무규정」,「개인정보보호규정」 및 기타 보안관련 내규 등에 규정된 사항이 부정이나 오류 없이 이행되었다는 것을 검증하기 위한 감사증거를 수집하여야 한다.

▶ 올바른 인터뷰는 보안감사를 성공적으로 수행하는 첫걸음
- 실제 보안감사 과정에서 나타나는 문제점으로는 피감사인 및 참고인의 설명을 방해하는 것, 단답형 질문을 너무 자주 던지는 것, 잘못된 질문순서, 부정적인 어법, 비중립적 표현, 주의 산만 등을 들 수 있다. 보안감사에서는 현장실사 못지않게 인터뷰가 중요한 부분을 차지하고 있다. 따라서 인터뷰 결과가 바르지 못할 경우 보안감사 결과가 실제와는 다르게 나타날 가능성이 매우 높다. 그러므로 올바른 인터뷰를 수행하는 것이 보안감사를 성공적으로 수행하는 첫걸음이라고 할 수 있다.

▶ 인터뷰 시 주의사항
- 인터뷰 대상자의 마음을 편하게 해준다.
- 힘있고 효과적인 커뮤니케이션 기법을 활용하라.
- 필요한 곳에서 키워드를 날려라.
- 인터뷰 기법을 숙달시켜라.
- 인터뷰에 거론될만한 주요 토픽을 카드식으로 미리 준비한다.
- 보안감사인의 복장은 해당 피감기관의 분위기에 잘 어울리도록 한다.
- 인터뷰 대상자에게 하루 전날 전화를 걸어 인터뷰 일정과 장소를 확인한다.
- 인터뷰 장소에 15분 정도 미리 도착한다.

- 바디 랭귀지에 신경을 쓴다. 보안감사인이 하고자 하는 인터뷰를 할 수 있을지에 대하여 먼저 양해를 구하고 필요하다면 노트 또는 녹음을 하면서 인터뷰하는 것이 향후 결과 분석에 도움이 된다.
- 단순히 듣는 기술만으로는 충분치 않다. 행간의 의미를 읽어야 한다. 말속에 숨은 의미를 찾을 수 있어야 한다.
- 진지하게 인터뷰에 응해준 것에 대해 인터뷰 후 24시간 이내에 감사의 이메일을 보낸다.
- 성공 인터뷰의 조건은 철저한 계획, 준비, 그리고 리허설이다.

2.2 인터뷰 및 감사일지 작성

chapter 1 감사 일정을 고려한 범위 관리 방법

■ **감사 일정을 고려한 범위 관리 방법**

- 감사 목적을 근간으로 감사 범위를 명확히 하고 체계적인 범위 관리를 수행하여, 필요 시 절차에 따른 감사 과업 변경의 정당성을 확보하고 감사 관련 통제를 통한 효율적인 감사 수행을 위한 기법에 대하여 알아야 한다.

감사 범위 관리 활동	담당	주요 역할
범위관리 계획	감사팀장	감사 착수 단계에서 범위 정의, 범위 변경 등에 대한 절차 및 수행 활동을 정의한 계획을 수립하여 감사 대상 부서와 협의
범위 정의서 확인	감사팀장	과업 범위를 명확히 하기 위하여 감사 계획서 등을 기반으로 실제 수행할 감사 과업과 비교하여 감사 대상 부서와 협의
범위 확정	감사 대상 부서	범위 검증을 통하여 감사 범위를 확정하고 관련 자료를 취합하여 전달
비용 산정	감사팀장	감사 진행 중 감사 범위를 벗어나는 상황이 발생하여 추가 비용이 발생할 경우 이를 산정함(추가 인력, 추가 도구 사용 등)
범위 변경 검토	감사 관련 의사 결정권자	추가 비용 산정 내역서를 기반으로 과업 변경 타당성과 적정성을 검토함
감사 계획 변경 요청	감사 관련 의사 결정권자	범위 변경이 확정되면 감사 대상 부서에 감사 계획 변경을 요청(인력, 비용 등)
변경된 감사 계획에 따른 감사 수행	감사수행 조직	감사 계획이 공식적으로 통보되면 이에 따라 감사를 수행

| 그림 5-30 감사 범위 관리 활동 및 역할 기술 (예시) |

chapter 2 감사 지적 사항의 정리 기법

■ **감사 지적 사항의 정리 기법**

- 감사 수행 중 발견한 사항들을 이해 관계자 및 제3자도 이해하기 쉽게 사실(Fact) 기반으로 정리할 수 있어야 한다.
- 계획된 점검 항목 중심의 정리
  - 보안감사 자체가 민감하고 변수가 많은 업무이기 때문에 감사 지적 사항은 사전에 계획되고 협의된 내용으로 진행하여야 한다. 따라서 계획된 점검 항목 중심으로 감사 지적 사항을 정리하여야 하며, 만약 계획된 점검 항목 외에 주요한 보안 취약점이 발견되었을 경우

- ☞ ① 점검 항목의 상위 분류에 해당하는지 확인
- ☞ ② 점검 항목에 포함되기는 하나 세부적인 내용이 상이할 경우 점검 항목 세부 목차로 구분하여 정리
- ☞ ③ 대분류 단계부터 별도로 관리하여야 할 경우 대분류, 중분류, 세분류 형태로 발견 사항을 체계화하여 정리할 수 있어야 한다.

풍부한 증빙의 확보
- 내부 감사에서 점검 항목에 부합하지 않는다고 판단한다면 왜 그렇게 판단하였는지에 대한 구체적인 증빙을 반드시 제시하여야 한다. 또한, 단편적인 증빙보다는 종합적인 상호 비교 분석 등을 통하여 감사 지적 사항이 유의미한 메세지를 전달할 수 있도록 탑 다운을 고려한 체계적인 증빙을 풍부하게 확보하고 정리할 수 있어야 한다.

이유와 결론 중심의 서술
- 감사 지적 사항을 기술할 때는
  - ☞ ① 어떠한 증빙을 보았다
  - ☞ ② 이 증빙은 점검 항목 대비 지적 사항이 된다
  - ☞ ③ 지적 사항이 되는 근거는 관련 법령, 내부 보안 정책 및 규정 제○○조 제○항 제○호의 내용과 상이하기 때문이라는 순서로 기술하는 것이 필요하다. 하나의 증빙 자체가 여러 감사 지적 사항과 연계될 수가 있고, 여러 개의 증빙이 하나의 감사 지적 사항과 연계될 수가 있다. 여러 개의 증빙이 하나의 감사 지적 사항과 연계가 되는 경우에는 감사 보고서 작성이 어렵지 않다.
- 그러나 하나의 증빙 자체가 여러 감사 지적 사항과 연계되는 경우 증빙부터 기술하기 보다는
  - ☞ ① 감사 점검 항목이 이러한데
  - ☞ ② 해당 증빙을 보았을 때 이는 지적 사항이 된다
  - ☞ ③ 왜냐하면 관련 법령, 내부 보안 정책 등의 세부적 조항과 비교하였을 때 이런 점에서 미흡하기 때문이라고 서술하는 것이 좋다.

실현 가능성을 고려한 조치 필요 사항 제시
- 보안감사 지적 사항은 실현 가능성과 위험 수용이라는 대전제 하에서 기술되어야 한다. 보안 지적 사항 해결을 위한 조치 사항은 실행 이전에 반드시 영향도 분석을 수행하여야 한다.
- 보안 취약점 해결을 위하여 일부 설정값을 바꾸었을 때, 시스템 운영에 문제가 생기거나 서비스 불편 사항으로 예상하지 못한 문제가 생긴다면 내부 감사 자체가 조직 관점 효용성 제고보다는 점검을 위한 점검만으로 보일 수 있으므로, 보안감사 수행자는 지적사항을 도출할 때 실현 가능성까지 고려하여야 한다.

■ **보안감사 수행에 필요한 자료를 전달받고, 검토를 통하여 추가 필요 자료, 인터뷰 대상, 인터뷰 일정을 수립한다.**

- 필요 자료를 전달받고 검토하는 방식은 예비 조사 방법과 동일하다. 예비 조사 때 활용하였던 양식을 참조하여 감사 대상 자료를 검토한다.
- 필요 자료 분석
  - 검토 초안 작성

- 자료를 받고 나면 엑셀 등을 활용하여 수신 자료 목록을 작성한다. 수신 자료 목록 작성 후에는 자료를 하나씩 읽어 가면서 관련 내용을 증빙 관련 내용, 추가 확인이 필요한 내용, 이해 부족 영역 등으로 구분하여 해당 페이지를 명기해 가면서 검토 초안을 작성한다.

자료명	해당 Page	증빙 내용	해당 Page	확인 필요 내용	해당 Page	용어 등 이해 부족영역
AAAAA	문서 표기 Page (화면상 Page)	점점 항목에 따라 미흡 하다고 판단되는 내용	문서 표기 Page (화면상 Page)	미흡 또는 적정 하다고 보기에는 정보가 부족하다고 판단되는 내용	문서 표기 Page (화면상 Page)	무엇을 말하는지 이해되지 않는 영역

| 그림 5-31 자료 목록에 따른 검토 (예시) |

☞ ① 해당 페이지 관련 고려 사항 : 해당 페이지를 작성하는 이유는 자료를 검토한 후 다시 자료를 활용하여야 할 경우 해당 내용을 빠르게 찾아가기 위해서이다. 전자 문서상에서 해당 페이지가 일관성 있게 작성되어 있으면 효율적으로 사전 감사를 수행할 수 있고, 또 이해 관계자와의 의사소통이 훨씬 용이하게 된다. 따라서 사전에 자료를 요청할 때 컴퓨터 화면에서 표시되는 페이지와 출력 시 종이에 인쇄되는 페이지가 동일하도록 부탁하는 것이 좋다.

☞ ② 증빙 내용 : 자료를 보면서 미흡하다고 판단되는 내용은 즉시 기록해 두는 것이 나중에 예비 조사 결과서를 작성할 때 많은 도움이 된다.

☞ ③ 확인 필요 내용 : 미흡 또는 적절하다고 보기에는 현재 자료가 충분하지 않아 추가적인 자료 조사가 필요하다고 판단되는 경우에 이를 기재한다.

☞ ④ 용어 등 이해 부족 내용 : 새로운 기술에 관련한 내용이거나 또는 특정 업무에 전문적으로 쓰이는 용어인 경우 판단을 유보하고 관련 내용을 추가적으로 담당자 또는 전문가에게 물어보거나 찾아보아야 할 내용인 경우 이를 기록해 둔다. 잘 모르는 용어가 나오는 경우 내부 보안감사 관점에서 어떤 의미가 있는지, 놓치고 가는 위험은 없는지 주의 깊게 관찰하여야 한다.

- 내부 감사 체크리스트 작성
  - 자료 검토 초안을 작성하고 난 다음에는, 내부 감사 체크리스트의 점검 항목별로 적합 여부를 표시하고, 관련 증빙을 향후 보고서 작성 등에 쉽게 활용할 수 있도록 체계적으로 정리하여 모아둔다.(예: 점검 항목 일련번호를 관련 증빙별로 동일하게 부여)

- 인터뷰 대상 파악 및 일정 구체화
  - 필요 자료 검토 초안에서 구분된
    ☞ ① 확인 필요 사항을 먼저 정리한다.
    ☞ ② 확인을 위하여 인터뷰할 대상 인력 목록을 정한다.
    ☞ ③ 감사 대상 부서 실무자를 통하거나, 사전 협의된 방법에 따라 감사인이 직접 해당 인력과 통화하여 인터뷰 일정을 정한다.
  - 감사인의 이해 부족 영역으로 구분된 내용은 유선상으로 물어 본 뒤
    ☞ ① 추가 확인 필요 사항으로 구분할지,

☞ ② 추가 설명을 요청할지,
☞ ③ 문제없음으로 처리할지를 결정한다.

■ 인터뷰 수행을 통하여 감사 지적 사항을 최종 정리한다.

▶ 인터뷰 수행을 통하여 감사 수행 계획서상의 점검 항목별로 감사 지적 사항을 최종 정리한다.

점검 항목	점검 결과(Y/N)	점검 방법	점검 내용 (관련 증빙 포함)
조직이 수행하는 모든 정보 보호 활동의 근거가 될 수 있는 최상위 수준의 정보 보호 정책이 있는가?	Y	공식 결재 문서 확인	XX년 XX월 XX일 정보 보호 정책 전자 결재 문서 확인
정보 보호정책은 조직이 제공하고 있는 사업 등에 관련된 정보 보호 관련 법적 요구 사항을 반영하고 있는가?	Y	관련 법: A, B	www.law.go.kr에서 A, B, C 최근 법령 내용이 정보 보호 정책에 반영되어 있음을 확인

〈물리적 취약점 점검 체크리스트〉

점검 항목	점검 결과(Y/N)	점검 방법	점검 내용 (관련 증빙 포함)
물리적 중요도에 따라 제한구역, 통제구역 등으로 분류하는 보호대책이 있는가?	Y	공식 결재 문서 확인	XX년 XX월 XX일 정보 보호 정책 제X조

〈UNIX 서버 취약점 점검 체크리스트〉

점검 항목	점검 결과(Y/N)	점검 방법	점검 내용 (관련 증빙 포함)
시스템 HW, SW 변경 사항을 관리 하는가?	Y	공식 결재 문서 확인	XX년 XX월 XX일 변경 요청 확인서

| 그림 5-32 감사 점검 항목별 감사 지적 사항 최종 정리(예) |

- 사안이 민감하여 반발이 심하거나, 감사 지적 사항에 대하여 이견이 있는 경우, 관련 회의록을 작성하여 참석자로 하여금 서명을 받아두는 것이 좋다.
- 보안감사 증빙은 매우 효과적인 메시지 전달을 통하여 경영층으로부터 감사 목적 달성에 필요한 자원 지원에 대한 의사 결정을 이끌어 낼 수 있는 점에서 매우 중요하므로 철저하게 사실 중심으로 수집한다.
- 보안감사 증빙은 대상 문서의 스크린 샷, 사진 촬영 등 단편적인 증빙만으로도 의미가 있는 경우도 있지만, 여러 증빙을 취합하고 분석함으로써 결정적 감사 증빙이 되는 경우도 있으므로 통계적 기법, 기준 또는 내부 논리전개 일관성 측면에서의 비교 기법 등을 적용하면 더 품질 높은 감사 보고서를 제출할 수 있게 된다.

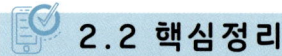 2.2 핵심정리

▶ 감사 지적 사항을 정리하기 위해서는
  - 사전에 계획된 점검 항목 중심의 정리
  - 풍부한 증빙의 확보
  - 두괄식으로 이유와 결론 중심으로 서술하고
  - 실현 가능성까지 고려한 조치 필요사항을 제시한다.

▶ 인터뷰 대상 파악 및 일정 구체화
  - 필요 자료 검토 초안에서 구분된 확인 필요사항을 먼저 정리하고
  - 확인을 위해 인터뷰할 대상 인력 목록을 정하고
  - 직접 해당 인력과 통화하여 인터뷰 일정을 정하고
  - 인터뷰 수행을 통하여 감사 지적사항을 최종 정리한다.

▶ 사안이 민감하여 반발이 심하거나, 감사 지적 사항에 대하여 이견이 있는 경우, 관련 회의록을 작성하여 참석자로 하여금 서명을 받아두는 것이 좋다.

▶ 보안감사 증빙은 매우 효과적인 메시지 전달을 통하여 경영층으로부터 감사 목적 달성에 필요한 자원 지원에 대한 의사 결정을 이끌어 낼 수 있는 점에서 매우 중요하므로 철저하게 사실 중심으로 수집한다.

▶ 보안감사 증빙은 대상 문서의 스크린 샷, 사진 촬영 등 단편적인 증빙만으로도 의미가 있는 경우도 있지만, 여러 증빙을 취합하고 분석함으로써 결정적 감사 증빙이 되는 경우도 있으므로 통계적 기법, 기준 또는 내부 논리전개 일관성 측면에서의 비교 기법 등을 적용하면 더 품질 높은 감사 보고서를 제출할 수 있게 된다.

2.3 감사증적 수집 및 분석

chapter 1   감사 목적 및 시정 조치 가능성을 고려한 컨설팅 기법

■ **감사 목적 및 시정 조치 가능성을 고려한 컨설팅 기법**

- 보안감사의 본질적 목적은 지적하기 위한 것이 아니라 지적된 사항을 보완하고 개선하게 하여 보안 관련 관리 수준을 지속적으로 고도화하기 위한 것이다. 따라서 보안감사 결과에 대하여 감사 대상 부서로부터 확인서 등을 받고 난 후에는 전문가적 주의 의무를 발휘하여 실현 가능한 개선 방안까지 제시할 수 있어야 한다. 개선 방안 제시와 관련된 필요 지식은 다음과 같다.
- 관련 문제와 이슈의 체계적 정리 기법
  - 보안감사에서 지적된 문제와 이슈를 체계적으로 정리할 수 있어야 한다. 문제와 이슈를 체계적으로 정리하는 이유는
    - ① 자원의 제약 사항을 고려하여 우선순위 설정을 적정한 수준에서 적용
    - ② 유사 또는 동일한 문제와 이슈가 발생하지 않게 사전 관리 고도화
    - ③ 실무자 이해 증진을 통한 문제 해결 속도 가속화 등이다.
  - 가장 접근하기 쉬운 방법은 내부 감사 계획서상 점검 항목의 대·중·소 항목별로 문제와 이슈를 정리하는 것이다. 이는 작성하기도 쉽고 이해하기도 쉽기는 하지만, 문제 해결을 위한 자원 할당 측면에서 중복성이 있을 수 있고 우선순위 설정의 난이도도 높은 편이다. 따라서 관련 문제와 이슈의 체계적 정리를 위해서는 점검 항목을 고려하여 해결 방법의 유사성에 따라 재 그룹핑하고 시급성과 파급 효과 등을 분석하여 우선순위를 설정할 것을 권고한다.
- 관련 문제와 이슈에 대한 감사 대상 부서 실무자의 인정
  - 관련 문제와 이슈가 체계적으로 정리되고 우선순위가 설정되고 나면, 감사 대상 부서 실무자와 협의를 수행하여야 한다. 우선순위에 따라 중요하게 개선이 필요한 사항에 대해서는 감사 대상 부서 실무자 또한 그 심각성에 대하여 동의하는 경우가 많으나, 경미한 보안 취약 사항에 대해서는 동의하지 않거나 제외 요청이 많을 수 있다. 따라서 어느 정도의 취약한 수준을 실질적인 문제와 이슈로 삼을 것이냐는 것은 참여 감사인이 법령 요구사항, 보안 취약점 관련 뉴스·시장 동향 등을 고려하여 결정하여야 한다.

■ **감사 지적 사항에 대한 사실(Fact) 근거를 확인하고, 피감사인의 서면 동의를 받는다.**

- 감사 지적 사항에 대한 사실(Fact) 근거 확인은 감사 수행 계획서상의 점검 항목 체크리스트를 기반으로 확인한다.

〈관리적 취약 점검 체크리스트〉

점검 항목	점검 결과(Y/N)	점검 방법	점검 내용 (관련 증빙 포함)	담당자 동의
조직이 수행하는 모든 정보 보호 활동의 근거가 될 수 있는 최상위 수준의 정보 보호 정책이 있는가?	N	공식 결재 문서 부재	XX년 XX월 XX일 정보 보호 정책 전자 결재 없음을 확인	
정보 보호정책은 조직이 제공하고 있는 사업 등에 관련된 정보 보호 관련 법적 요구 사항을 반영하고 있는가?	N	관련 법: A, B 조문 확인	www.law.go.kr에서 A,B,C 최근 법령 내용이 정보 보호 정책에 반영되지 않음	

〈UNIX 서버 취약점 점검 체크리스트〉

점검 항목	점검 결과(Y/N)	점검 방법	점검 내용 (관련 증빙 포함)
시스템 HW, SW 변경 사항을 관리하는가?	N	변경 이력 확인	항상 관리 결과와 월간 업무 상의 변경 이력이 일치하지 않음

| 그림 5-33 감사 점검 항목별 감사 지적 사항 사실 근거 확인(예) |

• 감사 지적 사항에 대한 개선 방향과 개선 가능성에 대하여 피감사인의 입장에 서서 개선방안을 제시하고 협의한다.

  • 관련 문제와 이슈의 체계적 정리 : 감사 지적 사항이 왜 나오게 되었는지, 그 원인을 단계별로 분할하여 분석하면서 문제와 이슈를 체계적으로 정리한다.

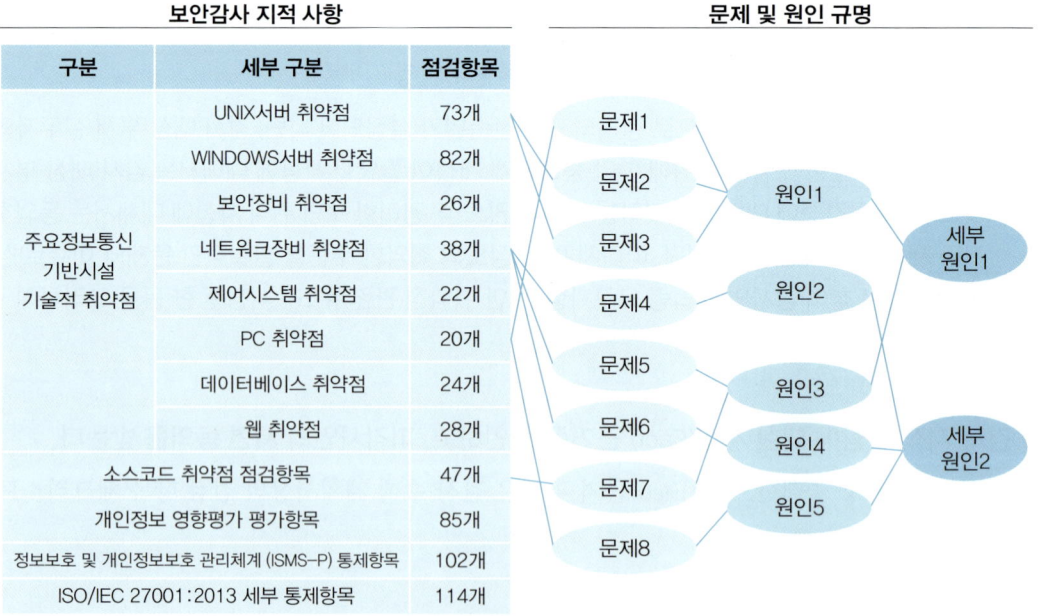

| 그림 5-34 보안감사 지적 사항에 따른 문제 및 원인 규명 개념도 |

  • 개선방안 제시 및 협의 : 세부 원인이 분석되어 파악되었으면 이를 해결하기 위한 개선 방안을 수립하

여 감사 대상 부서 실무자들과 함께 협의한다. 대부분의 감사 대상 부서의 실무자들은 맡은 세부 영역에 대한 개선 방안은 스스로 도출할 수 있는 경우가 많다. 이러한 개선 방안은 대부분 예산 부족으로 실행하지 못하였거나 운영 환경에서의 악영향 규모가 큰 것으로 예상되어 보안 취약 관련 위험을 감수하는 유형이 많다.

- 개선 방안을 협의할 때는 실무자가 알고 있는 것 대비 보안 취약점으로 인하여 조직에 큰 악영향을 미칠 수 있는 것은 어떤 부분이 있고, 보안 취약점 개선 조치 수행 대비 개선 실행을 안 할 경우에 대한 장단점 분석을 구체적으로 할 필요가 있다. 또한, 유사 사례, 선진 사례 등에 대하여 실무자가 잘 알지 못하는 부분에 대해서도 감사인은 전문가적인 주의 의무를 다하여 개선 방안에 대한 가치 인식 제고를 위하여 노력할 필요가 있다.
- 지적만을 위한 보안감사는 실무자로부터의 반발 및 논쟁을 야기하기 쉽다. 따라서 지적뿐만이 아니라 선진 사례, 실제 현장에서 일어나고 있는 사례 등을 인용하여 직·간접적인 개선 방안을 제시 할 수 있어야 하며, 이러한 개선 방안은 상대방으로부터 가치 인식이 될 수 있을 수준까지 되어야 하므로 전문가 네트워크 활용, 인터넷 검색 등을 통한 해결 방안 요약 등 지속적 인 감사 역량 제고 노력을 기울여야 전문가로서 인정받을 수 있으며 감사 종료 이후에도 피감사 실무자와 좋은 관계를 유지할 수 있다.

2.3 핵심정리

▶ **보안감사의 본질적 목적**
- 보안감사의 본질적 목적은 지적하기 위한 것이 아니라 지적된 사항을 보완하고 개선하게 하여 보안 관련 관리 수준을 지속적으로 고도화하기 위한 것이다.
- 보안감사 결과에 대하여 감사 대상 부서로부터 확인서 등을 받고 난 후에는 전문가적 주의 의무를 발휘하여 실현 가능한 개선 방안까지 제시할 수 있어야 한다.

▶ **보안감사에서 지적된 문제와 이슈를 체계적으로 정리하는 이유**
- 자원의 제약 사항을 고려하여 우선순위 설정을 적정한 수준에서 적용
- 유사 또는 동일한 문제와 이슈가 발생하지 않게 사전 관리 고도화
- 실무자 이해 증진을 통한 문제 해결 속도 가속화 등이다.

▶ 감사 지적 사항에 대한 사실(Fact) 근거 확인은 감사 수행 계획서상의 점검 항목 체크리스트를 기반으로 확인한다.

▶ 지적만을 위한 보안감사는 실무자로부터의 반발 및 논쟁을 야기하기 쉽다. 따라서 지적뿐만이 아니라 선진 사례, 실제 현장에서 일어나고 있는 사례 등을 인용하여 직·간접적인 개선 방안을 제시 할 수 있어야 하며, 이러한 개선 방안은 상대방으로부터 가치 인식이 될 수 있을 수준까지 되어야 하므로 전문가 네트워크 활용, 인터넷 검색 등을 통한 해결 방안 요약 등 지속적 인 감사 역량 제고 노력을 기울여야 전문가로서 인정받을 수 있으며 감사 종료 이후에도 피감사 실무자와 좋은 관계를 유지할 수 있다.

3장 보안감사 결과 보고

평가 목표
- 보안 감사 수행결과에 대하여 표준 감사보고서 양식에 따라 보안 감사보고서를 작성하여 감사책임자에게 보고할 수 있다.
- 보안 감사 결과에 대한 시정조치 요구서를 작성하여 감사 대상부서에 통보할 수 있다.
- 보안 감사 대상 부서에서 작성한 시정조치 결과서를 검토하고, 시정조치 결과를 현장 점검할 수 있다.
- 보안 감사 대상 부서의 시정조치 결과에 대하여 현장점검한 결과에 따라 시정조치 결과보고서를 작성하여 감사책임자에게 보고할 수 있다.
- 보안 감사 수행 결과에 대한 평가 및 학습 교훈(Lessons Learned)을 작성할 수 있다.

3.1 표준 감사보고서

chapter 1 감사보고서 작성 기법

■ 이해 관계자 입장을 고려한 감사 보고서 작성 기법

- 보안감사 결과 보고는 이해 관계자 입장을 고려하여 객관적인 사실을 기반으로 알기 쉽게 작성하여야 한다. 감사 보고서는 감사 수행 계획서의 점검 항목을 기반으로 통과, 미흡 여부를 판단하고 이에 대한 다양하고 객관적인 증빙을 갖춘 형태로 작성되어야 한다.
- 감사 지적 사항에 대해서는 지적 사항이 나오게 된 원인을 분석하고 세부 내용을 파악하여 실제 보안 취약점 개선을 위한 유사 사례·선진 사례 분석 등의 전문가적 주의 의무를 다한 의견을 제시함으로써 감사 대상 부서 실무자로부터 신뢰를 확보할 수 있게 최선을 다해야 한다.
- 이러한 보안 취약점 관련 개선 의견이 적절하게 도출되면 피감사인의 서면 동의과정이 한결 효율적으로 이루어질 수 있으며, 이러한 과정을 통하여 한층 더 깊이 있는 감사 결과를 보고서로 작성하여야 하는 것이다.
- '보안감사 결과보고서'에는 감사대상과 범위, 목적을 명확하게 기술하여야 하며, 부적합일 경우 '세부 지적사항 (부적합 사항)'을 첨부하여야 한다.

chapter 2   시정 조치 관련 의사소통 방법

■ 신뢰와 개선 가능성을 기반으로 한 시정 조치 관련 의사소통 방법

- 의사소통은 이메일, 휴대폰, 그리고 대면 회의 등 다각적인 도구를 활용하는 것이 좋다. 이메일인 경우 비교적 양이 많은 문서나 정보의 전달 시 유용하며, 휴대폰인 경우 짧은 시간 내에 인터뷰 일정을 협의하거나 적은 정보량을 시의 적절하게 전달하고자 하는 경우 적합한 의사소통 수단이다.
- 대면 회의는 서로에 대한 신뢰를 쌓아 갈 수 있는 핵심적인 의사소통 통로로서 일정을 고려하여 효율적이고 효과적인 신뢰 구축의 수단으로 활용하여야 한다. 즉, 다양한 의사소통 수단을 활용하여 감사 대상 부서의 실무자들과 상호 신뢰할 수 있고, 효율적 의사소통을 통하여 감사 목적을 용이하게 달성하게 하는 것이다.

| 그림 5-35 보안감사 결과보고서 서식 (예시) |

세부 지적사항 (부적합 사항)

부서명	구 분	지 적 사 항	관 련 문 서	요건번호	비고
각 부서 공통					
IT 기획부	정보보안				
	개인정보보호				
총무부	정보보안				
	개인정보보호				
XX부	정보보안				
	개인정보보호				

| 그림 5-36 '세부 지적사항(부적합 사항)'(예시) |

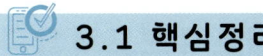
3.1 핵심정리

▶ **신뢰와 개선 가능성을 기반으로 한 시정 조치 관련 의사소통 방법**
- 의사소통은 이메일, 휴대폰, 그리고 대면 회의 등 다각적인 도구를 활용하는 것이 좋다. 이메일인 경우 비교적 양이 많은 문서나 정보의 전달 시 유용하며, 휴대폰인 경우 짧은 시간 내에 인터뷰 일정을 협의하거나 적은 정보량을 시의 적절하게 전달하고자 하는 경우 적합한 의사소통 수단이다.
- 대면 회의는 서로에 대한 신뢰를 쌓아 갈 수 있는 핵심적인 의사소통 통로로서 일정을 고려하여 효율적이고 효과적인 신뢰 구축의 수단으로 활용하여야 한다. 즉, 다양한 의사소통 수단을 활용하여 감사 대상 부서의 실무자들과 상호 신뢰할 수 있고, 효율적 의사소통을 통하여 감사 목적을 용이하게 달성하게 하는 것이다.

▶ **시정 조치 관련 의사소통 방법**
- 보안감사 결과 보고는 이해 관계자 입장을 고려하여 객관적인 사실을 기반으로 알기 쉽게 작성하여야 한다. 감사 보고서는 감사 수행 계획서의 점검 항목을 기반으로 통과, 미흡 여부를 판단하고 이에 대한 다양하고 객관적인 증빙을 갖춘 형태로 작성되어야 한다.
- 감사 지적 사항에 대해서는 지적 사항이 나오게 된 원인을 분석하고 세부 내용을 파악하여 실제 보안 취약점 개선을 위한 유사 사례·선진 사례 분석 등의 전문가적 주의 의무를 다한 의견을 제시함으로써 감사 대상 부서 실무자로부터 신뢰를 확보할 수 있게 최선을 다해야 한다.

3.2 감사결과보고서 및 시정조치 보고서 요구

chapter 1   감사결과보고서 작성 기법

■ **보안감사 수행 결과를 제3자도 쉽게 이해할 수 있게 명료한 사실과 근거를 기반으로 감사결과 보고서를 작성한다.**

- 보안감사 수행 결과를 작성할 때는 이해 관계자 및 제3자도 이해하기 쉽게 사실(Fact) 기반으로 정리할 수 있어야 한다.
  - 점검 항목에 따른 감사 수행 결과 작성
    - 감사 지적 사항은 사전에 계획되고 협의된 점검 항목 중심으로 정리하여야 한다.
  - 종합적인 결론 중심의 서술
    - 종합적인 상호 비교 분석 등을 통하여 감사 지적 사항이 유의미한 메시지를 전달할 수 있도록 보안 감사 수행 결과를 작성하여야 한다.
  - 근거가 명확한 이유 중심의 서술
    - 감사 점검 항목에 따라 지적 사항이 무엇이고, 지적 사항의 이유는 관련 법령, 내부 보안 정책 등의 세부적 조항과 비교하였을 때 이런 점에서 미흡하기 때문이라는 형태로 결론과 이유 중심으로 서술하는 것이 좋다.
  - 실현 가능성을 고려한 조치 필요 사항 제시
    - 보안 지적 사항 해결을 위한 조치 사항은 실행 이전에 영향도 분석을 거친 후 실행하여야 한다. 보안 취약점 해결을 위하여 일부 setting 값을 바꾸었을 때, 시스템 운영에 문제가 생기거나 서비스 불편 사항으로 예상하지 못한 문제가 생기는 것까지 영향도 분석을 수행한 후 보완 취약점 해결을 위한 실행을 수행하여야 한다.

■ **감사결과보고서에 대한 의견을 수렴하고, 시정 조치 계획서 수립 및 송부를 요청한다.**

- 감사결과보고서 작성 후에는 감사 대상 부서의 실무자 등으로부터 검토 의견을 받는 것이 좋다. 합리적이고 상식적인 검토 의견 여부를 판단하고 반영할 부분이 있는 경우 충분한 협의를 통하여 감사 보고서를 수정할 수 있다. 감사 보고서에 대하여 관련 이해 관계자 간 협의가 되었으면 감사에서 지적된 항목별로 시정 조치 계획을 부탁하고 결과서 송부를 요청한다.
- 보안감사 결과는 보안감사에서 수집한 증빙을 활용하여 어떠한 메시지를 전달할 것인지에 대한 고민의 결과가 담겨져야 한다. 이를 위하여 보안감사 결과에 대하여 피감사 부서와의 상호 협의한 결과, 양보할 것과 양보 불가한 것에 대하여 피감사 부서 및 전혀 관계가 없는 제3자가 보았을 때도 상식선에서 이해가 쉽게 될 수 있을 정도로 쉬운 용어와 논리로 작성할 수 있어야 한다.
- 감사결과 지적사항에 대해서는 조치한 후 피감사 부서장은 '보안감사 시정조치 보고서'를 작성하여 보안감사팀장에게 제출하며, 보안감사팀장은 이를 확인하여 결과를 정보보호최고책임자에게

보고한다.
- '보안감사 시정조치 보고서'에는 보안감사 지적사항과 향후 조치 계획 또는 조치 결과 등이 함께 기술되도록 한다.
- 보안감사의 일부를 외부전문가를 활용하여 시행한 경우 외부전문가에 의해 시행된 범위를 명시하고, 보안감사의 전부를 외부전문가를 활용하여 시행한 경우에는 외부 전문가의 보안감사 사후 조치 보고서로 대치할 수 있다.
- 보안감사 결과를 토대로 하여 보안상의 문제점을 개선하고 보안정책 등에 반영하여야 한다.

| 그림 5-37 보안감사 시정조치 보고서 (예시) |

3.2 핵심정리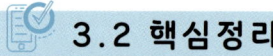

▶ 감사결과보고서 작성 기법
  - 보안감사 결과 보고는 이해 관계자 입장을 고려하여 객관적인 사실을 기반으로 알기 쉽게 작성하여야 한다. 감사 보고서는 감사 수행 계획서의 점검 항목을 기반으로 통과, 미흡 여부를 판단하고 이에 대한 다양하고 객관적인 증빙을 갖춘 형태로 작성되어야 한다.
    • 점검 항목에 따른 감사 수행 결과 작성
    • 종합적인 결론 중심의 서술
    • 근거가 명확한 이유 중심의 서술
    • 실현 가능성을 고려한 조치 필요 사항 제시

▶ 감사결과보고서 작성 후에는 감사 대상 부서의 실무자 등으로부터 검토 의견을 받는 것이 좋다. 합리적이고 상식적인 검토 의견 여부를 판단하고 반영할 부분이 있는 경우 충분한 협의를 통하여 감사 보고서를 수정할 수 있다.

▶ 보안감사 결과는 보안감사에서 수집한 증빙을 활용하여 어떠한 메시지를 전달할 것인지에 대한 고민의 결과가 담겨져야 한다. 이를 위하여 보안감사 결과에 대하여 피감사 부서와의 상호 협의한 결과, 양보할 것과 양보 불가한 것에 대하여 피감사 부서 및 전혀 관계가 없는 제3자가 보았을 때도 상식선에서 이해가 쉽게 될 수 있을 정도로 쉬운 용어와 논리로 작성할 수 있어야 한다.

▶ 감사결과 지적사항에 대해서는 경영진까지 보고되어야 한다.

▶ '보안감사 시정조치 보고서'에는 보안감사 지적사항과 향후 조치 계획 또는 조치 결과 등이 함께 기술되도록 한다.

▶ 보안감사 결과를 토대로 하여 보안상의 문제점을 개선하고 보안정책 등에 반영하여야 한다.

3.3 감사 수행 결과에 대한 평가 및 교육

chapter 1 시정 조치 결과의 적정성 판단 기법

■ **시정 조치 결과의 적정성 판단 기법**

▶ 시정 조치 결과의 적정성은 감사 수행과 동일하게 관련 증적의 적합성을 판단하는 것으로서 감사의 점검 항목 양식을 활용한다.

〈관리적 취약점 점검 체크리스트〉

시정 조치 점검 항목	점검 결과(Y/N)	점검 방법	점검 내용 (관련 증빙 포함)
조직이 수행하는 모든 정보 보호 활동의 근거가 될 수 있는 최상위 수준의 정보 보호 정책이 있는가?	Y	공식 결재 문서 부재	XX년 XX월 XX일 정보 보호 정책이 결재를 통하여 구비됨
정보 보호 정책은 조직이 제공하고 있는 사업 등에 관련된 정보 보호 관련 법적 요구 사항을 반영하고 있는가?	Y	관련 법: A, B 조문 확인	www.law.go.kr에서 A,B 최근 법령이 정보 보호 정책에 반영

〈UNIX 서버 취약점 점검 체크리스트〉

점검 항목	점검 결과(Y/N)	점검 방법	점검 내용 (관련 증빙 포함)
시스템 HW, SW 변경 사항을 관리하는가?	Y	변경 이력 확인	항상 관리 결과와 월간 업무상의 변경 이력이 일치함

| 그림 5-38 시정 조치 확인 (예시) |

■ **감사 수행 결과에 대한 학습 교훈 도출 방법**

▶ 감사 수행 결과에 대하여 아래와 같은 학습 교육(Lessons Learned)을 도출할 수 있다.

- 감사 목적의 달성 관련 시사점
- 감사의 효율적 수행을 위한 시사점
- 감사 관련 활동의 가치 제고 관련 시사점(감사대상 부서 실무자와의 신뢰 형성 등)

■ **송부 받은 시정 조치 내용을 분석하고 적정성을 판단한다.**

▶ 시정 조치는 감사 수행과 동일한 〈그림 5-39〉의 양식을 활용하여 내용을 분석하고 적정성을 판단한다.

⟨관리적 취약점 점검 체크리스트⟩

점검 항목	점검 결과(Y/N)	점검 방법	점검 내용 (관련 증빙 포함)
조직이 수행하는 모든 정보 보호 활동의 근거가 될 수 있는 최상위 수준의 정보 보호 정책이 있는가?	Y	공식 결재 문서 확인	XX년 XX월 XX일 정보 보호 정책 전자 결재 문서 확인
정보 보호 정책은 조직이 제공하고 있는 사업 등에 관련된 정보 보호 관련 법적 요구 사항을 반영하고 있는가?	Y	관련 법: A, B,	www.law.go.kr에서 A, B, C 최근 법령 내용이 정보 보호 정책에 반영되어 있음을 확인

⟨물리적 취약점 점검 체크리스트⟩

점검 항목	점검 결과(Y/N)	점검 방법	점검 내용 (관련 증빙 포함)
물리적 중요도에 따라 제한 구역, 통제 구역 등으로 분류하는 보호대책이 있는가?	Y	공식 결재 문서 확인	XX년 XX월 XX일 정보 보호 정책 제X조

⟨UNIX 서버 취약점 점검 체크리스트⟩

점검 항목	점검 결과(Y/N)	점검 방법	점검 내용 (관련 증빙 포함)
시스템 HW, SW 변경 사항을 관리 하는가?	Y	공식 결재 문서 확인	XX년 XX월 XX일 변경 요청 확인서

| 그림 5-39 시정 조치 내용 분석 및 적정성 판단 (예시) |

■ 사실 기반의 시정 조치 내용 확인을 위한 현장 점검 계획을 수립한다.
- 문서로만 시정 조치를 확인하는 것이 아니라 실제 현장에서 테스트 등을 통하여 시정 조치 내용을 확인하는 계획을 수립한다. 현장에서의 테스트 수행은 감사 대상 부서와 테스트 환경 구축, 테스트 데이터 준비 등에 대하여 충분히 협의한 후에 현장 점검을 수행하여야 한다.

■ 시정 조치 결과 확인 및 감사 수행 관련 학습 교훈(Lessons Learned)을 감사 책임자에게 보고하고 이해 관계자와 공유한다.
- 감사 수행 관련 학습 교훈은 향후 감사 수행을 위하여 개선되어야 할 점 혹은 이번 감사에서 장점으로 내세울 수 있을 만한 것을 찾아내어 향후 다른 감사에도 활용할 수 있도록 정리하는 것이 좋다. 또한 정리된 학습 교훈은 감사 기능의 상승효과 제고 관점에서 정기적으로 세미나 또는 워크숍을 개최하여 공유할 것을 권고한다.
- 보안감사에 대한 학습 교훈은 감사 지적 사항을 얼마나 잘 도출하였느냐보다는 감사 도구 등을 활용하였을 경우 효율적 업무 추진 정도, 상대방(피감사자)의 입장에서 감사 지적 사항에 대한 실

행 가능한 대안을 제시하였느냐 등 자기반성적 관점에서 정리하는 것을 권장한다.

3.3 핵심정리

▶ **감사 수행 결과에 대한 학습 교훈 도출**
- 감사 목적의 달성 관련 시사점
- 감사의 효율적 수행을 위한 시사점
- 감사 관련 활동의 가치 제고 관련 시사점(감사대상 부서 실무자와의 신뢰 형성 등)

▶ **감사 수행 결과에 대한 학습 교훈 도출**
- 감사 수행 관련 학습 교훈은 향후 감사 수행을 위하여 개선되어야 할 점 혹은 이번 감사에서 장점으로 내세울 수 있을 만한 것을 찾아내어 향후 다른 감사에도 활용할 수 있도록 정리하는 것이 좋다. 또한 정리된 학습 교훈은 감사 기능의 상승효과 제고 관점에서 정기적으로 세미나 또는 워크숍을 개최하여 공유할 것을 권고한다.
- 보안감사에 대한 학습 교훈은 감사 지적 사항을 얼마나 잘 도출하였느냐보다는 감사 도구 등을 활용하였을 경우 효율적 업무 추진 정도, 상대방(피감사자)의 입장에서 감사 지적 사항에 대한 실행 가능한 대안을 제시하였느냐 등 자기반성적 관점에서 정리하는 것을 권장한다.

정보보호서비스 표준계약서 (행정기관 및 공공기관용, 전문)

- 계약명 :
- 계약기간 :   년 월 일부터   년 월 일까지
- 계약이행장소 :
- 목적물 납기일 :   년 월 일
- 검사완료(예정)일 :   년 월 일
- 계약금액 : 금   원정(₩   )
  - 공급가액 : 금   원정(₩   )
  - 부가가치세 : 금   원정(₩   )

구분	지급비율	지급금액	지급기일	지급방법
선금	%			현금
중도금 (지급회수: 회)	%			현금 %, 어음 %
잔금	%			현금 %, 어음 %
합계	100.0%			

- 월 단위로 지급하는 경우 : 매월 ( )일, 금   원정(₩   )
- 분기별로 지급하는 경우 : ( )월 ( )일, ( )월 ( )일, ( )월   )일,
  ( )월 ( )일, 금   원정(₩   )
- 반기별로 지급하는 경우 : ( )월 ( )일, ( )월 ( )일,
  금   원정(₩   )

- 계약이행보증금* :   원정
  * 계약이행보증금은 계약금액의 10% 이내로 정함
- 지식재산권 :
- 하자담보책임
  - 하자보수보증금률 : 계약금액의 ( )%
  - 하자보수보증금 : 금   원정(₩   )
  - 하자담보책임기간 :

당사자는 위 내용과 첨부된 과업범위 및 산출내역서에 의하여 당해 계약을 체결하고 계약서 2통을

작성하여 기명날인한 후 각각 1통씩 보관한다.

년   월   일

발주자　　상호 또는 명칭 :　　　　전화번호 :
　　　　　주　소 :
　　　　　대표자 성명 :　　　　　　(인)
　　　　　주민등록(법인)번호 :

수급사업자　상호 또는 명칭 :　　　전화번호 :
　　　　　주　소 :
　　　　　대표자 성명 :　　　　　　(인)
　　　　　주민등록(법인)번호 :

첨 부 : 1. 표준계약서 본문
　　　 2. 과업지시서
　　　 3. 비밀유지 계약서
　　　 4. 청렴계약 이행각서
　　　 5. 기타 서류

정보보호서비스 표준계약서 (행정기관 및 공공기관용, 본문)

제1장 총칙

제1조(목적) 본 계약은 "수급사업자"가 "발주자"의 정보보호를 위해 정보보호서비스를 제공하고 "발주자"는 제공된 서비스에 대한 용역의 대가를 "수급사업자"에게 제공함에 있어서 양 당사자 간 계약관계에서 발생하는 권리와 의무, 그 밖에 필요한 기본적인 사항 등을 규정하여 이를 준수하도록 함으로써 상호간의 이익을 증진하는데 그 목적이 있다.

제2조(정의)
① 이 계약서에서 규정하는 정보보호서비스는 정보보안컨설팅서비스, 보안성지속서비스, 보안관제서비스로 분류한다.
② 이 계약서에서 사용하는 용어의 뜻은 다음 각 호와 같다.
  1. '계약'이란 발주자와 수급사업자 간의 정보보호서비스 제공과 관련한 사항을 정한 계약을 의미한다.
  2. '과업지시서'란 본 계약에 의하여 수급사업자가 수행하여야 하는 용역위탁(이하 '과업'이라 한다)의 내용 및 업무의 범위, 작업장소 등을 상세히 기술한 문서 혹은 그에 준하는 서면을 의미한다.
  3. '계약의 목적물'이란 본 계약과 과업지시서에 의하여 발주자가 수급사업자로부터 최종적으로 인수하는 목적물을 의미한다.
  4. '정보보호서비스'란 정보보호를 위한 기술(이하 "정보보호기술"이라 한다) 및 정보보호기술이 적용된 제품(이하 "정보보호제품"이라 한다)을 활용한 서비스를 말한다.
  5. '정보보안컨설팅서비스'란 보호해야 할 중요 정보자산을 대상으로 위협요인평가, 취약점 분석·평가, 보호대책 수립, 보안감사 등 보안 전문가에 의한 자문·지원 서비스를 말한다.
  6. '보안성지속서비스'란 정보보호제품을 활용하여 정보의 훼손, 변조, 유출 등을 방지하기 위해 지속적으로 요구되는 기술 기반의 서비스를 말한다.
  7. '보안관제서비스'란 정보자산 보호를 위하여 각종 사이버공격에 대해 보안관제 센터에서 실시간 모니터링·분석, 선제적 예방 및 대응하는 서비스를 말한다.
  8. '서면'이란 당사자의 서명(전자서명법 제2조 제2호에 따른 전자서명을 포함한다) 또는 기명날인이 있는 문서(전자문서 및 전자거래기본법 제2조 제1호에 따른 전자문서를 포함한다)를 의미한다.
  9. '납기'란 수급사업자가 본 계약에 따른 과업의 수행을 완료하여 발주자가 지정하는 장소에 납품 또는 제공하여야 할 기일 또는 수급사업자가 발주자에 대해 계약의 목적물에 대한 검사를 요청한 날을 의미한다.

10. '수령'이란 수급사업자의 목적물을 발주자의 사실상 지배하에 두게 되는 것을 의미한다.
11. '검사비용'이란 계약목적물의 검사에 소요되는 비용을 의미하며, 검사에 필요한 소프트웨어, 검사장비 등의 구입 또는 이용에 소요되는 비용을 포함한다.
12. '불가항력'이란 태풍, 홍수 기타 악천후, 전쟁 또는 사변, 지진, 화재, 전염병, 폭동 기타 계약당사자의 통제범위를 초월하는 사태의 발생 등의 사유로 인하여 계약당사자 누구의 책임에도 속하지 아니하는 경우를 의미한다.

③ 이 계약서에서 사용하는 용어의 정의는 제2항에서 정하는 것 외에는 「정보보호산업의 진흥에 관한 법률」에서 정하는 바에 따른다.

제3조(계약서의 해석)

① 본 계약은 이 계약서 및 첨부문서 일체에 기재된 사항을 내용으로 한다.
② 이 계약서에서 명기하지 아니한 사항에 대하여는 수급사업자와 발주자간 협의에 의해 체결된 별도 특약에 의하거나, 「국가(지방자치단체)를 당사자로 하는 계약에 관한 법률」, 「정보보호산업의 진흥에 관한 법률」, (계약예규)정부 입찰·계약 집행기준, (계약예규)용역계약일반조건, (계약예규)물품구매(제조)계약일반조건 등 기타 계약에 관한 법령, 예규 및 일반 상거래관례에 따른다.

제2장 계약의 내용

제4조(계약의 내용 및 성립)

① 본 계약은 정보보호서비스 계약기간, 장소, 검사의 방법 및 시기, 대금과 지급방법, 지급기일 등에 관해 필요한 조건을 정한다.
② 본 계약보다 상세한 내용을 양 당사자의 합의에 의해 별도로 특약을 체결할 수 있다. 다만, 「정보보호산업의 진흥에 관한 법률」 및 「독점규제 및 공정거래에 관한 법률」 등 관련 법령을 준수하여야 한다.
③ 제2항의 특약은 발주자가 서면으로 작성하여 수급사업자에게 통지하고, 수급사업자가 이에 승낙함으로써 성립한다.
④ 수급사업자는 본 계약과 함께 계약의 투명성 및 공정성을 높이기 위하여 입찰·낙찰, 계약체결 또는 계약이행 등의 과정(준공·납품 이후를 포함한다)에서 직접적·간접적으로 금품·향응 등을 발주자 및 계약 관련 임직원 등에게 주거나 받지 아니할 것을 약정하고 이를 지키지 아니한 경우에는 해당 입찰·낙찰을 취소하거나 계약을 해제·해지할 수 있다는 조건의 '청렴계약 이행각서'를 제출하여야 한다.

제5조(목적물의 정의 및 과업의 범위)

① 정보보호서비스 제공의 업무범위와 수준 등을 정하기 위한 구체적인 사항은 과업지시서에서 정한다.

② 과업지서서는 정보보안컨설팅서비스, 보안성지속서비스 및 보안관제서비스로 명확히 구분하여 작성하여야 한다.

제6조(정보보안컨설팅서비스의 내용) 정보보안컨설팅서비스가 계약의 내용이 되는 경우 수급사업자는 계약기간 동안 다음 각 호 서비스의 전부 또는 일부를 발주자와 협의하여 수행한다.

1. 주요정보통신 기반시설 취약점 분석·평가
2. 전자금융 기반시설 취약점 분석·평가
3. 정보보호 관리체계(ISMS, ISO/IEC 27001) 인증
4. 개인정보보호 관리체계(PIMS) 인증
5. 개인정보 영향평가(PIA)
6. 취약점 진단 및 모의해킹
7. 개발보안 컨설팅
8. 기타 보안강화를 위한 컨설팅 등

제7조(보안성지속서비스의 내용) 보안성지속서비스가 계약의 내용이 되는 경우 수급사업자는 계약기간 동안 다음 각 호 서비스의 전부 또는 일부를 발주자와 협의하여 수행한다.

1. 보안업데이트
2. 보안정책관리
3. 위험/사고분석
4. 보안성 인증효력유지
5. 보안기술 자문

제8조(보안관제서비스의 내용) 보안관제서비스가 계약의 내용이 되는 경우 수급사업자는 계약기간 동안 보안위협 모니터링 및 사이버위협 징후 실시간 대응조치 등의 서비스를 수행한다. 다만, 다음 각 호의 부가서비스의 전부 또는 일부는 발주자와 별도로 협의하여 수행할 수 있다.

1. 기획서비스
2. 진단서비스
3. 분석서비스
4. 운영서비스

5. 기타 발주자와 수급사업자가 합의한 개별 서비스

제9조(계약의 변경)

① 다음 각 호의 어느 하나에 해당하는 경우에는 발주자와 수급사업자가 상호 합의하여 계약을 변경할 수 있다.
  1. 합리적이고 객관적인 사유가 발생하여 부득이하게 계약변경이 필요한 경우
  2. 발주자의 요청에 따라 계약내용을 변경, 추가하는 경우
② 제1항에 의한 계약변경은 서면에 의해서만 변경할 수 있으며, 서면에 의하지 않은 계약변경은 원칙적으로 무효로서 일방은 상대방에게 변경된 계약내용의 이행책임 및 계약내용의 불이행으로 인한 손해배상책임을 물을 수 없다.
③ 제1항에 의한 계약 변경 시 양 당사자는 대금 관련 사항들을 반드시 협의한다.
④ 일방에 의한 계약변경 요청이 있는 날로부터 10일이 지난 후에도 상대방이 협의를 개시하지 아니하거나 요청이 있는 날로부터 30일 이내에 합의에 도달하지 못한 경우에는 발주자 또는 수급사업자는 「정보보호산업의 진흥에 관한 법률」 제25조에 따라 설치된 정보보호산업 분쟁조정위원회에 조정을 신청할 수 있다.

제10조(대가의 산정)

① 「정보보호산업의 진흥에 관한 법률」에 따라 발주자는 정보보호서비스의 품질보장을 위하여 적정한 수준의 대가를 지급하도록 노력하여야 하며 소프트웨어산업협회가 공표하는 'SW사업 대가산정 가이드'에 따라 양 당사자가 협의하여 결정한다.
② 발주자 및 수급사업자는 대금, 대금지급 방식(현금/어음 등), 지급시기, 지급률(선금/중도금/잔금) 등 대금지급조건을 계약서에 명시한다.

제11조(계약이행 보증금)

① 발주자는 필요한 경우 이 계약 전문에서 정한 계약이행보증금을 수급사업자에게 요구할 수 있으며, 수급사업자는 현금을 납부하거나 또는 다음 각 호 중 하나를 발주자에게 제출한다.
  1. 보증보험회사, 신용보증기금 등 이와 동등한 보증기관이 발행하는 보증서
  2. 국채 또는 지방채
  3. 금융기관의 지급보증서 또는 예금증서
② 계약이행보증금 보증기간의 만료일은 계약기간의 종료일 이후로 하여야 한다.

제12조(선급금의 지급)

① 수급사업자가 선급금을 청구하고자 할 때에는 제11조에 따른 계약 이행을 보증하고 선급금사용계획서를 발주자에게 제출하여야 한다.

② 수급사업자는 지급받은 선급금을 본 계약 이행을 위한 목적 외에는 사용할 수 없다.

③ 수급사업자가 선급금을 지급 받았을 경우에는 잔금 청구 시 선급금 사용내역서를 발주자에게 제출하여야 한다.

제3장 계약당사자의 권리·의무

제13조(기본원칙)

① 발주자와 수급사업자는 상호존중 및 신의성실의 원칙에 따라 계약을 이행한다.

② 발주자와 수급사업자는 본 계약상 권리와 의무를 이행함에 있어서 독립된 계약자의 지위를 가지며 본 계약에 명시된 경우를 제외하고는 상대방을 대리하거나 상대방의 의무를 부담하지 않는다.

제14조(인력의 투입 및 관리책임자의 지정)

① 수급사업자는 본 계약의 이행을 위하여 「정보보호산업의 진흥에 관한 법률 시행규칙」 별표 1의 기술인력 자격기준에 따라 정보보호서비스를 수행할 수 있는 자격 기준을 갖춘 자(이하 "정보보호 전문 인력"이라 한다)를 투입하여야 한다.

② 수급사업자는 정보보호 전문 인력의 관리 및 정보보호서비스의 수행에 관한 제반사항을 총괄하는 관리책임자를 지정하여야 한다.

③ 수급사업자의 관리책임자 또는 정보보호 전문 인력(이하 "관리책임자 등"이라 한다)은 다음 각 호에 해당하는 행위를 하여서는 아니 된다.

  1. 비정상적인 방법을 통해 발주자의 시스템에 접근하는 행위
  2. 발주자의 정상적인 시스템 접근을 통제하는 행위
  3. 서비스 수행과 무관하게 제3자의 권리를 침해하거나 정당한 활동을 방해하는 행위
  4. 기타 계약의 내용을 벗어나는 범위의 행위

제15조(발주자의 협력의무)

① 발주자는 수급사업자가 정보보호서비스의 수행을 위해 필요한 시설, 시스템, 정보보호프로그램 등의 현황자료를 요청할 경우 이를 제공하여야 한다. 다만, 보안 등의 사유가 존재하는 경우에는 이를 제공하지 않을 수 있다.

② 수급사업자가 정보보호서비스의 수행을 위해 발주자에 대한 설문조사 및 면담 등을 요청한 경우

에 발주자는 이에 협력하여야 한다.

③ 수급사업자가 정보보호서비스의 수행을 위해 발주자의 시설 및 정보보호프로그램 등에 대한 현장실사를 요청한 경우 발주자는 이에 협력하여야 하며, 일정 및 범위 등에 대한 세부사항은 발주자와 수급사업자가 협의하여 결정한다.

④ 수급사업자가 정보보호프로그램 설치 등 정보보호서비스의 제공을 위해 필요한 협력을 요청한 경우 발주자는 이에 협력할 수 있다.

⑤ 보안성지속서비스 또는 보안관제서비스가 계약의 내용이 되는 경우 발주자는 정보보호와 관련된 시설 등을 개선·보수·신설할 때에 관리책임자 등에게 그 사실을 사전에 통지하여야 한다.

제16조(점검의무)

① 보안관제서비스가 계약의 내용이 되는 경우 수급사업자는 발주자와 점검대상 및 일정을 협의하여 정기적으로 정보보호시스템을 점검하여야 하며, 정기점검 시간 동안 정보보호가 이루어질 수 있는 방안을 마련하여 시행하여야 한다.

② 제1항에 따른 정기점검을 실시할 경우 24시간 전에 발주자에게 다음 각 호의 사항을 공지하여야 하며, 긴급한 사유로 인해 정보보호시스템을 점검할 필요가 있는 경우에는 즉시 이를 발주자가 지정한 담당자(이하 "담당자"라고 한다)에게 공지하고 점검을 시행하여야 한다.

  1. 정기점검 실시시기
  2. 정기점검 소요시간
  3. 정기점검 내용

③ 보안성지속서비스 및 보안관제서비스를 수행하는 수급사업자는 정보보호프로그램 또는 시설 등에 대한 개선·보수 또는 구입·설치가 필요한 경우 발주자에게 이를 요청할 수 있다.

제17조(정보보호 요청에 대한 조치의무) 보안성지속서비스 또는 보안관제서비스가 계약의 내용이 되는 경우 발주자는 정보보호에 대한 위협 발생 시 지체 없이 관리책임자 등에게 통지하여야 하고 그에 따른 정보보호를 위한 조치를 요청할 수 있다. 이 경우 관리책임자 등은 지체 없이 그에 상응하는 조치를 취한 후 그 결과를 담당자에게 서면으로 보고한다.

제18조(긴급조치 의무)

① 보안성지속서비스 또는 보안관제서비스가 계약의 내용이 되는 경우 수급사업자는 긴급한 사유로 인해 정보보호시스템을 점검할 필요가 있을 때 이를 시행할 수 있다. 이 경우 수급사업자는 지체 없이 발주자에게 점검시간 등을 공지하여야 하며, 점검시간 동안 정보보호가 이루어질 수

있는 방안을 마련하여 시행하여야 한다.

② 보안성지속서비스와 보안관제서비스를 수행하는 수급사업자는 천재지변, 정전, 제3자의 해킹, 불법적인 접속 등이 발생한 경우에 발주자의 정보를 보호하기 위한 조치를 취해야 하며, 담당자에게 즉시 그 내용과 조치결과를 보고하여야 한다. 다만, 담당자가 해당 상황에 대한 조치방안을 별도로 지시한 경우 수급사업자는 지시에 따라 조치하고 그 처리결과를 보고하여야 한다.

③ 제2항에 따른 조치 중 긴급한 사항은 구두로 보고할 수 있으며, 그 상황이 종료한 경우에는 제20조 제2항 제3호부터 제5호까지를 기재하여 서면으로 보고하여야 한다.

제19조(수급사업자의 정보보안 준수의무 등)

① 수급사업자는 발주자의 「보안업무규정 및 세부지침」 등을 준수하여야 한다.

② 수급사업자는 정보보호서비스 제공을 통해 알게 된 발주자에 관한 정보 중 다음 각 호의 어느 하나에 해당하는 정보를 계약목적 외로 이용하거나 외부에 유출 하여서는 아니 된다.
  1. 하드웨어 및 소프트웨어 구성현황
  2. 네트워크 구성현황
  3. 통신망 보안 등 보안관련 사항
  4. 소프트웨어 소스코드
  5. 사이버위협에 대한 분석자료, 보안취약점 및 대응 정보
  6. 그 밖에 공표되지 않은 자료로서 외부에 알려지게 되는 경우 발주자의 업무에 지장을 초래할 수 있는 사항

③ 수급사업자는 계약과 관련하여 제출한 산출물의 배포 또는 복제가 필요한 경우 발주자와 협의하여야 한다. 다만, 발주자는 특수성(보안 등)을 이유로 해당 산출물의 배포 또는 복제를 제한 할 수 있으며, 수급사업자는 이에 따라야 한다.

제20조(보고서 제출 의무)

① 정보보안컨설팅서비스를 수행하는 수급사업자는 계약기간동안 제6조에 따른 서비스를 수행하고 상호 합의된 일정에 따라 발주자에게 중간보고서 또는 결과보고서의 형태로 컨설팅 보고서를 제출하여야 한다. 다만, 수급사업자는 보고서의 내용이 제3자의 권리를 침해하지 않았음을 보증하여야 한다.

② 보안성지속서비스와 보안관제서비스를 수행한 수급사업자는 다음 각 호에서 정한 사항이 기재된 보고서를 담당자에게 제출하여야 한다.
  1. 서비스 수행기간

2. 수행기간동안 투입한 정보보호 전문 인력
3. 서비스 대상인 정보보호시스템 및 시설 등의 상황
4. 서비스 수행기간 동안 발생한 침해사고 현황 및 조치내역
5. 작성자의 성명, 직위 및 연락처
6. 기타 서비스 제공과 관련한 사항

제21조(납품 또는 제공의 방법)
① 수급사업자는 본 계약에 의한 과업의 수행을 완료한 후 양 당사자가 협의하여 정한 절차에 따라 납품 또는 제공하며, 동 절차는 과업지시서에 명시한다.
② 수급사업자는 납기의 지연, 기타 납품과 제공에 관련한 문제점이 발생하였을 경우 신속하게 발주자의 지시를 받아 필요한 조치를 강구한다.
③ 불가항력으로 인하여 수급사업자의 납기가 지연되는 경우 양 당사자는 협의하여 납기를 조정할 수 있다.

제22조(수령 및 검사)
① 발주자는 수급사업자가 목적물을 납품·제공한 경우 즉시 수령증명서를 수급사업자에게 교부한다. 이는 검사 이전인 경우에도 동일하다.
② 발주자와 수급사업자는 협의하여 수급사업자의 과업수행에 대해 객관적이고 공정 타당한 검사의 기준 및 방법을 정하여 검사의 기준 및 방법을 과업지시서에 명시한다.
③ 발주자는 정당한 사유가 있는 경우를 제외하고는 수급사업자로부터 목적물을 수령한 날 또는 수급사업자로부터 검사요청이 있은 날로부터 14일 이내에 검사를 완료하고 검사결과를 수급사업자에게 통지하여야 한다. 다만, 천재지변 등 불가항력의 사유로 기간내에 검사를 완료하지 못한 경우에는 당해 사유가 소멸한 날부터 3일 이내에 검사를 완료하여야 한다.
④ 검사결과 불합격인 경우 발주자는 제3항의 검사결과 통지 시 반드시 불합격사유를 명시한다.
⑤ 수급사업자는 검사결과에 이의가 있을 경우 불합격 사유에 대해 소명하거나 재검사를 요청할 수 있다. 이 경우 발주자는 수급사업자의 요청이 있은 후 10일 이내에 필요한 조치를 취한다. 수급사업자의 이의신청으로 인해 지연된 기간은 2회에 한하여 지체일수에 산입하지 아니한다.

제23조(불합격품의 처리)
① 수급사업자는 제22조에 따른 검사 결과, 불합격된 목적물에 대해서는 발주자의 지시에 따라 신속히 대체물의 납품 및 기타 필요한 조치를 취한다.

② 수급사업자가 제1항의 필요조치를 취하는 것이 수급사업자의 본래의 납기를 지체한 것에 대한 책임을 감경시키지 않는다.
③ 목적물이 불합격된 사유가 발주자가 공급한 설비의 하자 등 발주자의 귀책사유에 기인한 경우 이에 대한 책임은 발주자가 부담한다.

제24조(검사비용)
① 검사비용은 원칙적으로 발주자가 부담한다.
② 수급사업자의 요청 또는 귀책사유로 인해 재검사를 실시하는 경우에만 수급사업자가 검사비용을 부담한다.

제25조(지체상금)
① 수급사업자의 귀책사유로 인하여 계약기간 내에 과업수행을 완료하지 못하였을 경우 발주자는 지체일수 1일에 대하여 총 계약금의 1,000분의 2.5에 해당하는 지체상금을 대금에서 공제할 수 있다.
② 다음 각 호의 어느 하나에 해당되어 과업수행이 지체되었다고 인정할 때에는 그 해당일수를 제1항의 지체일수에 산입하지 아니한다.
 1. 불가항력의 사유에 의한 경우
 2. 발주자의 책임으로 과업수행의 착수가 지연되거나 과업수행이 중단된 경우
 3. 기타 수급사업자의 책임에 속하지 않는 사유로 인하여 지체된 경우

제26조(하도급 승인)
① 수급사업자가 도급받은 사업의 전부 또는 일부를 하도급하거나 하수급인이 하도급받은 사업의 전부 또는 일부를 다시 하도급하려는 경우 하도급·재하도급 계약승인신청서를 제출하여 발주자로부터 서면의 승인을 받아야 한다.
② 신청을 받은 발주자는 14일 이내에 승인 여부를 수급사업자 내지 하수급인에게 알려야 한다. 다만, 하도급 적정성 판단에 상당한 시일이 요구되는 등 불가피한 사유가 있는 경우에는 한 차례만 통지기간을 연장할 수 있다.
③ 발주자는 하도급 또는 재하도급 계약의 준수여부를 확인하기 위하여 필요한 경우 승인을 할 때 하도급 또는 재하도급을 승인받은 자가 정보보호시스템 구축 사업 하도급·재하도급 계약 준수 실태 보고서에 따라 그 준수 여부를 보고하는 것을 조건으로 할 수 있다.
④ 수급사업자는 도급받은 사업에 대해 하도급거래를 할 경우 「하도급거래 공정화에 관한 법률」과

「정보보호산업의 진흥에 관한 법률」등 관련 법령을 준수하여야 한다.

제27조(비밀유지)
① 발주자 또는 수급사업자는 본 계약으로 지득한 상대방의 업무상 및 기술상의 기밀을 상대방의 승낙이 없는 한 제3자에게 누설하지 아니한다.
② 발주자는 수급사업자의 기술자료, 경영정보 등 영업상 중요정보가 포함된 자료의 제출을 요청하는 경우 비밀유지계약을 체결한다.
③ 발주자와 수급사업자는 본 계약의 계약기간 중은 물론 계약의 종료 또는 해지 이후에도 제1항의 의무를 부담하며, 제1항의 의무에 위반하여 상대방에게 손해를 입힌 경우 이를 배상한다.

제4장 기타

제28조(정보보호 교육의 실시)
① 수급사업자는 정보보호서비스 제공과 관련하여 발주자의 정보보호인력에 대한 교육을 실시할 필요가 있는 경우 발주자와 협의하여 정보보호교육을 실시할 수 있다.
② 제1항에 따른 정보보호교육의 실시시기, 방법 및 비용 등은 수급사업자와 발주자간의 협의를 통하여 정한다.

제29조(지식재산권)
① 당해 계약에 따른 계약목적물에 대한 지식재산권은 발주자와 수급사업자가 공동으로 소유하며, 별도의 정함이 없는 한 지분은 균등한 것으로 한다. 다만, 개발의 기여도 및 계약목적물의 특수성(국가안전보장, 국방, 외교관계 등)을 고려하여 계약당사자 간의 협의를 통해 지식재산권 귀속주체 등에 대해 달리 정할 수 있다.
② 수급사업자는 발주자로부터 사용을 허락받은 지식재산권을 본 계약에 의한 과업 수행 이외의 용도로 사용하지 않으며, 발주자의 서면으로 된 사전승낙 없이 제3자에게 누설하거나 사용하게 하지 않는다. 이는 본 계약의 계약기간 중은 물론 계약의 종료 또는 해지 이후에도 동일하다.
③ 수급사업자는 과업 수행과 관련하여 발주자 또는 수급사업자와 제3자간에 지식재산권에 관한 분쟁이 발생하거나 발생할 우려가 있는 경우 지체 없이 구체적인 상황을 발주자에게 서면으로 통지한다. 이 경우 발주자 또는 수급사업자 중 책임 있는 당사자는 자신의 노력과 비용으로 해당 분쟁을 처리하며, 상대방의 손해에 대하여 배상한다.

제30조(계약의 해제, 해지)

① 발주자 또는 수급사업자는 다음 각 호의 어느 하나에 해당하는 경우 본 계약의 일부 또는 전부를 해제하거나 해지할 수 있다. 다만, 제2호의 경우에는 수급사업자의 계약이행 가능성이 있고 계약을 유지할 필요가 있다고 인정되며 수급사업자가 계약이행이 완료되지 아니한 부분에 상당하는 계약보증금을 추가 납부하는 때에는 계약을 유지한다.

 1. 발주자 또는 수급사업자가 계약내용에 대한 중대한 위반을 하였을 경우
 2. 본 계약 제25조에 의한 지체상금이 당해 계약의 계약보증금 상당액에 달한 경우
 3. 정당한 이유 없이 약정한 착수기일을 경과하고도 서비스 수행에 착수하지 아니할 경우
 4. 수급사업자의 귀책사유로 인하여 정보보호서비스 수행기한까지 해당 서비스를 완료하지 못하거나 완료할 가능성이 없다고 인정될 경우
 5. 입찰에 관한 서류 등을 허위 또는 부정한 방법으로 제출하여 계약이 체결된 경우
 6. 수급사업자가 '청렴계약 이행각서'에 위배되는 행위를 한 경우

② 발주자 또는 수급사업자는 제1항 각호의 사유가 발생하였을 경우 상대방에게 지체 없이 통지한다.

③ 수급사업자의 귀책사유로 인하여 계약이 해제 내지 해지된 경우 발주자는 수급사업자에게 이미 지급한 계약금 또는 연구기자재 등 유형적 발생품의 환수를 청구할 수 있다.

④ 계약이 해제 내지 해지된 경우 수급사업자는 해제 내지 해지된 날부터 20일 이내에 해지시까지의 계약금 사용실적 및 해지시까지의 보고서 등의 결과물을 발주자에게 제출하고 발주자는 이에 대한 검수를 완료한 후 기성부분에 대하여 계약금을 정산한다.

제31조(손해배상) 발주자 또는 수급사업자는 본 계약의 위반으로 인하여 손해를 입었을 때 상대방에게 손해배상을 청구할 수 있다. 다만, 불가항력으로 인하여 상대방 및 제3자에게 발생시킨 손해에 대하여는 책임을 부담하지 아니한다.

제32조(분쟁해결)

① 이 계약과 관련하여 분쟁이 발생한 경우, 수급사업자와 발주자는 상호 협의하여 분쟁을 원활히 해결하기 위해 노력하여야 한다.

② 제1항의 규정에도 불구하고 분쟁이 해결되지 않은 경우 「정보보호산업의 진흥에 관한 법률」 제25조에 의거하여 정보보호산업 분쟁조정위원회에 조정을 신청할 수 있다.

비밀유지 계약서

○○(비밀정보를 제공하는 당사자, 이하 "정보제공자")와 □□(비밀정보를 제공받는 반대 당사자, 이하 "정보수령자")는 다음과 같이 합의한다.

제1조 (계약의 목적)
이 계약은 정보제공자와 정보수령자가 양 당사자 간의 ○○○(이하 "목적 사업")에 관하여 상호 제공하는 "비밀정보"를 보호하기 위하여 필요한 사항을 규정함에 그 목적이 있다.

제2조 (비밀정보의 정의 및 요건)
① 이 계약서에서 "비밀정보"란 목적 사업과 관련하여 양 당사자가 업무를 진행하는 과정에서 어느 일방 당사자가 반대 당사자에게 서면, 구두, 전자적 방법에 의한 전송 또는 기타의 방법으로 제공하는 모든 노하우, 기술, 공정, 도면, 설계, 디자인, 코드, 실험, 시제품, 스펙, 데이터, 프로그램, 명세서, 아이디어, 사업정보, 경영정보 등 일체의 정보로서 유·무형의 여부 및 그 기록 형태를 불문한다.
② 제1항에도 불구하고, 다음 각호의 하나에 해당함이 객관적인 증거에 의하여 입증되는 경우에는 비밀정보로 보지 아니한다.
  1. 정보제공자로부터 비밀정보를 제공받기 이전부터 "정보수령자"가 이미 알고 있었거나 보유하고 있던 정보
  2. 정보수령자의 귀책 사유에 의하지 아니하고 공지의 사실로 된 정보
  3. 정보수령자 또는 그의 계열사가 비밀정보를 이용하지 아니하고 독자적으로 개발한 정보
  4. 정보제공자가 제3자에게 비밀유지의 의무를 부담시키지 않고 제공한 정보
③ 정보제공자가 정보수령자에게 서면 제출, 메일 전송, 물품 인도 등 유형적인 형태로 비밀정보를 제공할 경우에는 그 제공 당시 "비밀"또는 이와 유사한 표식에 의하여 그것이 비밀정보에 해당됨을 명확히 인지할 수 있도록 표시하여야 한다.
④ 정보제공자가 정보수령자에게 유형적인 형태 이외의 구두, 영상에 의한 방법 또는 시설, 장비 샘플 기타 품목을 관찰하거나 조사하게 하는 방법에 의하여 비밀정보를 제공할 경우, 그 제공 당시 정보수령자에게 그것이 "비밀정보"임을 고지하고, 고지한 때로부터 30일 내에 공개 범위, 공개 일자, 공개 장소 및 공개 대상자 등이 명시된 요약본을 서면 제출, 이메일 전송 등의 유형적인 기록 형태로 제공하여야 한다.

제3조 (비밀정보의 사용 제한)

① 정보수령자는 정보제공자의 사전 서면 승인이 없는 한 비밀정보를 목적 사업 외의 다른 목적이나 용도로 사용할 수 없으며, 목적 사업과 직접적으로 관련된 업무 수행의 범위를 초과하여 비밀정보를 임의로 복제, 수정, 저장, 변형 또는 분석하는 등의 행위를 할 수 없다.

② 정보수령자는 목적 사업을 위하여 비밀정보에 접근할 필요가 있는 자신의 관련 임직원으로서 이 계약에 준하는 내용을 담은 비밀유지서약서를 제출한 인원 외에는 정보제공자의 사전 서면 승인 없이는 어떠한 제3자에게도 비밀정보를 제공할 수 없으며, 사전 서면 승인을 얻은 경우에라도 당해 제3자와 별도의 비밀유지계약을 체결하여야 한다.

③ 정보수령자는 자신의 비밀정보를 취급하는 정도의 주의를 기울여 비밀정보를 보호하고 관리하여야 하며, 그 주의의 정도는 동종 업계의 합리적인 주의의 정도를 최소한으로 한다.

④ 정보수령자는 비밀정보의 외부로의 누설 또는 비밀정보의 대내외적 오사용 등 침해 사실이 발견된 경우 즉시 정보제공자에게 서면으로 그 사실을 통보하여야 한다.

제4조 (법원·정부기관에 대한 제공)

① 정보수령자는 법원 또는 정부기관으로부터 비밀정보의 제공을 요구받은 경우, 즉시 정보제공자에게 그 사실을 서면 통지하여 정보제공자가 적시에 적절한 보호 및 대응 조치를 취할 수 있도록 하여야 한다.

② 제1항의 통지와 함께 정보수령자는 i) 법원 또는 정부기관이 비밀정보의 비공개 필요성에 대하여 납득하도록 노력하여야 하고, ii) 비밀정보를 제공하여야 할 경우라도 법령에 따라 요구되는 필요 최소한도 내에서 제공하여야 하며, iii) 제공된 비밀정보가 법원 또는 정부기관에 의하여 비밀로 취급되도록 노력을 하여야 하고, iv) 그와 같은 비밀정보를 보호하기 위한 정보제공자의 행위에 최대한 협조하여야 한다.

제5조 (보증)

① 정보제공자는 비밀정보를 현상태 그대로 제공하며, 비밀정보의 정확성 및 완전성이나 사업 목적에 대한 적합성 및 제3자의 권리침해 여부에 대한 어떠한 보증도 하지 않는다.

② 정보제공자는 정보수령자가 비밀정보를 사용함에 따른 결과에 대하여 어떠한 책임도 지지 아니한다.

제6조 (구속력)
① 이 계약에서 명시한 경우를 제외하고는 이 계약의 이행 또는 비밀정보의 제공이 정보제공자가 자신의 현재 또는 장래의 영업비밀, 상표권, 특허권 기타의 권리에 대한 실시권, 사용권 등의 권리를 정보수령자에게 부여하는 것으로 해석되지 아니한다.
② 이 계약은 어떠한 경우에도 양 당사자간에 어떠한 확정적인 후속 계약의 체결, 상품의 판매나 구입, 상호 지출한 비용에 대한 보상 등에 관한 내용을 암시하거나 이를 강제하지 아니하며, 기타 각 당사자가 제3자와 거래 또는 계약 관계에 진입하는 것을 제한하지 아니한다.

제7조 (비밀정보의 반환)
정보수령자는 다음 각호의 어느 하나에 해당하는 경우 지체없이 정보제공자에게 비밀정보의 원본, 사본 및 비밀정보를 이용하여 생성한 서면, 자료, 데이터 등을 정보제공자의 선택에 따라 반환하거나 폐기하여야 하며, 폐기한 경우에는 그때로부터 10일 내에 정보제공자에게 서면에 의한 확인서를 제출하여야 한다.
1. 계약기간의 만료 등의 사유로 이 계약이 종료된 경우
2. 정보제공자가 서면에 의하여 비밀정보의 반환을 요구하는 경우

제8조 (손해배상 등)
① 정보수령자는 정보제공자의 서면 동의 없이 비밀정보를 고의 또는 과실로 제3자에게 공개, 제공 또는 누설한 경우 등 이 계약을 위반함으로 인하여 정보제공자가 입은 손해를 배상하여야 한다.
② 양 당사자는 이 계약의 위반이 상대방에게 회복할 수 없는 손해를 가할 수 있어 사후적인 금전적 배상만으로 충분하지 아니하며, 따라서 금전적 배상에 의한 법적 구제 수단에 앞서 가처분 등 적절한 법적 구제를 위한 절차에 있어 피보전권리, 보전의 필요성 등 제반 요건을 충족시킴을 인정한다.

제9조 (양도금지)
각 당사자는 상대방의 사전 서면 동의없이 이 계약에 의하여 발생하는 권리, 의무의 전부 또는 일부를 제3자에게 양도, 위임, 위탁, 담보의 목적으로 제공하거나 기타 어떠한 처분 행위도 할 수 없다.

제10조 (계약의 효력)

① 이 계약은 이 계약 체결 이전에 이루어진 당사자 간의 구두 또는 서면상의 양해 또는 합의에 우선하며, 양 당사자의 서면 합의에 의하여서만 변경될 수 있다. 또한, 이 계약 상의 권리 불행사는 그 권리의 포기로 간주되지 아니한다.

② 이 계약은 이 계약 체결일로부터 2년간(이하 "계약기간") 유효하다. 단, 이 계약상의 비밀유지의무는 이 계약이 종료된 이후에도 3년간(이하 "비밀유지기간") 유효하다.

③ 제2항에도 불구하고 그 성질상 계속하여 효력을 유지하여야 할 조항은 이 계약이 종료되거나 비밀유지기간이 만료된 이후에도 유효하다.

이 계약이 유효하게 성립되었음을 증명하기 위하여, 이 계약서를 2부 작성하고 아래와 같이 기명날인한 후, ○○와 □□가 각 1부씩 보관한다.

201 년 월 일

청렴계약 이행각서

당사는「부패 없는 투명한 기업경영과 공정한 행정」이 사회발전과 국가 경쟁력에 중요한 관건이 됨을 깊이 인식하며, 국제적으로도 OECD뇌물방지 협약이 발효되었고 부패기업 및 국가에 대한 제재가 강화되는 추세에 맞추어 청렴계약 취지에 적극 호응하여 ○○○에서 발주하는 모든 공사, 물품, 용역 등의 입찰에 참여함에 있어 당사 임직원과 대리인은

1. 입찰가격의 유지나 특정인의 낙찰을 위한 담합을 하거나 다른 업체와 협정, 결의, 합의하여 입찰의 자유경쟁을 부당하게 저해하는 일체의 불공정한 행위를 않겠습니다.
   - 이를 위반하여 경쟁입찰에 있어서 특정인의 낙찰을 위하여 담합을 주도한 것이 사실로 드러날 경우 ○○○에서 발주하는 입찰에 입찰참가자격제한 처분을 받은 날로부터 1년이상 2년이하 동안 참가하지 않겠으며
   - 경쟁입찰에 있어서 입찰자간에 서로 상의하여 미리 입찰가격을 협정 하거나 특정인의 낙찰을 위하여 담합을 한 사실이 드러날 경우 ○○○이 시행하는 입찰에 입찰참가자격 제한 처분을 받은 날로부터 6월이상 1년미만 동안 참여하지 않고
   - 위와 같이 담합등 불공정행위를 한 사실이 드러날 경우 독점규제 및 공정거래에관한법률에 따라 공정거래위원회에 고발하여 과징금 등을 부과토록 하는데 일체의 이의를 제기하지 않겠습니다.
2. 입찰·계약체결 및 계약이행 과정에서 관계직원에게 직·간접적으로 금품·향응 등의 부당한 이익을 제공하지 않겠으며, 이를 위반하여 입찰, 낙찰, 계약체결 및 계약이행과 관련하여 관계직원에게 금품, 향응 등을 제공한 사실이 드러날 경우에는 ○○○ 및 관련건의 수요기관이 시행하는 입찰에 입찰참가자격제한 처분을 받은 날로부터 1년이상 2년이하의 기간 동안 입찰에 참가하지 않겠습니다.
3. 입찰, 계약체결 및 계약이행과 관련하여 관계직원에게 금품, 향응 등을 제공한 사실이 드러날 경우에는 계약체결 이전의 경우에는 낙찰자 결정 취소, 계약이행 전에는 계약취소, 계약이행 이후에는 당해 계약의 전부 또는 일부계약을 해제 또는 해지하여도 감수하겠으며, 민·형사상 이의를 제기하지 않겠습니다.
4. 회사 임·직원이 관계 직원에게 금품, 향응 등을 제공하거나 담합 등 불공정 행위를 하지 않도록 하는 회사윤리강령과 내부비리 제보자에 대해서도 일체의 불이익처분을 하지 않는 사규를

제정토록 노력하겠습니다.

위 청렴계약 서약은 상호신뢰를 바탕으로 한 약속으로서 반드시 지킬 것이며, 낙찰자로 결정될 시 본 서약내용을 그대로 계약특수조건으로 계약하여 이행하고, 입찰참가자격 제한, 계약해지 등 ○○○의 조치와 관련하여 당사가 ○○○을 상대로 손해배상을 청구하거나 당사를 배제하는 입찰에 관하여 민·형사상 어떠한 이의도 제기하지 않을 것을 서약합니다.

201 년 월 일

서 약 자 : ○ ○ ○ 회사 대표 ○ ○ ○ (인)

○○○장 귀하

단체소개

■ 사단법인 한국사이버감시단

- 감독관청 : 방송통신위원회 (허가번호 제2001-40(구)정보통신부, 서울체신청)
- 홈페이지 : www.wwwcap.or.kr
- 설립목적 : 급변하는 정보화사회에 나날이 늘어나는 사이버공간에서의 네티즌피해를 최소화하고 네티즌의 권리는 네티즌스스로가 지켜가자는 취지에서 설립된 민간단체입니다.
- 활동 연혁 (1999년~2018년)

2018.11	정보보호최고책임관리사 민간자격검정 시행
2018.09	정보보호진단원 민간자격검정 시행
2017.07	정보보호활용능력 민간자격검정 시행
2016.07	정보보안관제사 민간자격검정 시행
2016.03	서울신문, 인터넷 예의지국을 만들자! 기획시리즈
2015.06	한국청소년정책연구원, 온라인 불건전 유해정보 유통실태 조사
2015.04	한국청소년정책연대 결성 참여
2014.04	국회 토론회, 청소년 유해매체 접촉실태와 대책
2013.12	한국정보화진흥원, 사이버지킴이연합회 활동 감사패
2013.11	정보문화실천 유공 미래창조과학부 장관 표창
2013.06	한국정보화진흥원, 행복한 스마트문화 실천연합
2012.12	행정안전부, 사이버지킴이연합회 활동 감사패
2012.09	온라인 음란물 차단 모니터링 방법론 교재 배포
2012.06	사이버지킴이연합회 결성 (청소년 유해음란물 클린운동)
2011.06	명의도용 피해신고 코너 개설
2011.04	게임이용 확인서비스 코너 개설
2009.09	피싱사기 피해신고 코너 개설
2009.05	메신져 금융사기 피해신고 코너 개설
2006.06	국회 토론회, 넘쳐나는 사행성게임산업, 이대로 좋은가?
2005.11	KISA, 주민번호 대체수단 활성화 대책반
2005.09	KBS 1R, 인터넷실명제 열린토론회
2005.03	일본인터넷핫라인연락협의회 국제컨퍼런스 참여
2004.10	제15회 청소년문제 심포지엄 참여
2003.11	청소년디지털미디어체험박람회 제2회 주관 (청소년보호위원회)
2003.07	KBS 아침마당, '인터넷 청소년의 문제' 기획 참여
2003.06	정보통신부, e-Clean Korea 캠페인 민간단체 주관 사업 시행
2003.05	동아일보 '건강한 인터넷' 캠페인 공동주관단체 참여
2003.04	KBS 추적60분, 청소년 유해사이트 실태조사
2002.07	제14회 부산아시경기대회 사이버민간홍보단 운영
2002.06	제15회 정보문화대상 (대통령 표창) 수상
2002.04	건전한 사이버 청소년 문화를 위한 민관협의회
2002.03	일본 인터넷핫라인연락협의회 협력교류
2001.12	한국사이버범죄백서 편찬 (전자신문사)
2001.07	사이버소비자협의회, 전자상거래(쇼핑몰)업체 이용실태조사
2001.06	YTN, '네티켓을 지키자' 공동캠페인 실시
2001.05	안전한온라인을위한민간네트워크(안전넷) 결성 및 발대식 주관
2001.02	경찰청 '사이버테러대응센터' 업무 협조 연계
2001.01	사단법인 설립 승인 (정보통신부)
2000.07	서울경찰청 '사이버범죄수사대' 업무협조 연계
2000.06	인터넷금융다단계 '8억메일' 불법성 캠페인 전개
2000.02	사이버피해신고센터 운영 (피해구제 상담 활동)
1999.11	한국사이버감시단 발족

개인정보의 안전 조치 기준 〈법률간의 주요 내용〉 비교

조 항	개인정보보호법 개인정보의 안전성 확보조치 기준 (2017.07.26)
내부관리	■ 내부 관리계획을 수립·시행 (개인정보보호책임자의 지정 및 역할과 책임) ■ 취급자 교육, 수탁자에 대한 관리 및 감독 사항 등 ■ 연 1회 이상으로 내부 관리계획의 이행 실태를 점검·관리
접근권한	■ 업무수행에 필요한 최소한의 범위로 차등 부여 ■ 접근권한부여 기록 3년간 보관, 비밀번호 작성규칙 수립
접근통제	■ 접속권한을 IP주소 등으로 제한하여 인가받지 않은 접근을 제한 ■ 외부에서 개인정보처리시스템 접속시 가상사설망(VPN) 또는 전용선 등 안전한 접속수단을 적용하거나 안전한 인증수단을 적용 ■ 연 1회 이상 취약점을 점검 ■ 취급자PC 등 및 모바일 기기 보호조치 적용
암호화	■ 암호화 대상 : 고유식별정보, 비밀번호, 바이오정보 • 저장 시 : 비밀번호(일방향 암호화), 바이오정보 • 전송 시 : 정보통신망 송수신 등의 경우 암호화 ■ 고유식별정보(인터넷구간 및 내부망의 DMZ구간 저장시 암호화, 내부망 저장시 위험도 분석에 따라 암호화 적용여부 결정)
접속기록 보관	■ 최소 6개월 이상 보관·관리, 반기별 1회 이상 점검 ■ 접속기록 위·변조 및 도난, 분실되지 않도록 안전하게 보관
악성 프로그램	■ 백신 등 보안프로그램 설치, 자동 또는 일 1회 이상 업데이트 ■ 보안 업데이트 공지 시 즉시 업데이트
관리용단말	■ 개인정보 침해사고 방지를 위하여 안전조치 ■ 악성프로그램 감염 방지 등을 위한 보안조치 적용
물리적	■ 개인정보 물리적 보관 장소 출입통제 절차 수립 ■ 외부저장매체, 보조저장매체의 반출입 통제 등
재해·재난	■ 위기대응 매뉴얼 등 대응절차를 마련하고 정기적으로 점검
파기	■ 개인정보 파기시 완전파괴 (소각, 파쇄 등)

정보통신망법
개인정보의 기술적·관리적 보호조치 기준 (2015.05.19)

- 관리책임자의 지정 및 역할과 책임, 수탁사 관리·감독
- 개인정보 누출시 대응절차 및 방법
- 개인정보관리책임자, 취급자 정기적 교육 실시 등

- 접근권한 최소 부여 (취급자가 변경시 지체 없이 변경/말소)
- 인사이동/변경/말소 시 최소 5년간 내역을 기록 보관
- 외부에서 개인정보처리시스템 접속시 안전한 인증수단을 적용
- 접근 및 침해사고 방지를 위한 접근통제 시스템 설치
- 100만명, 100억 : 물리적 또는 논리적으로 망분리
- 비밀번호 작성규칙 (2종류 10자리, 3종류 8자리, 반기별1회 변경)
- 취급자의 접속이 필요한 시간 동안만 최대 접속시간 제한

- 비밀번호는 복호화 되지 아니하도록 일방향 암호화
  - 안전한 암호알고리듬 암호화 : 주민등록번호, 여권번호, 운전면허번호, 외국인등록번호, 신용카드번호, 계좌번호, 바이오정보
  - 이용자 개인정보/인증정보 송·수신 : 안전한 보안서버 구축
  - 이용자의 개인정보를 컴퓨터, 모바일기기 및 보조저장매체 등에 저장할 때에는 이를 암호화

- 최소 6개월 이상 보존·관리, 월 1회 이상 정기적으로 확인·감독
- 기간통신사업자 최소 기간 2년
- 접속기록 위·변조방지(별도 물리적인 저장장치 보관, 정기백업)

제7조(악성프로그램 방지) 상동

제8조 (물리적 접근 방지) 상동

제9조 (출력·복사시 보호조치)
- 개인정보의 출력시(인쇄, 화면표시, 파일생성 등) 항목 최소화

제10조 (개인정보 표시 제한 보호조치)
- 개인정보를 마스킹하여 표시제한 조치

※ 개인정보보호법에서 대통령령으로 정하는 고유식별정보 : 주민등록번호, 여권번호, 운전면허의 면허번호, 외국인등록번호

[정보보호시스템 및 네트워크 구성도

⟨ End-Point APT 대응 ⟩

- ✓ WIPS
- ✓ NAC
- ✓ DRM
- ✓ DLP
- ✓ 백신
- ✓ 망분리 PC
- ✓ 출력물보안솔루션
- ✓ 보안 L2스위치
- ✓ 망연계시스템
- ✓ 개인정보상시모니터링

탐지(Detect)
분석(Analyze)
치료(Remediate)
방지(Resist)

내부사용자

VDI

메인백본

내부 서버팜

DB ZONE

IaaS / PaaS / SaaS Cloud Computing

INTERNET of THINGS IOT

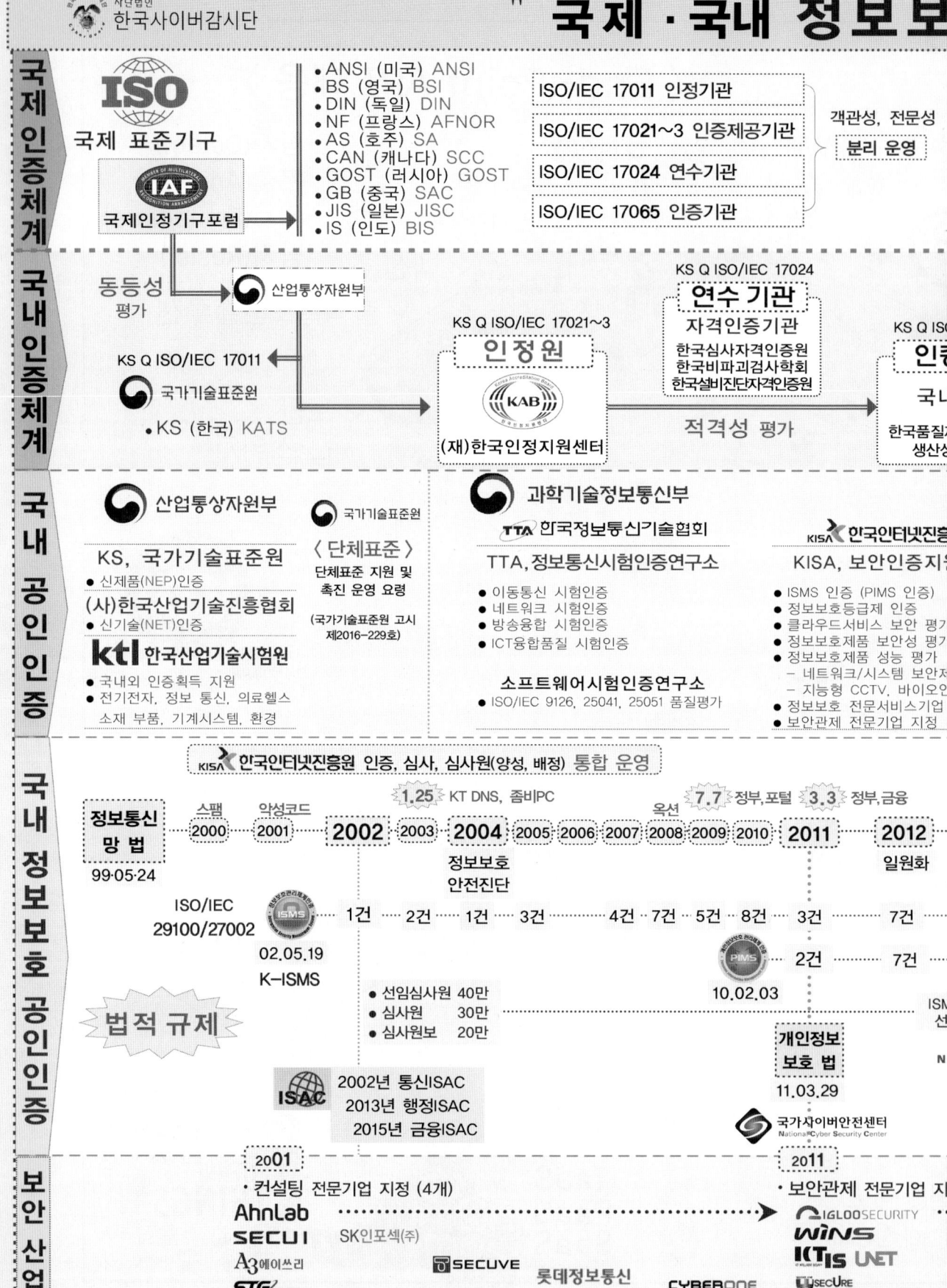

인증제도 현황

자율 규제

ISO/IEC 9001 / 27001 / 22301

ISO/IEC 29100 개인정보 보호 프레임워크

ISO/IEC 29151 개인정보 보호 준칙

ISO/IEC 27552 2019.04 개인정보 관리 요구사항

- 인증기준
- 심사원
- 인증심사

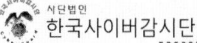

GDPR EU General Data Protection Regulation
유럽연합(EU) 개인정보 보호 규정

(사단법인) 한국사이버감시단

정보보호인정원

SACA (ISC)²

17065

3개 표준협회 등...

- 심사원
- 적합성 평가

심사기관
공공, 기업
수출입, 제조
〈소비자 / 고객〉

NCS 국가직무능력표준 National Competency Standards

지능정보보안아카데미

인재 양성 사업 (민간 자격증)

- 정보보안관제사 (ISC) Information Security Controller
- 정보 보안 진단원 (ISD) Information Security Diagnosis consultant
- 정보보호활용능력 (ipa)
- 정보보호최고책임관리사 (CISO)

IITP 정보통신기술진흥센터
NIPA, 정보통신기술진흥센터
- 기술개발
- 기술사업화(ICT-Bay)
- 표준화
- 인력양성, 기반조성

소프트웨어정책연구소
- 미래 소프트웨어 인재 육성 정책연구
- 소프트웨어 신사업 발굴 및 기획연구

중소벤처기업부
정보화 경영체제 인증
(IMS : Information Management System)
기술유출 방지시스템 구축
대·중소기업·농어업협력재단
기술보호울타리

행정안전부
재해경감 우수기업 인증
BCDM (특)기업재해경감협회
기업재난관리사
우수기업 인증평가분야 / 인증분야
재해경감활동계획 수립 / 대행분야
재해경감활동 / 실무분야

● 위협/세부위협   (法) 정보보안법률   ▣ 솔루션   ■ 인증제도 추진 경과

전자금융거래법 제정 (法)

● 1.25 인터넷 대란
슬래머웜
루트킷(자신의 존재를 숨김) 악성코드

● 인터넷 통한 악성코드 유포

정보통신망법 제정 (法)

● 이메일 악성코드 패러다임 확산
멜리사 바이러스
(최초 이메일 자동 발송)
CIH 바이러스, 익스플로집(새로운 웜 위협 등장)

● 바이러스 최초 보고
Creeper

● 전자메일 통한 바이러스 유포
매독 바이러스(Pox Virus)

● 악성코드와 해킹 결합된 APT 유형 공격 등장
Unix OS 서버, Win OS PC 공격 웜
(코드레드(CodRed), 서캠(Sircam), 님다(Nimda))

● 최초 MS-DOS 바이러스 전세계 확산
Brain 바이러스

● 초기 바이러스 다수 등장
Vienna, 예루살렘, 미켈란젤로 바이러스 데이터 범죄 바이러스(트로이목마 랜섬웨어)

● 백도어 개념 확산
체르노빌 바이러스

● 광고 목적의 애드웨어 등장

● 이메일 악성코드의 진화
클레즈변종(Kidz.H) 웜
첨부파일 통한 전파방법 가장 널리 활용

● 일반인 바이러스 유포

● 네트워크 자료 절취

● 윈도우 95 타겟 바이러스 확산

● 백도어

● 해킹툴 출현

● 사회공학적 기법 공격

'70   '80 '88   '90 '92 '93   '94   '95 '96   '98 '99   '00   '01   '02   '03

▣ 바이러스 진단, 치료 프로그램 등장

▣ 바이러스 백신 프로그램 상용화

▣ 전자메일 백신 및 메일 서버 제품

▣ 스팸메일 차단 솔루션

▣ 암호화 보안 솔루션

▣ 네트워크 보안 중심

■ 정보보호관리체계 (ISMS) 인증제도 도입 (2001.07)

■ ISMS 인증기준 고시 제정 (2002.5)

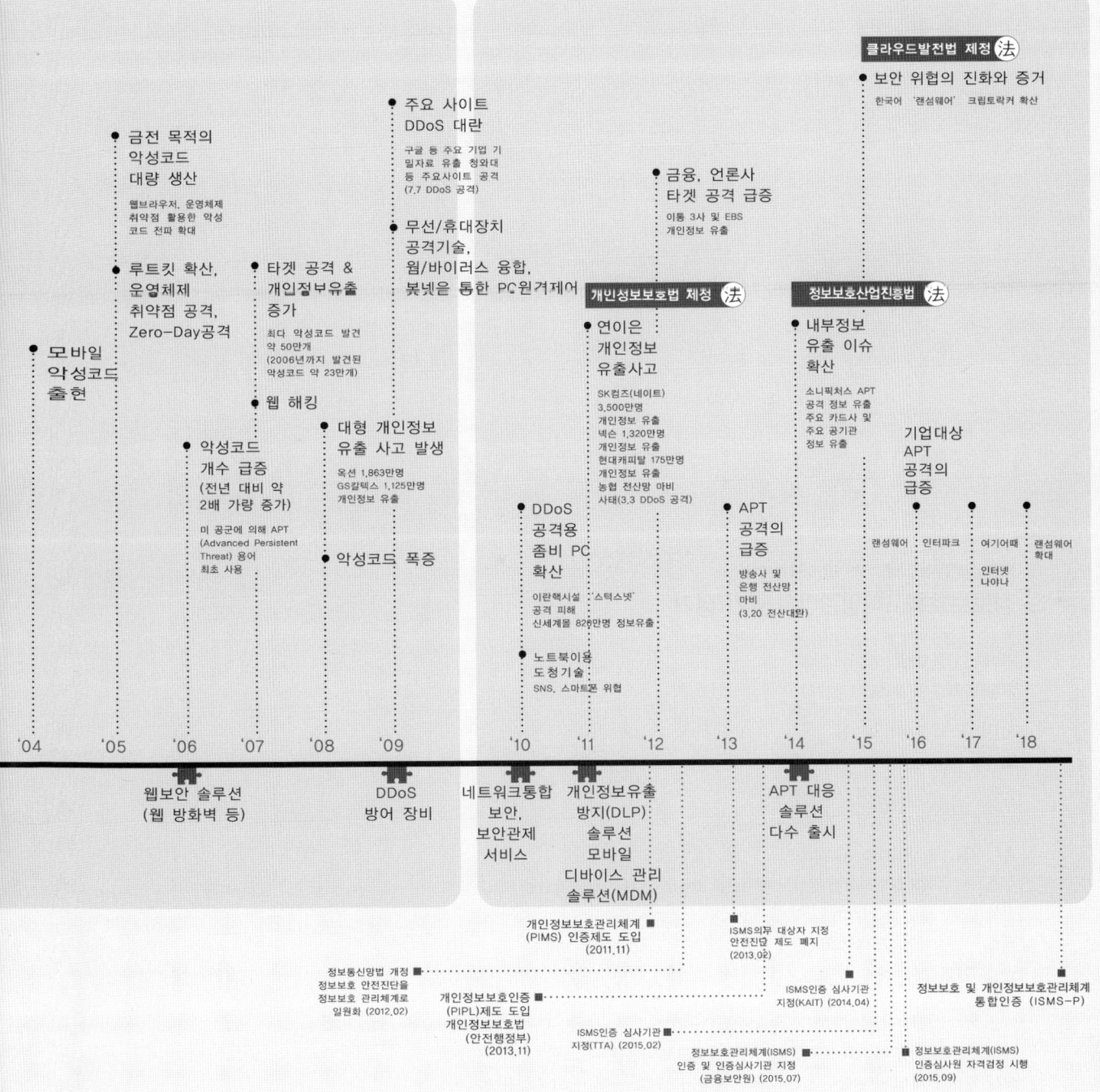

NCS(국가직무능력표준) 기반 민간자격 수험서!
정보보호최고책임관리사 필기/실기

2018년 11월 09일 초판 1쇄 인쇄
2018년 11월 12일 초판 1쇄 발행

지은이	공병철 외 7인
펴낸이	공병철
진행	정보보호북스 출판기획팀
펴낸곳	정보보호북스(info@ciso-cq.com)
홈페이지	www.ciso-cq.com
주소	(06221) 서울시 강남구 테헤란로 216 신웅타워 12층 (역삼동 719-1)
전화	(02) 555-0816
팩스	(070) 7614-2221
발행자번호	964448

Copyright ⓒ 공병철, 김형구, 박종문, 송병룡, 이원연, 오법영, 여동균, 조규호 2018, Printed in Seoul, Korea
본 도서는 저작권법에 의해 보호를 받는 저작물이므로 내용을 무단으로
복사, 복제, 전제 및 발췌하는 행위는 저작권법에 저촉되며, 민형사상의 처벌을 받게 됩니다.
정가 30,000원

ISBN 979-11-960000-2-2 (93560)